©   Verlag Zabert Sandmann GmbH
München
9. Auflage der überarbeiteten Neuausgabe 2014
ISBN 978-3-89883-137-6

Konzeption	Jens Priewe
Fachliche Beratung	Eric Calzolari, Fritz Herold, Fritz Hippe, Daniel Thomases
Gestaltungskonzept	Zero, Georg Feigl
Grafische Gestaltung	Georg Feigl
Umschlaggestaltung	Georg Feigl
Fotografie	Michel Guillard/Scope, Mick Rock/Stockfood, Hendrik Holler, Christian Schulz, Studio Eising (weitere siehe Bildnachweis)
Computergrafik/Zeichnungen	Klaus Rummel, Spectre (Markus Weißenhorn, Christian Heine, Georg Feigl, Roland Schunk), Enno Kleinert, Beate Brömse
Luftbilder	Luftbildverlag Bertram/Gorkenant, München Herb Lingl Photography, San Francisco
Satellitenfotos	Deutsches Fernerkundungsdatenzentrum der DLR, Oberpfaffenhofen, Planetary Visions Limited
Redaktion	Gertrud Köhn, Kathrin Ullerich
Herstellung	Karin Mayer, Peter Karg-Cordes
Lithografie	inteca Media Service GmbH, Rosenheim
Druck & Bindung	Neografia, Martin

Jens Priewe

WEIN

Die neue große Schule

ZABERT SANDMANN

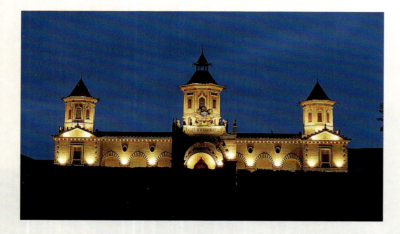

Wein- und Wissensdurst

Wer in hundert Jahren die Geschichte des modernen Weins schreibt, wird über das Ende des 20. Jahrhunderts nicht anders als vom Goldenen Zeitalter sprechen können. Die staunenswerte Verbesserung der Qualitäten, der überschießende Ehrgeiz der Erzeuger, die scheinbar unbegrenzte Aufnahmebereitschaft der Märkte für feine Weine und eine neue, bislang nicht gekannte Begeisterung der Menschen in vielen Teilen der Welt für das älteste aller Getränke nach Wasser und Milch – das ist es, was die letzten zwei Jahrzehnte charakterisiert. Die Ausweitung des Weinbaus in neue Anbaugebiete, die Entwicklung neuer Weinbaumethoden, die Umsetzung der Erkenntnisse moderner Önologie – all das bedarf auch einer gänzlich neuen Darstellung, damit wir verstehen, was wir trinken, und begreifen, was andere tun, um uns Genüsse zu ermöglichen, wie es sie vorher nicht gab. „Wein – Die neue große Schule" wurde geschrieben, um den Wissensdurst zu stillen, der die Liebhaber edler Weine immer aufs neue befällt, wenn sie eine Flasche feinen Weins öffnen. Natürlich hängt der Genuß eines Weins nicht von der Kenntnis seines Herstellungsprozesses oder seiner Herkunft ab. Aber um die Sonderheiten eines Weins zu begreifen, ist Wissen hilfreich.

Kultweine und andere gute Tropfen

„Wein – Die neue große Schule" ist kein Buch, das ausschließlich für die Liebhaber deutscher, französischer, italienischer oder sonstiger Weine verfaßt wurde. Es ist für jene geschrieben, die heute dies, morgen das trinken, aber immer das Beste wollen. Was das ist, entscheidet der Geschmack dieser Wechseltrinker. Gestern waren es einfache Landweine, die sie aus dem Urlaub mitgebracht haben. Heute öffnen sie eine Flasche einer der großen, Ehrfurcht einflößenden Kultweine. Morgen kann es ein völlig unbekannter Wein aus einem jener Länder sein, die erst in den letzten Jahren auf der Weltkarte der weinerzeugenden Nationen aufgetaucht sind. Alle diese Weine haben ihre Qualitäten. Im Regal des Weinhändlers stehen sie nebeneinander. Was sie unterscheidet, ist der Preis. Dieses Buch hilft zu verstehen, weshalb die einen fünfzig, die anderen nur zwei Euro kosten. Es versucht, die komplizierte Weinfachsprache aufzuschlüsseln. Es möchte den Wein und die Weinherstellung transparenter machen, ohne den Mythos zu zerstören.

Die Wein-
revolution
miterleben

Weintrinken ist ein Erlebnis. Deshalb darf das
Lesen eines Weinbuches keine trockene Angele-
genheit sein. „Wein − Die neue große Schule" ist
ein Buch, das dem Leser anschaulich vor Augen
führt, was Wein ist, wo er wächst und wie aus
Trauben Wein entsteht. Der Leser erfährt, was
Ganztraubenpressung ist und was man unter
Bâtonnage versteht. Ihm wird vor Augen geführt,
wo der Geschmack des Weins herkommt und wo
der berühmte Weinberg Romanée-Conti liegt. Ihm
wird gezeigt, weshalb ein Wein im kleinen Faß
schneller reift als im großen und warum man
manchmal auch junge Weine dekantieren sollte.
Das Buch führt thematisch in die Tiefe, damit die
Eigenarten der Weine nicht nur erschmeckt, sondern bewußt gemacht werden. All das ist wichtig.
Es erklärt nämlich, was einen guten von einem
sehr guten Wein unterscheidet: die Summe vieler
Details. Nur wenn die Weintrinker verstehen, was
die Winzer tun, können sie mitwachsen mit den
revolutionären Veränderungen, die sich gerade in
der Welt des Weins vollziehen.

Siegeszug einer Kletterpflanze

Wildreben, die traubenähnliche Früchte trugen, hat es schon gegeben, bevor der Mensch in die Geschichte eintrat. Davon zeugen fossile Traubenkerne, die 60 Millionen Jahre alt sind. Die Reben wuchsen in den endlosen Wäldern, die die gemäßigten Zonen des Planeten Erde damals bedeckten. Um ans Licht zu kommen, mußten sie sich hochkämpfen. Sie entwickelten Ranken und konnten auf diese Weise an den Bäumen emporwachsen. *Vitis silvestris* nennen die Rebforscher sie: die Waldrebe. Ihr Verbreitungsgebiet muß weit über die Grenzen der heutigen Anbaugebiete hinausgegangen sein. Sie wuchsen zum Beispiel in Afghanistan und in Ägypten, am Amur und im Mittleren Westen Amerikas, in der Karibik und in Mexiko. Allerdings war das Klima damals wärmer als heute. Mit den Eiszeiten zog sich die Rebe wieder in die gemäßigten Zonen zurück: in den Mittelmeerraum und nach Vorderasien. Aber kaum daß sich die Erde wieder erwärmte, breiteten sich die Reben erneut nach Norden aus. Im Gegensatz zu den heutigen Kulturreben war die wilde Waldrebe zweigeschlechtlich. Das heißt: Es gab nur männliche und nur weibliche Pflanzen. Für die Ausbreitung sorgten der Wind, der die Samen verwehte, sowie beerenfressende Vögel und Säugetiere.

Vom Rausch- zum Genußmittel

Wann der Mensch begann, Reben zu kultivieren, und wo es war, daß aus den Trauben erstmals Wein erzeugt wurde, kann nur vermutet werden. Sicher ist, daß nicht in allen Gebieten, in denen Wildreben wucherten, auch Wein erzeugt wurde.

Die ältesten Hinweise auf die Existenz des Weins stammen jedenfalls aus Georgien. Dort hat man Reste von Tonkrügen gefunden, die aus der Zeit um 6000 v. Chr. stammen und mit Traubenreliefs dekoriert sind. Auch zwischen Euphrat und Tigris, in der südlichen Kaukasusregion, am Nil und später in Palästina gibt es Anzeichen dafür, daß die Menschen schon in der Frühzeit Wein zu erzeugen wußten. Daß es ein wohlschmeckendes Getränk war, darf bezweifelt werden. Weshalb sonst wurde es mit Honig gesüßt oder mit Kräutern wie Absinth gewürzt? Wahrscheinlich verehrten die Menschen den Wein allein seiner alkoholischen Wirkung wegen.

Rätsel Amerika

In Nordamerika, wo Pflanzen der Gattung *Vitis* ebenfalls eine weite Verbreitung hatten, ist von der Existenz eines Weins in vorchristlicher Zeit nichts bekannt. Die Erklärung für diesen merkwürdigen Unterschied: Die amerikanischen Reben eigneten sich nur bedingt zur Erzeugung von Wein. Viele Trauben bildeten nicht genug Zucker, wiesen zuwenig oder zuviel Säure auf. Oder es fehlten die Hefen, um die Transformation des Zuckers in Alkohol zu bewerkstelligen. Möglich ist auch, daß Wein zwar existierte, aber nicht schmeckte. In der Geschichte des amerikanischen Kontinents taucht Wein jedenfalls erst sehr spät auf. Noch heute zeichnen sich Weine, die aus Trauben der amerikanischen *Vitis*-Untergattungen gewonnen sind, durch einen sehr strengen Geschmack aus. Fox-Ton wird er von Fachleuten genannt: Fuchs-Geschmack.

Entstehung der *Vitis vinifera*

Wahrscheinlich verdankt sich die Entdekkung des Weins einem Zufall. Die Menschen in Vorderasien bewahrten nämlich den Traubensaft in Krügen oder Schläuchen aus Ziegen- und Kamelleder auf, worin er, angesichts der heißen Temperaturen, schnell zu gären begann. Ob er durchgärte, süß blieb, oxydierte oder zu Essig wurde, ist unbekannt. Immerhin spricht die bloße Existenz von Wein in diesem Raum dafür, daß die Trauben sehr zuckerreich waren und der Saft sich zu einem wohlschmeckenden und berauschenden Ge-

Wein als Statussymbol und Stimulans: Jean-Marc Nattier „Die Liebenden".

tränk vergären ließ. Deshalb haben die Botaniker später der europäisch-vorderasiatischen Rebe den Namen *Vitis vinifera* gegeben: die zur Weinerzeugung taugliche Rebe.

Wein bei den Griechen

Mit dem Aufstieg der griechischen Zivilisation wurde die Rebe ab 1600 v. Chr. im Mittelmeerraum systematisch kultiviert. Mykene und Sparta müssen die Zentren der Weinproduktion gewesen sein. Darauf deuten auch zahlreiche Darstellungen auf Vasen hin, die dort gefunden wurden. Wein war ein Kultgetränk, mit dem Siege gefeiert, Götter geehrt und Feste begangen wurden. Die Methoden der Weinbereitung waren damals schon erstaunlich weit entwickelt, obwohl es auch immer wieder vorkam, daß dem Wein während der Gärung salziges Meerwasser beigemischt wurde – angeblich, um ihn geschmeidiger zu machen. Die griechischen Kolonisatoren brachten Wein und Reben nach Syrien, Ägypten, Cádiz und Marseille (600 v. Chr.), später auch nach Sizilien (500 v. Chr.). Trotzdem sahen die Griechen ihren Weingott Dionysos nicht nur als Wohltäter an, der ihre Bauern die Kunst der Weinbereitung lehrte, sondern auch als Bedroher, der die Menschen in einen Rausch versetzt und mit Wahnsinn schlägt.

Verbreitung der Rebe durch die Römer

Nach dem Niedergang Griechenlands breitete sich der Weinkult rasch im Römischen Reich aus. Wein war Statussymbol, Währung, Medizin und mythisches Getränk zugleich, das zum Beispiel zur Besiegelung von Verträgen getrunken wurde. Der weiße Falerner war der berühmteste Wein der Antike. Seine Reben wuchsen nördlich von Neapel an Ulmen oder Maulbeerbäumen. Plinius berichtete, daß er mal süß, mal trocken, immer jedoch alkoholreich war. Zu jener Zeit experimentierte man bereits mit verschiedenen Erziehungsformen, mit verschiedenen Aufbewahrungsarten, und man begann, Rebsorten voneinander zu unterscheiden. Vergil schrieb, daß es so viele Sorten gäbe wie Sandkörner am Strand.

Von Rom aus gelangte das Wissen vom Weinbau nach Südfrankreich, an die Mosel, den Rhein und in bestimmte Teile Spaniens. Spanier und Franzosen sind sich allerdings sicher, daß einzelne Stämme schon vorher Weinbau betrieben haben.

Auch in Italien muß das berauschende Getränk schon in vorrömischen Zeiten bekannt gewesen sein – zumindest in Mittelitalien. Dort siedelten die Etrusker, und bei ihnen war Wein schon im 3. Jahrhundert v. Chr. ein Symbol für Wohlstand und ausschweifendes

Leben. Ob die Etrusker Reben anbauten oder Wildreben zur Weinherstellung benutzten, ist nicht bekannt, wohl aber, daß sie Handel mit Wein trieben.

Mittelalter und Neuzeit

In den Jahrhunderten nach Christus hatte sich der Weinbau in Europa wie ein Flächenbrand ausgebreitet. Im Mittelalter leisteten die Mönche Pionierarbeit. Vor allem unter den lebensfrohen Benediktinern erreichte das Wissen um den Anbau der Rebe und die richtige Erzeugung des Weins ein hohes Niveau, später unter den sich abspaltenden, asketischen Zisterziensern. Von ihren Klöstern in Cluny und Cîteaux ging die Entwicklung des Burgund zum Weinanbaugebiet aus.

In der Renaissance waren es dann aufgeklärte Monarchen und wohlhabende Bürger, die den Weinbau vorantrieben, allen voran die italienischen Familien Antinori und Frescobaldi. Ihre größte Ausdehnung erreichte die europäische Rebfläche im 16. Jahrhundert. Sie war knapp viermal so groß wie heute, und der Weinkonsum muß bis zu 200 Liter pro Mensch und Jahr betragen haben. Danach war es allerdings vorbei mit der goldenen Weinära. Kriege und Krankheiten, auch die Abkühlung des Klimas sorgten dafür, daß sich der Weinbau auf jene wenigen Kerngebiete zurückzog, die mit den heutigen Weinanbaugebieten grob identisch sind.

Die Mehltau- und Reblauskatastrophe

Der größte Einschnitt in der jüngeren Geschichte des Weinbaus ist das Auftreten des Echten Mehltaus und der Reblaus gewesen. Der Mehltau trat erstmals 1847 in Frankreich auf und vernichtete ganze Ernten. Unvergessen ist der Jahrgang 1854, in dem in Frankreich nur ein Zehntel der normalen Menge geerntet wurde. Noch verheerender war das Werk der Reblaus. Sie fraß sich ab 1863 von Frankreich kommend durch die Weinberge Europas und vernichtete auf Jahrzehnte ganze Rebenbestände. Als um 1910 endlich ein Gegenmittel gefunden wurde, waren unzählige Rebsorten, wahrscheinlich auch hochwertige, für immer verschwunden. Das heutige Rebensortiment ist nur noch ein schwaches Abbild der damaligen Vielfalt. Die Schädlinge kamen über Rebpflanzen, die Händler aus Amerika mitbrachten, nach Europa.

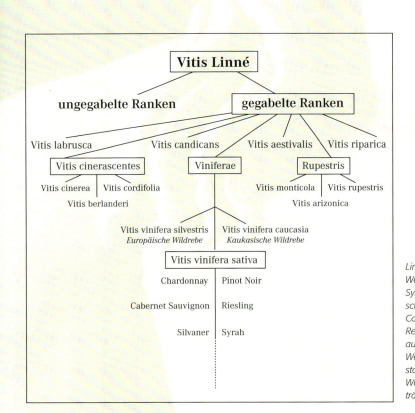

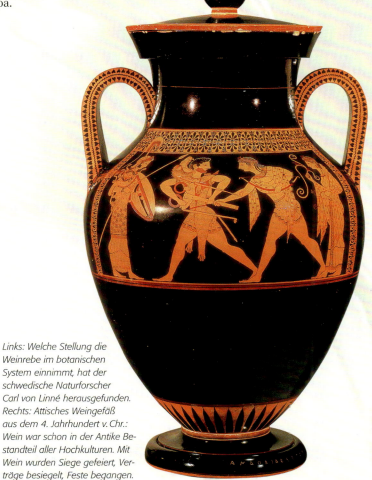

Links: Welche Stellung die Weinrebe im botanischen System einnimmt, hat der schwedische Naturforscher Carl von Linné herausgefunden. Rechts: Attisches Weingefäß aus dem 4. Jahrhundert v. Chr.: Wein war schon in der Antike Bestandteil aller Hochkulturen. Mit Wein wurden Siege gefeiert, Verträge besiegelt, Feste begangen.

Kühle bevorzugt, Hitze unerwünscht

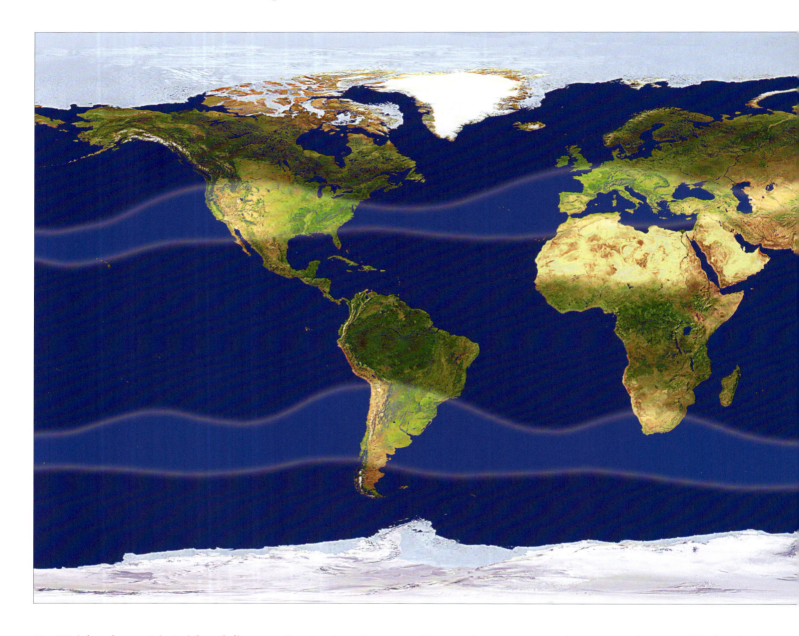

Der Weinbau konzentriert sich auf die gemäßigten Zonen der Erde. Sie liegen in Europa zwischen dem 40. und 50. Breitengrad, in Amerika und auf der südlichen Halbkugel zwischen dem 30. und 40. Breitengrad.

Trauben brauchen, um reif zu werden, zwar Wärme. Aber um feine Weine zu erzeugen, sind vor allem kühle Temperaturen nötig. Sie bremsen die Zuckerentwicklung in den Trauben und verhindern so, daß die Weine später zu alkoholisch und zu schwer werden. Außerdem sorgen sie dafür, daß in der Reifephase nicht zuviel Säure abgebaut wird. Säure ist eines der Elemente, die Weiß- und Rotweinen Eleganz verleihen.

Sonne, Wärme, Niederschlag

Deutsche Wissenschaftler gehen davon aus, daß ein Gebiet mindestens 1600 Sonnenstunden im Jahr aufweisen muß, damit Rebanbau möglich ist. Amerikanische Wissenschaftler sprechen von wenigstens 2500 Stunden im Jahr, an denen es mindestens 10° C warm sein muß. Unabdingbare Voraussetzungen sind das freilich nicht. So können steile Weinberge die Kraft der Sonne erheblich verstärken. In warmen Anbaugebieten kommt es hingegen weniger auf die Sonne als auf die Menge der Niederschläge an. Sie müssen im Jahresmittel mindestens 600 Millimeter betragen. Freilich ist auch das kein allgemeingültiges Kriterium. Es reichen nämlich auch 300 Millimeter Niederschlag, wenn dieser teils im Frühjahr während der Vegetationsperiode, teils im Sommer fällt, um die bis zu drei oder vier Monate währenden Trockenperioden zu unterbrechen.

*Weinbau findet sowohl auf der nörd-
lichen wie auf der südlichen Erdhalbkugel statt. Auf zwei schmalen Reben-
gürteln mit gemäßigt warmem Klima
konzentriert sich fast die gesamte Welt-
rebenfläche.*

Kühle und heiße Randlagen

Wein wird auch nördlich des Rebengürtels angebaut. Teile der Mosel und des Rheins liegen
am 51. Breitengrad, ebenso die südenglischen
Weinanbaugebiete in Cornwall. Umgekehrt
befinden sich viele südeuropäische und auch
die nordafrikanischen Anbaugebiete deutlich
außerhalb des Rebengürtels: nämlich um den
36. Breitengrad. Von dort kommen vor allem
schwere, alkoholreiche Weine (Sherry, Marsala, süßer Samos, „Zypern-Sherry") und rote
Verschnittweine. In Teilen Südafrikas und
Australiens werden portweinähnliche Likörweine hergestellt.

Verlagerung in kühle Zonen

In den letzten 25 Jahren hat sich der Weinbau
weltweit in kühlere Zonen verlagert. Besonders spürbar ist diese Entwicklung in Australien, Südafrika und Chile, aber auch in Griechenland. In Kalifornien und Oregon ist diese
Entwicklung schon lange im Gange. Vor allem
für Weißweine werden gezielt Gegenden gesucht, die im Einflußbereich des kühlen pazifischen Klimas liegen.

Die größten weinproduzierenden Nationen der Welt
(Anteil an der Weltproduktion an Wein)

1.	Frankreich	19,26 %
2.	Italien	19,16 %
3.	Spanien	14,02 %
4.	USA	7,78 %
5.	Argentinien	5,67 %
6.	Australien	4,78 %
7.	China	4,29 %
8.	Deutschland	3,75 %
9.	Südafrika	3,03 %
10.	Portugal	2,72 %
11.	Chile	2,26 %
12.	Rumänien	2,09 %
13.	Ungarn	1,69 %
14.	Rußland	1,53 %
15.	Griechenland	1,41 %
16.	Brasilien	1,19 %
17.	Bulgarien	1,07 %
18.	Österreich	0,99 %
19.	Moldawien	0,92 %
20.	Ukraine	0,84 %
21.	Kroatien	0,74 %
22.	Serbien	0,69 %
23.	Mexiko	0,54 %
24.	Schweiz	0,45 %
25.	Japan	0,44 %
26.	Georgien	0,43 %
27.	Neuseeland	0,33 %
28.	Uruguay	0,33 %
29.	Mazedonien	0,31 %
30.	Slowenien	0,21 %
31.	Algerien	0,21 %
32.	Zypern	0,20 %
33.	Tschechei	0,19 %
34.	Kanada	0,19 %
35.	Slowakei	0,18 %
36.	Usbekistan	0,16 %
37.	Tunesien	0,13 %
38.	Marokko	0,12 %
39.	Turkmenistan	0,11 %
40.	Türkei	0,11 %
41.	Albanien	0,07 %
42.	Libanon	0,07 %
43.	Luxemburg	0,06 %
44.	Kasachstan	0,06 %
45.	Peru	0,05 %
46.	Madagaskar	0,04 %
47.	Weißrußland	0,03 %
48.	Malta	0,02 %
49.	Israel	0,01 %
50.	Bolivien	0,01 %

Verteilung der Weltweinproduktion nach Kontinenten

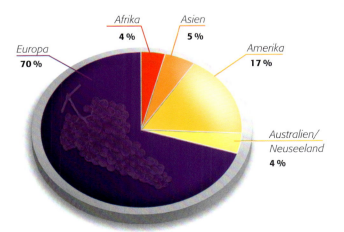

Afrika 4 %

Asien 5 %

Europa 70 %

Amerika 17 %

Australien/ Neuseeland 4 %

Starker Zuckersammler

Die Weinrebe besitzt die Fähigkeit, ungewöhnlich große Mengen von Zucker zu bilden und in ihren Beeren anzusammeln. Dort wird der Zucker in Fructose und Glucose gespalten. Der Saft in den Beeren der Weinrebe enthält zwischen 15 und 25 Prozent dieser beiden Zuckerarten. Zum Vergleich: Kernobst wie Apfel und Birne enthält nur zwölf Prozent Zucker.

Die Weinrebe ist die am stärksten zuckersammelnde Obstpflanze der Welt. Zwischen 15 und 25 Prozent des Traubensaftes besteht aus vergärbarem Zucker. Dadurch eignet sich die Rebe mehr als andere Obstpflanzen zur Weinerzeugung.

Die Rebe ist eine der zähesten, genügsamsten und anpassungsfähigsten Pflanzen. Sie wächst ebenso auf kargen, nährstoffarmen Böden wie unter extremen Temperaturbedingungen. In kühlen, nördlichen Anbaugebieten wie der Champagne oder Teilen der Mosel und des Rheins haben die Reben Frosthärte entwickelt. Ihr Holz hält sogar winterlichen Temperaturen von unter minus 20°C stand. In den heißen Anbaugebieten Zentralspaniens überstehen die Reben dafür Trockenzeiten von 90 Tagen und mehr.

Ursachen der Anpassungsfähigkeit

Die Rebe ist ein starker Wurzelbildner. Die Wurzel verankert sie nicht nur fest im Boden, sondern ist auch ein Nahrungsspeicher. In trockenen Gegenden wie der spanischen Ribera del Duero dringen die Pfahlwurzeln sechs Meter tief in den Boden, um an Feuchtigkeit zu kommen. Auf diese Weise trägt die Rebe auch dort Früchte, wo andere Kulturpflanzen mangels Trockenheit eingehen.

Laub und Licht

Die Rebe trägt viel Laub. Über ihre Blätter kann sie so einen großen Teil der Energie beziehen, die sie zum Wachsen benötigt. Photosynthese heißt dieser Vorgang. Er findet nicht nur bei der Rebe, sondern in allen Pflanzen statt. Das Blattgrün (Chlorophyll) wandelt Kohlendioxid aus der Luft (zusammen mit Wasser) in Zucker um. Voraussetzung für die Photosynthese ist Licht. Um an Licht zu kommen, klettert die Rebe mit Hilfe ihrer Ranken in die Höhe. Außerdem ist es kein Zufall, daß sich viele Weinanbaugebiete in der Nähe von Seen oder Flüssen befinden. Die Wasseroberfläche reflektiert das Licht und verstärkt es. Ideale Bedingungen für die Photosynthese sind Temperaturen zwischen 25°C und 28°C und eine Lichtmenge von 20 000 Lux. Dann wird am meisten Zucker gebildet. Beeinträchtigt werden kann die Photosynthese jedoch durch starken Wasserstreß. Bei zu großer Trockenheit verschließt das Blatt seine Poren, so daß Wasser bei der Atmung nicht evaporieren, die Pflanze aber auch nicht atmen kann. Auf diese Weise wird auch kein Zucker gebildet. Einen leichten Wasserstreß hält die Weinrebe jedoch problemlos aus.

Schwächen der Rebe

Die größte Schwäche der Rebe ist ihre Anfälligkeit gegen Krankheiten und Schädlinge. Zumindest gilt das für die europäischen *Vitis-vinifera*-Edelreben. Echter und Falscher Mehltau, Schwarzfleckenkrankheit, Milben und Nematoden setzen ihr kräftig zu. Die ursprünglichen amerikanischen *Vitis*-Reben waren zum Beispiel sehr viel robuster. Die Krankheitsanfälligkeit nimmt mit starken Düngergaben und steigendenden Erträgen deutlich zu.

1 Knospe, auch Auge genannt: Aus ihr entwickelt sich ein blatt- oder ein fruchttragender Trieb.

2 Blütenstand, auch Geschein genannt: Die Rebe ist eine zwitterblütige Pflanze. Jedes Geschein enthält männliche und weibliche Blüten zugleich. Gescheine sind umgewandelte Ranken. Aus ihnen sollen sich später die Trauben entwickeln.

3 Fruchtansatz: erstes Stadium der Beerenbildung nach der Blüte.

4 Grüne Traube, noch vom Chlorophyll geprägt: ein Zwischenstadium bei der Fruchtentwicklung.

5 Färbung, auch Véraison genannt: Übergang von der grünen zur blauen Färbung. Erfolgt meist im Juli, wenn ein bestimmter Zuckergehalt in der Beere überschritten ist.

6 Reife Traube: Endstadium des Reifeprozesses der Rebe.

7 Geiztriebe, auch Wasserschosse genannt: unerwünschte Triebe, die sich meist im alten Holz entwickeln, gelegentlich auch kleine Früchte tragen, die aber sauer bleiben und nicht geerntet werden dürfen. In der Regel werden im Sommer Geiztriebe entfernt.

8 Ranken: Kletterorgan der Rebe, genealogisch früher entwickelt als die Gescheine. Umklammern jeden Widerstand. Nach der Lese verholzen sie.

9 Blatt: Atmungsorgan der Rebe, das auch der Ernährung dient. Ist von Rebsorte zu Rebsorte unterschiedlich eingebuchtet und gezackt.

10 Rebstamm, auch altes Holz genannt: schwächster Teil der Rebe, wird durch das starke Wurzelwerk ausgeglichen.

11 Rebschenkel, auch zweijähriges Holz genannt: Dort entwickeln sich die Fruchtruten.

12 Fruchtruten, auch einjähriges Holz genannt: An ihnen entwickeln sich die Augen, aus denen Blätter und Trauben wachsen.

13 Tag- oder Tauwurzeln: dienen der Aufnahme von Oberflächen-Niederschlag. Werden beim Pflügen der Rebzeilen zerstört, wachsen aber schnell wieder nach.

14 Unterirdischer Stamm: verankert den Rebstock fest im Boden.

15 Fußwurzeln: dienen der Nährstoff- und Feuchtigkeitssuche. Speichern vor der Winterruhe noch große Mengen von Kohlenhydraten zur Ernährung.

Woher der Geschmack kommt

Eine Beere besteht zu 90 Prozent aus Wasser. Die restlichen zehn Prozent bewirken, daß ein edles Getränk aus ihr wird.

Die Traube ist die Frucht der Weinrebe. Über sie ist wenig zu berichten. An ihrem Stielgerüst (auch Kamm oder Rappen genannt) sitzen im Herbst 80 bis 150 Beeren, entsprechend der Größe der Traube. Diese variiert von Sorte zu Sorte. Riesling und Pinot Noir haben sehr kleine, kompakte Trauben. Die Picolit-Traube aus dem italienischen Friaul, aus der teure Dessertweine erzeugt werden, bringt meist nur 50 kleine Beeren hervor, die auch noch locker und unregelmäßig an den Stielenden sitzen. Die Sorte neigt zum „Verrieseln": Nur ein kleiner Teil der Blüten wird befruchtet. Die weiße Ugni Blanc, aus der der Grundwein für die Cognac-Herstellung gewonnen wird, ist dagegen von wesentlich üppigerem Wuchs und trägt bis zu 150 Beeren.

Weinbereitung ohne Stiele

Der Weinbauer erntet Trauben, braucht aber nur deren Beeren. Rote Trauben werden, kaum daß die Trauben am Weingut angekommen sind, sofort entrappt. Das heißt: Die Beeren werden vom Stielgerüst getrennt. Das Stielgerüst selbst wird – von wenigen Ausnahmen abgesehen – zur Weinerzeugung nicht benötigt. Es enthält hart und unreif schmeckende Tannine. Weiße Trauben werden meist mit den Stielen abgepreßt, der ablaufende Most aber ohne sie vergoren.

Weißwein aus roten Beeren

Art und Qualität des Weins hängen von der Beschaffenheit der Beeren ab. Ihr Fruchtfleisch enthält den zuckerreichen Most, der vergoren wird. Der Saft hat übrigens eine graugrüne Farbe, gleich, ob es sich um weiße oder rote Beeren handelt. Rot wird ein Wein nur dadurch, daß die Schalen mitvergoren werden. Sie enthalten die Farbpigmente. Wer den Saft roter Beeren ohne die Schalen vergärt, erhält Weißwein (außer bei speziell gezüchteten Hybridreben wie der rotfleischigen Teinturier-Rebe). Das geschieht zum Beispiel in der Champagnerproduktion. Zwei der Trauben, aus denen dieser Schaumwein traditionell hergestellt wird (Pinot Noir, Pinot Meunier), tragen rote Beeren. Sie werden zu Weißwein verarbeitet.

Der Saft weißer Trauben ergibt weißen Most, der Saft roter Trauben ebenfalls. Deshalb kann aus roten Trauben Weißwein gekeltert werden. Rotwein entsteht nur, wenn die Schalen der roten Trauben mitvergoren werden.

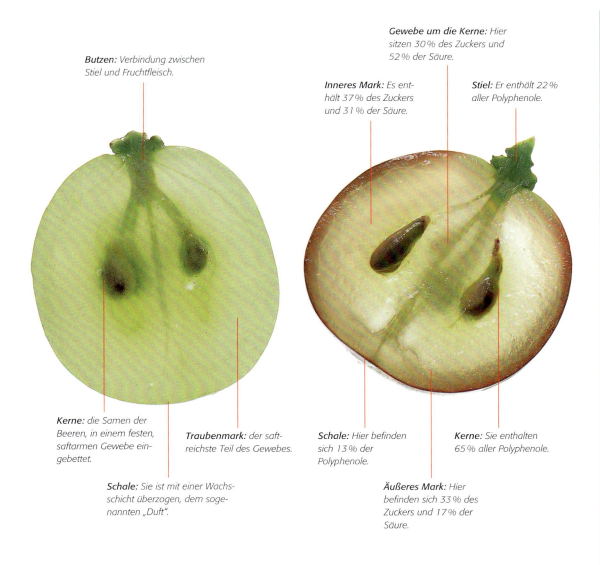

Butzen: Verbindung zwischen Stiel und Fruchtfleisch.

Gewebe um die Kerne: Hier sitzen 30 % des Zuckers und 52 % der Säure.

Inneres Mark: Es enthält 37 % des Zuckers und 31 % der Säure.

Stiel: Er enthält 22 % aller Polyphenole.

Kerne: die Samen der Beeren, in einem festen, saftarmen Gewebe eingebettet.

Traubenmark: der saftreichste Teil des Gewebes.

Schale: Hier befinden sich 13 % der Polyphenole.

Kerne: Sie enthalten 65 % aller Polyphenole.

Schale: Sie ist mit einer Wachsschicht überzogen, dem sogenannten „Duft".

Äußeres Mark: Hier befinden sich 33 % des Zuckers und 17 % der Säure.

Die Anthocyane

Die blauen Farbpigmente der Beere werden Anthocyane genannt. Sie sitzen fast ausschließlich in der Schale und sind vor allem in Alkohol, etwas schwerer auch in Wasser löslich. Deshalb genügt es, daß Rotweinmost vor der Gärung, wenn der Zucker noch nicht in Alkohol transformiert worden ist, einige Stunden Kontakt mit den Schalen hat, um die hellrote Tönung für Roséweine hervorzurufen. Die Schale weißer Beeren enthält keine Anthocyane, dafür Flavone, die gelbe Pigmente enthalten. Weißweine, die ein paar Stunden Schalenkontakt gehabt haben, tendieren daher farblich ins Zitronen- oder Goldgelb.

Die Tannine

Tannin (oder Gerbstoff) ist eine geruchlose phenolische Verbindung, die leicht bitter schmeckt und die Zunge zusammenzieht (adstringierender Geschmack). Es sitzt in der Schale, aber auch in den Traubenkernen und in den Kämmen. In Weißweinen ist Tannin unerwünscht und nur in unbedeutenden Mengen enthalten. In Rotweinen ist Tannin dagegen ein erwünschtes Element, weil es dem Wein Komplexität gibt und ihn altersbeständig macht. Es bindet den Sauerstoff, der in die Flasche dringt, so daß dieser den Wein nicht so schnell verderben kann.

Die Geschmacksstoffe

Es gibt flüchtige und nichtflüchtige Geschmacksstoffe. Zu den flüchtigen, also duftenden, gehören zum Beispiel Methoxypyrazin, das für den krautigpfeffrigen Duft des Cabernet Sauvignon verantwortlich ist, Nerol für den blumig-muskatartigen Duft des Riesling, Megastigmatrienon für den Tabak- und Ledergeschmack eines Brunello di Montalcino. Die nichtflüchtigen geben dem Wein seinen Geschmack. Einige dieser Geschmacksstoffe sind zum Beispiel an Zuckermoleküle gebunden und entwickeln sich erst mit zunehmender Alterung des Weins.

Qualität steckt in der Schale

Wichtiger als die Größe der Trauben ist die Größe der Beeren. Weintrauben, die als Tafelobst dienen, haben dicke, runde Beeren, die bis zu 15 Gramm wiegen und viel Saft enthalten. So schmecken sie dem, der sie ißt, am besten. Einige Trauben, die für die Weinbereitung benutzt werden, haben ebenfalls relativ dicke Beeren. Entsprechend groß ist die Mostausbeute, wenn sie abgepreßt werden. Darüber freuen sich vor allem die Massenweinwinzer. Alle höherwertigen Rebsorten haben dagegen kleine Beeren, die nur ein bis zwei Gramm wiegen. Die Mostausbeute ist gering, die Inhaltsstoffe sind entsprechend konzentriert. Vor allem haben viele dieser Beeren eine dicke Schale. Sie enthält jene Stoffe, die die Qualität des Weins ausmachen – vom Zucker einmal abgesehen – die Phenole.

Auf die Phenole kommt es an

Die Schale enthält den größten Teil der Phenole. Phenole umfassen die Farbpigmente, die Tannine und einen Teil der Geschmacksstoffe. Deshalb lautet der Sammelbegriff Polyphenole. Polyphenole sind Sauerstoff-Wasserstoff-Moleküle, die polymerisieren und immer neue Verbindungen eingehen. Im Saft einer Weinbeere finden sich unzählige Phenolverbindungen. Grundsätzlich weisen rote Beeren einen größeren Anteil an Phenolen auf als weiße. Besonders Rotweinwinzer bemühen sich, Trauben mit möglichst hohem Phenolgehalt zu erzeugen, um farb- und geschmacksintensive, gerbstoffreiche Weine zu erhalten. Der größte Anteil an Phenolen befindet sich in den Traubenkernen. Deren Phenole sind jedoch wenig erwünscht. Die für den Rotwein feinsten Phenole sitzen in der Schale der Beere.

Warme Tage, kühle Nächte

Die Franzosen sagen: Große Weine wachsen an großen Flüssen. In Wirklichkeit brauchen große Weine mehr als nahes Wasser: warme Hänge, trockene Böden und viel Licht.

Die Rebe braucht vor allem Wärme und Licht. Licht fördert die Assimilation der Blätter, Wärme beschleunigt den Vegetationszyklus und damit die Traubenreife. Die optimale Temperatur für das Wachstum der Rebe liegt, so haben Wissenschaftler der Forschungsanstalt Geisenheim ermittelt, zwischen 25° und 28°C. Diese Voraussetzungen erfüllen die meisten Anbaugebiete nur wenige Wochen im Jahr. Deshalb sind große Weine rar. Sie wachsen nur in wenigen, begünstigten Landstrichen oder in kleinen ökologischen Nischen. Oft entscheidet die Landschaftsgestalt darüber, inwieweit diese Voraussetzungen erfüllt werden. Dabei können winzige Details ausschlaggebend sein, ob ein guter oder ein großer Wein entstehen kann.

Die Höhenlage

Die Höhe der Weinberge beeinflußt maßgeblich die Temperatur im Weinberg. Mit zunehmender Höhe sinken die Temperaturen. Konkret: Pro 100 Meter Höhenunterschied nehmen sie um 0,6°C ab. In heißen Anbauzonen wie dem libanesischen Bekaa-Tal stehen die Reben deshalb auf 1000 Meter Höhe. Die höchsten Weinberge der spanischen Ribera del Duero ziehen sich bis auf 800 Meter hin. Einige der besten Weine Siziliens wachsen in 600 Meter Höhe. Auch in Australien, Südafrika, Chile und Kalifornien zieht sich der Weinbau zunehmend in hohe, kühlere Lagen zurück. Im Gegensatz dazu kommt es in

Thermik einer Weinberglandschaft:
Gelb: *Die Sonne fällt am Steilhang fast im 90-Grad-Winkel ein: optimale Wärmeausnutzung.*
Blau: *Von der Hochebene fällt nachts kühle Luft ins Flußtal ab. Das Fließgewässer trägt die kühle Luft fort.*
Rot: *Wasser kühlt langsamer ab als Luft. Im Herbst profitieren die Reben von der Strahlungswärme des Flusses.*

vielen europäischen Anbaugebieten mit kühlem, kontinentalen Klima eher darauf an, jedes Grad Wärme auszunutzen. Dort befinden sich die Weinberge zwischen 50 und 450 Meter über dem Meeresspiegel.

Die Hanglage

Der Hang ist die ideale Weinberglage. Die Böden sind in der Regel flachgründig und karg. Die Sonne hat einen günstigen Einfallswinkel. Außerdem herrscht am Hang eine Thermik, die eine kontinuierliche Wärmezufuhr garantiert. Die kalten Luftströmungen fallen nachts von der Hanghöhe hinab ins Tal, wo sie tagsüber wieder erwärmt werden. Die sich morgens erwärmende Talluft klettert dann die Hänge hinauf. Dieser Kreislauf ist vor allem für Weißweine wichtig. Der Riesling im Elsaß, an Mosel und Rhein sowie in der Wachau braucht den Wechsel zwischen Wärme tagsüber und nächtlicher Kühle, um möglichst wenig Säure zu verlieren. In kühlen Anbauzonen kann von den Kaltluftströmungen aber auch Gefahr ausgehen. Nicht nur in Deutschland, Österreich und im Elsaß, sondern auch in der Champagne und teilweise im Burgund werden die Kuppen der Hügel mit Wald bepflanzt, um den Zustrom kalter Luft zu bremsen und ein allzu starkes Absinken der Mostgewichte zu verhindern.

Die Sonneneinstrahlung

Die Hanglage bietet noch andere Vorteile – zumindest in den gemäßigten Zonen. Die Sonneneinstrahlung ist dort wesentlich größer als in Flachlagen, und jede Kalorie Wärme mehr kann von entscheidender Bedeutung sein. Die maximale Wärmeabgabe erfolgt bei einem Einstrahlwinkel von 90°. Dieser Wert wird jedoch nur in wenigen Steillagen erreicht. Je mehr sich die Neigung des Hangs diesem Wert nähert, desto mehr Sonne erhält er. Die Sonne erwärmt den Boden, und die Bodenwärme strahlt auf die Trauben ab – zumindest auf steinigen Böden.

Die Gewässernähe

Die Nähe zu Flüssen, Seen oder Meeren ist für Reben vor allem deshalb wichtig, weil die Wasseroberfläche das Licht reflektiert. Licht ist für die Photosynthese und damit für die Assimilation der Blätter immens

wichtig. Bei 20 000 Lux erreicht sie ihren besten Wirkungsgrad. Diese Lichtmenge ist auch bei leichter Bewölkung vorhanden. Bei starker Bewölkung bleibt sie mehr oder minder deutlich unter diesem Wert. In Anbaugebieten mit kühlem atlantischen oder kontinentalen Klima ist die lichtbündelnde Wirkung der Gewässer daher von großer Bedeutung – auch dann, wenn die Distanz zwischen Gewässer und Weinberg mehrere Kilometer beträgt. Liegen Weinberg und Gewässer unmittelbar nebeneinander, hat das Gewässer außerdem eine wärmespeichernde Wirkung – zumindest während der warmen Jahreszeit. Das heißt: Das Wasser strahlt abends und nachts, wenn die Luft abkühlt, Wärme direkt in die Weinberge ab. Dafür besteht im Winter, wenn das Wasser kühler ist als die Luft, in Flußnähe oft Frostgefahr.

Je steiler der Hang, desto besser die Wärmeausnutzung.

Die Morphologie der Weinberge

Flachlage (0 bis 20 % Steigung)

schwache Hanglage (21 bis 30 % Steigung)

mittlere Hanglage (31 bis 40 % Steigung)

starke Hanglage (41 bis 50 % Steigung)

Steillage (51 % und mehr Steigung)

Die Klimatypen

Nördliches Klima
In nordeuropäischen Anbaugebieten herrschendes, kühles Klima mit atlantischen Einflüssen und häufig nicht mehr als 1300 Sonnenstunden im Jahr. Die Sommer sind kurz und warm, die Winter kalt und ziehen sich, wie in der Champagne und in Deutschland, bis weit ins Frühjahr hinein.

Kontinentales Klima
Vor allem im mitteleuropäischen Binnenland anzutreffendes Klima, das durch große Unterschiede zwischen Jahreshöchst- und Jahrestiefsttemperaturen charakterisiert ist.

Maritimes Klima
Gleichmäßig warmes Klima mit geringen Schwankungen zwischen Sommer und Winter. Vor allem in meernahen Weinanbaugebieten und in vielen Weinländern auf der südlichen Erdhalbkugel anzutreffen.

Mediterranes Klima
Im ganzen Mittelmeerraum vorherrschendes Klima mit warmen, trockenen Sommern und kühlen, feuchten Wintern. Ideales Weinbauklima.

Trockenklima
Sehr warmes Klima mit ganz geringen Niederschlägen. Ohne regelmäßige Beregnung ist kein Weinbau möglich. Typisch für Teile Südaustraliens, Südafrikas, Chiles und das kalifornische Central Valley.

Durchschnittliche Sonnenscheindauer zwischen April und September (in Stunden)

Jerez (Spanien)	1930
Alicante (Spanien)	1847
Oran (Algerien)	1784
Patras (Griechenland)	1778
Montpellier (Frankreich)	1771
Florenz (Italien)	1697
Mendoza (Argentinien)	1688
Palermo (Italien)	1619
Perpignan (Frankreich)	1619
Adelaide (Australien)	1544
Dijon (Frankreich)	1433
Bordeaux (Frankreich)	1252
Reims (Frankreich)	1226

Grund für Spitzenqualität

Kiesboden im Médoc
Die feinsteinigen, wasserdurchlässigen Böden des Médoc bestehen aus kalkhaltigem Flußkiesel. Er enthält wenig Nährstoffe, so daß die Rebe tief wurzeln muß, um an Nährstoffe und Feuchtigkeit zu kommen. Unter dem Kies befindet sich eine dünne Mergelschicht, die ihrerseits auf einem dicken Kalkbett liegt. Bis dahin muß die Rebe wachsen, um an Nahrung zu kommen.

Kalkboden in der Champagne
Kalk gilt als idealer Untergrund für Pinot Noir und Chardonnay. Die Kalkschicht beginnt einen halben Meter unter der humushaltigen Deckerde. Sie besteht teils aus lockerer Belemnitkreide, teils aus festem, karbonathaltigem Kalkgestein. Das Kalkbett ist 65 Millionen Jahre alt. Die Wurzeln der Reben dringen tief in den Kalk ein, der stellenweise 20 Meter stark ist.

Der Boden prägt den Charakter des Weins, sagen die Franzosen. Doch welcher Boden den besten Wein ergibt, hat noch kein Wissenschaftler der Erde herausgefunden. Ein Privileg des besten Bodens gibt es nicht.

Der Grund, auf dem die Rebe wächst, ist von großer Bedeutung für Art und Qualität des späteren Weins. Was aber genau die Eignung eines Bodens ausmacht, darüber sind sich Wissenschaftler und Praktiker uneins. Franzosen und Deutsche gehen davon aus, daß die Zusammensetzung des Bodens, insbesondere die mineralische Zusammensetzung, den Stil und Charakter eines Weins prägen: ob er auf Löß oder Granit, Buntsandstein oder Kalk gewachsen ist. Amerikaner und Australier neigen eher zu der Ansicht, daß Aufbau und Struktur des Bodens, weniger seine mineralische und organische Zusammensetzung, Charakter und Qualität des Weins ausmachen.

Prägt der Boden den Weingeschmack?

Für die europäische Auffassung sprechen viele Gründe. Die besten Pinot Noir der Welt gedeihen auf Kalkböden der Côte d'Or im Burgund. Die Weine von Pouilly verdanken ihre Eigenart den mit Silex (Feuerstein) durchmischten Kalkböden an den Hängen der Loire. Einige Grands Crus aus dem Elsaß erhalten ihr charakteristisches mineralisches Bouquet nur auf den Gneis-Verwitterungsböden am Fuße der Vogesen. Den deutschen Rieslingen von der Mittelmosel, wo der blaue Devon-Schiefer vorherrscht, wird sogar ein typisches Schiefer-Bouquet nachgesagt.

Qualität kennt viele Böden

Die Winzer der Neuen Welt haben freilich auch nicht unrecht. Riesling, Sauvignon Blanc und Pinot Noir wachsen auf ganz anderen Böden und ergeben dort gute bis sehr gute, charaktervolle Weine. Ganz zu schweigen von Cabernet Sauvignon und Chardonnay: Nicht nur einmal haben kalifornische Weine aus

Schieferboden an der Mosel
Die besten Weinhänge der Mittel-mosel bestehen aus Schiefer. Der Schiefer stammt aus dem Paläozoi-kum und ist im Laufe von Jahrmillio-nen verwittert. Er erwärmt sich schnell und strahlt die Wärme in der Nacht wieder ab. Hochklassige Rieslinge, die auf diesen Böden wachsen, zeigen deutlich minerali-sche Nuancen im Bouquet – „Schie-fernoten" sagen die Moselwinzer.

Terra Rossa in Coonawarra
Coonawarra gilt als eines der besten Cabernet-Sauvignon- und Shiraz-Anbaugebiete Australiens – wenn nicht als das beste. Es besteht aus einem etwa 15 Kilometer lan-gen, schmalen Streifen hennaroter Erde. Unter ihr liegt eine wasser-speichernde Kalkschicht. Coona-warra liefert schwarzrote Weine mit süßem, weichen Tannin und einem Hauch von Minze in der Nase.

diesen Sorten die französischen Pendants in Blinddegustationen geschlagen oder waren ihnen zum Verwechseln ähnlich, obgleich die Böden im Napa Valley völlig verschieden, geradezu konträr zu denen des Médoc bezie-hungsweise der Côte de Beaune sind: Sie sind sauer, während jene stark kalkhaltig sind.

Viele Böden sind gut, einige besser
Tatsächlich schließen sich beide Auffassun-gen nicht aus. Um überhaupt Qualitätswein-bau zu betreiben, müssen bestimmte Voraus-setzungen vorhanden sein: leichte, warme, trockene Böden mit einer nicht zu großen, aber auch nicht zu geringen Menge an orga-nischen Stoffen, um ein gesundes vegetatives Wachstum zu ermöglichen. Zusätzlich kann ein bestimmter Bodentyp mit einer besonde-ren mineralischen Zusammensetzung für ei-ne Rebsorte förderlich beziehungsweise für die Finesse eines bestimmten Weines verant-wortlich sein: zum Beispiel Feuerstein an der Loire, Urgestein in der Wachau, Schiefer an der Mosel.

„Terroir" ist mehr als Boden
Die Qualitätsphilosophie der Europäer wurde von den Franzosen entwickelt und wird mit dem Begriff „terroir" beschrieben. „Terroir" ist mehr als Boden. Bruno Prats, Eigner von Château Cos d'Estournel in St-Estèphe, hat die Qualitätsphilosophie einmal so formuliert: „Eine unendliche Anzahl von Faktoren beein-flußt den Wein: Tag- und Nachttemperaturen, Verteilung der Niederschläge auf das Jahr, Anzahl der Sonnenstunden, Tiefgründigkeit des Bodens, sein pH-Wert, sein Wasserrück-haltevermögen, seine mineralische Zusam-mensetzung, die Oberflächengestalt der Land-schaft, die Sonnenausrichtung – um nur eini-ge dieser Faktoren zu nennen. Das Wirkungs-gefüge all dieser Faktoren zusammen nennen wir in Frankreich 'terroir'."

Von der Arbeit im Weinberg

Der Weinberg ist die Keimzelle der Qualität.
Nachdem es in den 1970er und 1980er Jahren
dieses Jahrhunderts vielen Weingutbesitzern
gefiel, in schicke Keller und moderne Keller-
technologie zu investieren, besinnen sie sich
inzwischen wieder verstärkt auf die Wurzeln der
Qualität: die Bearbeitung des Weinbergs. Dabei –
und nicht bei der Kellerarbeit – entscheidet sich,
ob das Qualitätspotential, das im Boden steckt,
ausgeschöpft wird oder nicht. Bei der Bodenpflege
und der Rebenerziehung, beim Rebschnitt und bei
der Schädlingsbekämpfung werden die Voraussetzungen dafür gelegt, daß aus mittelmäßigen
Weinen gute Weine, aus guten sehr gute und aus
sehr guten große Weine werden können. Die Lese
ist dann der Höhepunkt des Weinjahres. Da entscheidet sich, ob es gelingt, die mühsam der Natur
abgetrotzten Qualitäten unbeschadet in den Keller
zu bringen. Je besser der Wein ist, desto weniger
läßt sich die Weinbergarbeit mechanisieren. Der
Schweiß auf der Stirn des Weinbauern, der die
Lesebütten wegschleppt, und der dampfende Leib
des Pferdes, das vor dem Pflug geht (hier: Château
Magdelaine, St-Emilion) – sie sind es, die den
Preis des Weins ausmachen.

Triumph der Intensivkulturen

Im modernen Weinberg herrscht Ordnung. Die Rebzeilen sind wie mit dem Kamm gezogen, die Menge der Blätter ist genau kalkuliert. Doch nicht alles, was modern aussieht, dient ausschließlich der Qualität. Ein Weinberg muß auch so angelegt sein, daß er kostengünstig bearbeitet werden kann. Sonst wird der Wein unbezahlbar.

Weinberge werden heute überall auf der Welt als Monokulturen angelegt. Rebe steht neben Rebe, andere Kulturpflanzen werden im Weinberg nicht geduldet. Solch ein Intensiv-Weinbau ist nicht unproblematisch. Er ist extrem krankheits- und schädlingsanfällig und verlangt einen umfassenden Pflanzenschutz. Es gibt ihn auch noch nicht sehr lange. Im Médoc standen bis ins 19. Jahrhundert hinein Getreidefelder neben Rebanlagen. An Rhône, Rhein und Etsch wuchsen Obstbäume zwischen den Rebzeilen. In der Steiermark und im Friaul liefen Hühner und Ziegen unter den Reben. In Mittelitalien, insbesondere in der Toskana, herrschten bis 1960 noch gemischte Rebkulturen vor: Zwischen den Rebzeilen wurde Hafer oder Weizen ausgesät, nach je fünf Rebstöcken ein Olivenbaum gepflanzt. Teilweise rankten sich die Reben an Maulbeerbäumen oder Ulmen empor.

Der moderne Weinberg

Seit die Arbeit knapp und teuer geworden ist, sind die Mischkulturen aus dem Bild der Weinanbaugebiete verschwunden. Die neuen Rebkulturen wurden maschinengerecht angelegt. Der Abstand der Rebzeilen entspricht der Spurweite des Traktors. Die Rebzeilen selbst verlaufen meist senkrecht zum Hang, damit die Wärme von unten nach oben steigen kann, oder quer zur Hauptwindrichtung, damit der Wind die gestaute Wärme nicht herausbläst. Die Anzahl der Drähte, an denen sich die Rebe hochranken soll, ist auf die gewünschte Größe der Laubwand zugeschnitten. Aus der Größe der Laubwand errechnet sich die maximale Anzahl der Trauben. Wie tief die Trauben schließlich hängen, ist ebenfalls genau vorausberechnet: so tief, daß das Laub keinen Schatten auf sie werfen kann, so hoch, daß die Bodenfeuchtigkeit nicht zu Schimmelbildung führt. Auch das Erziehungssystem, die Düngergaben, die Auswahl der Klone einer Sorte − alles ist mathematisch genau auf die quantitativen und qualitativen Vorgaben abgestimmt.

Die Bestockungsdichte

Die vielleicht wichtigste Frage eines qualitätsorientierten Weinbaus ist, wieviel Rebstöcke pro Hektar gepflanzt werden sollen. Wissenschaftler sind sich nämlich einig, daß die Qualität des Weins nicht primär von einem niedrigen Traubenertrag pro Hektar Weinberg, sondern von einem niedrigen Ertrag pro Rebstock abhängt. In den Grand-Cru-Lagen Bordeaux', Burgunds und der Champagne tragen die Rebstöcke kaum mehr als ein halbes Kilo Fruchtgewicht. Das entspricht einer einzigen kleinen Traube. Der Minderertrag pro Stock wird durch eine entsprechend große Zahl von Rebstöcken kompensiert. Auf einem Hektar stehen dort oft 10 000 Rebstöcke, bisweilen auch mehr. Die Bearbeitung eines solchen Weinbergs ist aufwendig. Für herkömmliche Trakto-

__1100 Reben pro Hektar__
Viele spanische Weinberge sind noch im traditionellen Weitstand angelegt – wie hier in Zamora. Der Abstand von Rebe zu Rebe beträgt 2,50 Meter, die Breite des Zwischenraums zwischen den Rebzeilen 3,50 Meter. Das bedeutet: wenige Reben pro Hektar Land, aber jede Rebe trägt viele Trauben. Das mag gut für Tafel- und Landweine sein, Spitzenweine werden dagegen kaum aus solchen Weinbergen im Weitstand kommen.

3500 Reben pro Hektar

Die Weinberge in zahlreichen Qualitäts-wein-Anbaugebieten der Welt (hier: Alexander Valley, Kalifornien) sind so angelegt, daß sie mit herkömmlichen Maschinen bearbeitbar sind. Die Anzahl der Rebstöcke schwankt zwischen 2300 und 3500. Das heißt: Die Reben stehen in einem Abstand von 1,50 Meter, die Wegbreite beträgt 1,90 Meter. In solchen Weinbergen werden gute bis sehr gute Weine erzeugt.

ren sind die Rebzeilen zu eng. Ein großer Teil der Arbeit muß per Hand erfolgen. Die höheren Kosten werden allerdings durch bessere Qualität und höhere Preise wettgemacht.

Nicht nur in Frankreich, sondern auch in einigen hochklassigen Weinanbaugebieten anderer Länder werden neue Weinberge heute wieder dichter bepflanzt als in der Vergangenheit. In den wärmeren Zonen des Mittelmeers geht man auf 4500 bis 6000 Stöcke, um qualitativ bessere Trauben zu bekommen. Einige alte Weinberge an Mosel und Saar, die aus der Zeit vor der Mechanisierung stammen, sind noch mit 8000 oder 12000 Rebstöcken pro Hektar bepflanzt. Denn Dichtstand hat Tradition. Im letzten Jahrhundert, als die Weinberge noch mit Pferden oder Maultieren bearbeitet wurden, standen oftmals 20000 Reben auf einem Hektar. In der Antike pflanzten die Römer sogar bis zu 35000 Stöcke.

10000 Reben pro Hektar

Typischer Dichtstand-Weinberg in der Champagne. Der Abstand der Reben voneinander beträgt nur einen Meter, die Breite der Wege zwischen den Zeilen ebenfalls nur einen Meter. Entsprechend groß ist die Nahrungskonkurrenz. Sie zwingt die Reben, tief zu wurzeln und ihre Trauben dicht am Stamm zu bilden, damit die Transportwege für die Nahrung kurz bleiben. Für die Bearbeitung solcher Weinberge haben die Franzosen eigens schmale, hochrädrige Traktoren („enjambeurs") entwickelt.

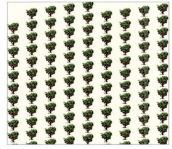

Wachstum nach Vorschrift

Gobelet-System: ältestes Reben-Erziehungssystem, nur im Qualitätsweinbau verbreitet.

Guyot-System: klassische Drahtrahmenerziehung, die das Wachstum der Rebe begrenzt.

Reben sind Kletterpflanzen. Sie brauchen zum Wachsen Kletterhilfen: Stützpfähle, gespannte Drähte, Holzgestelle. Die Art, wie diese Kletterhilfen konstruiert sind, entscheidet darüber, ob die Rebe viele oder wenige Trauben trägt.

Es gibt Dutzende Rebenerziehungssysteme. Die Art, wie sie konzipiert sind, hängt von den Klimaverhältnissen, von der Bodenbeschaffenheit und davon ab, ob die Reben von Hand oder mechanisch bearbeitet werden sollen. Auch hat fast jedes Weinanbaugebiet seine eigenen Traditionen, was die Rebenerziehung angeht. Genaugenommen sind die meisten Erziehungssysteme nur Varianten von drei Grundtypen der Rebenerziehung.

Gobelet-System

Das älteste, noch immer praktizierte System zur Erziehung von Reben: wahrscheinlich in der Antike von den Griechen erfunden, später von den Römern übernommen und noch heute im Mittelmeerraum weit verbreitet. Man findet es in ganz Südfrankreich, an der Rhône, bis ins Beaujolais hinein, dazu in Spanien und teilweise in Süditalien (Apulien und Sizilien). Der Rebstamm wird sehr kurz gehalten. Er mißt 30 bis 65 Zentimeter. Die Rebe wird so geschnitten, daß nur drei nach oben wachsende Schenkel bleiben. Im Herbst biegen sie sich unter dem Gewicht der Trauben nach unten wie die Rippen eines aufgespannten Regenschirms.

Andere Bezeichnungen: Goblet, Bäumchen, alberello, en vaso, bush vines.

Stützen: einzelstehende Pfähle oder ohne Stützen.

Anschnitt: kurz, nur wenige Augen werden stehengelassen.

Bewertung: geringe Erträge, daher für den Massenweinbau nicht geeignet, im Qualitätsweinbau der warmen Regionen wieder im Kommen.

Guyot-System

Das im europäischen Qualitätsweinbau am häufigsten praktizierte Erziehungssystem. Es wird in Bordeaux sowie in großen Teilen Burgunds, der Côte Rôtie, der Loire, des Elsaß, aber auch in den wichtigsten Weinbaugebieten Italiens (Toskana, Piemont), Spaniens und teilweise in Deutschland und Österreich angewendet. Dabei ranken sich die Reben an Drähten empor. Zunächst wird beim winterlichen Rebschnitt eine Fruchtrute stehengelassen (die dem Stamm am zweitnächsten befindliche), auf sechs bis fünfzehn Augen angeschnitten, gebogen und am untersten Draht festgebunden. Sie soll die Trauben tragen. Die dem Stamm am nächsten wachsende Fruchtrute wird auf zwei Augen angeschnitten. Sie trägt im darauffolgenden Jahr die Früchte. Der Stamm kann nur 30 Zentimeter, aber auch 80 Zentimeter hoch sein.

Stützen: Drahtrahmen.

Anschnitt: auf sechs bis 15 Augen.

Bewertung: je nach Anschnitt geringe bis mittlere Erträge möglich. Werden zwei Fruchtruten stehengelassen, sind auch hohe Erträge möglich.

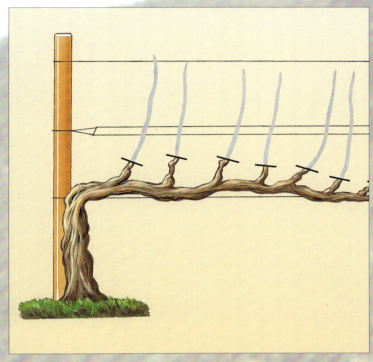

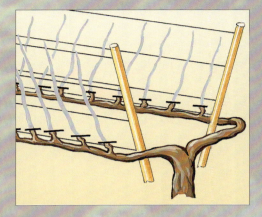

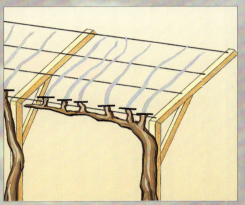

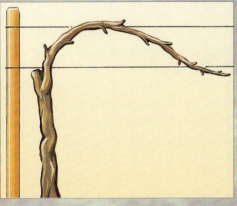

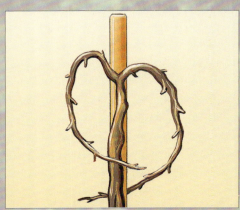

Cordon-Erziehung: rationelle, auch für maschinelle Rebenpflege geeignete Erziehung.

Cordon-Erziehung

Die Cordon-Erziehung ist das weltweit verbreitetste Rebenerziehungssystem. Es hat den Vorteil, daß der Rebschnitt und das Aufbinden der Rebschenkel relativ leicht sind und keine großen handwerklichen Fähigkeiten erfordern – bei zunehmender Verknappung von erfahrenen Weinbergarbeitern ein wichtiger Gesichtspunkt. Zudem können Reben im Cordon-System leicht mechanisch beschnitten und später auch mechanisch geerntet werden. Bei der Cordon-Erziehung werden ein oder zwei Rebschenkel permanent stehengelassen und an den Draht gebunden. Die Cordon-Erziehung ist in Nord- und Südamerika, in Südafrika, Australien und Neuseeland weit verbreitet. Aber auch in Europa, vor allem in einigen Weindörfern Burgunds (Chassagne-Montrachet), werden die Reben nach diesem System erzogen.

Stützen: Drahtrahmen.

Anschnitt: auf zwei bis fünf Augen, je nach erwünschten Traubenerträgen.

Bewertung: Erziehungssystem, das auch in der Massenproduktion praktiziert wird.

Andere Reben-Erziehungssysteme:

Lyra: Junges, erfolgreiches, in Bordeaux entwickeltes System in der Form eines Y. Vorteile: doppelte Laubwand, die Trauben erhalten mehr Sonne.

Pergola: Altes Erziehungssystem, bei dem sich die Reben an laubenartigen Holzgestellen ranken. Vor allem in einigen Alpentälern (Südtirol, Trentino, Valpolicella) verbreitet. Nachteil: zuviele Trauben pro Rebe.

Bogenerziehung: Vor allem in Deutschland weit verbreitetes Erziehungssystem, das es als Flachbogen, Halbbogen und Pendelbogen gibt. Vorteil: leicht zu bearbeiten, allerdings kann das Holz beim Aufbinden leicht brechen.

Ganzbogenerziehung: Traditionelle Pfahlerziehung, die an Mosel, Saar und Ruwer weit verbreitet ist. Vorteile: die Trauben hängen dicht am Boden, bekommen viel Wärme und Sonne.

Der Hochleistungsweinberg

Rebveredelung

Neue Weinberge werden heute mit veredelten Reben bestockt. Sie bestehen aus einer Unterlagsrebe und einem darauf gepfropften Edelreis. Das Edelreis enthält die genetischen Anlagen der Rebsorte, die Unterlagsrebe die Anlagen für das Wurzelwerk. Diese sollten genau auf die Bodenbeschaffenheit abgestimmt sein. Die Unterlagsrebe selbst kann von einer beliebigen anderen Rebsorte stammen. Sie muß nur reblausresistent und virenfrei sein. Mit Maschinen wird ein Schnittprofil ausgestanzt, so daß die beiden Teile nahtlos zusammengefügt werden können. Diese Arbeit übernehmen meist die Rebschulen. Als Schutz vor Infektionen wird die Schnittstelle mit Paraffin überzogen. Im Frühjahr, wenn die Rebe austreibt, durchbricht das Blatt die Paraffinschicht. Spitzenweingüter, die ihr hochwertiges genetisches Rebenpotential erhalten

wollen, entnehmen die Edelreise den eigenen Rebgärten und pfropfen sie auf ausgewählte Unterlagen (unten: Romanée Conti). In Kalifornien werden zum Beispiel viele Cabernet-Sauvignon-Reben per Umpfropfen durch Merlot ersetzt, im Chianti

viele Weißweinreben durch rote Sangiovese-Reben. Drei Jahre nach dem Umpfropfen können die Reben zum ersten Mal abgeerntet werden.

Bordelaiser Brühe statt synthetischer Chemie: Seit hundert Jahren wird die Rebe mit einer Kupfersulfat-Lösung gegen Pilzbefall gestärkt.

Der moderne Weinberg ist eine Intensivkultur. Ohne regulierende Eingriffe von außen ist das biologische und ökologische System nicht im Gleichgewicht zu halten. Das wichtigste Eingriffsgebiet ist der Boden.

Im Frühjahr oder im Sommer wird der Boden zwischen den Rebzeilen rigolt (gepflügt). Diese Maßnahme dient dazu, den Boden zu belüften und das Unkraut unterzumulchen. Vor allem in der trockenen Jahreszeit stehen wilde Gräser in ernster Wasserkonkurrenz zu den Reben. Sie absorbieren die Oberflächenfeuchtigkeit. Das Untermulchen geschieht mit Hilfe eines Grubbers oder einer Pflugschar. Früher wurden sie von Pferden, Maultieren oder Ochsen gezogen, heute von Traktoren. Lediglich in sehr steilen Lagen, etwa an der Mosel oder der Côte Rôtie, werden die Hänge mit Seilzuganlagen bearbeitet. Teilweise wird der Boden noch mit der Hacke gelüftet.

Mulchen

Beim Umpflügen des Bodens werden die Tag- und Tauwurzeln der Reben zerstört. Dadurch wird der Rebpflanze aber kein Schaden zugefügt. Es führt zu einem verstärkten Wachstum der Fußwurzel. Ein anderer Vorteil ist, daß die Rebe in einem regnerischen Herbst mangels Oberflächenwurzeln weniger Feuchtigkeit aufnehmen kann. In der Reifephase würden die Beeren dann anschwellen und verwässern. Das Mulchen ist zugleich eine Art Grün-

düngung und dient somit der Humusbildung. In Massenwein-Anbaugebieten wird allerdings auf ein Mulchen verzichtet. Die Weinbauern verwenden chemische Unkrautvernichtungsmittel (Herbizide).

Ausgleichsdüngung

Die Rebe entnimmt, wie jede andere Pflanze, dem Boden Nährstoffe. Diese Nährstoffe müssen dem Boden wiedergegeben werden. In gewissen Abständen ist deshalb eine Düngung notwendig. Einige Weinbauern bringen – je nach Bodenbeschaffenheit – jährlich oder etwa alle drei Jahre Stallmist, Gründung, gehäckseltes Rebholz oder Stroh im Weinberg aus. Andere verwenden Kompost aus der städtischen Abfallwirtschaft. Die Anwendung von mineralischem Dünger wird im Qualitätsweinbau meist vermieden, kann aber notwendig werden, um bestimmten Böden Stickstoff, Kalium und Phosphat zurückzugeben.

Probleme der Überdüngung

Im Qualitätsweinbau dient die Düngung stets dem gesunden Wachstum der Rebe, nicht aber der Erhöhung der Traubenerträge. Sie heißt deshalb auch Ausgleichsdüngung. Eine Überdüngung der Böden, wie sie zu Zeiten der Massenweinproduktion in den 1960er und 1970er Jahren die Regel war und auch heute noch in einigen Gebieten üblich ist, führt zwar zu einer Steigerung der Traubenerträge, aber auch zu gravierenden Folgeproblemen. Die Mostgewichte verringern sich durch erhöhte Traubenproduktion. Die Trauben reifen verspätet oder unvollständig. Die

Säurewerte können sich absenken. Vor allem werden die Reben anfälliger gegen Krankheiten. Dazu kommt die ökologisch bedenkliche Grundwasserbelastung durch Nitratauswaschung.

Erosion

Da Weinbau häufig in Hanglagen stattfindet, wird die Oberflächenkrume ständig durch Regen und Wind zu Tal getragen. Im Burgund haben die Weinbauern früher die Erde in Körben wieder in den Hang zurückgetragen. In den Steillagen der Mosel, an der Rheinfront bei Nierstein und an der Côte Rôtie wird noch heute nach heftigen Regenfällen der ausgeschwemmte Boden eingesammelt und in den Hang zurückbefördert. Um die Erosion zu stoppen, wird in Weinbergen oft eine gezielte Oberflächenbegrünung vorgenommen. Sie hält den Boden am Hang. Die ausgesäten Gräser und Pflanzen müssen kurze Wurzeln haben, um den Reben nicht zuviel Feuchtigkeit wegzunehmen. Senfgras (im kalifornischen Napa Valley als Kulturpflanze zwischen den Reben angebaut) sowie Raps, Ölrettich und Klee sind typische Erosionsstopper. Winterroggen dient dazu, die Winderosion zu bremsen.

Schädlingsbekämpfung

Reben in Hochleistungs-Monokulturen sind anfällig für Pilzkrankheiten und Insektenbefall. Beide Kalamitäten können zu empfindlichen Einbußen bis hin zum Ertragsausfall führen. Mit Insektiziden und Fungiziden lassen sie sich erfolgreich bekämpfen. Allerdings ist diese Art der Schädlingsbekämpfung teuer, besonders wenn prophylaktisch gespritzt wird. Außerdem ist oft beobachtet worden, daß Reben oder Insekten schnell resistent gegen bestimmte Spritzgifte werden. Im folgenden Jahr kann es dann zu einer explosionsartigen Ausbreitung des Schadens kommen. Schließlich sind immer mehr Menschen der Meinung, daß für ein Genußmittel wie Wein die Natur nicht geschädigt werden dürfe. Viele Winzer stellen deshalb auf naturnahen Weinbau um, etwa Unterbrechung der Monokulturen. Der integrierte Weinbau versucht außerdem, durch Kontrolle des Insektenflugs und Einbeziehung von Wettervorhersagen einen möglichen Schädlingsbefall zu prognostizieren und solange das prophylaktische Spritzen zu unterlassen. Der biologische Weinbau spritzt mit einer weniger gefährlichen Kupfersulfat-Lösung („Bordelaiser Brühe"), die Blätter und Blüten abhärtet.

Beregnung

In Anbaugebieten, in denen Niederschläge nur im Winter fallen, müssen die Reben künstlich beregnet werden. Meist handelt es sich um eine Tropfberegnung. Dabei tritt aus einem fest in den Rebzeilen installierten Schlauch im Zehn- oder Zwanzig-Sekunden-Abstand ein Wassertropfen aus. Vor allem in den trockenen Sommermonaten kann eine solche Tropfberegnung notwendig sein. Sie dient nicht der Ertragssteigerung, sondern dem Überleben der Rebpflanze. Auch Neuanpflanzungen, die noch nicht im Ertrag sind, brauchen oft eine Tropfberegnung. Davon zu unterscheiden sind Bewässerungsanlagen, die ganze Rebstriche großflächig beregnen, um Traubenerträge von 200 Doppelzentnern pro Hektar und mehr zu ernten. Eine solche Bewässerung findet zum Beispiel im kalifornischen Central Valley, in den australischen Riverlands, im Norden Chiles und im südafrikanischen Robertson Valley statt.

Oben links: Schädlingsbekämpfung mit chemisch-synthetischen Spritzgiften ist einfach und bequem, aber umweltschädigend, teuer und langfristig wenig erfolgreich.

Oben rechts: Weinbergböden müssen gelüftet werden. In den Steillagen an der Mosel geschieht das mit Pflügen, die an Stahlseilen den Hang hochgezogen werden.

Unten links: Hohe Hektarerträge an Trauben sind nur durch mineralische Düngung möglich. Im Qualitätsweinbau ist nur eine Ersatzdüngung mit organischem Dünger üblich.

Unten rechts: Beim Oberflächen-Pflügen wird nur die Deckschicht des Bodens gelockert, damit die Fußwurzeln nicht beschädigt werden.

Quantität gegen Qualität

Hektarhöchsterträge

Frankreich*

Bordeaux Sec	65 hl
Pauillac	45 hl
Margaux/St-Julien/ St-Estèphe	45 hl
St-Emilion	45 hl
St-Emilion Grand Cru	40 hl
Pomerol	40 hl
Chambertin Grand Cru	35 hl
Pommard 1er Cru	40 hl
Montrachet Grand Cru	40 hl
Meursault	45 hl
Beaujolais	65 hl
Coteaux du Languedoc	50 hl
Côtes du Rhône	50 hl
Champagne	60 hl
Elsaß	80 hl
Elsaß Grand Cru	55 hl

Italien*

Chianti	65 hl
Chianti Classico	55 hl
Brunello di Montalcino	55 hl
Barolo/Barbaresco	55 hl
Collio (Friaul)	80 hl
Soave	100 hl
Teroldego (Trentino)	120 hl

Spanien*

Ribera del Duero	60 hl
Rioja	60 hl

Deutschland*

Rheingau	100 hl
Mosel-Saar-Ruwer	125 hl

Österreich*

alle Anbaugebiete	70 hl

Schweiz

Genf	90 hl
Wallis	80 hl

Kalifornien, Südafrika, Australien
keine Ertragsbegrenzung

* Auf Antrag darf der angegebene Basisertrag um bis zu 20% überschritten werden.

Sommerschnitt nach der Farbveränderung der Trauben: Wenn die Rebe zu viele Trauben trägt, dünnt der Winzer die Trauben im August aus. Während der Reifephase konzentriert die Rebe dann Zucker und Säure in den verbleibenden Trauben. Die Qualität des Weins steigt.

Das Menge-Güte-Gesetz besagt, daß die Qualität des Weins steigt, je weniger Reben am Rebstock hängen. Wo die Natur nicht die Quantität begrenzt, muß der Mensch dafür sorgen.

Der Qualitätsweinbau basiert überall auf der Welt auf mehr oder minder strengen Ertragsbegrenzungen. Das heißt: Die Reben dürfen ein bestimmtes Quantum an Trauben pro Hektar Weinberg nicht überschreiten. Sonst läuft der Weinbauer Gefahr, daß der Wein die Anerkennung als Qualitätswein verliert und als Tafelwein deklassiert wird. Die Festlegung der maximalen Erträge erfolgt durch die nationalen Weinbaubehörden. Ihre Höhe ist von Anbaugebiet zu Anbaugebiet verschieden. Sie reicht von 35 Hektolitern in den Grand-Cru-Appellationen Burgunds bis zu 200 Hektolitern in den Beregnungsgebieten Australiens und Kaliforniens. Allerdings handelt es sich bei den Weinen, die dort erzeugt werden, nicht um Qualitätsweine im europäischen Sinn. Selbstverständlich dürfen die Höchsterträge unterschritten werden. Doch ab einer bestimmten Grenze führt eine Verringerung der Erträge nicht mehr zu einer entsprechenden Qualitätssteigerung.

Geringer Extrakt

Das Menge-Güte-Gesetz beruht auf einem biologischen Faktum: Eine Pflanze kann nur eine begrenzte Menge an Früchten zur Reife bringen. Je mehr Trauben am Rebstock hängen, desto langsamer reifen sie. Entsprechend groß ist in kühlen Anbaugebieten die Gefahr, daß sie zum Lesezeitpunkt nicht voll ausgereift sind. In warmen Anbaugebieten bilden die Trauben zwar genügend Zucker, aber wenig andere Inhaltsstoffe. Die Extraktwerte sind niedrig,

der Most verwässert. Der Mehrertrag führt zu einem Verlust an Qualität, Konzentration und Dichte. Da er aufgrund der größeren Mengen aber auch zu höheren Einnahmen führt, nehmen viele Weinbauern den Qualitätsverlust in Kauf.

Gezielte Ertragsbegrenzung

Die meisten Pflanzen – auch die Rebe – neigen zu einer starken Fruchtbildung, sofern Klima und Boden es zulassen. Es liegt also weitgehend in der Hand des Weinbauern, die natürliche Produktivität der Rebe zu begrenzen. Dies kann durch mehrere Maßnahmen geschehen:

Massenträger: Carignan-Rebe in Südfrankreich.

Winterschnitt: wichtigste Maßnahme zur Ertragsbegrenzung.

Die Wahl des richtigen Erziehungssystems

Das Erziehungssystem hat einen großen Einfluß auf die Produktivität der Rebe. So begrenzt die Ein-Bogen-Erziehung den Fruchtansatz stärker als die Zwei-Bogen-Erziehung, und die Pergola-Erziehung eröffnet dem Rebstock ein üppigeres Wachstum als eine Drahtrahmen-Erziehung.

Die Bestockungsdichte

Die Bestockungsdichte hat ebenfalls einen Einfluß auf die Erträge. Wenn mehr Rebstöcke auf einer bestimmten Rebfläche gepflanzt sind, trägt jeder einzelne Rebstock entsprechend weniger Trauben. Zu groß ist die Nahrungskonkurrenz untereinander (siehe Seite 30).

Die Wahl des richtigen Rebklons

Die Rebschulen züchten von jeder Rebsorte zahlreiche Klone. Sie unterscheiden sich in genau festgelegten Merkmalen voneinander. So gibt es von derselben Sorte zum Beispiel Klone, die auf üppigen Fruchtansatz hin selektiert sind. Das heißt: Sie bilden viele Trauben mit vielen Beeren. Umgekehrt existieren Klone, die einen lockeren Fruchtansatz mit wenigen Beeren aufweisen.

Der Winterschnitt

Während der Winterruhe werden die Reben beschnitten. Dabei wird der größte Teil des alten Holzes entfernt. Je weniger Fruchtruten (eine oder zwei) mit umso weniger Augen (sechs bis zwanzig) stehengelassen werden, desto geringer ist der Fruchtansatz im Frühjahr.

Der Sommerschnitt

Bei allzu vollem Behang hat der Weinbauer die Möglichkeit, im Juli oder August noch einmal durch den Weinberg zu gehen und einen Teil der noch grünen Trauben zu entfernen. Wenn Krankheiten, Hagel, Frost und Blüteschäden den Behang schon reduziert haben, kann er allerdings auf den Sommerschnitt verzichten.

Natürliche Ertragsbegrenzung

Die Höhe der Erträge hängt aber auch von zahlreichen natürlichen Faktoren ab. Auf trockenen, steinigen Böden („warmen" Böden) können die Reben keine Massenerträge produzieren. Auf feuchten, stickstoffreichen Böden („kalten" Böden) tragen sie umso mehr. Auch das Klima spielt eine große Rolle. Ein kühles, feuchtes Frühjahr kann dazu führen, daß nicht alle Blüten befruchtet werden. Die Traube verrieselt. Spätfröste im Mai können die Blüte sogar ganz zerstören. Eine große Gefahr stellen auch Rebkrankheiten dar. Sie dezimieren die Erträge bisweilen drastisch. Im Sommer bedroht Hagel die Reben. Die Eignung eines Gebietes zum Qualitätswein-Anbau hängt daher stark von den natürlichen Faktoren ab.

Zwei berühmte Weine aus alten Reben: Didier Dagueneaus Pouilly Fumé „Silex" von der Loire und Willi Bründlmayers Riesling „Alte Reben" aus dem österreichischen Kamptal.

Das Alter der Reben

Auch das Alter der Reben beeinflußt stark die Produktivität. Ihre besten Erträge geben sie zwischen dem zwölften und 25. Lebensjahr. Danach nimmt ihre Leistung kontinuierlich ab. Die meisten Winzer hacken ihre Reben deshalb nach 25 Jahren aus und ersetzen sie durch neue. Château Margaux dagegen verwendet für seinen Grand Vin nur Reben mit einem Alter von mindestens 40 Jahren, für seinen Zweitwein Pavillon Rouge solche von mindestens 25 Jahren: Je geringer die altersbedingte Eigenproduktivität, desto besser die Qualität der Trauben. Andere berühmte Weine Frankreichs oder anderer Länder tragen auf dem Etikett gelegentlich die Bezeichnung *vieilles vignes* – alte Reben. Die Bezeichnung ist allerdings nicht geschützt.

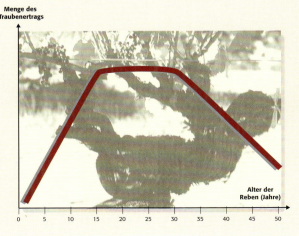

Menge des Traubenertrags

Alter der Reben (Jahre)

0   5   10   15   20   25   30   35   40   45   50

Produktivität der Rebe: Nach 15 Jahren erreicht die Rebe ihr Leistungsmaximum. Nach 25 Jahren nimmt die Leistungskraft langsam ab – aber die Qualität der Trauben steigt.

Langer Weg zur Reife

Rebkrankheiten

Echter Mehltau (*Oidium*):
Ein weißgrauer Pilzbelag legt
sich über Blätter und Beeren
und zerstört die Beerenhaut.
Gefährliche, aus Nordamerika
eingeschleppte Rebkrankheit,
die zum totalen Ertragsausfall
führen kann, wenn sie nicht
bekämpft wird.

Falscher Mehltau (*Peronospora*): Gefährlichste aller Rebkrankheiten, bildet einen wei-
ßen Pilzrasen auf der Unterseite
der Blätter, so daß diese abfallen. Auch die Fruchtstände werden befallen. Die jungen Beeren
schrumpeln, werden braun und
ledrig.

**Grauschimmel (*Botrytis cine-
rea*):** Bei starkem Regen auftre-
tender Schimmel, der die jungen

Trauben faulen läßt. Anti-Botry-
tizide dürfen nur bis vier Wochen vor der Lese gespritzt werden, um Rückstände auf der
Beere zu vermeiden.

Blattgallmilbe: Gefährliche
Raubmilbe, die sich im Winter

in der Wolle der Knospen einni-
stet und im Frühjahr nach dem
Austrieb den Saft aus den jungen Blättern saugt. Dabei scheidet sie ein Speichelsekret ab,
das für die Pockenbildung auf
den Blättern verantwortlich ist.

Austrieb

Als Austrieb wird das Aufbrechen der Knospen (Augen) bezeichnet, die beim winterlichen Rebschnitt
stehengeblieben sind. Sie öffnen sich und lassen
kleine, grüne Blättchen austreten, die rasch wachsen
und sich entfalten. Das geschieht, wenn die Durch-
schnittstemperatur auf acht bis zehn Grad Celsius
klettert. Einige Sorten treiben etwas eher (z. B. Chardonnay), andere etwas später aus (z. B. Cabernet Sauvignon). Bis zu diesem Stadium ernährt sich die Rebe
von den Kohlenhydrat-Vorräten, die sie im Herbst
angelegt hat. Wenn die Blätter entwickelt sind,
nimmt sie die Ernährung über Photosynthese auf.
Den bevorstehenden Austrieb, das Aufbrechen der
Knospen, kann der Winzer schon einige Tage vorher
erkennen. Erst treten an den Schnittstellen der Reben Wassertröpfchen auf – ein Zeichen dafür, daß die
Winterruhe beendet ist und die Säfte zu schießen beginnen. Danach schwellen die Knospen sichtbar an.

Blüte

Die Blüte findet 45 bis 90 Tage nach dem Austrieb
statt – also Mitte Mai bis Ende Juni (auf der südlichen
Erdhalbkugel von November bis Mitte Dezember). In
dieser Zeit sind die neuen Triebe gewachsen und
haben Rispen entwickelt, an denen die Blüten sitzen.
Sie sind mit einem braunen Käppchen (Kalyptra)
verschlossen, das aufspringt und Stempel und Staub-
gefäße freigibt (fast alle *Vitis-vinifera*-Reben sind
zweigeschlechtlich, befruchten sich also selbst). Die
Blüte ist für das Auge ein kaum wahrnehmbarer Vorgang. Die Bestäubung erfolgt, indem der männliche
Pollen an dem feuchten, weiblichen Fruchtknoten
haften bleibt. Regen oder heftige Winde zum Zeitpunkt der Blüte können verhindern, daß alle Fruchtknoten bestäubt werden. In diesem Fall kommt es zu
mehr oder minder großen Ertragseinbrüchen im
Herbst. Der Winzer spricht vom „Durchrieseln" der
Blüte.

Wachstumszyklus der Rebe

Ob das Jahr einen mittelmäßigen oder guten Wein
bringt, hängt nicht nur vom Herbst ab. Auch Frühjahr und Sommer bergen für das Traubenwachs-
tum große Risiken – vor allem Ertragsrisiken. Die
Rebe hat, wie jede andere Pflanze auch, einen eigenen Vegetationszyklus. Er ist in die Wachstums-
phase, die Reifephase und die Ruhephase unterteilt. Die Ruhephase beginnt im Herbst nach der
Lese, wenn die Rebe im Stammholz und in den
Wurzeln genug Kohlenhydrate gespeichert hat.
Dann verfärben sich die Blätter und fallen ab. Die
Ruhephase dauert den ganzen Winter hindurch.
Erst im März (auf der südlichen Erdhalbkugel im
September), wenn die Temperaturen ansteigen, be-
ginnt der neue Reifezyklus mit dem Austrieb.

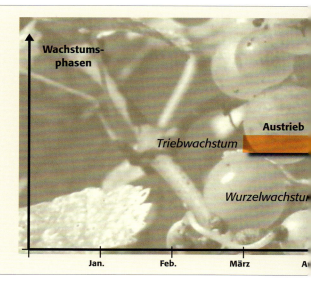

Wachstums-
phasen

Austrieb

Triebwachstum

Wurzelwachstum

Jan.　Feb.　März　A

Traubenwickler: Eine Motte, die ihre Eier in den Blütenkäppchen ablegt. Aus ihnen schlüpft im Juni der Heuwurm, der die Gescheine zerfrißt. Ihm folgt Ende Juli der Sauerwurm, der die Beeren von innen aushöhlt. Gefährliche Insektenplage, die durch Pheromonfallen erkannt und dann bekämpft werden muß.

Flavescence Dorée: Neue, sich in Frankreich, Italien und Deutschland epidemisch ausbreitende Blattkrankheit bei der sich die Blätter einrollen und abfallen.

Fruchtansatz

Aus den bestäubten Fruchtknoten entwickeln sich sofort nach der Blüte die Beeren, während die unbefruchteten Blüten verkümmern und abfallen. Die Rispe weist dann größere oder kleinere Lücken auf. Die Fruchtansätze sind am Anfang sehr klein, grün und hart. Sie vergrößern sich aber ziemlich rasch. In dieser Zeit sind die Reben am stärksten durch tierische (Heuwurm) oder pflanzliche Schädlinge (Echter und Falscher Mehltau) gefährdet. Bei feuchtem, warmen Klima breiten sich Pilzkrankheiten rasch aus und müssen bekämpft werden. Auch der Traubenwickler, die Vorform des Heuwurms, legt bei bestimmten klimatischen Bedingungen seine Eier in der Rebpflanze ab. Im August beginnt dann die Reifephase (auf der südlichen Erdhalbkugel im Januar). Erst dann färben sich die Beeren dunkel.

Färbung

Die Reifephase beginnt mit der Färbung der Beeren. Bei den Weißweinsorten nehmen diese langsam eine gelbliche Tönung an, die roten Beeren färben sich dagegen rotblau. Ausgelöst wird dieser Vorgang wahrscheinlich dadurch, daß ein bestimmtes Maß an Zucker in den Beeren überschritten ist. Allerdings färben sich nicht alle Trauben zur gleichen Zeit, sondern zunächst nur diejenigen, die am meisten Sonne und Wärme erhalten haben, während Beeren, die auf der Schattenseite wachsen, grün bleiben. Als Fachbegriff für die Färbung hat sich weltweit der französische Ausdruck *véraison* eingebürgert. In warmen Jahren setzt sie früher ein als in kühlen, und bei stark tragenden Rebstöcken später als bei wenig tragenden. Mit der Färbung beginnt die letzte und für die Qualität des Jahrgangs entscheidende Phase im Vegetationszyklus der Rebe.

Rebschäden

Verrieseln der Blüte: Durch kühles, feuchtes Wetter und mangelnde Lichteinstrahlung während der Blüte hervorgerufene Fruchtbarkeitsstörung

der Rebe, die dazu führt, daß nur wenige Blüten bestäubt werden und folglich im Herbst nur wenige Beeren an der Traube hängen. Für den Winzer kann das eine erhebliche Ertragsminderung bedeuten.

Chlorose: Nährstoffstörung, die zu verminderter Chlorophyllbildung und zur Vergilbung der Blätter führt. Ausgelöst werden Chlorosen durch einen Mangel an Stickstoff, Magnesium oder anderen Mineralstoffer, besonders auf kalkhaltigen Böden.

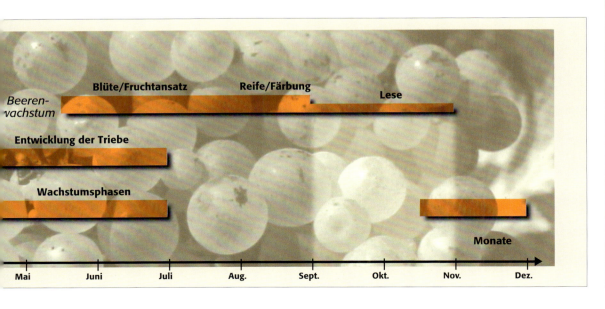

Beerenwachstum

Blüte/Fruchtansatz   Reife/Färbung   Lese

Entwicklung der Triebe

Wachstumsphasen

Monate

| Mai | Juni | Juli | Aug. | Sept. | Okt. | Nov. | Dez. |

Beseitigung des alten Holzes

Wenn die alten Fruchtruten gekappt sind, müssen sie beseitigt werden. Da die grünen Triebe nach der Lese verholzen, lassen sie sich leicht verbrennen. Meist geschieht das im Weinberg. Über großen Weinanbaugebieten stehen den ganzen Winter über Rauchfahnen. In Kalifornien blüht zu dieser Zeit das gelbe Senfgras. Einige Spitzenweingüter häckseln und kompostieren die alten Fruchtruten, um sie später als Dünger wieder im Weinberg auszubringen. So bleiben die weinbergeigenen Bakterienkulturen erhalten.

Aufbinden

Nachdem das alte Holz entfernt wurde, müssen die Fruchtruten, die stehengeblieben sind, aufgebunden werden. Gerten heißt diese Arbeit in der Winzersprache. Das bedeutet: Sie werden mit elastischen Weidenruten vertikal oder horizontal am Draht fixiert. Aus ihnen sollen sich im Frühjahr die neuen Triebe entwickeln. Das Aufbinden erfordert Geschicklichkeit, keine Kraft, und ist eine von Winzern gern geleistete Arbeit, weil sie an der frischen Luft stattfindet. Auf großen Gütern wird sie allerdings zunehmend von ausländischen Rebarbeitertrupps übernommen – wie auch der Winterschnitt.

Winterschnitt

Im Winter ruhen die Reben, aber in den Weinbergen wird gearbeitet. Rebschnitt-Trupps streifen durch die Rebzeilen und kappen 90 Prozent der alten Fruchtruten. Um die Hüfte tragen sie ein Halfter, in dem eine Rebschere steckt. Die alten Rebscheren funktionieren mit Handkraft, die neuen arbeiten pneumatisch. Manche Weingüter beginnen schon im November mit dem Winterschnitt, andere erst in Januar oder Februar, wenn die (während der Lese noch grünen) Fruchtruten verholzt sind.

Weinlese
Mit der Lese erreicht das Weinjahr seinen Höhepunkt. Noch einmal werden alle Kräfte mobilisiert, um die Trauben reif und gesund einzubringen. Danach endet das Weinjahr abrupt, und auch der Vegetationszyklus der Rebe schließt sich. Die Blätter produzieren kein Chlorophyll mehr, verfärben sich und fallen ab. Die grünen Fruchtruten verholzen und werden braun. Der größte Teil der Kohlenhydrate, die dort gespeichert sind, wandern ins Stammholz zurück. Winterruhe kehrt ein – aber nicht lange.

Sommerschnitt
Nach der Färbung der Beeren im August, manchmal aber auch schon früher, schicken die Weingutbesitzer ihre Arbeiter wieder durch den Weinberg, um den Sommerschnitt zu besorgen. Unter Sommerschnitt wird das Herausbrechen oder Herausschneiden grüner Trauben bezeichnet, um den Ertrag zu senken. Qualitätsweinwinzer dünnen bis zu 50 Prozent der Trauben aus. Nur wenn Spätfrost oder eine schlechte Blüte den Fruchtansatz schon vorher reduziert haben, kann auf den Sommerschnitt verzichtet werden.

Frostabwehr
Einige nördliche Weinanbaugebiete, etwa Chablis und die Champagne, sind stark frostgefährdet. Wenn die Temperaturen nach dem Austrieb unter null Grad zu sinken drohen, verbringen die Winzer die Nacht im Weinberg um glühende Ölöfen oder brennende Autoreifen, mit denen sie die Weinberge erwärmen wollen. In Kalifornien werden riesige Ventilatoren, die im Weinberg stehen, in Gang gesetzt, um die kalte Luft aus den Tallagen abfließen zu lassen. In Deutschland werden Weinberge manchmal großflächig beregnet, so daß sich eine Eisschicht um junge Triebe bildet, die „Erstarrungswärme" abgeben. Am gefürchtetsten sind Spätfröste im Mai während der Eisheiligen.

Wenn die Lese naht

Frühe Lese in Australien: In warmen Anbaugebieten wird der Lesezeitpunkt von weißen Trauben meist vorgezogen.

Die Menge des Zuckers, der im Traubensaft gelöst ist, wird als Mostgewicht bezeichnet. Das Mostgewicht ist ein wichtiger Indikator für Qualität – aber keineswegs der wichtigste, wie manche Winzer glauben machen möchten.

Die Reifephase der Traube beginnt mit der Färbung der Beeren im August und endet mit der Lese. Diese Zeit ist die wichtigste im kurzen Leben der Weintraube. Die Blätter beginnen nämlich, Zucker zu produzieren und in den Beeren zu speichern. Je mehr Wärme und Licht sie bekommen, desto mehr Zucker produzieren sie. Je mehr Zucker vorhanden ist, desto höher liegt später der Alkoholgehalt des Weins. Etwa 16 Gramm Zucker ergeben später ein Volumenprozent Alkohol.

Zeitpunkt der Reife

In der Reifephase verdoppeln die Beeren ihre Größe. Die Intensität der Färbung nimmt zu. Die Beerenhaut wird dünner, die Beere selbst weicher. Wie lange das dauert, hängt vom Wit-

terungsverlauf ab – speziell im September. Der September ist der wichtigste Monat im Vegetationszyklus der Rebe. Außer mit der Zuckerproduktion ist die Rebe damit beschäftigt, die hohe Säure abzubauen, die noch in den unreifen, grünen Trauben steckt. Wenn Zucker und Säure im richtigen Verhältnis zueinander stehen, ist die Traube reif. Doch Reife- und Lesezeitpunkt sind nicht unbedingt identisch. Manche Trauben werden frühreif gelesen, andere vollreif oder überreif.

Frühe Lese im warmen Süden

In warmen Regionen startet die Lese früher, in kühlen später. Auf Zypern beginnt sie schon im Juli. Auf Sardinien und in Teilen Siziliens rücken die Lesemaschinen ab Mitte August aus. Im spanischen Penedès werden die ersten weißen Trauben teilweise Anfang September eingebracht. In diesen Gebieten ist es so warm, daß der gewünschte Zuckergehalt – und damit das notwendige Mostgewicht – meist problemlos erreicht wird. Die frühe Lese hat den Sinn, die Säure zu erhalten.

Wie der Zuckergehalt gemessen wird

Die meisten Weine haben einen Alkoholgehalt zwischen 11 und 13 Vol.%. Der Winzer kann also umrechnen, wie hoch der Zuckergehalt in seinen Beeren sein muß, um diesen Wert nach der Gärung zu erreichen. Der Zuckergehalt spiegelt sich im Mostgewicht wider. Es wird mit Hilfe eines Refraktometers oder eines Aräometers gemessen. Franzosen und Australier messen es in Baumé, Amerikaner in Brix beziehungsweise Balling, Italiener in Babo. Österreich benutzt die Skala der Klosterneuburger Mostwaage, Deutschland die Oechsle-Skala. Bei allen diesen Verfahren wird gemessen, um wieviel schwerer (genau dichter) eine Einheit Most im Vergleich zu einer Einheit Wasser ist. Der Gewichtsunterschied beruht überwiegend auf dem Zuckeranteil des Mostes. So entspricht Traubensaft mit dem spezifischen Gewicht von 1,080 (Wasser = 1,0) einem Mostgewicht von 80 Grad Oechsle, während ein Traubensaft mit einem spezifischen Gewicht von 1,100 genau 100 Grad Oechsle aufweist. Entwickelt wurde das Verfahren von dem Pforzheimer Goldschmied Christian Ferdinand Oechsle um 1830. Das einfachste Meßverfahren ist zweifellos das der Baumé-Skala. Sie gibt den potentiellen Alkoholgehalt eines Mosts an, wenn der gesamte in ihm gelöste Zucker vergoren würde. Ein Most mit 12 Baumé ergäbe folglich einen Wein mit 12 Vol.%.

Mostgewicht wenig aussagekräftig

Das Mostgewicht ist zweifellos ein wichtiger Faktor für die Festlegung des Lesezeitpunkts. Die Einteilung nach Qualitäts- und Prädikatsweinen, wie sie im deutschen und österreichischen Weingesetz vorgenommen wird, basiert deshalb auf dem Mostgewicht. Auch für die Klassifizierung der Prädikatsweine ist das Mostgewicht ausschlaggebend. Eine Riesling Spätlese von der Mosel muß mindestens 76, eine Auslese 85 Grad Oechsle aufweisen. Nach diesem Maßstab wäre ein einfacher französischer Landwein schon eine Auslese, ein italienischer Amarone aus Valpolicella gar eine Beerenauslese. In den mediterranen Anbaugebieten und in anderen warmen Weinbauzonen ist das Mostgewicht folglich wenig aussagekräftig. Dort zählen Säure, pH-Wert oder physiologische Reife (siehe unten). Aber auch in Deutschland und Österreich setzt sich zunehmend die Einsicht durch, daß das Mostgewicht nur einer von mehreren Faktoren ist, die über die Qualität eines Weins Auskunft geben. Die Zusammensetzung der Säuren und der Extrakt sind mindestens ebenso wichtig.

Zucker und Säure

Für den genauen Lesetermin gibt es kein Schema. Die meisten Winzer stellen Analysen des Beerensafts an. Vom Zeitpunkt der Färbung der Trauben im August steigt nämlich die Zuckerkonzentration kontinuierlich an, während die Säure gleichzeitig sinkt. In kühlen Anbaugebieten orientieren sich die Winzer vor allem an der Zuckerkonzentration. In den warmen und heißen Regionen wird, insbesondere bei Weißweinen, darauf geachtet, daß die Gesamtsäure nicht zu tief absinkt. Sie sollte zwischen sieben und zehn Gramm pro Liter liegen – Spezialweine ausgenommen. Manche Winzer orientieren sich statt an der Gesamtsäure am pH-Wert des Beerensafts. Er sollte zwischen 2,7 und 3,7 liegen.

Definition der Reife

Was Reife ist, bestimmt der Winzer. In Deutschland spricht man zum Beispiel von „Vollreife" und meint, daß nachts mehr Zucker abgebaut, als den Beeren tagsüber durch Assimilate zugeführt wird. Die Zuckerbilanz ist dann negativ. Vollreife Trauben können nur bei später Lese geerntet werden. Der größte Teil der Trauben wird deshalb vor der Vollreife eingebracht – als nurmehr „reifes" Lesegut. Als „reif" gilt die Traube, wenn die Zuckerbilanz geringere Zuwächse aufweist, als die Säure abfällt. Winzer in anderen Ländern haben ihre eigene Ratio für das Zucker-Säure-Verhältnis. In Massenanbaugebieten entspricht das Reifekriterium oft dem gesetzlich vorgeschriebenen Mindestalkoholgehalt des späteren Weins beziehungsweise der Mindestsäuremenge.

Refraktometer

Instrument zur Messung des Mostgewichts. Dabei wird ein Tropfen Saft auf das Meßprisma gegeben und das Instrument gegen das Licht gehalten. Je konzentrierter die Zuckerlösung, desto stärker wird das Licht gebrochen.

Tabelle der Mostgewichte

Grad Oechsle	Kloster- neu- burger Most- waage (KMW)	Baumé	Brix/ Balling	potentieller Alkohol- gehalt in Vol.%
60	12	8,1	14,7	8,1
65	13	8,8	15,9	8,8
70	14	9,4	17,1	9,4
75	15	10,1	18,2	10,1
80	16	10,7	19,2	10,7
85	17	11,3	20,3	11,3
90	18	11,9	21,4	11,9
95	19	12,5	22,4	12,5
100	20	13,1	23,6	13,1
105	21	13,7	24,7	13,7
110	22	14,3	25,7	14,3
115	23	14,9	26,8	14,9
120	24	15,5	27,8	15,5
125	25	16,9	28,9	16,9

Physiologische Reife

Der Begriff „physiologische Reife" kommt aus Amerika und steht im Gegensatz zu den traditionellen, in Europa üblichen Reifekriterien wie der Messung der Zuckerkonzentration oder des Säuregehalts. Dabei spielt der Grad der Färbung der Beerenhaut (sowohl bei Weiß- wie bei Rotweinen), die Elastizität des Fruchtfleisches, der Reifezustand der Kerne und nicht zuletzt der Geschmack der Beere eine große Rolle. Inzwischen sprechen auch europäische Winzer gern von physiologischer Reife – nicht zuletzt deshalb, weil erfahrene Winzer und Önologen sich vom Reifezustand der Trauben immer schon durch Probieren überzeugt haben. Wie süß sie schmecken und wie dick die Schale ist, gehört zu den unverzichtbaren Prüfungen, die jeder Château-Besitzer in Bordeaux und jeder Domänen-Besitzer im Burgund in der Reifezeit fast täglich vornimmt.

Farbpigmente (Anthocyane) in der Beere bei fortschreitender Reife.

Säure oder Mostgewicht?

In warmen Weinanbaugebieten kämpfen die Winzer weniger um hohe Mostgewichte als um die Erhaltung der Säure. Sie gibt den Weinen Frische und Eleganz – vor allem den Weißweinen.

Vor allem in warmen Weinanbaugebieten wird Säure zunehmend als wertvoller, wichtiger Bestandteil des Weins angesehen – besonders des Weißweins. In diesen Gebieten richtet sich der Lesezeitpunkt weniger nach dem Mostgewicht als nach den Säurewerten.

In der Reifephase produziert die Rebe nicht nur Zucker. Sie baut auch Säure ab. Täte sie es nicht, wären alle Weine ungenießbar. Der Säureabbau darf allerdings nicht zu groß sein. Denn Säure ist ein notwendiger Bestandteil des Weins. Sie gibt ihm Frische und Eleganz. Das gilt vor allem für Weißweine. In den mediterranen und vergleichbar warmen, überseeischen Anbaugebieten wird darauf geachtet, daß die Gesamtsäure nicht zu tief absinkt. Sie sollte zum Lesezeitpunkt zwischen sieben und neun Gramm pro Liter liegen (um nach der Gärung zwischen fünf und sieben Gramm zu liegen). In den überseeischen Gebieten darf der Wein künstlich gesäuert werden – eine Praxis, die in Europa verboten ist.

Erhaltung der Säure

Die Zuckerproduktion und der Säureabbau erfolgen in der Reifephase parallel zueinander. Je wärmer es ist, desto höher steigen die Zuckerwerte, desto mehr Säure wird aber auch veratmet. Die Säure nimmt aber nicht unbedingt im gleichen Verhältnis ab, wie die Zuckerkonzentration steigt. Kühle Nächte verzögern den Säurerückgang – eine Verzögerung, die besonders in Anbaugebieten mit warmem Klima höchst erwünscht ist: Südtirol, Friaul, Maconnais, Penedès. In Kalifornien wird immer weniger Weißwein im warmen Napa Valley, sondern in Carneros, Russian River und Alexander Valley angebaut, die im Einflußbereich kühlen pazifischen Klimas liegen.

Weinsäure und Apfelsäure

Im Wein sind vor allem zwei Säuren anzutreffen: die Weinsäure und die Apfelsäure. Beide zusammen machen rund 90 Prozent der Gesamtsäure aus. Die Weinsäure ist eine weiche, angenehm schmeckende und deshalb hochwillkommene Säure (Weintrauben sind übrigens die einzigen Früchte, in denen diese Säure vorkommt). Die Apfelsäure ist dagegen eine aggressive Säure. Sie macht den Wein kantig und hart, wenn sie im Übermaß vorhanden ist. Weißweinwinzer dulden sie nur in begrenzter Menge, weil sie jungen, fruchtigen Weinen Frische und Biß geben kann. Riesling, Grüner Veltliner, Sancerre oder die norditalienischen Weißweine haben immer einen mehr oder minder großen Anteil an Apfelsäure. In Rotweinen hat Apfelsäure dagegen nichts zu suchen. Sie muß entfernt, genauer: in die weiche Milchsäure umgewandelt werden. Rotweine machen deshalb nach der alkoholischen Gärung grundsätzlich eine malolaktische Gärung durch (siehe Seite 76). Die Menge der Apfelsäure hängt von mehreren Faktoren ab. Zunächst gibt es Rebsorten mit generell hohem Apfelsäure-Anteil wie Pinot Noir und Malbec. Dann hängt die Apfelsäure aber auch vom Witterungsver-

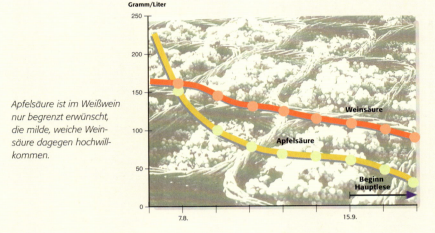

Abnahme von Weinsäure und Apfelsäure

Apfelsäure ist im Weißwein nur begrenzt erwünscht, die milde, weiche Weinsäure dagegen hochwillkommen.

Messung des Mostgewichts mit einem Aräometer: Die Einsinktiefe der Glasröhre korrespondiert mit der Dichte des Mostes.

lauf ab. In kühlen Jahren ist der Apfelsäure-Anteil hoch, in sonnenreichen Jahren gering. Der Grund: Apfelsäure wird bei Wärme stärker veratmet als Weinsäure. Die Güte eines Jahrgangs läßt sich daher leicht an der Höhe der Apfelsäure bestimmen.

Gesamtsäure versus pH-Wert

Der pH-Wert gibt die Konzentration der im Saft aktiven Säure an. Sie wird im Labor anhand der freien Wasserstoffionen gemessen. Ein hoher pH-Wert zeigt eine niedrige, ein niedriger pH-Wert eine hohe Säure an. Dennoch sagen Gesamtsäurewert und pH-Wert nicht dasselbe aus. Der pH-Wert ist, genau betrachtet, aussagekräftiger. Er gibt nämlich nur die schmeckbaren, nicht-flüchtigen Säuren an, während der Gesamtsäuregehalt die gesamte titrierbare Säure mißt. Das heißt: die maßanalytisch feststellbare Säure einschließlich der flüchtigen Säuren.

Was ist Extrakt?

Die Summe der nicht-flüchtigen Substanzen eines Weins wird als Extrakt bezeichnet. Dazu zählen Zucker, Säuren, Glycerin sowie die nur in kleinen Mengen vorhandenen Phenole, Pektine, Proteine und Mineralien. Sie blieben übrig, wenn der Wein erhitzt werden und verdampfen würde. Extrakt ist ein Qualitätsfaktor. Je weniger Trauben eine Rebe trägt und je weniger Wasserbestandteile sie enthält, desto höher ist automatisch der Extrakt. Spätgelesene Weine haben oftmals einen Extrakt von über 30 Gramm pro Liter, auch wenn ihr Alkoholgehalt gering ist. Früh gelesene Weine kommen trotz ihres hohen Alkoholgehalts selten über 19 Gramm hinaus.

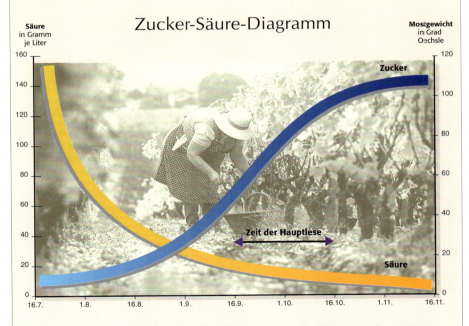

Zucker-Säure-Diagramm

Reifeprozeß der Trauben: Während die Traube immer mehr Zucker in die Beeren einlagert, nimmt die Säure kontinuierlich ab. Zu wenig Säure ergibt flache, zu viel Zucker alkohollastige Weine.

Die Gunst der späten Lese

Restsüße Spätlese von der Mosel: Ein leichter Wein von 9 Vol.% Alkohol, aber mit hohem Extrakt.

Rare edelsüße Spätlese aus Italien: In warmen Regionen gelingt es nur selten, edelfaule Trauben zu lesen.

Smaragd aus der Wachau: Hochkarätiger, trockener Weißwein aus leicht geschrumpelten, teils auch edelfaulen Trauben.

Vendange Tardive aus dem Elsaß: Wörtlich übersetzt eine Spätlese, tatsächlich eine hochkarätige Auslese bester edelfauler Trauben – meist edelsüß, selten trocken.

Trockene Spätlese aus dem Rheingau: säurebetonter Wein aus gesunden, vollreifen Trauben.

Reife Trauben müssen nicht unbedingt sofort gelesen werden. Solange die Herbstsonne scheint, können sie weiterreifen, bis sie „vollreif", gar „überreif" sind. Durch die Gnade des Wettergottes entstehen so feine Spätlesen und edelsüße Auslesen.

Eine späte Lese führt dazu, daß die Weine voller, stärker werden. Der Zuckeranteil in den Beeren steigt weiter an, die Säure nimmt weiter ab. Das gilt für weiße wie für rote Trauben. In Zonen mit kühlem, kontinentalen Klima versuchen die Winzer, die Lese hinauszuziehen, um höhere Mostgewichte und damit vollmundigere, edlere Weine zu bekommen. Oft ist es dort allerdings pure Notwendigkeit, weil die Trauben wegen der niedrigeren Temperaturen später reifen. In Teilen Deutschlands und Österreichs sowie Frankreichs brauchen sie zum Beispiel vier Wochen länger, um auf dieselben Mostgewichte zu kommen wie in den warmen Anbauländern.

Vollreife Trauben durch späte Lese

Die teilweise noch hohe Tageswärme des Herbstes führt dazu, daß die Rebe auch nach dem Reifestadium weiter assimiliert und Zucker in die Beeren einlagert. Das Mostgewicht steigt. Die Trauben erreichen das Stadium der Vollreife. So entstehen Spätlesen: gehaltvolle Weine mit komplexen Aromen. Allerdings sind die Nächte zu dieser Jahreszeit schon recht kühl. Ein Teil des tagsüber gebildeten Zuckers wird nachts wieder veratmet. Das heißt: Die Zuwächse an Zucker werden im Laufe der Zeit geringer. Ab einem bestimmten Punkt halten sie sich mit den Verlusten die Waage. Manchmal tritt dieser Zustand schon Anfang Oktober, manchmal erst Ende Oktober ein. Spätestens dann schicken die Winzer ihre Lesehelfer in den Weinberg, um die Trauben zu schneiden.

Spätgelesener Wein ist extraktreicher

Durch eine bewußt verzögerte Traubenernte entwickeln sich in den Beeren mehr Extraktstoffe sowie mehr Polyphenole und Anthocyane (bei Rotweinen). Dadurch entstehen körperreichere, konzentriertere Weine – vor allem Weine mit einem höheren Alkoholgehalt, weil die Rebe mehr Zeit hatte, Zucker zu bilden. Isoliert betrachtet ist Alkohol zwar kein Qualitätskriterium. Aber ein guter Wein muß einen seinem Extraktreichtum angepaßten Alkoholgehalt besitzen, um harmonisch zu sein. Und die Extrakte – außer Zucker sind das vor allem Glycerin, Säure, Minerale und Phenole – nehmen mit fortschreitender Reife zu.

Erste Reifestufe: Kabinett
Gesunde, reife Traube mit einem Mostgewicht von 70 bis 80° Oechsle (mindestens 17° KMW). Die Beeren sind weich, die Beerenhaut ist straff und noch grün. Der Zuckergehalt hat aber noch nicht sein Maximum erreicht (in Österreich gilt Kabinett noch nicht als Prädikatswein).

Zweite Reifestufe: Spätlese
Vollreife, meist noch gesunde Traube mit einem Mostgewicht von mehr als 80° Oechsle (mindestens 19° KMW). Die Beeren sind sehr weich, manchmal schon leicht faltig. Farblich changieren sie ins Gelbgrüne. Die Traube ist idealerweise an dem Punkt, an dem nachts genauso viel Zucker veratmet wie tags produziert wird.

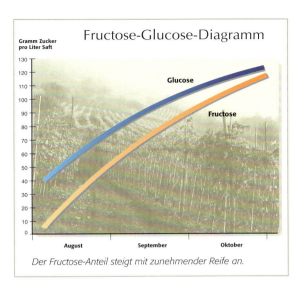

Fructose-Glucose-Diagramm

Gramm Zucker
pro Liter Saft

Glucose

Fructose

August   September   Oktober

Der Fructose-Anteil steigt mit zunehmender Reife an.

Weine aus überreifen Trauben

In bestimmten Anbaugebieten lassen die Winzer einen Teil der vollreifen Trauben weiter am Rebstock hängen. Dadurch erreichen diese das Stadium der Überreife. Zwar ist die „Zuckerbilanz" der Beeren dann negativ, weil mehr Zucker veratmet als neu gebildet wird. Da aber gleichzeitig der Wasseranteil am Traubensaft durch Verdunstung sinkt, steigt die Zuckerkonzentration automatisch an: Der prozentuale Anteil des Zuckers am Most und damit das Mostgewicht nimmt zu. Auf diese Weise entstehen edelsüße Auslesen. Ihr Most ist so zuckerreich, daß er nicht mehr durchgären kann. Ein mehr oder minder großer Zuckerrest bleibt im Wein und gibt ihm eine raffinierte, edle Süße. Oft stoppt auch der Kellermeister bewußt die Gärung, bevor der Zucker vollständig vergoren wurde.

Glucose und Fructose

Die Süße der Weine aus überreifem Lesegut geht unter anderem auf den hohen Fructoseanteil zurück. Fructose ist eine besonders hochwertige Zuckerart mit einer deutlich größeren Süßkraft als Glucose. Glucose ist die zweite Zuckerart, die die Weinrebe bildet. Während sie zu Beginn der Reifephase im August noch über 80 Prozent des Zuckers im Traubensaft ausmacht, nimmt der Fructoseanteil mit zunehmender Reife überproportional zu. Am Ende der Reifephase ist etwa gleich viel Fructose wie Glucose im Traubensaft enthalten. In überreifen Beeren überwiegt sogar die Fructose. Der Botrytis-Pilz, ohne den es praktisch keine Überreife gibt, baut mehr Glucose als Fructose ab.

Historischer Zufall: Wie es zur Spätlese kam

Die Entdeckung der späten Lese geht auf das Jahr 1775 zurück. Der Fürstabt von Fulda, damals Eigentümer von Schloß Johannisberg im Rheingau, mußte jedes Jahr schriftlich die Erlaubnis für den Beginn der Lese geben. Das entsprechende Dokument überbrachte ein Reiter. Aufgrund verschiedener Umstände verspätete sich der Herbstbote in jenem Jahr. Bei seiner Ankunft war ein Teil der Trauben schon faul. Die Mönche kelterten die faulen Trauben separat. Über den Wein, der aus ihnen gewonnen wurde, berichtete einer von ihnen später dem Abt: „Solche Weine habe ich noch nicht in den Mund gebracht." Eine Statue des Reiters steht heute im Hof des Schlosses. Allerdings wurde im ungarischen Tokaj schon 1650 aus edelfaulen Trauben Wein erzeugt. Damals verschob der Verwalter auf der Burg von Tokaj die Lese wegen eines bevorstehenden Angriffs der Türken. Nachdem die Gefahr vorüber war, hatte sich die Edelfäule ausgebreitet. Der Legende zufolge entstand so der erste süße Wein aus edelfaulen Trauben. In Frankreich wurde die Edelfäule erstmals 1847 auf Château d'Yquem erwähnt. Marquis Bertrand de Lur-Saluces, der Besitzer, kam verspätet von einer Reise aus Rußland zurück, so daß die Trauben in seinen Weinbergen schon Fäule angesetzt hatten. Dennoch wurde gelesen, und der 1847er erwies sich als der größte Jahrgang des 19. Jahrhunderts. Sicher ist allerdings, daß Château d'Yquem und das Sauternais bedeutende Süßweine hervorgebracht hatten. Die Weine der Jahre 1811 und 1825 sind legendär.

Dritte Reifestufe: Beerenauslese
Überwiegend aus edelfaulen Beeren bestehende Traube mit einem Mostgewicht von 125 bis 159° Oechsle (mindestens 25° KMW). Teilweise werden die edelfaulen Teile mit der Schere aus der Traube geschnitten. Geringe Mostausbeute, aber hoher Extrakt und hohe Konzentration an Fructose und Säure.

Vierte Reifestufe: Trockenbeerenauslese
Vollständig edelfaule Traube mit über 160° Oechsle (mindestens 30° KMW). Die Trauben sind bereits zu Rosinen geschrumpelt und enthalten nur noch wenig, dafür aber umso zucker- und säurereicheren Saft. Oft müssen die edelfaulen Beeren auch mit den Fingern oder der Pinzette aus der Traube „gepiedelt" werden.

Höhepunkt des Weinjahres

Lese auf Château Haut Brion in Bordeaux: Je dichter der Weinberg beim Keller liegt, desto rascher gelangen die Trauben in den Keller.

Die Lese ist der Höhepunkt eines jeden Weinjahres, aber auch der kritischste Punkt. Nur durch sorgfältige Leseplanung gelingt es, die Trauben in der Qualität, die der Weinberg hervorgebracht hat, auf die Kelter zu bringen.

Vordergründig ist die Lese ein einfacher Vorgang. Die Trauben werden mit einer Schere vom Stiel geschnitten, in Körben oder Wannen aus Kunststoff gesammelt, dann in hölzerne Bütten umgefüllt, die in einen Traubentransporter entleert werden. Der Traubentransporter bringt das Lesegut zum Kelterhaus, wo es verarbeitet wird. In groben Zügen spielt sich dieser Vorgang überall auf der Welt, wo Wein erzeugt wird, so ab. Ob aus sehr guten Trauben auch ein ebensolcher Wein wird, hängt allerdings von vielen Details ab, etwa sauberem, geeignetem Lesegeschirr. Außerdem dürfen die Bütten, Lesekörbe und Lesewannen nicht zu groß sein und nicht bis zum Rand mit Trauben vollgepackt werden. Sonst kann es passieren, daß die untersten Trauben durch das Gewicht der über ihnen liegenden gequetscht werden. Die Schale reifer Beeren ist empfindlich dünn.

Gefahr der Oxydation

Am wichtigsten ist es, die Trauben möglichst unverletzt und schnell auf die Kelter zu bringen. Austretender Traubensaft oxydiert rasch, wenn er Sauerstoff ausgesetzt ist – insbesondere bei weißen Trauben. Um eine Oxydation zu verhindern, müssen die Trauben geschwefelt werden – eine erste Minderung der Qualität. Hinzu kommt, daß auslaufender Traubensaft angesichts der hohen Temperaturen, die oftmals noch während der Lese herrschen, angären kann. Most oder Maische bekommen durch solch eine wilde Gärung leicht einen Essigstich. Außerdem werden durch den Traubensaft Phenole aus den Stielen gelaugt – ein bei weißen wie roten Trauben gleichermaßen unerwünschter Vorgang.

Schnelle Verarbeitung

Je dichter Weinberg und Keller beieinander liegen, desto weniger Probleme tauchen auf. Bei Spitzenweingütern wie der Domaine Romanée-Conti oder Château Mouton Rothschild sind die Trauben maximal zwei Stunden nach der Lese im Keller. Genossenschaften und Großkellereien sind froh, wenn es ihnen gelingt, ihre Trauben wenigstens am

gleichen Tag zu keltern, an dem sie gelesen worden sind – was angesichts starrer Arbeitszeiten und rigider Arbeitsvorschriften keineswegs einfach ist.

Geringere Jahrgangsunterschiede

In feuchten Herbsten wenden einige Châteaux in Bordeaux völlig neue Techniken an, um die Folgen des Regens möglichst gering zu halten. Damit die Beeren sich durch die plötzliche Wasserzufuhr nicht aufblähen und somit der wertvolle Traubensaft verwässert, haben einige Güter den Boden mit Plastikfolien abgedeckt, damit das Wasser nicht in ihn eindringen kann. Andere Châteaux versuchen, den verwässerten Most durch künstlichen Wasserentzug zu konzentrieren (sog. „Umkehr-Osmose"). Wieder andere schicken ihre Trauben vor dem Mahlen durch eine Heißluftschleuse, in der sie wenigstens äußerlich getrocknet werden. Die Besitzer von Château Pétrus haben gelegentlich einen Helikopter zwei Stunden lang tief über dem Weinberg kreisen lassen, um die regennassen Trauben zu trocknen. Nicht alle diese Maßnahmen hatten einen wirklich durchschlagenden Erfolg. Viele Versuche waren nur teuer. Sicher ist

Wichtig ist, daß die Trauben rasch und unversehrt zum Keller gebracht werden. Je kleiner das Sammelgefäß ist, desto größer die Wahrscheinlichkeit, daß sie nicht gequetscht werden:

1 *Geschlossene Kunststoff-Sammelbehälter*
2 *Luftdurchlässige Weidenkörbe*
3 *Kleine, luftdurchlässige Kastenbehälter*
4 *Traditionelle Holzbütten*
5 *Stapelbare, mittelgroße Sammelwannen*
6 *Alte, hölzerne Kleinstkörbe*

aber, daß die Nachteile schlechter Jahrgänge heute zumindest erheblich gemildert werden können.

Nachtlese

Um Oxydation oder eine wilde Gärung zu verhindern, sind viele Weingüter in heißen Anbaugebieten Australiens, in denen die Tagestemperaturen zwischen 35° C und 45° C liegen, dazu übergegangen, nachts zu lesen. Dann kühlt es ab: Auf die sonst unumgängliche Schwefelung der Trauben kann verzichtet werden. Allerdings ist die Nachtlese nur möglich, wenn maschinell gelesen wird. Die Erntemaschinen sind mit Halogenscheinwerfern ausgestattet, die die Reben hell erleuchten.

Handlese oder maschinelle Lese?

In immer mehr Weinanbaugebieten wird die Lese nicht mehr von Hand, sondern von Maschinen erledigt, sogenannten Vollerntern. Das geschieht nicht nur in Massenwein-Anbaugebieten. Auch renommierte Domänen im Burgund und Grand-Cru-Classé-Châteaux aus Bordeaux setzen im Herbst Lesemaschinen ein. Sie fahren auf hohen Rädern über die Rebzeilen und sind so konstruiert, daß sie die Trauben durch einen komplizierten Schüttel- oder Schlagmechanismus von den Fruchtruten trennen. Der größte Vorteil der Vollernter besteht in ihrer Schnelligkeit. Sie ernten in einer Stunde, wozu sonst 30 Lesehelfer nötig wären. Auf diese Weise ist es meist möglich, alle Trauben zum idealen Lesetermin einzubringen. Auch in feuchten Jahren bewährt sich der Vollernter, da er in den kurzen Regenpausen zumindest einen großen Teil der Trauben ernten kann. Freilich müssen die Trauben, gerade wenn Grauschimmel auftritt, von Hand nachverlesen werden. Selektieren kann die Maschine nicht. Die Nachteile des Vollernters: Die Laubwand der Reben wird bei der maschinellen Lese oft in Mitleidenschaft gezogen, und die Beeren werden häufiger beschädigt als bei der Handlese.

Süßer Schweiß der Engel

Arbeit am Lesebrett: Im Weinberg des Ruwer-Gutes Maximin Grünhäuser werden edelfaule Trauben, die von der Botrytis befallen sind, zu hochwertigen Auslesen und Beerenauslesen verlesen.

Die Sauternes verbinden Süße mit hohem Alkohol (14–15 Vol.%). Deutsche Beeren- und Trockenbeerenauslesen bestechen dagegen durch die Kombination Süße und hohe Säure. Der Alkohol ist sehr niedrig (um 7 Vol.%).

Am spätesten werden die Trauben für die edelsüßen Weine gelesen: im November. Sie sind dann höchst unansehnlich: braun, geschrumpelt, faul. Die Lese ist Filigranarbeit. Für Trockenbeerenauslesen müssen die Beeren teilweise mit den Fingern oder der Pinzette aus der Traube gezupft werden.

Wenn die Trauben über die Vollreife hinaus an den Stöcken hängenbleiben, beginnen sie, Saft zu verlieren. Auf diese Weise werden Zucker und Säure in den Beeren konzentriert. Das ist die Voraussetzung für die Erzeugung edelsüßer Weine. Zwei Vorgänge sind es, die den Saftschwund auslösen: das langsame Dünnerwerden und schließliche Durchlässigwerden der Beerenhaut sowie das Auftreten des Schimmelpilzes *Botrytis cinerea*, dessen Sporen durch die Beerenhaut wachsen und feinste Löcher hinterlassen. Im ersten Fall entstehen rosinenartige, im zweiten mit Schimmel besetzte Schrumpeltrauben. Gemeinsam ist ihnen, daß der Wasseranteil am Traubensaft (der rund 90 Prozent beträgt) durch die poröse Haut der Beeren verdunstet, so daß der Anteil der restlichen Inhaltsstoffe automatisch ansteigt. Die bekanntesten Weine, die so entstehen, sind die französischen Sauternes, die ungarischen Tokajer sowie die deutschen beziehungsweise österreichischen Beeren- und Trockenbeerenauslesen. Sie gedeihen nur in warmfeuchtem Klima und gehören zu den rarsten, teuersten und gesuchtesten Weinen der Welt. Doch was heißt Weine? Nektar, sagen die Kenner. Oder: Schweiß der Engel.

Besondere klimatische Verhältnisse

Der Schimmelpilz *Botrytis cinerea* tritt nur in Anbaugebieten mit gemäßigtem Klima, und dort auch nur unter bestimmten Voraussetzungen auf: wo feuchte Morgennebel auftreten, die von milder, warmer Herbstluft aufgelöst werden, so daß die Trauben im Laufe des Tages wieder abtrocknen. Solche Voraussetzungen findet man nur selten. In Sauternes bringt das Flüßchen Ciron die Feuchtigkeit und die Sonne Bordeaux' die Wärme. In Deutschland sind es die Flüsse Rhein, Mosel, Saar und Ruwer, über denen sich die Frühnebel bilden. Die hohen Temperaturen kommen durch die intensive Herbstsonne sowie die Strahlungsthermik zustande, die vom Boden und von den Gewässern ausgeht. In Österreich ist es die Kombination Neusiedler See und pannonische Wärme, die solch einzigartige Weine hervorbringt, im ungarischen Tokaj die Verbindung der Flüsse Tisza und Bodrog mit dem Wärmestau im Karpatenbogen.

Mit und ohne Botrytis

Edelschimmel tritt nicht in jedem Jahr auf. 1985 und 1990 sind in Sauternes zum Beispiel nur wenige Trauben von der *Botrytis cinerea* befallen worden. Konzentration und Süße der Sauternes-Weine waren ein Resultat normaler Wasserverdunstung in den Beeren. Weine aus solchen Jahren sind etwas weniger süß und haben eine etwas höhere Säure als Botrytis-infizierte Weine. Ob diese Edelsüß-Variante den Botrytis-Weinen vorgezogen wird, hängt vom persönlichen Geschmack ab.

Trauben für den toskanischen Vin Santo: Früh gelesen, dann auf Strohmatten getrocknet.

Größere Komplexität

Liebhaber edelsüßer Weine schmecken schnell heraus, daß Botrytis-Weine eine größere geschmackliche Komplexität als andere edelsüße Weine besitzen. Tatsächlich unterscheidet sich der Saft Botrytis-infizierter Trauben deutlich von dem normal-edelfauler Trauben. Er enthält mehr ölig-süßes Glycerin sowie mehr Essigsäure (eine flüchtige Säure) und mehrere eigene Enzyme. Außerdem baut der Edelschimmelpilz mehr Säure als Zucker ab. Botrytis-Weine schmecken daher süßer als Weine aus normal geschrumpeltem Lesegut. Bei letzteren werden Zucker und Säure im gleichen Verhältnis abgebaut.

Unerwünschte Graufäule

Feucht-warmes Klima gibt es in vielen Anbaugebieten der Welt. Wenn die Feuchtigkeit aber nicht schnell wieder trocknet, breitet sich der Botrytis-Pilz großflächig aus, insbesondere bei anhaltenden Regenfällen. Die Trauben faulen dann am Stock. Graufäule heißt diese gefürchtete Variante der *Botrytis cinerea*. Sie hat zur Folge, daß die Schale der Beeren aufplatzt und das Fruchtfleisch ausgewaschen wird. Dieses Risiko ist besonders in den warmen Mittelmeerländern groß. Deshalb werden, um Dessertweine zu erzeugen, die Trauben dort früh gelesen, dann auf Strohmatten getrocknet und erst nach etwa zwei Monaten gekeltert. Entsprechend zuckerreich ist der Most – aber nicht edelsüß.

Wein, der aus der Kälte kommt

Eine besondere edelsüße Rarität ist der Eiswein. Er ist ebenfalls ein edelsüßer Wein, entsteht aber dadurch, daß die Trauben in gefrorenem Zustand gelesen und gekeltert werden. Dazu ist Frost nötig. Der Wasseranteil des Traubensafts ist dann weitgehend zu Eis gefroren, so daß sich Zucker, Säuren und andere Inhaltsstoffe in dem wenigen, von der Kelter laufenden Most konzentrieren. Das heißt: Je tiefer die Temperaturen und je höher der Vereisungsgrad, desto konzentrierter der Most. Die Trauben müssen bei mindestens minus 7° C auf die Kelter kommen. Gelegentlich herrschen erst um Weihnachten herum oder im neuen Jahr solche Minustemperaturen. Eiswein, der in nennenswerten Qualitäten nur in Deutschland, Österreich und in Kanada erzeugt wird, hat eine höhere Säure als Weine aus Botrytis-infiziertem Lesegut. Zufalls-Eisweine wurden schon im 19. Jahrhundert gekeltert. In diesem Jahrhundert tauchten die ersten Eisweine 1949

Eiswein-Trauben: Purer Extrakt.

an der Saar, in großem Stil dann 1961 überall in Deutschland auf. Versuche, Eiswein künstlich zu gewinnen, indem frisch gelesene, vollreife Trauben im Kühlhaus gefrostet werden, haben keine zufriedenstellenden Ergebnisse erbracht und sind inzwischen verboten.

Eisweinlese in Rheinhessen: Eiswein-Trauben müssen bei minus 7° C abgepreßt werden. Je höher der Vereisungsgrad, desto höher auch die Zuckerkonzentration und damit das Mostgewicht des Weins.

Nur die besten überlebten

In den Werken der Rebenforscher sind etwa 10 000 verschiedene Rebsorten aufgeführt. Aber nur wenige haben eine wirtschaftliche Bedeutung. Die 50 am häufigsten angebauten Sorten machen rund 95 Prozent der Weltweinproduktion aus. In prähistorischer Zeit muß eine ungleich größere Zahl an Sorten existiert haben. Durch Krankheiten, Trockenheit und Kälte wurden sie allerdings immer wieder dezimiert. Nur jene Reben überlebten, die sich den örtlichen Klima- und Bodenbedingungen anpassen konnten. Die Anpassung ging so weit, daß sich die Beeren einiger Reben rot färbten – als Schutz gegen die Sonne in warmen Gegenden. Jedenfalls entwickelten sich im Laufe der Jahrtausende unzählige Mutationen. Hinzu kamen zufällige Kreuzungen verschiedener Sorten, denn Wildreben sind zweigeschlechtlich. Sie besitzen entweder nur männliche oder nur weibliche Blüten. Später selektierte der Mensch die Reben nach ihrer Eignung zur Weinerzeugung, kultivierte und vermehrte sie durch Stecklinge. So entstand die Basis für das heutige Rebensortiment. Die meisten Weinreben sind europäischen Ursprungs oder in Vorderasien beheimatet. In der botanischen Fachsprache heißen sie *Vitis vinifera*.

Cabernet Sauvignon

Alte Rotweinrebe, die wegen ihrer geringen Erträge und ihres großen Gerbstoffgehalts hochklassige, dunkelfarbige, langlebige Weine hervorbringt und deshalb in vielen Teilen der Welt angebaut wird. Im Duft erinnert sie an Schwarze Johannisbeeren, Zedernholz und schwarzen Pfeffer. Doch Cabernet-Sauvignon-Weine bestechen weniger wegen der Art als wegen der Feinheit und Fülle ihrer Aromen. Wenn die Traube voll ausreifen kann, ergibt sie vielschichtige, gerbstoffreiche Weine. Als spätreifende Sorte muß sie in warmen Lagen stehen, damit der Wein nicht grasig oder nach grünem Pfeffer schmeckt. Die Trauben sind mittelgroß und dicht mit dunkelblauen, dickschaligen Beeren besetzt. Die Herkunft dieser Sorte war lange unklar. Inzwischen haben Forscher der Universität Bordeaux herausgefunden, daß sie eine spontane Kreuzung von Cabernet Franc und Sauvignon Blanc ist. In Bordeaux wurde sie in großem Stil erst gegen Ende des 18. Jahrhunderts angebaut. Da sie Bidure genannt wurde, halten Ampelographen es für wahrscheinlich, daß sie mit der *Biturica*-Traube identisch ist, die Plinius im ersten Jahrhundert nach Christus in seiner „Naturalis Historia" beschrieben hat. Der Name stammt von dem Stamm der Bituriker, die zu jener Zeit am Nordrand der Pyrenäen siedelten. Heute gilt Bordeaux als Urheimat der Cabernet Sauvignon, speziell das Médoc mit seinen kieselsteinhaltigen, wasserdurchlässigen Böden. Sie wird aber auch im Süden und Südwesten in den letzten Jahren verstärkt angebaut. In Italien und Spanien ist die Sorte ebenfalls stark in Mode gekommen. Die größten überseeischen Anbauflächen befinden sich in Kalifornien, Chile, Südafrika, Australien und Neuseeland. Fast immer wird die Cabernet Sauvignon mit anderen Sorten assembliert.

Aglianico
Aus Griechenland stammende, heute in den italienischen Regionen Kampanien und Basilikata vorherrschende Sorte, die zu den besten Rotweinsorten Italiens zählt. Liefert dunkle, rauhsamtige Weine mit kräftigem Gerbstoff, die lange haltbar sind. Die bekanntesten Aglianico-Weine sind Taurasi und Aglianico del Vulture.

Alicante Bouschet
Französische Teinturier-Rebe (Petit Bouschet x Grenache), die vor allem im südlichen Frankreich viel angebaut und farbschwachen Rotweinen beigemischt wird.

Aramon
Qualitativ wertlose Massenweinsorte, die vor allem im Languedoc, Roussillon und Hérault angebaut wird. Aus ihr werden Meere von blassen, geschmacksarmen Rotweinen erzeugt.

Blauer Portugieser
Qualitativ mittelmäßige, aber reichtragende Traube, aus der milde, gerbstoffarme Konsumweine erzeugt werden, die entfernt Burgunderart aufweisen. Ob die Sorte aus Portugal stammt, ist unklar. Nachweisbar ist sie im 18. Jahrhundert in Österreich, von wo sie nach Ungarn, Jugoslawien und Deutschland gelangte.

Blauer Wildbacher
Uralte Sorte, die aus der Weststeiermark stammt und heute – von wenigen Ausnahmen abgesehen – nur dort noch erhalten ist. Unter dem Namen Schilcher wird aus ihr ein urtümlicher, zwiebelfarbener Wein gekeltert, der sich durch eine hohe Säure auszeichnet.

Blaufränkisch
Dunkelbeerige, herb-würzige Traube, die heute die wichtigste Rotweinsorte Österreichs ist. Sie wird vor allem im Burgenland, aber auch im Anbaugebiet Carnuntum kultiviert. Sie liefert prägnante, facettenreiche Weine und wird neuerdings in edlen Cuvées mit Cabernet Sauvignon oder anderen Sorten verwendet. In Deutschland heißt die Sorte Lemberger und wird in Württemberg angebaut, wo sie oft bessere Weine ergibt als der Spätburgunder. In Ungarn als Kékfrankos bekannt.

Brachetto
Selten gewordene Sorte aus dem Piemont, die meistens für einen süßen Frizzante-Rotwein oder für süße Dessertweine benutzt wird, ursprünglich jedoch charaktervolle, trockene Rotweine ergab. In Frankreich ist sie unter dem Namen Braquet bekannt.

Syrah

Eine der edelsten Rotweinsorten der Welt, vor allem an der Rhône zu Hause. Mehr oder minder reinsortige Syrah-Weine sind der majestätische Hermitage, der elegantere Côte Rôtie, die leichteren St-Joseph und Cornas sowie der rote Crozes-Hermitage. Im Châteauneuf-du-Pape und anderen Weinen der südlichen Rhône ist die Syrah ebenfalls enthalten. Sie alle sind dunkelfarbig, tanninstark und mit einem bittersüßen, würzigen Beerenaroma ausgestattet. Ob die Rebsorte von der Rhône stammt oder durch Händler aus der Stadt Shiraz in Persien dorthin gebracht wurde, ist unklar. In Australien wird sie Shiraz genannt und ist neben der Cabernet Sauvignon die häufigste Rotweinsorte.

Cabernet Franc

Vermutlich eine Mutation der Cabernet Sauvignon, jedoch nicht annähernd von deren Rang. Deshalb wird die Sorte vor allem zur Assemblage mit Cabernet Sauvignon und Merlot benutzt. Fünf bis fünfzehn Prozent Cabernet Franc verleihen etwa dem Bordeaux seine pikante Würze. Hochwertige Weine aus dieser Sorte gibt es nur in St-Emilion, gute an der unteren Loire (Bourgueil, Chinon, Anjou-Villages, Champigny). In Norditalien wurde sie jahrzehntelang mit der Carmenère verwechselt. Heute ist sie dort kaum noch vorhanden. In den Weinbauländern der Neuen Welt wird sie beinahe nur als Komplementärtraube angebaut.

Gamay

Traditionelle Rotweintraube des Beaujolais, aus der meist leichte, herzhaft-fruchtige, aber auch einige substanzreichere Weine gewonnen werden. Diese kommen immer aus den Beaujolais-Cru-Lagen wie Brouilly, Morgon, Chiroubles, Fleurie oder Moulin-à-Vent. Letztere können ein paar Jahre altern, während erstere, weil säure- und tanninarm, eher jung getrunken werden müssen. Außerdem wird die Gamay an der Loire angebaut, wo sie vorwiegend für einfache Tafelweine gebraucht wird. Größere Gamay-Anbauflächen gibt es auch in der Schweiz. In Kalifornien hat sich die Sorte nicht durchgesetzt.

Garnacha (Grenache)

Häufigste rote Sorte in Spanien, die sowohl im Norden (Navarra, Rioja) als auch im Süden (La Mancha) zu finden ist. Meist als Massenträger mißbraucht, können auf kargen Böden jedoch feine, zum Teil hochfeine Weine aus ihr gewonnen werden. Die besten kommen aus dem Priorato, wo die Garnacha einst weit verbreitet war, dann jedoch von der Cariñena verdrängt wurde. Ihr Ursprung dürfte im nordspanischen Aragón liegen. Von dort ist sie nach Südfrankreich gekommen, wo sie als Grenache weite Verbreitung gefunden hat. Die Garnacha ist die Basissorte des Châteauneuf-du-Pape, außerdem sind die Roséweine Lirac und Tavel aus ihr gewonnen. Auf Sardinien wird sie Cannonau genannt.

Brunello
In der südtoskanischen Stadt Montalcino gebräuchliche Bezeichnung für die örtliche Spielart der Sangiovese-Traube, aus der der Brunello di Montalcino gewonnen wird.

Canaiolo
Ertragsstarke, etwas rustikale Sorte, die aus Mittelitalien stammt. Traditionell die zweite Sorte im Chianti, jedoch stärker im umbrischen Torgiano vertreten.

Corvina
Tiefdunkle Rotweintraube, welche die Basis für den Valpolicella bzw. den Amarone bildet. Meist zusammen mit Rondinella und Molinara vinifiziert, neuerdings jedoch auch vereinzelt sortenrein als Tafelwein gekeltert.

Cot
Synonym für die Sorte Malbec, die in Südwestfrankreich, vor allem in Cahors anzutreffen ist, jedoch immer weniger verwendet wird.

Counoise
Qualitativ gute, spätreifende Sorte, die zu einem geringen Anteil in vielen Weinen von Châteauneuf-du-Pape zu finden ist.

Dolcetto
Autochthone piemontesische Sorte, aus der violettrote, fleischige, trockene Weine erzeugt werden, die vor allem im Monferrato und in den Langhe als sehr populäre Alltagsweine gelten.

Dornfelder
Deutsche Kreuzungsrebe (Helfensteiner x Heroldrebe), die in den letzten Jahren vor allem in der Pfalz, in Rheinhessen und in Württemberg verstärkt angebaut wurde. Ergibt dunkelrote, aromatisch-fruchtige Weine einfachsten Zuschnitts, die teilweise restsüß ausgebaut werden.

Durif
In Kalifornien gebräuchlicher Zweitname für die Petite Sirah.

Feteasca Neagra
Quantitativ bedeutendste Sorte Rumäniens, qualitativ ziemlich minderwertig. Auch als Schwarze Mädchentraube bekannt.

Freisa
Alte, selten gewordene Traube aus dem piemontesischen Monferrato, aus der meist süße, schäumende Rotweine gekeltert werden, die aber auch prägnante, trockene Rotweine ergibt.

Merlot

Die Merlot-Traube bietet ein heterogenes Bild. Einerseits ist sie eine ertragsstarke Sorte und ergibt, wenn keine mengenbegrenzenden Maßnahmen ergriffen werden, einfache bäuerliche Weine. Andererseits sind einige der größten Rotweine der Welt aus ihr gekeltert: die aus St-Emilion und vor allem aus Pomerol, allen voran die legendären Château Pétrus und Le Pin. Auf den lehmigen und sandigen Böden, die in diesem Teil Bordeaux' vorherrschen, ergibt sie rubinrote, fleischige Weine von großer Distinktion. Allerdings weisen sie weniger Tannin, eine niedrigere Säure und eine geringere Langlebigkeit auf als Cabernet-Sauvignon-Weine, dafür eine höhere Alkoholgradation. Ihr Aroma ähnelt in der Jugend dem der Cabernet-Weine, wobei statt der herben, aristokratischen Strenge eher süße, malzige Töne in den Vordergrund treten. Die ältesten Zeugnisse lassen den Schluß zu, daß die Merlot aus dem Bereich St-Emilion und Pomerol stammen könnte. Zumindest wurde sie dort schon Anfang des 18. Jahrhunderts in großem Stil angebaut. Von dort gelangte sie ins Médoc, wo sie nach der Cabernet Sauvignon die zweite Sorte in den Weinbergen ist. Mittlerweile ist sie in der ganzen Welt verbreitet. Ihre Rebfläche wächst schneller als die der Cabernet Sauvignon. Mindestens vier Gründe sind dafür ausschlaggebend. Erstens reift sie eine Woche bis zehn Tage früher – kann also risikoloser ausreifen. Zweitens ordnet sich die Merlot in der Assemblage problemlos anderen Rebsorten unter. Drittens stellt sie nicht so hohe Ansprüche an die Lage und gedeiht auch in kühlerem Mikroklima. Viertens ist sie ertragreicher. Italiener, Osteuropäer und Australier bauen sie verstärkt an. In Kalifornien ist sie seit den 90er Jahren des 20. Jahrhunderts eine Modesorte geworden. Im Tessin wird die Merlot schon seit Jahrzehnten kultiviert.

Frühburgunder
Frühreife, aber dickschalige Rebsorte, die für eine Mutation des Spätburgunders gehalten wird. In geringen Mengen in Deutschlands Rotwein-Anbaugebieten zu finden. Trotz ihrer Farbschwäche kann sie teilweise hervorragende Qualitäten ergeben. In Frankreich heißt sie Pinot Madeleine.

Gaglioppo
Beste Rotweinsorte Kalabriens, die körperreiche, feinwürzige Weine mit kräftigem Tannin liefert. Sie stammt aus Griechenland, wurde aber schon vor über 2000 Jahren nach Italien importiert. Der bekannteste Gaglioppo-Wein ist der Cirò.

Jurançon Noir
Ziemlich einfache Rotweinsorte, die heute nur noch zu Verschnittzwecken angebaut wird, etwa im Anbaugebiet von Gaillac, seltener in Cahors. Auch in Jurançon selbst anzutreffen, wird aber nicht für den weißen Jurançon verwendet.

Lambrusco
In Italien von Venetien bis Sizilien verbreitete Sorte, die von der Getränkeindustrie nicht selten süß und frizzante abgefüllt wird. Der klassische Lambrusco ist jedoch ein stiller, trockener und durchaus wohlschmeckender Alltagswein.

Marzemino
In einem kleinen Bezirk im Trentino wachsende Sorte, aus der einfache, aber wohlschmeckende, kirschfruchtige Rotweine erzeugt werden.

Montepulciano
In Mittelitalien verbreitete Sorte mit Kerngebiet in den Marken und den Abruzzen. Liefert etwas derbe, oft alkohollastige, in ihren besten Qualitäten jedoch feine, würzige Weine (oft assembliert mit Sangiovese oder Uva di Troia). Die bekanntesten sind der Rosso Conero und der Rosso Piceno. In der Stadt Montepulciano wird die Sorte nicht angebaut.

Morellino
Bezeichnung für eine regionale Spielart der Sangiovese-Traube, die heute in der Südtoskana um den Ort Scansano zu finden ist.

Mourvèdre
Ursprünglich spanische Sorte, die heute in der Provence eine Renaissance erlebt, etwa in Bandol. Mit ihren kleinen, dickschaligen Beeren ergibt sie dunkelfarbige, tannin-

Cinsaut

In ganz Südfrankreich weit verbreitete Sorte, die in den letzten Jahrzehnten von Qualitätsweinwinzern in den Départements Aude und Hérault neu entdeckt wurde. In guten Lagen und mit strengem Beschnitt eignet sie sich wegen ihrer dunklen Farbe und Fruchtigkeit gut zur Assemblage mit Mourvèdre, Grenache und auch Cabernet Sauvignon, denen sie Duft und Geschmeidigkeit gibt. Sie wird jedoch fast nie allein gekeltert. Auch in Algerien, Marokko und dem Libanon ist sie weit verbreitet (alternative Schreibweise: Cinsault).

Carignan

Neue Massenweinsorte, die vor allem in Südfrankreich angebaut wird und maßgeblich für die Weinüberschüsse in Europa verantwortlich ist. Auch im Nordosten Spaniens noch weit verbreitet, wo sie Cariñena heißt. Wegen ihrer großen Erträge auch in Südkalifornien, Mexiko und Lateinamerika beliebt, wo schlichteste Industrieweine aus ihr gewonnen werden. Jedoch zeigen sowohl Winzer im Languedoc und Roussillon als auch in Spanien (etwa im Priorato), daß sich aus ihr durchaus auch feine, charaktervolle Weine erzeugen lassen, wenn sie entsprechend zurückgeschnitten wird.

Barbera

Eigenständige Rotweinsorte aus dem Piemont, die meist reinsortig vergoren wird und bekannte Weine wie den Barbera d'Asti und Barbera d'Alba ergibt. 1799 wurde sie zum ersten Mal als *vitis vinifera Monferratensis* erwähnt. Heute wird sie nahezu überall in Italien kultiviert, etwa im Oltrepò Pavese, in der Franciacorta, im Valpolicella, im Trentino, in der Emilia-Romagna und in Süditalien. Heute stehen sogar in Kalifornien Barbera-Reben. Barbera-Weine zeichnen sich durch einen geringen Gerbstoff- und hohen Säuregehalt aus. Die Sorte neigt, wenn sie nicht zurückgeschnitten wird, zu Massenerträgen, so daß aus ihr auch viele einfache und einfachste Weine produziert werden.

Nebbiolo

Eine anspruchsvolle, spätreifende Traube aus dem Piemont, die relativ hellfarbene, aber tanninreiche und langlebige Weine ergibt. Sie ist seit 1303 im Nordwesten Italiens aktenkundig. Vermutlich ist sie aber sehr viel älter. Die berühmtesten Nebbiolo-Weine sind der Barolo und Barbaresco. Beide werden sortenrein vergoren. Gattinara und Ghemme können zu einem geringen Anteil mit anderen Sorten assembliert werden. Auch der Roero und der Nebbiolo d'Alba sind sortenreine Nebbiolo-Varianten.

---

reiche Weine von urtümlicher Fruchtigkeit, die sich gut zum Verschneiden eignen. In Spanien heißt die Sorte Monastrell und herrscht in den Anbaugebieten Alicante, Valencia, Jumilla und Almansa vor.

Petit Verdot
Wertvolle, spätreifende Sorte, die vor allem in Bordeaux angebaut wird und dort länger heimisch ist als die Cabernet Sauvignon. Sie ergibt nahezu schwarzrote, tanninreiche und stark säurehaltige Weine mit feiner Würze, wird aber nur noch wenig angebaut: In den meisten Margaux-Weinen ist sie zu rund fünf Prozent enthalten.

Petite Sirah
Mittelmäßige Rebsorte mit nicht ganz klarem Ursprung, in Kalifornien auch Durif genannt. Sicher ist, daß sie mit der echten Syrah nichts zu tun hat. Angebaut wird sie im heißen San Joaquin Valley, aber auch im kühleren Monterey Distrikt. Hat sich als Verschnittsorte für Zinfandel und Pinot Noir bewährt.

Picpoul Noir
Im Languedoc beheimatete, alte Rebsorte, die auf den Sandböden des Küstenlitorals am Mittelmeer wächst. Zudem eine der 13 zugelassenen Rebsorten des Châteauneuf-du-Pape.

Pinotage
Im Jahre 1925 aus Pinot Noir und Cinsaut eingekreuzte Rebsorte, die vor allem in Südafrika weit verbreitet ist und dort die besten Ergebnisse gezeigt hat. Die Weine sind relativ dunkel in der Farbe, haben in der Jugend ein erdig-würziges Bouquet, entwickeln aber schnell eine schöne, ausdrucksvolle Frucht. Daneben gibt es aber auch viele belanglose, minderwertige Pinotage-Weine in Südafrika.

Pinot Meunier
Wegen ihrer Frosthärte die am häufigsten angebaute Sorte in der Champagne, wo sie als dritte Varietät in den Champagner eingeht – allerdings nur zu einem kleinen Prozentsatz. Sie gilt als rustikal und derb-fruchtig, gehört nach traditioneller Auffassung jedoch in jeden guten Champagner. Die Sorte, die von der Pinot Noir abstammt, wird auch in Württemberg angebaut und heißt dort Schwarzriesling oder Müllerrebe. Ihre Blätter sind wie mit Mehl bestreut.

Plavac Mali
Beste Rotweinsorte in Slowenien und Kroatien, die vollmundige, körperreiche Weine von außerordentlich großer Haltbarkeit liefert.

Pinot Noir

Eine der ältesten Rebsorten der Welt, aus der Weine von erhabener Eleganz, aber auch von plumper Schlichtheit erzeugt werden. In der Farbe präsentieren sie sich in mittlerem Purpurrot, ihr Aroma ist von süßer Fruchtigkeit geprägt. Die Trauben sind auffällig klein mit vielen dünnschaligen Beeren. Entsprechend tanninarm ist der Wein. Viele Pinot-Noir-Winzer keltern daher die Trauben mit den Kämmen, um tanninreichere Weine zu erhalten. Die Urheimat der Sorte ist mit Sicherheit das Burgund, wo sie bereits im 14. Jahrhundert urkundlich nachgewiesen ist. Vermutlich existierte sie dort aber schon mindestens tausend Jahre früher. Heute ist die Pinot Noir praktisch die einzig vertretene rote Sorte an der Côte d'Or, wo sie die Gamay völlig verdrängt hat. Chambertin, Musigny, Pommard und Volnay sind einige der bekanntesten Weinnamen dieser Gegend. Das berühmteste Weingut ist die Domaine de la Romanée-Conti. Auch außerhalb des Burgund hat die Pinot Noir weite Verbreitung gefunden. Sie wird im Elsaß und in der Champagne angebaut, wo sie – zu Weißwein gekeltert – die Basis für den Champagner liefert. In Deutschland, wo sie Spätburgunder oder Blauer Burgunder heißt, findet man sie in der Südpfalz, in Baden, in Assmannshausen am Rhein, an der Ahr und am Mittelmain um Klingenberg. Vereinzelt trifft man die Sorte auch im österreichischen Burgenland, in Südtirol und in der Toskana an. Allerdings gelingen die Weine in warmem Klima weniger gut. In Amerika wird die Pinot Noir in Carneros, Sonoma, Santa Barbara County sowie im kühlen Oregon angebaut. In Südafrika und Australien ist sie nur vereinzelt vertreten. Sie gehört zu den wenigen roten Trauben in der Welt, die fast immer sortenrein gekeltert werden.

Prugnolo Gentile
Örtliche Spielart der Sangiovese-Traube im toskanischen Anbaugebiet Montepulciano.

Sagrantino
Hochwertigste Rotweinsorte Umbriens mit Hauptanbaugebiet um die Stadt Montefalco. Liefert kräftige, dunkelrote Weine mit spürbarer Würze und leichter Süße im Bouquet. Mangels überregionalen Interesses wurden aus ihr jahrelang süße Dessertweine erzeugt. Heute keltert man aus ihr wieder zunehmend hochklassige, trockene Weine von großer, innerer Komplexität.

Samtrot
Mutation der Müllerrebe, in Württemberg neu vermehrt. Dort erzeugt man daraus solide bis feine Sortenweine.

Schiava
Italienischer Name für den Südtiroler Vernatsch.

Schwarzriesling
In Württemberg übliche Bezeichnung für die Pinot Meunier.

Shiraz
In Australien gebräuchliche Bezeichnung für die Syrah-Traube. Benannt nach der persischen Stadt Shiraz.

St. Laurent
Wahrscheinlich aus dem Elsaß stammende, heute nur noch in Österreich und vereinzelt in Deutschland anzutreffende Sorte, die geringe Ansprüche an den Boden stellt, gute Erträge garantiert und im besten Fall einen delikaten, herbfruchtigen Rotwein ergibt, oft aber auch fade und ausdruckslos ausfällt.

Tannat
Anspruchsvolle Sorte aus dem Südwesten Frankreichs, die schwarzrote Weine mit hohem Gerbstoffgehalt ergibt. Allerdings wird die Traube selten allein, sondern meist zusammen mit anderen Sorten vergoren. Man findet sie vor allem in Weinen aus dem Pyrenäenvorland, etwa dem Madiran, dem roten Tursan und dem Béarn. Außerhalb Frankreichs gibt es in Uruguay größere Bestände.

Teinturier
Französische Bezeichnung für alle Deckweinsorten, die eigens gezüchtet wurden, um farbschwachen Rotweinen mehr Farbe zu geben. Basis der meisten Teinturier-Reben ist die dunkelfarbene Teinturier de Cher, die mit der blassen Aramon eingekreuzt wurde und so die Sorte Petit Bouschet ergab. Die Petit Bouschet,

Sangiovese

Wichtigste italienische Rotwein-sorte, deren Hauptverbreitungs-gebiet in der Toskana liegt. Dort bildet sie die Basis des Chianti, des Vino Nobile di Montepulciano und des Brunello di Montalcino und vieler anderer Rotweine. Aber auch in der Emilia-Romagna, in Umbrien, Latium und in den Marken ist sie weit verbreitet. Es existieren zahlreiche Spielarten von ihr, so daß Rebenforscher nicht von einer Rebsorte, sondern von einer Rebsortenfamilie sprechen. Sie reift relativ spät und bringt fruchtige, aber auch tanninherbe, säurebetonte, reifebedürftige Weine hervor. Erwähnt wird die Sangiovese erstmals 1722 in der Toskana. Doch spricht vieles dafür, daß sie schon 2000 Jahre früher in Italien bekannt war und von den Etruskern angebaut wurde.

Tempranillo

Bedeutendste spanische Rebsor-te, aus der die Weine der Ribera del Duero und (zu einem hohen Anteil) der Rioja gekeltert sind. Örtlich auch Tinto Fino oder Tin-to del País (etwa in der Ribera del Duero) genannt, ergibt sie dun-kelfarbene Weine mit viel Gerb-stoff und einer kräftigen Säure, die sie für ein langes Leben prä-destinieren. Unsicher ist, ob die Sorte in ihrem Ursprung aus Spa-nien stammt oder im Mittelalter aus Frankreich importiert wurde. Heute ist sie in Frankreich jeden-falls nicht mehr anzutreffen.

Malbec

Früher sehr populäre, heute we-gen ihrer Ertragsunsicherheit (sie neigt zum Verrieseln) auf dem Rückzug befindliche Rotwein-sorte, die einen dunkelfarbenen, tanninstarken Wein ergibt. Der berühmteste ist der Cahors aus dem Südwesten Frankreichs. Dort wird die Sorte Cot genannt und mit anderen Sorten zum „schwarzen Wein von Cahors" verschnitten. Früher wurde sie viel in Bordeaux angebaut, heute ist sie nur noch in wenigen Wei-nen zu einem geringem Anteil enthalten – etwa einigen Gewäch-sen aus dem Graves.

Zinfandel

Rote Traube, aus der Weine ganz unterschiedlicher Art erzeugt werden: Rotweine, Roséweine, Weißweine (wenn ohne Schalen vergoren). Der typische und cha-raktervollste Wein ist jedoch im-mer ein roter Zinfandel. Die Sorte wird fast ausschließlich in Kali-fornien angebaut. Dort werden aus ihr teilweise hochklassige, edle Rotweine erzeugt, aber auch zahlreiche Konsumweine, die die Amerikaner mit Eiswürfeln trin-ken. White Zinfandel ist ein süßer Zinfandel. Vermutlich stammt die Zinfandelrebe von der italie-nischen Primitivo-Rebe ab, die in großen Mengen in Apulien ange-baut wird und aus der ebenso schlichte, einfache Tafelweinver-schnitte wie süße, gespritete Li-körweine erzeugt werden.

---

die noch heute in Frankreich viel angebaut wird, wurde dann in zahlreichen Versuchen weiter zur Teinturier-Traube eingekreuzt.

Teroldego

Alte Rotweinsorte aus dem Trentino, die auf den flachen Schwemmlandbö-den um Mezzocorona angebaut wird. Da als Massenträger angesehen, sind die meisten Teroldego-Weine gerb-stoff- und säurearm und recht ein-dimensional. Die besten besitzen aber Charakter und eine große Aro-mentiefe. Rebwissenschaftler vermu-ten, daß die Teroldego-Traube zur Familie der Syrah-Gewächse gehört.

Trollinger

In Württemberg beheimatete Sorte, hinter der sich die Südtiroler Ver-natschtraube verbirgt. Aus ihr wer-den meist blaßrote, schlichte, gele-gentlich aber auch durchaus delikate Weine gewonnen, die sich örtlich großer Beliebtheit erfreuen.

Touriga

Hochwertigste portugiesische Rot-weinrebe, die die Basis aller guten Portweine bildet. Die kleinbeerige Traube liefert nur geringe Erträge, weshalb die Sorte im Anbau zurück-gegangen ist. Oft auch Hauptbestand-teil guter Dãos.

Tsimlyansky Cherny

Wichtigste Schaumweintraube der GUS-Staaten, vor allem am Don, aber auch auf der Krim angebaut, wo sie die Basis für den roten Krimsekt lie-fert. Da alkoholreich und säurearm, muß der Wein verschnitten werden.

Vernatsch

Am häufigsten angebaute Sorte in Südtirol, die in besseren Versionen einen leichten, samtigen Wein mit delikatem Frucht- und Mandelaroma, meist aber einen schlichten Wein oh-ne große Ausdruckskraft ergibt. Die bekanntesten Vernatsch-Weine sind der St. Magdalener und der Kalterer

See. Es gibt mindestens ein halbes Dutzend Spielarten der Vernatsch-Rebe.

Xynomavro

Beste Rotweinsorte Griechenlands, in den bekannten makedonischen Wei-nen Naoussa und Amynteon enthalten.

Zweigelt

Erfolgreiche österreichische Kreu-zungsrebe (Blaufränkisch x St. Lau-rent), deren Weine sich durch fruch-tiges Bouquet, samtigen Körper und prägnanten Kirschgeschmack aus-zeichnen. In fast allen österreichi-schen Rotweingegenden anzutreffen.

Chardonnay

Noble Rebsorte, die mit großer Sicherheit aus dem Burgund stammt (es gibt im südlichen Burgund sogar ein Dorf namens Chardonnay), heute aber weltweit verbreitet ist und ebenso feine wie gewöhnliche Weißweine hervorbringt – je nach Standort, Klon und Pflege. Unter allen weißen Rebsorten verzeichnete sie in den letzten 25 Jahren die größten Zuwächse. Die berühmtesten Chardonnay-Weine wachsen auf den kalkhaltigen Böden von Puligny-Montrachet, Meursault, Corton-Charlemagne und Chablis. Dort werden die Weine reinsortig aus Chardonnay-Trauben erzeugt und haben nussige, im Alter leicht petrolige Aromen. Im Champagner ist die Chardonnay in der Regel zu 50 bis 70 Prozent vertreten (im Blanc-de-Blancs-Champagner zu 100 Prozent). Andere größere Anbaugebiete finden sich im Maconnais und an der Côte Chalonnaise. In Italien findet man die Sorte vor allem im Trentino, in Südtirol, in der Franciacorta und im Friaul. Neuerdings wird sie auch erfolgreich in Österreich kultiviert, wo sie Morillon (Südsteiermark) ge-

nannt wird. Außerhalb Europas hat die Sorte weite Verbreitung in Kalifornien (Carneros oder Sonoma County), Chile (Maipo), Südafrika, Neuseeland und Australien gefunden. Dort wird sie größtenteils in kleinen, neuen Eichenfässern vergoren, wodurch sie einen leicht röstigen Geschmack bekommt. Der Erfolg der Chardonnay-Traube beruht darauf, daß sie auf nahezu jedem Bodentyp ansprechende Qualitäten hervorbringt. Sie treibt früh aus und darf nicht zu spät gelesen werden, weil sonst die Säure absinkt. In jedem Fall ist sie eine eigenständige Sorte und keine Mutation des Weißen Burgunders, wie in zahlreichen Büchern noch zu lesen ist. Neuere DNA-Untersuchungen haben zutage gefördert, daß sie eine Kreuzung von Pinot Noir und Gouais Blanc ist. Hinter letzterer verbirgt sich die (inzwischen ausgestorbene) Sorte Alter Heunisch.

Airén
Häufigste spanische Weißweinrebe, wegen ihrer Trockenheitsbeständigkeit vor allem in der heißen La-Mancha-Region angebaut, wo sie in der Vergangenheit schwere, alkoholreiche Weine hervorbrachte. Heute werden aus ihr meist leichte, neutralfruchtige Tropfen erzeugt.

Albana
Ursprüngliche, italienische Sorte, die heute vor allem in der Romagna verbreitet ist. Ergibt dort einen leichten, mäßig fruchtigen und recht kurzlebigen Wein, der nach der Rebsorte benannt ist.

Albariño
Interessante, leicht aromatische Traube, aus der im galizischen Anbaugebiet Rias Baixas charaktervolle, trockene Weißweine erzeugt werden. In Portugal ist sie im weißen Vinho Verde enthalten und heißt dort Alvarinho.

Aligoté
Charaktervolle, eigenständige Sorte aus dem Burgund, aus der kräftige, körperreiche Weißweine erzeugt werden, die jung getrunken werden. Der beste kommt aus dem Dorf Bouzeron. Allerdings hat die Chardonnay die Aligoté weitgehend verdrängt.

Außerhalb Frankreichs findet man die Sorte in Bulgarien, Rumänien und anderen osteuropäischen Ländern.

Assyrtiko
Typische Sorte von der Insel Santorin, liefert kräftige, trockene Weißweine sowie die berühmten Liastos: süße, likörähnliche Trockenbeerenweine.

Auxerrois
Name für eine Vielzahl verschiedener Sorten. Im Ursprung aber wohl eine eigenständige Rebe, die über Frankreich nach Deutschland gekom-

men ist. Heute wird sie noch in geringen Mengen im Elsaß und in der Pfalz angebaut. Sie hat nichts mit Chardonnay oder Pinot Blanc zu tun. Im südwestfranzösischen Cahors wird die Malbec-Traube Auxerrois genannt.

Bacchus
Aus (Silvaner x Riesling) x Müller-Thurgau gekreuzte Sorte, die in vielen Anbaugebieten Deutschlands wächst und süffige, unkomplizierte Weine ergibt, nicht selten mit Restsüße.

Chasselas

Klassische Schweizer Sorte, die schon vor 400 Jahren im Wallis (dort auch Dorin genannt) nachweisbar ist und heute knapp die Hälfte der Anbaufläche des Landes bedeckt. Sie ergibt einfache, leichte, oft etwas säurearme und ausdruckslose Weißweine. Es existieren jedoch auch bessere Qualitäten. Bekannte Chasselas-Weine sind der Fendant, Yvorne, Aigle, Saint-Saphorin oder Dézaley beispielsweise. In Deutschland heißt die Sorte Gutedel. Anfang des 20. Jahrhunderts war sie die am häufigsten angebaute Sorte. Heute ist sie in größeren Mengen nur noch im südlichen Baden (Markgräflerland) vorhanden.

Chenin Blanc

In Frankreich beheimatete und wegen ihrer hohen Erträge beliebte Weißweinsorte (Anjou und Touraine an der unteren Loire), aus der einfache Weine wie Vouvray und Saumur gewonnen werden. Diese Weine baut man oft schäumend und mit Restsüße aus. In besten Lagen werden jedoch aus der Chenin Blanc kraftvolle, langlebige Weißweine mit markanter Säure erzeugt (Coulée de Serrant). Außerhalb Frankreichs wird die Sorte vor allem in Südafrika angebaut. Dort heißt sie teilweise noch Steen.

Gewürztraminer

Hochwertige Rebsorte mit leicht rötlich gefärbten Beeren, die wegen ihres niedrigen und unsicheren Ertrags nur noch selten angebaut wird. Sie ist vermutlich eine Variante des Traminers, der seinerseits gelbe Beeren aufweist und weniger aromatisch ist. Als dessen Heimat wird Südtirol angegeben. Spät gelesen, kann der Gewürztraminer große Qualitäten ergeben: goldgelbe, kräftige, „männliche" Weine, die nicht selten deutlich über 13 Vol.% aufweisen und nicht nur trocken, sondern auch halbtrocken, süß oder edelsüß ausgebaut werden. Trotz niedriger Säure sind sie langlebige Weine. Große Gewürztraminer mit typischem Rosen- und Lycheeduft findet man im Elsaß und in Südtirol.

Grauer Burgunder

Populäre Weißweinsorte, aus der viele einfache, aber auch einige gehaltvolle und gelegentlich feine Weine gewonnen werden. Die wichtigsten Verbreitungsgebiete sind Frankreich (besonders das Elsaß, wo sie Pinot Gris oder Tokay genannt wird), Deutschland und Österreich (dort bisweilen Ruländer gerufen) sowie Norditalien (Südtirol und Friaul, wo sie Pinot Grigio gerufen wird). In Venetien, im Trentino und neuerdings auch in Amerika werden aus ihr sortenuntypische, aber kommerziell sehr erfolgreiche Konsumweine erzeugt. Die Beeren haben teilweise einen rötlichblauen Schimmer, was ein Beleg dafür ist, daß die Sorte von der Pinot Noir (Blauburgunder) abstammt.

Bouvier

Österreichische Kreuzungsrebe, vor allem im Burgenland und der Steiermark angebaut. Als Massenträger und „Zuckersammler" bekannt, deshalb meist als Tafeltraube und oft für die Erzeugung von Prädikatsweinen benutzt.

Clairette

In Südfrankreich (Mittelmeerküste und Rhône) beheimatete Sorte, aus der früher vorzugsweise Wermuth, heute einfache Tafelweine erzeugt werden. Die früher beliebte Traube ist im Rückgang begriffen, da sie nicht dem Zeitgeschmack entspricht.

Cortese

Einfache, ertragreiche Traubensorte aus dem Piemont, vor allem bekannt durch den Gavi, der zu 100 Prozent aus ihr gewonnen wird.

Feteasca

Die häufigste in Rumänien angebaute Weißweinsorte, die duftige, in ihren besten Qualitäten körperreiche und dauerhafte Weine ergibt. Auch in Bulgarien, Ungarn und Rußland weit verbreitet.

Folle Blanche

Früher in Frankreich weit verbreitete, heute praktisch nur noch um Nantes und Cognac kultivierte Sorte (zur Cognac-Herstellung verwendet).

Furmint

In ganz Osteuropa, vor allem aber in Ungarn weit verbreitete Rebsorte, die feurige, alkoholreiche Weine ergibt, die ebenso trocken wie süß ausgebaut werden. Der berühmteste ist der edelsüße Tokajer, einer der besten und langlebigsten Dessertweine der Welt.

Grechetto

Klassische umbrische Sorte, traditionell im Orvieto und in den Weißweinen von Torgiano enthalten.

Greco di Tufo

Aus Griechenland stammende, in Süditalien kultivierte Sorte, aus der körperreiche und bisweilen feine Weine wie der kampanische Greco di Tufo, der kalabrische Cirò Bianco und der süße Greco di Bianco hergestellt werden.

Gutedel

Deutscher Name für die Chasselas-Traube, die um 1780 ins badische Oberland gelangte. Sie wird heute in größerer Menge nur noch im Markgräflerland (Süd-Baden) angebaut, wo sie leichte Weine mit frischer Säure ergibt.

Riesling

Anspruchsvolle, spätreifende Sorte, die in kühlen Anbaugebieten besonders feine Weine ergibt. Das Hauptverbreitungsgebiet der Riesling-Traube ist Deutschland und das Elsaß. Aber auch in Österreich, in Rußland und – auf kleiner Fläche – in Australien und Kalifornien wird die Sorte angebaut. Ob ihre Urheimat am Rhein, an der Mosel oder in der Pfalz liegt, ist schwer festzustellen. Sicher ist, daß sie im 15. Jahrhundert am Rhein und im 16. Jahrhundert an der Mosel schon weit verbreitet war. Möglicherweise ist sie aber auch schon um 800 n. Chr. auf Befehl von König Ludwig dem Deutschen am Rhein angebaut worden. Andere Vermutungen gehen dahin, daß sie sich dort aus der Wildrebe *vitis vinifera* entwickelt habe. In jedem Fall ist sie eine anspruchsvolle Sorte (korrekte Bezeichnung: Weißer Riesling), die zumindest in Deutschland, im Elsaß und in Österreich nur in sonnenzugewandten Steillagen bedeutende Weine ergibt. Rieslingweine haben, auch wenn sie spät gelesen werden, stets eine betonte Säure. Sie sind extraktreich und ausgesprochen langlebig.

Wegen der dicken Beerenhaut ist der Riesling gegen Fäule ziemlich resistent – Voraussetzung für die Erzeugung edelsüßer Beerenauslesen. Im Vergleich zu anderen Sorten verliert sie auch bei leicht erhöhten Erträgen nicht nennenswert an Qualität. Trotzdem gibt es als Resultat von Massenproduktion viele schlichte Weine, vor allem aus Deutschland. Auch in der Liebfrauenmilch kann sie enthalten sein. In Amerika wird diese Sorte Johannisberger Riesling, White Riesling oder Rhine Riesling genannt.

Kerner
Kreuzung Trollinger x Riesling, vor allem in Deutschland verbreitet. Frostharte Rebe, die teilweise sehr gute, leicht bouquet- und säurebetonte Weine ergibt.

Macabeo
Traditionelle Weißweinsorte der Rioja, Navarras und anderer Regionen Nordspaniens. Wird auch für die Cava-Produktion kultiviert.

Malvasia
Sortenname für etwa ein Dutzend Spielarten einer Weißweinrebe, die in der Regel einfache, alkoholreiche Weine hervorbringt. Sie ist vor allem in Italien (Friaul, Piemont, Toskana, Latium, Sizilien, Sardinien), aber auch in Portugal als Bestandteil des Portweins und auf Madeira (Malmsey) verbreitet.

Manseng
Aus dem französischen Baskenland stammende Sorte, dessen hochwertige Spielart Petit Manseng in den letzten Jahren wiederentdeckt und vermehrt angebaut wurde. Sie bildet die Basis für die berühmten Jurançon-Weine um die südwestfranzösische Stadt Pau, (den Jurançon Sec und die süße Variante, bei der die Trauben getrocknet werden, bevor sie auf die Kelter gehen). Sie wird aber auch in Béarn und in der Gascogne sehr geschätzt, besonders für den Pacherenc du Vic-Bilh. Die weniger feine Manseng Gros dient meist zu Verschnittzwecken.

Marsanne
Ertragsstarke Weißweinsorte, die an der nördlichen Rhône zu finden ist und schwere, kurzlebige und eher plumpe Weine ergibt. Basissorte des Crozes-Hermitage.

Melon
Relativ anspruchslose, neutralschmeckende Sorte, die fast ausschließlich an der Loire-Mündung angebaut wird. Dort werden aus ihr die weißen Muscadet-Weine gewonnen (Muscadet de Sèvre-et-Maine). Aus dem südlichen Burgund stammend, wird daher auch Melon de Bourgogne genannt.

Morio-Muskat
Stark im Rückgang befindliche Kreuzungsrebe (Silvaner x Weißburgunder), die vor allem in Deutschland angebaut wurde und bouquetreiche Weißweine ergibt.

Grüner Veltliner

Populäre und ertragreiche Sorte, die vor allem in Österreich weit verbreitet ist (sie bedeckt etwa ein Drittel der Rebfläche des Landes). Sie treibt früh aus und wird relativ spät gelesen. Sie ergibt leichte, spritzige Weine mit pfeffriger Würze, die jung und oft mit einem Schuß Wasser ("G'spritzter") getrunken werden. Das Weinviertel ist das Hauptanbaugebiet in Österreich. In beste Lagen gestellt, lassen sich jedoch auch extrakt- und alkoholreiche Spätlesen ernten, etwa im Kremstal, im Kamptal und vor allem in der Wachau. Dort wird der Grüne Veltliner seit knapp 100 Jahren angebaut. In seiner höchsten Vollendung als Smaragd ergibt er hochfeine Weine, die langlebiger als Rieslinge sind.

Müller-Thurgau

Die am häufigsten angebaute Sorte in Deutschland. Bekannt als Kreuzung Riesling x Silvaner, nach neueren Forschungen jedoch Riesling x Chasselas. Die Traube wurde 1882 an der Weinbauschule Geisenheim am Rhein von dem Rebenforscher Hermann Müller gezüchtet, der aus dem Schweizer Kanton Thurgau stammte. Sie ergibt meist einfache, duftige Weine mit leichtem Muskatton – Basis der Liebfrauenmilch. Unter der Bezeichnung Rivaner werden aber auch geschmeidige, elegante Tischweine produziert. Schließlich werden aus ihr, weil sie früh reift und rasch Zucker sammelt, auch Auslesen und Beerenauslesen hergestellt. Synonyme: Riesling x Silvaner, Rizlingszilvani (Ungarn).

Muskateller

Sehr alte, aromatische Sorte, die wahrscheinlich schon bei den Griechen (*anathelicon moschaton*) und Römern (*uva apiana*) bekannt war. Heute ist diese Sorte über die ganze Welt verbreitet. Es gibt viele Spielarten von ihr. Der Gelbe Muskateller (in Frankreich Muscat Blanc, Muscat de Frontignan oder Muscat Blanc de Petits Grains genannt) ist die hochwertigste. Aus ihr werden zum Beispiel der elsässische Muscat, der piemontesische Moscato d'Asti, der trockene steirische Muskateller und der spanische Moscadel del Grano Menudo erzeugt.

Scheurebe

Eine Kreuzung Silvaner x Riesling, im Jahre 1916 von Dr. Georg Scheu, dem Leiter der ehemaligen Hessischen Rebenzuchtstation Pfeddersheim bei Worms, gezüchtet. In Deutschland eine der wenigen erfolgreichen Neuzüchtungen. Die Scheurebe bringt zarte, bouquetbetonte Weine mit typischem Cassis-Duft hervor, wenn sie in guten Lagen steht. Dort ist sie allerdings nur selten zu finden, weil diese für den Riesling reserviert sind. So kommt es, daß aus ihr blumige, bouquetreiche Weine hergestellt werden, die nicht selten mit Restsüße abgerundet sind.

Mtsvane
In Georgien und auf der Krim beheimatete Sorte, die stilvolle, fruchtfrische Weißweine von guter Qualität ergibt. Hochwertigste Sorte in der GUS.

Muscadelle
Zu großen Erträgen neigende, frühreife Sorte, die in den meisten Weißweinen Bordeaux' in geringer Menge enthalten ist. Besitzt eine grobfruchtige, rustikale Note und wird kaum mehr neu angepflanzt. Hat nichts mit dem Muskateller zu tun.

Muscat d'Alexandrie
Mindere Spielart des Muskateller, vor allem in Spanien, Portugal, auf Sizilien (dort Zibibbo genannt) sowie in Südafrika und Chile zur Herstellung süßer Likörweine oder Brandys verwendet. Ansonsten eher eine Tafeltraube, die auch zur Herstellung von Rosinen angebaut wird.

Muscat d'Hambourg
Teilweise blau pigmentierte Tafeltraube aus der Muskateller-Familie, die heute kaum mehr zur Weinproduktion genutzt wird.

Muskat-Ottonel
Spielart der Muskateller-Traube (wahrscheinlich durch Einkreuzung von Chasselas), jedoch weniger hochwertig als die Gelbe Muskateller. In Österreich und Ungarn noch weit verbreitet, dort jedoch ebenso auf dem Rückzug wie in Deutschland.

Neuburger
In Österreich (Burgenland, Thermenregion) angebaute Rebsorte unbekannten Ursprungs, die kraftvolle, neutral-fruchtige Weine mit zartem Nußaroma hervorbringt.

Pedro Ximénez
Früher in großen Mengen in Jerez zur Sherryherstellung angebaute, derzeit stark zurückgehende Traube. Die größte Pedro-Ximénez-Anbaufläche befindet sich heute in Australien, wo aus ihr vor allem Brandys und Likörweine hergestellt werden.

Picolit
Weiße Rebsorte aus dem Friaul, aus der ein einfacher, süßer, preislich sehr teurer Dessertwein erzeugt wird. Die Picolit neigt zum Verrieseln, weshalb die Erträge niedrig und sehr unbeständig sind.

Sauvignon

Hochklassige und weltweit stark verbreitete Rebsorte, die in den letzten Jahren große Zuwachsraten verzeichnete. Sie treibt spät aus, kann aber auch schon relativ früh gelesen werden. Mit großer Wahrscheinlichkeit stammt sie aus Bordeaux, wo sie heute die am meisten angebaute weiße Sorte ist. In den Weißweinen von Graves, Pessac-Léognan, Entre-Deux-Mers sowie in den Bordeaux Blancs und den edelsüßen Sauternes bildet sie zusammen mit der Sémillon (und teilweise der Muscadelle) eine bewährte Einheit. Das bedeutendste Anbaugebiet ist heute jedoch die mittlere Loire mit den Weinbauzentren Sancerre und Pouilly Fumé. Auf den dortigen Silex-Böden (Feuerstein) kommt das kräftige, an Stachelbeeren, Brennnesseln oder Schotenfrüchte erinnernde Aroma am klarsten zum Ausdruck. Andere wichtige Anbaugebiete sind die Steiermark, das Burgenland (in Österreich ist die Sorte noch unter dem irreführenden Namen Muskat-Silvaner bekannt), Slowenien und Friaul. Außerhalb Europas gibt es regelrechte Sauvignon-Moden in Kalifornien (im Holzfaß ausgebaut unter der Bezeichnung Fumé Blanc), Chile, Australien und vor allem Südafrika. Sauvignon-Weine aus Neuseeland fallen wegen ihrer aggressiven, herbvegetalen Note auf. Die meisten Sauvignon-Weine sind schwer. Ihr Alkoholgehalt liegt häufig über 13 Vol.%, vor allem bei den Sauvignons aus Übersee. Im Gegensatz zu hochklassigen Chardonnays zeigen Sauvignon-Weine ihre Feinheiten schon im jungen Stadium. Sie sind keine ausgesprochenen Altersweine.

Plavac
Die wichtigste Weißweinsorte Sloweniens, aus der einfache, neutralfruchtige, nicht selten sehr vollmundige Weine erzeugt werden.

Prosecco
In Venetien beheimatete Traube, die relativ spät reift und Weine mit leicht erhöhter Säure ergibt. Vermutlich liegt der Ursprung dieser einheimischen Sorte in Istrien. Namentlich erwähnt wurde sie das erste Mal Ende des 18. Jahrhunderts. Bekannt vor allem durch den Prosecco Frizzante beziehungsweise Prosecco Spumante, weniger bekannt als Stillwein.

Ribolla
Im Friaul werden aus ihr leichte, rassige, etwas rustikale Weine erzeugt.

Rkatsiteli
Häufigste Sorte Rußlands und eine der meistangebauten Weißweintrauben Europas. Bringt kräftige, körper- und säurebetonte Weißweine hervor, aber auch likörähnliche Süßweine und Sherry-gleiche Meditationsweine.

Rotgipfler
Traditionelle Rebsorte aus dem österreichischen Gumpoldskirchen. Bringt körperreiche, langlebige Weißweine mit Charakter hervor.

Roussanne
Anspruchsvolle Weißweinsorte an der Rhône. Meistens zusammen mit der Marsanne vinifiziert.

Ruländer
Synonym für den Grauen Burgunder. In Deutschland häufig für körperreiche Grauburgunder mit Restsüße verwendet.

Savagnin
Im französischen Jura anzutreffende, vornehme Traube, aus der der berühmte, sherry-ähnliche Vin Jaune hergestellt wird. Sie ist auch im Arbois enthalten.

Savatiano
Die meistverbreitete Weißweintraube Griechenlands. Liefert die Basis für den alkoholstarken, geharzten Retsina-Wein.

Steen
Traditionelle Bezeichnung für die Chenin Blanc in Südafrika.

Tocai
Autochthone Sorte, mit der der größte Teil der Weinberge Friauls bestockt ist. Die meisten Tocai sind fruchtig-frische Alltagsweine. Die besten Qualitäten können jedoch einen feinen Charakter haben.

Sémillon

Aus Bordeaux stammende und vor allem in Sauternes anzutreffende Rebsorte, aus der hochwertige edelsüße Weine erzeugt werden. Sie besitzt eine dünne Beerenhaut, was sie für Attacken des Edelschimmels anfällig macht. Der berühmteste edelsüße Wein ist der Château d'Yquem. In ihm ist die Sémillon zu 80 Prozent enthalten. Trocken ausgebaut, ergibt sie körperreiche, „fette" Weine, die im jungen Stadium eher neutral schmecken. Deshalb wird sie in der Regel auch mit Sauvignon oder anderen Sorten assembliert. Außer in Bordeaux und in der Dordogne wird sie auch in Australien (Hunter Valley und Barossa Valley) und in anderen warmen Weinländern angebaut.

Silvaner

Alte, autochthone Rebe, die zu den am häufigsten angebauten Sorten in Deutschland gehört. Da sie als Massenträger gilt, werden aus ihr jedoch oft schlichte, ausdruckslose Weine erzeugt. Wenn ihr Ertrag begrenzt wird, ergibt sie jedoch volle, zartfruchtige, erdige Weine. Diese findet man vor allem in Franken, im Elsaß und in Österreich (dort Sylvaner geschrieben). In Rheinhessen werden aus ihr einfache Konsumweine erzeugt. In der Schweiz heißt die Sorte Johannisberg oder Gros Rhin und kann ebenfalls sehr markante Weine ergeben.

Viognier

Alte, ertragsarme Rebsorte, die im trockenen, warmheißen Klima des Rhônetals ihre besten Ergebnisse bringt. Die bekanntesten Weine sind der weiße Condrieu und der seltene Château Grillet, beides schwere, langlebige Weißweine mit relativ hohem Alkoholgehalt. Die Rotweine der Côte Rôtie dürfen 20 Prozent Viognier-Trauben enthalten. Im Languedoc und Roussillon wird die Viognier häufig mit anderen weißen Sorten zusammen vinifiziert. Seit Ende der 1980er Jahre werden aus ihr nicht nur dort, sondern auch in Italien und Kalifornien zunehmend sortenreine Weißweine erzeugt.

Weißer Burgunder

Alte Rebsorte, aus der sehr gute Weine mit viel Eigencharakter erzeugt werden können. Sie wird auch Weißburgunder oder Clevner genannt und ist vor allem in Baden und in der Pfalz verbeitet, wird aber auch mit gutem Erfolg in Österreich, Südtirol und im Friaul, in Ungarn, Slowenien und Kroatien angebaut. In Frankreich wird sie praktisch nur im Elsaß kultiviert, dort allerdings mit gutem Erfolg (Pinot Blanc). Der Weiße Burgunder wurde jahrzehntelang fälschlich als Pinot Chardonnay bezeichnet. In Wirklichkeit ist er eine Mutation des Pinot Noir (Blauburgunder). Charakteristisch ist das sanftwürzige Bouquet und die milde Säure.

Traminer
Auch Roter Traminer genannt: Mutterrebe des Gewürztraminers, aus der leicht aromatische, qualitativ gute, aber selten herausragende Weine gewonnen werden.

Trebbiano
Italienischer Name für die Sorte Ugni Blanc, die zu den am meisten angebauten Weißweinsorten der Welt gehört. Anspruchslose und ausdrucksschwache Sorte, die in Italien in zahlreichen Variationen vorkommt (Frascati, Soave, Lugana, Procanico, Bianco di Val di Chiana). Cognac-Traube.

Verdejo
Vornehme, alte Rebe aus Spaniens Weißweinregion Nummer Eins, dem Rueda. Ist Basissorte aller dortigen Weißweine.

Verdelho
Alte charakteristische Rebsorte auf der Insel Madeira, die heute leider im Verschwinden begriffen ist.

Verdicchio
Vor allem in den italienischen Marken angebaute Rebe, die dort seit dem 14. Jahrhundert bekannt ist und teilweise recht feine, aromatisch-fruchtige Weißweine ergibt.

Vermentino
Charaktervolle Weißweinsorte, die heute in größeren Mengen nur noch auf Korsika und Sardinien, in kleinen Mengen in Ligurien und in der nördlichen Toskana, speziell in der Maremma, angebaut wird.

Vernaccia
Alte, aber nicht sonderlich hochwertige Traube, die auf den Hügeln des toskanischen Städtchens San Gimignano einen delikaten, trockenen Weißwein ergibt. Ist nicht verwandt mit dem Vernaccia di Oristano aus Sardinien.

Welschriesling
Zweithäufigste Sorte Österreichs, angebaut am Neusiedler See, in der Steiermark und im Weinviertel. Ergibt teils leichte, teils kräftige Weißweine, in ihren besten Qualitäten feinwürzig und rassig, sonst mastig und neutral. Mit dem Riesling hat sie nichts gemein. In Ungarn Welsch Rizling und in Italien Riesling Italico.

Zierfandler
Qualitativ gute Weißweinsorte, die körperreiche, säurebetonte Weißweine hervorbringt. Wichtigste Traube der österreichischen Thermenregion (vor allem Gumpoldskirchen)

Der menschliche Faktor

Wein ist ein natürliches Produkt, kein Resultat wissenschaftlicher Arbeit. Die alten Griechen bezeichneten ihn folgerichtig als „Geschenk der Götter". Sie waren es, die die Rebe wachsen und die Trauben reifen ließen. Auch der Saft ihrer Beeren vergärt ohne menschliches Zutun. Und wenn der gesamte Zucker des Mostes in Alkohol umgewandelt ist, hört die Gärung von selbst auf. An alledem hat sich bis heute wenig geändert. Theoretisch bedarf es also nicht einmal eines Kellermeisters, um Wein herzustellen, geschweige denn komplizierter Kellertechnik. Praktisch beeinflussen den Wuchs der Rebe und den Gärvorgang jedoch eine Vielzahl von Faktoren. Diese zu kontrollieren, ist die Aufgabe des Kellermeisters. Er ist zwar kein Weinmacher. Aber er schafft die Voraussetzungen dafür, daß feiner, wohlschmeckender Wein entsteht. Zum Beispiel sorgt er dafür, daß der Most während der Gärung gekühlt wird. Die Weingüter sehen dann zwar wie Raffinerien aus, doch nur so gelingt es, auch in warmen Anbaugebieten wie dem neuseeländischen Marlborough feine Weine entstehen zu lassen.

Von der Traube zum Wein

Traubenanlieferung in einem Weingut am Russian River in Kalifornien: Qualität vom Weinberg in den Keller zu bringen, ist das oberste Ziel der Weingüter.

Traditionelles Stampfen der Portweinmaische mit den Füßen: eine der schonendsten Methoden der Maischebehandlung, jedoch arbeitsaufwendig und heute am Douro nur noch Folklore.

Wein kann nie besser sein als die Trauben, aus denen er gewonnen wird. Doch immer wieder gelingt es Kellermeistern, aus guten Trauben schlechte Weine zu keltern.

Unter Weinbereitung wird die Verarbeitung der Trauben zu Wein verstanden. Sie beginnt mit der Annahme der Trauben im Keller und endet beim Abstich des vergorenen Weins von der Hefe. Sie zieht sich also über einen Zeitraum von einer Woche bis zu drei Monaten hin – je nach Wein und Art der Vergärungsmethode. Die meisten Weine gären zehn bis 15 Tage. Manch einfacher, leichter Rotwein ist aber auch schon nach vier Tagen vergoren. Weißweine können dagegen durchaus drei bis fünf Wochen gären, edelsüße Weißweine drei Monate lang. Das Gärtempo hängt von der Temperatur im Gärkeller ab. Diese bestimmt in der Regel der Kellermeister. Je höher die Temperatur, desto rascher verläuft die Gärung – je niedriger, desto langsamer geht sie vonstatten.

Alkohol und Kohlendioxid

Bei der alkoholischen Gärung handelt es sich um einen komplizierten chemischen Prozeß, der in mehreren Schritten abläuft und nicht nur Alkohol, sondern auch zahlreiche Nebenprodukte hervorbringt: erwünschte und unerwünschte. Das wichtigste Nebenprodukt ist Kohlendioxid (CO_2). Dieses geruchlose Gas entweicht dem gärenden Wein in Form von

Kelterstation in Montalcino: Frisch angelieferte Brunello-Trauben werden mittels Schnecke zur Traubenmühle befördert.

<table>
<tr><td colspan="2">Haupt- und Nebenprodukte der alkoholischen Gärung</td></tr>
</table>

Äthylalkohol	47–48 %
Kohlendioxid	46–47 %
Glycerin	2,5–3 %
Bernsteinsäure	0,2–0,5 %
Butylenglycol	0,05–0,1 %
Essigsäure	0–0,25 %
Milchsäure	0–0,2 %
Acetaldehyd	0–0,01 %
Methanol	0,05–0,3 %

Die chemische Formel für die Umsetzung des Zuckers in Alkohol und Kohlendioxid lautet: $C_6H_{12}O_6$ (Zucker) $\rightarrow 2\,C_2H_5OH$ (Alkohol) + $2\,CO_2$ (Kohlendioxid). Das Kohlendioxid kann auch in gelöster Form als Kohlensäure (H_2CO_3) vorhanden sein. Die Nebenprodukte machen zusammen etwa vier bis fünf Prozent des Weins aus. Nur wenige Nebenprodukte sind unerwünscht: etwa Acetaldehyd, weil es den Wein oxydiert, Fuselöle, also höherwertige unangenehm schmeckende und wirkende Alkohole, sowie Methanol. Methanol ist eine giftige Substanz, die unvermeidlich bei jeder alkoholischen Gärung entsteht und ab 25 Gramm pro Liter tödlich wirken kann. Allerdings ist Methanol nur in verschwindend geringen Mengen im Wein vorhanden: maximal 0,3 Gramm pro Liter. Ebenso bemüht sich der Kellermeister, die Essigsäure so niedrig wie möglich zu halten. Sie ist eine flüchtige Säure und kann zur Geruchsbeeinträchtigung führen.

Blasen. Deshalb sind die meisten Gärgefäße zur Oberseite hin offen. Wenn also der Wein im Gärgefäß „blubbert" oder „prickelt", zeigt das dem Winzer an, daß der Wein schon (oder noch) gärt.

Unterschiede bei Rot- und Weißwein

Die Bereitung von Weißwein und Rotwein ist nicht grundsätzlich verschieden. Der wichtigste Unterschied besteht darin, daß beim Rotwein die Schalen mitvergoren werden, beim Weißwein hingegen nur der Saft vergoren wird. Das heißt: Die weißen Trauben werden gleich nach Ankunft im Keller abgepreßt. Der Saft wird aufgefangen und vergoren. Rote Trauben werden dagegen nur gemahlen oder ganz sanft gequetscht, so daß die Beerenhaut aufplatzt. Saft, Fruchtfleisch, Schale und Traubenkerne bilden zusammen die Maische. Sie wird vergoren. Erst nach der Gärung wird die Maische ausgepreßt. Der ohne Preßdruck frei ablaufende Wein ist das hochwertigere Produkt. Der Preßwein ist dagegen ein Wein zweiter Qualität. In ihm finden sich zahlreiche harte Tannine, weshalb er dem Hauptwein in der Regel nicht zugefügt wird. Lediglich in schwächeren Jahren kann es passieren, daß ein kleiner Anteil Preßwein dem Hauptwein zugegeben wird – in Bordeaux zum Beispiel eine übliche Praxis.

Was mit dem Trester geschieht

Die ausgepreßten Schalen wurden früher getrocknet, zu Briketts gepreßt und als Brennstoff verwendet. Im Winter spendeten sie dann Wärme in kalten Winzerstuben. Auch Weinstein (Kaliumhydrogentartrat) wurde aus ihnen gewonnen. Weinstein ist für die pharmazeutische Industrie (Seignettesalz) und die Lebensmittelherstellung (Backpulver) ein wichtiger Grundstoff. Inzwischen wird Kaliumhydrogentartrat synthetisch hergestellt, so daß diese Nebenerwerbsquelle für Winzer versiegt ist. Heute wird der Trester meist kompostiert und als organischer Dünger in den Weinbergen ausgebracht. Einige Winzer verkaufen den Trester auch an Destillationsbetriebe, die Tresterschnaps herstellen (in Italien Grappa, in Frankreich Marc genannt). Die Schalen der weißen Trauben, die immer noch Reste von Zucker enthalten, werden mit Most aufgegossen, vergoren, und der so entstehende Wein wird destilliert. Auf diese Weise entstehen Traubenbrände aus weißen Sorten.

Rote Trauben werden heute fast überall auf der Welt von den Stielen getrennt, bevor sie gemahlen und vergoren werden. Früher konnte sich nur wohlhabende Châteaux das Abbeeren leisten.

Erreger der Gärung

Jeder Wein braucht Hefen, um zu gären. Ohne Hefen bleibt er Traubenmost. Allerdings gibt es zahlreiche Hefestämme, und jeder hat seine Eigenarten – nicht immer nur positive. Die Qualität des Weins hängt also auch von der richtigen Hefe ab.

Die Umsetzung des Zuckers in Alkohol wird durch Hefen bewerkstelligt. Hefen sind Pilze und gehören, wie auch Algen und Bakterien, zu den einzelligen Pflanzen und damit zu den einfachsten Mikroorganismen im Pflanzenreich. Sie vermehren sich durch Abtrennung ausgestülpter Zellen. Die Energie dazu liefert der Zucker, der im Traubenmost als Glucose und Fructose gelöst ist. Er bildet gleichsam die Nahrung für die Hefen, während der Alkohol, der am Ende entsteht,

ihre Tätigkeit sogar ganz ein. Die Gärung bleibt stecken – der Alptraum eines jeden Kellermeisters.

Durchgären der Weine

Bei einer Temperatur des Mostes von etwa 15°C an vermehren sich die Hefen kontinuierlich, und zwar so lange, bis der gesamte Zucker verarbeitet und der Wein staubtrocken ist. Danach sterben die Hefen ab und fallen auf den Boden des Fasses. „Geläger" sagt der Fachmann zu dem Hefetrub. Das bedeutet: Wenn der Kellermeister nicht einschreitet, gärt jeder Wein automatisch durch. Nur bei extrem zuckerreichen Mosten kann es passieren, daß die Gärung steckenbleibt, bevor der Zucker ganz vergoren ist. Hat nämlich der Wein einen Alkoholgehalt von etwa

Verschiedene Hefestämme

Der botanische Name für die Weinhefe lautet *Saccharomyces ellipsoideus* (auch *Saccharomyces cerevisiae* genannt). Ähnliche Gärhefen werden auch bei der Bierherstellung und in der Brotproduktion verwendet. Allerdings besteht jede Hefegattung aus zahlreichen Hefestämmen – so auch die Weinhefe. Jeder Hefestamm reagiert in unterschiedlicher Weise auf die Inhaltsstoffe des Traubenmosts und prägt demzufolge den Wein auf seine Weise – ähnlich wie der Boden oder die Lage es tun. So gibt es zum Beispiel alkoholempfindliche Hefen, die nur bis etwa 5 Vol.% arbeiten. Danach übernehmen andere Hefen ihre Arbeit. Wieder andere sind wärmeempfindlich oder produzieren viel Schwefelwasserstoff, womit die Wahrscheinlichkeit

In Gärung befindlicher Rotwein: Die Hefen bewirken, daß der Traubenzucker in Alkohol transformiert wird.

nur ein Nebenprodukt des Vermehrungsprozesses ist. Allerdings ist die Tätigkeit der Hefen an bestimmte Voraussetzungen gebunden. Bei hohen Temperaturen vermehren sich die Hefen schnell und bewirken eine stürmische Gärung. Niedrige Temperaturen machen die Hefen träge und führen zu einer langsamen Gärung. Bei Temperaturen unter 12°C stellen die meisten Hefen

15 Vol.% erreicht, sterben die Hefen ab. Zuviel Alkohol ist der Feind der Hefen. Dies passiert regelmäßig bei edelsüßen Weinen, gelegentlich aber auch ungewollt bei hochgrädigen Mosten, die eigentlich durchgären sollen. Spektakulärstes Beispiel war der 1992er Le Montrachet von der berühmten Domaine de la Romanée-Conti. Er kam nie auf den Markt, weil er nicht durchgärte und restsüß blieb.

steigt, daß der Wein später einen „Böckser", einen Geruchsfehler, aufweist. Es gibt aromatisierende Hefen für junge Weißweine und Hefen, die speziell für die Sorte Sauvignon Blanc selektiert wurden, um ihr einmal ein weiches, einmal ein aggressiveres Aroma zu geben. Champagnerhefen zeichnen sich dadurch aus, daß sie nach dem Absterben große Flocken bilden.

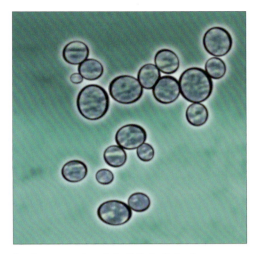

Saccharomyces cheva!ieri: elliptische Hefezellen, vor allem zur Vergärung von Rotweinmaischen eingesetzt.

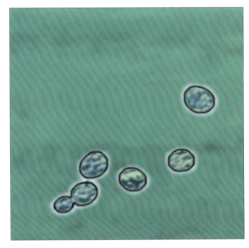

Saccharomyces oviformis: eiförmige Hefezellen, die einem erhöhten Alkoholgehalt standhalten.

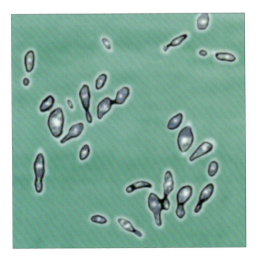

Torulopsis stellata: kleine, längliche Hefezellen, besonders geeignet zur Vergärung edelfauler Traubenmoste.

Wo die Weinhefen herkommen

Weinhefen kommen aus der Natur oder aus dem Labor. Im ersten Fall handelt es sich um natürliche oder wilde Hefen, im zweiten Fall um Reinzuchthefen. Da Hefen fast überall vorkommen, wo Trauben wachsen, hat nahezu jeder Landstrich, manchmal auch jeder Weinberg seine eigenen natürlichen Hefekulturen. Sie kommen im Normalfall mit den Trauben in den Keller oder befinden sich bereits dort, sofern dieser in einem Weinanbaugebiet liegt. In regnerischen, kühlen Jahren bilden sich allerdings nur wenige Hefen. Starkes Spritzen von Fungiziden und Insektiziden beeinträchtigt ebenfalls die Bildung der Hefekulturen. Außer durch den Wind werden die Sporen des Hefepilzes nämlich durch Insekten, insbesondere durch die Fruchtfliege, weitergetragen. In solchen Jahren ist der Kellermeister auf Reinzuchthefen angewiesen. Reinzuchthefen sind selektierte natürliche Hefen, die in speziellen Labors vermehrt werden und als Trockenhefe in den Handel kommen. Mit ihnen wird der Most „geimpft".

Zwei Lehrmeinungen über Hefen

Die meisten Weinerzeuger benutzen heute Reinzuchthefen zur Vergärung des Weins. Reinzuchthefen sind berechenbarer und mindern das Risiko, daß der Most nicht angärt, daß die Gärung steckenbleibt oder der Wein unangenehme Nebentöne annimmt. Die Weinerzeuger der Neuen Welt verwenden nahezu ausschließlich Reinzuchthefen (in einigen Weinanbaugebieten Kaliforniens, Südafrikas und Australiens bleibt ihnen gar nichts anderes übrig, weil es dort klimabedingt keine Hefekulturen gibt). Aber auch in Europa schwören viele Weinproduzenten aus leidvoller Erfahrung inzwischen auf Reinzuchthefen – und keineswegs nur Großkellereien und Genossenschaften. Die Kehrseite der Medaille ist, daß die Weine ganzer Landstriche manchmal so uniform sind, daß Boden- und Sortenunterschiede nicht mehr in der gewünschten Weise zutage treten – vor allem, wenn alle Weinerzeuger die gleichen Reinzuchthefen verwenden.

Erhaltung natürlicher Hefekulturen

Bei natürlichen Hefen, so beteuern Winzer aus Bordeaux, Burgund und vielen Teilen Deutschlands, könne das nicht passieren. Sie ergeben charaktervolle, vielschichtige Weine, weil die Hefekulturen im Weinberg nicht nur aus einem Hefestamm, sondern aus mehreren wilden Hefestämmen bestehen, und jeder einzelne trägt zum Gelingen des Weines bei. Amerikanische und australische Önologen schmunzeln über solch einen Märchenglauben. Doch die Europäer lassen sich nicht beirren. Zumindest die Spitzenwinzer pflegen mit Inbrunst ihre Hefekulturen, indem sie geschnittenes Rebholz, Preßrückstände und das „Geläger" kompostieren, um sie als organischen Dünger später wieder im Weinberg auszubringen und so zur Erhaltung ihrer eigenen Hefekulturen beizutragen.

Louis Pasteur (1822-1895)

Entdecker der Weinhefe

Der französische Chemiker Louis Pasteur hat als erster den Vorgang der alkoholischen Gärung vollständig und präzise beschrieben. Zwar wurde lange vor ihm schon Wein erzeugt und ebenso lange war bekannt, daß es der Zucker im Traubenmost ist, der sich in Alkohol verwandelt. Aber daß es dazu der Aktivität der Hefen bedarf, wußte noch niemand. Die Entdeckung der Hefen als Erreger der Gärung hat freilich auch mit der Erfindung eines technischen Hilfsmittels zu tun: des Mikroskops.

Explosion der Hefen

Hefen sind mit dem Auge nicht sichtbar. Unter einem Mikroskop mit mindestens 600facher Vergrößerung kann man sie aber genau erkennen. Während der Gärung vermehren sie sich extrem stark. So enthält ein Kubikzentimeter Most auf dem Höhepunkt der Gärung zwischen 80 Millionen und 120 Millionen Hefezellen. Zu Beginn der Gärung waren es nur 260 000 Hefezellen bei der gleichen Saftmenge, im Weinberg sogar nur 120 000 Hefezellen.

Nieder mit dem Tresterhut

Es gibt nur wenige Grundregeln für die Rotweinvergärung, aber viele Maßnahmen, die jedes Jahr neu erfunden werden müssen. Der französische Önologe Emile Peynaud hat die Schwierigkeiten im Umgang mit Rotwein einmal so zusammengefaßt: Ein mittelmäßiger Jahrgang wird ganz anders vinifiziert als ein großer Jahrgang.

Zu den Grundregeln gehört, daß die roten Trauben entrappt und gemahlen werden. Die so entstehende Maische fermentiert dann in Edelstahltanks oder in offenen Holzkufen. Ist der gesamte Zucker vergoren, wird der Wein von der Maische gezogen und die Maische abgepreßt. Damit ist die Vinifikation beendet. In der Praxis ist die Maischegärung allerdings viel komplizierter. Denn sie umfaßt mehr als nur die alkoholische Gärung. Sie beinhaltet die Extraktion von Farbe und Gerbstoff aus den Traubenschalen. Früher verwendete der Kellermeister auf diesen Teil der Maischegärung wenig Gedanken. Die Extraktion verläuft nämlich fast parallel zur alkoholischen Gärung, und es bedarf, damit Farbe und Tannin in den Wein übergehen, keiner besonderen Vorkehrungen von seiner Seite. Heute wird der Mechanismus der Extraktion genau beobachtet und ihr Ablauf präzise gesteuert. In kleinen Jahren, wenn die Schalen wenig Farbe und Tannin enthalten, darf der Wein nicht zu lange auf der Maische stehen, sonst gelangen zu viele harte, unreife Tannine in den Wein.

Offene Maischegärung

Rotweine gären normalerweise schneller an als Weißweine. Bereits nach wenigen Stunden bilden sich erste Bläschen auf der Maische, nach zwölf Stunden „blubbert" sie, nach einem Tag befindet sie sich in voller Fermentation. Ursache des zügigen Angärens: Die Gärgefäße sind offen. Die Maische hat Luftkontakt und unter Sauerstoff vermehren sich die Hefen schneller als unter Sauerstoffabschluß. Offen sind die Gärgefäße deshalb, weil das Kohlendioxid, das bei der Gärung entsteht, nach oben entweicht und die in der Flüssigkeit schwimmenden Schalen mitreißt. Sie bilden schnell einen festen „Tresterhut"

Technik der Rotweinbereitung: Die Trauben werden entrappt und danach gemahlen. Zwei gegeneinander laufende Gummirollen brechen die Haut auf, so daß der Saft abläuft. Saft, Fruchtfleisch und Schalen bilden die Maische, die in Stahltanks (oder offene Holzbottiche) gepumpt und dort vergoren wird.

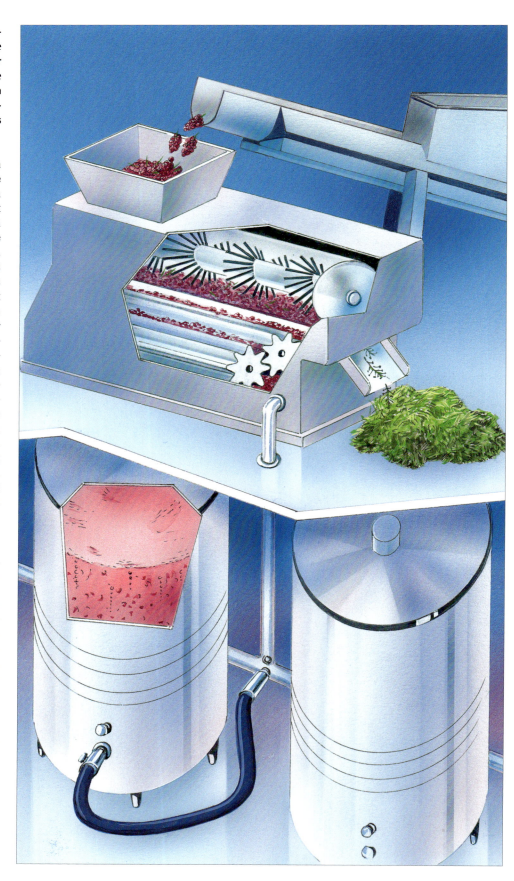

im oberen Teil des Gärtanks. Dieser „Trester-hut" muß immer wieder nach unten gedrückt werden. Der gärende Wein hat sonst zu wenig Kontakt mit den Schalen. Früher geschah das von Hand, indem Kellerarbeiter auf die höl-zernen Gärbottiche kletterten und mit langen Stangen und Stampfern den Tresterhut zer-kleinerten oder gar selbst mit den Füßen den Tresterhut nach unten drückten. Im Burgund wird diese Form der *pigeage* noch heute prak-tiziert. Ansonsten wird der Wein unten am Faß abgezogen, in einem Gefäß aufgefangen, von dort mit einem Schlauch nach oben ge-pumpt und über den Tresterhut gespült. Im Zeitalter der Edelstahltanks ist das Umwäl-zen von Hand freilich durch einen geschlos-senen Pump-Kreislauf ersetzt worden.

Länge der Maischegärung

Wie lange der Rotwein auf der Maische gärt, hängt vor allem von der Gärtemperatur ab. Je niedriger sie ist, desto langsamer gärt die Mai-sche. Umgekehrt gilt: Je höher sie ist, desto rascher geht die Gärung vonstatten. Da heute fast alle Rotweine temperaturkontrolliert ver-goren werden, kann der Kellermeister die Länge der Maischegärung genau steuern. In Edelstahltanks ist es am leichtesten, die Mai-sche zu kühlen. Wo noch traditionelle große Holzcuves zur Vergärung verwendet werden (wie zum Beispiel auf vielen Bordeaux-Châteaux), sind diese im Inneren mit Kühl-schlangen ausgestattet. Manchmal werden auch einfach nur Kühlplatten oder Plastik-beutel mit Eis in den Gärbottich gehängt, um zu verhindern, daß die Temperaturen allzu stark ansteigen. Einfache Rotweine wie Valpolicella oder Beaujolais gären etwa vier

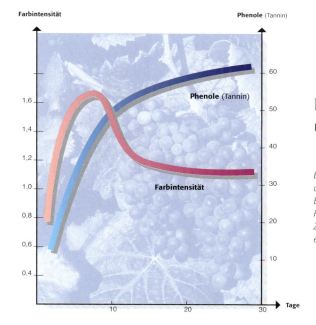

Farbintensität

Phenole (Tannin)

Phenole (Tannin)

Farbintensität

Tage

Farbentwicklung und Tanningehalt

Extraktion: Das Herauslösen der Farbe und des Tannins aus den Schalen der Beeren wird Extraktion genannt. Die Farbpigmente sind schon nach kurzer Zeit extrahiert. Bei den Tanninen dauert es etwas länger.

Tage auf der Maische. Gehaltvollere Rotweine wie Elsässer Pinot Noir, Badischer Spätbur-gunder oder Blaufränkisch aus dem öster-reichischen Burgenland haben etwa acht Tage Schalenkontakt. Schwerere Rotweine machen eine fünfzehntägige Maischegärung durch. Traditionelle Barolos oder Cabernet Sauvignons werden vier Wochen auf der Maische belassen.

Ende der Maischegärung

Der größte Teil der Farbstoffe ist schon nach wenigen Tagen aus den Schalen extrahiert. Das bedeutet: Der Wein ist dunkelrot, die Schalen sind hellviolett. Gelöst werden die Farbstoffe durch den Alkohol, der durch die Umwandlung des Zuckers entsteht. Unter-

stützt wird der Extraktionsprozeß durch die Gärungswärme. Die Tannine brauchen etwas länger, um ausgewaschen zu werden (siehe Grafik). Wenn der Kellermeister der Meinung ist, daß der Wein genügend „Struktur" besitzt, wird er von der Maische abgezogen. Die Scha-len sinken, weil die Gärung sich verlangsamt und kein CO_2 mehr produziert wird, auf den Boden. Der Kellermeister öffnet ein Ventil im Gärbehälter und läßt die Maische ablaufen. Schalen, tote Hefen und Fruchtfleischteil-chen, die sich am Boden des Gefäßes gesam-melt haben, werden in eine Presse gepumpt und ausgepreßt. Ist noch Zucker in der Flüs-sigkeit, wird sie ohne Schalen weitervergo-ren. Sonst ist die Gärung beendet.

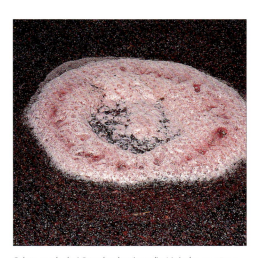

Schon nach drei Stunden beginnt die Maische zu gären. Das Kohlendioxid bildet einen Schaumkranz.

Nach fünf Stunden haben sich die Hefen so stark ver-mehrt, daß es fast in der ganzen Maische „stürmt".

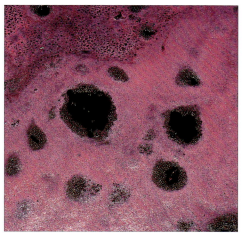

Am zweiten Tag befindet sich die Maische in voller Gärung. Die Gärtemperatur steigt rapide an.

Die Seele des Rotweins

Die Güte großer Rotweine hängt von der Qualität seiner Tannine ab. Sie sind die Seele des Weins, wie der verstorbene Baron Philippe de Rothschild es einmal formulierte. Wie man es anstellt, nur die besten Tannine in den Wein zu bekommen, darüber zerbrechen sich Önologen den Kopf.

Tannine finden sich in drei verschiedenen Bestandteilen der Rotweinmaische: in den Schalen, in den wenigen Stielfragmenten, die beim Entrappen und Mahlen nicht entfernt wurden, sowie in den Traubenkernen. Das weichste, am wenigsten verholzte Zellgewebe weisen die Schalen auf. Die in ihnen enthaltenen Tannine sind besonders fein, zumal wenn die Trauben sehr reif waren. Das Tannin aus den grünen Stielteilen ist stumpfer, das aus den verholzten Kernen am härtesten. Das Stieltannin wird deshalb von den Kellermeistern meistens verschmäht, das Tannin der Kerne ist immer unerwünscht. Sie konzentrieren sich auf die Extraktion des edlen Schalentannins. Es macht zwischen 20 und 30 Prozent des insgesamt vorhandenen Tannins aus.

Traditionelles Umwälzen der gärenden Maische: Der bereits rot gefärbte Wein wird unten vom Faß abgezogen.

Umwälzen der Maische

Das Tannin aus den Schalen läßt sich verhältnismäßig leicht lösen. Schon geringe Mengen Alkohol reichen aus, damit die Extraktion beginnt. Allerdings müssen die Schalen viel Kontakt mit der Flüssigkeit haben. Das Umwälzen der Maische – in Frankreich *remontage*, in Italien *rimontaggio*, in der englischsprachigen Welt *pumping over* genannt – ist deshalb eine der wichtigsten Operationen während der Maischegärung. Vor allem in den ersten Tagen der Gärung muß die Maische mehrmals am Tag gewendet werden. In dieser Phase gehen sowohl die Farbstoffe als auch die Tannine aus den Schalen in den Wein über. Später reicht ein einmaliges Umpumpen pro Tag aus. Wenn die Schalen ausgelaugt sind, darf der Wein nicht mehr umgewälzt werden. Es würde zu viel Tannin aus Stielresten und Kernen in den Wein gelangen, was unerwünscht ist. In jedem Fall bedarf es langer Erfahrung und großen Fingerspitzengefühls, um die Extraktion zu steuern. In kleinen Jahren, in denen die Schalen wenig phenolische Substanzen enthalten, wird die Maische weniger oft übergepumpt, in guten Jahren öfter. Die Häufigkeit des Umwälzens variiert auch von Rebsorte zu Rebsorte. Farbintensive Sorten wie Syrah und Cabernet Sauvignon müssen öfter bewegt werden als etwa eine relativ farbschwache Vernatsch-Maische aus Südtirol.

Moderne Rotofermenter: Sich periodisch drehende Edelstahltanks wirbeln die Maische immer wieder auf.

Kurze, aber intensive Maischegärung

Die Dauer der Maischegärung hat nur indirekt Einfluß auf den Tanningehalt. Wichtiger ist die Gärtemperatur. Viele moderne Önologen plädieren bei tanninhaltigen Maischen für eine kurze Fermen-

Alte Holzcuves auf Château Margaux: Viele Spitzenerzeuger in Bordeaux vergären ihre Maische noch in offenen Holzbottichen.

Kohlensäuremaischung

Louis Pasteuer entdeckte 1872, daß ungemahlene, intakte Beeren unter Sauerstoffabschluß zu gären beginnen – ohne daß Hefen daran beteiligt sind. Diese Erkenntnis machten sich Weinerzeuger in Frankreich bald zunutze und vergoren zumindest einen Teil ihrer roten Trauben nach dieser Methode. *Macération carbonique* lautet der Fachausdruck: Kohlensäuremaischung. Das Resultat sind extrem fruchtige, aromatische Weine. Die Kohlensäuremaischung wird meist in einem geschlossenen Edelstahltank durchgeführt, in den Kohlendioxid gepumpt wird, um den Sauerstoff vollständig zu verdrängen. Die Gärung selbst spielt sich dann in den Saftzellen des Fruchtfleisches ab. Allerdings werden durch diese intrazelluläre Gärung nur etwa 2 Vol.% Alkohol erreicht. Danach müssen die Trauben ganz normal gemahlen und vergoren werden.

Beaujolais und andere

Typisch ist die Kohlensäuremaischung für das Beaujolais. Dort wird immer noch ein großer Teil der Trauben zu Beaujolais Nouveau verarbeitet, der schon wenige Wochen nach der Lese ohne malolaktische Gärung in den Handel kommt. Andere Gebiete Frankreichs, aber auch Italiens haben ebenfalls höchst erfolgreich die Primeur- beziehungsweise Novello-Produktion aufgenommen. Aber auch mancher Erzeuger regulärer Rotweine fügt der Maische einen kleinen Teil ungemahlener Trauben hinzu, um das Traubenaroma seines Weins stärker zu betonen.

Durch Rühren mit Stangen wird verhindert, daß sich die auftreibenden Trester zu einem festen Hut verdichten.

„Pigeage" an der Rhône: Kellerarbeiter des Weingutes Chapoutier drücken mit Füßen die auftreibenden Trester unter die Flüssigkeit.

Moderne Rotwein-Fermentation: In der chilenischen Santa Rita Winery wird die Maische automatisch umgewälzt.

tationsdauer (nur wenige Tage, im Extremfall gar nur 36 Stunden). Die Fermentation muß dann aber bei hohen Temperaturen stattfinden: über 30° C, manchmal sogar bis 35° C. In dieser kurzen Zeit werden nur die leicht löslichen, weichsten Tannine extrahiert. Danach wird der angegorene Wein von den Schalen gezogen und kann in einem anderen Faß ohne Schalen langsam zu Ende fermentieren. Viele Burgunder Rotweine werden so vinifiziert, die neue Generation der italienischen Barolo ebenfalls. Ihre Tannine sind weich und süß, und sie sind oft auch in größerer Menge vorhanden als bei einer gewöhnlichen Niedertemperatur-Gärung. Die Länge der Maischegärung besagt also nichts über die Tanninstärke eines Weins.

Rotationstanks

Um die Extraktion zu optimieren, tüfteln Ingenieure und Önologen an immer neuen Tankkonstruktionen. In Australien werden zur Vergärung der Rotweinmaische häufig horizontale Rototanks verwendet, die sich in bestimmten Zeitabständen drehen und so die Maische neu aufwirbeln. Allerdings dient der Rototank vor allem dazu, Arbeit zu sparen: Ein Umwälzen der Maische von Hand ist nicht mehr nötig. Aus Deutschland kommen Rototanks, in deren Innerem sich Paddel drehen und die Maische aufrühren. Die Kerne fallen in eine Rinne am Boden des Fasses und werden nicht mitbewegt. Entwickelt wurde diese Technik, um den tanninarmen, farbschwachen deutschen Rotweinen mehr „Struktur" zu geben. In Italien wurden Tanks erfunden, bei denen zwei Kolben abwechselnd die auftreibenden Trester unter die Flüssigkeit drücken. All diese Konstruktionen sind freilich nur technische Varianten des traditionellen Herunterdrückens des Tresterhuts mit Stangen und Stampfern.

Vergärung mit Stielen

Da es früher keine Abbeermaschinen gab, wurde der größte Teil der Rotweine mit Stielen vergoren. Nur wenige Châteaux, die hohe Preise für ihre Weine erzielten, konnten es sich leisten, die Trauben von Hand entrappen zu lassen. Bis heute haben einige Weingüter den alten Brauch, die Trauben unentrappt zu vergären, beibehalten – allerdings nicht aus Bequemlichkeit. Für sie ist das Stieltannin erwünscht. Das gilt vor allem für Pinot-Noir-Weine, die von Natur aus tanninarm sind. Im Burgund wird fast regelmäßig ein Teil der Trauben mit den grünen Stielen vergoren. Dort ist man der Überzeugung, daß, wenn die Trauben reif sind, auch das Tannin in den Stielen reif sein muß. Ein weiterer Vorteil ist, daß die Stiele in dem Tresterkuchen, der sich im Gärtank bildet, Kanäle schaffen, durch die der übergepumpte Wein ins Innere des Kuchens eindringt und ihn schneller aufweicht.

Angriff der Bakterien

Alle Rotweine machen, nachdem die alkoholische Gärung beendet ist, eine zweite Gärung durch. Sie heißt Milchsäuregärung oder einfach „Malo". Malo kommt vom lateinischen Wort *malum*: der Apfel. Im Wein befindet sich nämlich eine Säure, die so herb schmeckt wie ein unreifer Apfel. Um sie geht es bei der malolaktischen Gärung.

Rotweine aus allen gemäßigten Anbaugebieten haben einen mehr oder minder großen Überschuß an Apfelsäure. Selbst bei warmen Temperaturen und später Lese wird sie nicht vollständig abgebaut (siehe Seite 44). Die roh, bisweilen adstringierend schmeckende Apfelsäure ist auch im vergorenen Wein noch

Während der malolaktischen Gärung entweicht Kohlendioxid aus dem Rotweinfaß: Es „blubbert" im Siphon.

anzutreffen – in kühlen Jahren in besonders hohem Maße. Diese Apfelsäure wird irgendwann von den Milchsäurebakterien angegriffen. Sie spalten die Apfelsäuremoleküle und wandeln sie in die mildere Milchsäure um. Der Säuregehalt im Wein sinkt dadurch, der Wein schmeckt weicher und voller.

Natürlicher Vorgang
Die malolaktische Gärung wird also nicht durch Hefen, sondern durch Bakterien in Gang gesetzt. Sie ist ein natürlicher Vorgang.

Oft wird er auch als biologischer Säureabbau bezeichnet. Er findet in vielen Anbaugebieten spontan im Frühling statt. Die einzige kellertechnische Maßnahme, die dazu nötig ist: Die Fenster öffnen, so daß die Frühlingswärme in den Keller strömt. Wenn die Temperaturen steigen und der Keller sich erwärmt, wird der durchgegorene Wein wieder aktiv. Er beginnt fein zu prickeln, später zu blubbern – sicheres Anzeichen dafür, daß etwas in ihm vorgeht. Was genau mit ihm passiert, darüber herrschte lange Zeit Unklarheit. Erst vor dem Zweiten Weltkrieg wurde die genaue chemische Reaktion am Institut Œnologique der Universität Bordeaux erforscht. Man fand unter dem Mikroskop Bakterien, die sich auch in einem sauren Milieu vermehren und keinen Zucker brauchen.

Erst nach der Malo stabil
Genau betrachtet, sind es drei Milchsäurebakterien: *Pediococcus*, *Leuconostoc* und *Lactobacillus*. Man findet sie bereits im Weinberg unter die Hefen gemischt, aber auch im Keller und in den Gärfässern (ein leeres Faß enthält rund fünf Liter Flüssigkeit mit Hefen und Bakterien vermischt, die im Holz gespeichert sind). Allerdings sind sie träge. Sie werden

überhaupt erst bei Temperaturen ab 20°C aktiv – also normalerweise erst, wenn es warm wird. Besonders *Pediococcus* und *Leuconostoc* greifen ausschließlich die Apfelsäure an, lassen aber das Glycerin und die Weinsäure unberührt. Da der Wein nicht stabil ist, bevor die malolaktische Gärung abgeschlossen ist, wird in modernen Weingütern der Keller nach der alkoholischen Gärung beheizt, um die Malo zu stimulieren. Sie dauert etwa zwei oder drei Wochen. Danach enthält der Wein keine Apfelsäure mehr.

Mit Bakterien „geimpft"
In vielen Anbaugebieten der Neuen Welt, vor allem in Kalifornien, Südafrika, Australien finden sich oftmals nicht genügend, manchmal auch gar keine Bakterien in den Kellern. Um die malolaktische Gärung durchführen zu können, muß der Wein mit ausgesuchten, kultivierten Milchsäurebakterien „geimpft" werden. Auch in einigen europäischen Regionen wird gelegentlich so verfahren. Wichtig ist allein, daß der Wein ohne Apfelsäure auf die Flasche kommt. Ansonsten besteht die Gefahr, daß er auf der Flasche nachgärt. Typisches Indiz: Der Korken hebt sich unter dem Druck des entweichenden Kohlendioxids.

Malo bei Weißweinen
Auch Weißweine enthalten Apfelsäure – solche aus kühlen Anbaugebieten mehr, aus warmen Anbaugebieten sehr wenig. Doch die meisten Weißweinwinzer lehnen eine malolaktische Gärung ab. Sie sind über jedes Gramm Säure froh, das ihr Wein aufweist. Säure macht Weißweine lebendig, erfrischend, fein. Vor allem für junge Weißweine ist Säure unverzichtbar. Neben der fruchtigen Weinsäure, die den größten Anteil ausmacht, sind ein paar Gramm Apfelsäure durchaus tolerabel. Selbst beim Elsässer und beim deutschen und österreichischen Riesling, die trotz später Reife hohe Säurewerte aufweisen, wird praktisch nie der biologische Säureabbau durchgeführt. Bei anderen Weißweinen ist er dafür die Regel. Ursprünglich waren es weiße Burgunderweine aus Chardonnay-Trauben und die weißen Bordeaux-Weine aus Sémillon und Sauvignon, die vorangingen. Heute sind es nahezu alle im kleinen Holzfaß vergorenen Chardonnay-Weine, unabhängig davon, ob sie aus Italien, Australien, Kalifornien oder Chile kommen. Manchmal wird nur die Hälfte des Weins der malolaktischen Gärung unterzogen, die andere nicht, damit die Säure nicht zu tief sinkt.

Sonne aus dem Zuckersack

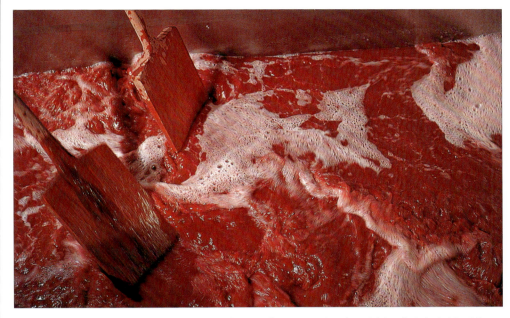

Verbesserung oder Mißbrauch? Durch Anreicherung des gärenden Mostes mit Zucker wird der Alkoholgehalt korrigiert.

Gäbe es ein ideales Weinklima, so könnten jedes Jahr makellos reife Trauben geerntet werden. Körper und Alkoholgehalt des Weins würden sich in perfekter Harmonie befinden. Leider muß der Kellermeister manchmal die Versäumnisse der Natur ausgleichen und dem Wein künstlich zu einem höheren Alkoholgehalt verhelfen.

In kühlen, sonnenarmen Jahren bilden die Trauben nur wenig Zucker. Resultat ist, daß die Weine hinterher einen niedrigen Alkoholgehalt aufweisen. Sie sind leicht und wirken mager. Gerade körperreichen und aromatischen Weinen fehlt es an Harmonie. So kommt es, daß viele Kellermeister dem Most oder dem gärenden Wein Zucker zusetzen. Der Zucker wird von den Gärhefen wie natürliche Glucose beziehungsweise Fructose angesehen und zu Alkohol verarbeitet. Das heißt: Der Wein ist nach Beendigung der Gärung trocken. Damit 100 Liter Wein ein Grad Alkohol mehr bilden, müssen diesem 2,4 Kilogramm Zucker zur Vergärung beigemischt werden.

Zuckerung rettet den Weinbau

Die Anreicherung des Weins mit Zucker zur Erzielung eines höheren Alkoholgehalts heißt Chaptalisation. Der Begriff geht auf den französischen Wissenschaftler und Politiker Jean-Antoine Chaptal zurück (1756-1832). Als Innenminister unter Napoleon machte ihm der Verfall der Weinqualität in der Zeit nach der Französischen Revolution große Sorgen. So schlug er vor, die Gradation der Weine durch Anreicherung mit konzentriertem süßen Most oder mit Rohrzucker zu erhöhen. Wie das konkret vor sich geht, beschrieb zum ersten Mal der Trierer Chemiker Ludwig Gall gegen Mitte des 19. Jahrhunderts, als zahlreiche Moselwinzer wegen mehrerer schlechter Jahrgänge hintereinander keine Trauben ernteten, den Weinbau aufgeben mußten und auswanderten. Die von ihm beschriebene Anreicherung ermöglichte es, auch in kleinen Jahren harmonische Weine zu erzeugen. „Sonne aus dem Sack", frohlockten die Moselaner damals.

Mißbrauch der Chaptalisation

Chaptalisiert wird in nahezu allen Weinbauländern der Welt (lediglich in den warmen Zonen Kaliforniens, in Südafrika, Chile und in Australien ist die Chaptalisation verboten – allerdings auch nicht nötig). Die europäische Weingesetzgebung hat allerdings die Grenzen der Chaptalisation genau festgelegt. In den kühlsten Regionen Europas, der Weinbauzone A (England, Luxemburg, Mosel-Saar-Ruwer, Württemberg), dürfen die Weine im Regelfall um maximal 3,5 Vol.% angereichert werden (Rotweine 4 Vol.%), in Zone B (Champagne, Elsaß, Baden) um 2,5 Vol.%, in Zone C (Bordeaux, Burgund) um 2 Vol.%. Gleichwohl kommt es vor, daß Weine aus der Zone C auch in guten Jahren und ohne Not chaptalisiert werden, um ihnen mehr Gewicht zu geben.

Für einen besonders großzügigen Umgang mit Zucker sind die Winzer aus dem Burgund und aus der Schweiz bekannt. Dort wird häufig versucht, kleinen Weinen durch Chaptalisierung mehr Alkohol zu geben, als sie von Natur aus mitbringen. In Italien darf nicht mit Zucker, es muß mit Traubenmostkonzentrat angereichert werden, wogegen die Weinwirtschaft Sturm läuft (durch ein Konzentrat aus fremden Trauben kann der Weingeschmack eines Weins verfälscht werden). Auf eine andere Gefahr, die von der Chaptalisation ausgeht, weisen die EU-Politiker immer wieder hin: Mancher Winzer treibt bewußt die Traubenerträge in die Höhe, um den entsprechend niedrigeren Alkoholgehalt seiner Weine später mit Zucker auszugleichen.

Umkehr-Osmose

In Frankreich wurde 1989 ein neues Verfahren zur Konzentration des Mosts erfunden, das die Anreicherung mit Zucker ersetzen kann. Das Verfahren heißt Umkehrosmose. Dabei wird dem vergorenen Wein Wasser entzogen, so daß sich Alkohol und Inhaltsstoffe automatisch konzentrieren. Bei dem Verfahren wird ein Tank mit einer halbporösen Membran in zwei Kammern unterteilt. Die eine enthält

Zuckersäcke in einer Großkellerei.

Wasser, die andere den Wein. Wird der Druck in der Weinkammer durch Pumpen erhöht, wandern die Wassermoleküle des Weins durch die halbporöse Membran in die Wasserkammer. Diese inverse Osmose wird vor allem in St-Emilion und Pomerol angewendet und hat dazu geführt, daß dort auch in verregneten Jahren extrem dichte, konzentrierte Weine entstehen. Allerdings ist dieses Verfahren so aufwendig und teuer, daß es sich nur wenige große Bordeaux-Châteaux leisten können.

12 Wohnhaus

8 alter Cuvier

9 Gästehaus

Stationen der Weinherstellung

Die planvolle Bereitung von Rotwein spiegelt sich nirgendwo so deutlich wider wie in der klaren inneren Gliederung der Weingüter von Bordeaux. Von der Traubenannahme bis zur Tresterentsorgung hat jede Tätigkeit ihren genau definierten Platz im Chateau-System.

1 Annahme der roten Trauben: automatische Messung des Zuckergehalts.

2 Abbeermaschine und Traubenmühle: Die roten Trauben werden entrappt, angequetscht und über unterirdische Leitungen in die Gärtanks gepumpt.

3 Gärkeller: In den Edelstahltanks wird die Maische nach Sorten getrennt vergoren. In der ersten Gärphase wird sie mindestens zweimal täglich automatisch umgewälzt, um eine maximale Extraktion der Tannine zu gewährleisten.

4 Computerboard: Die Gärtemperatur wird automatisch kontrolliert. Wenn sie über 30° Celsius steigt, setzt die Kühlung ein.

5 Mikrovinifikation: Kleine Edelstahltanks, in denen der Kellermeister mit ausgewählten Chargen von Trauben experimentiert, um beispielsweise eine bessere Extraktion zu erreichen.

6 Gärkeller Weißwein: Viele Bordeaux-Châteaux erzeugen neben dem Rotwein auch eine kleine Partie Weißwein. Der Weißweinmost wird nach dem Abpressen in kleinen Eichenholzfässern vergoren.

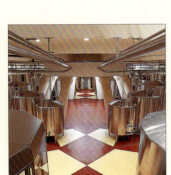

7 Tankpressen: Nach der Gärung wird die Maische abgepreßt und der frei ablaufende Wein (*vin de goutte*) vom Preßwein (*vin de presse*) getrennt.

8 Alter Holzcuvier: Früher wurde die Maische nicht in Edelstahltanks, sondern in großen, offenen Holzbottichen vergoren. Auch heute noch schwören einige der besten Châteaux auf diese traditionellen Gärbehälter. Andere haben den Holzcuvier zum Museum umfunktioniert.

9 Gästehaus mit Speisesaal für Gesellschaften und Lesehelfer.

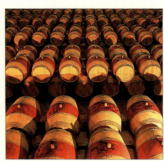

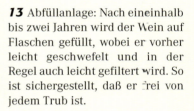

10 Reifekeller für das erste Jahr (*chai*): Nach dem Abpressen wird der junge Wein in kleine Barriques gefüllt, wo er die malolaktische Gärung durchmacht. Danach reift er zwischen acht und zwölf Monaten in den kleinen Eichenholzfässern, die genau 225 Liter fassen.

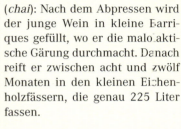
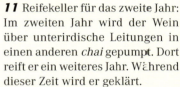
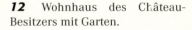
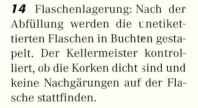

11 Reifekeller für das zweite Jahr: Im zweiten Jahr wird der Wein über unterirdische Leitungen in einen anderen *chai* gepumpt. Dort reift er ein weiteres Jahr. Während dieser Zeit wird er geklärt.

12 Wohnhaus des Château-Besitzers mit Garten.

13 Abfüllanlage: Nach eineinhalb bis zwei Jahren wird der Wein auf Flaschen gefüllt, wobei er vorher leicht geschwefelt und in der Regel auch leicht gefiltert wird. So ist sichergestellt, daß er frei von jedem Trub ist.

14 Flaschenlagerung: Nach der Abfüllung werden die unetikettierten Flaschen in Buchten gestapelt. Der Kellermeister kontrolliert, ob die Korken dicht sind und keine Nachgärungen auf der Flasche stattfinden.

15 Kistenlager und Speditionshalle: Je nach Geschäftspolitik eines Châteaus werden 50 bis 80 Prozent eines Jahrgangs nach der offiziellen Freigabe sofort verkauft. Der Rest verbleibt als Reserve im Château. Vor der Konfektionierung in Holzkisten wird der Wein etikettiert.

16 Tresersammelstelle: Der Trester wird kompostiert und in einer Destille verkauft.

17 Degustationsraum: Alle größeren Bordeaux-Châteaux haben einen Raum, in dem Besucher die Weine des neuen Jahrgangs verkosten können.

Innenansicht

eines Château

15 Kistenlager

16 Trestersammelstelle

11 Chai 2. Jahr

10 Chai 1. Jahr

6 Weißwein-Gärkeller

14 Flaschenlager

17 Degustationsraum

13 Abfüllanlage

5 Mikrovinifikation

7 Pressen

3 neuer Cuvier (Gärkeller)

1 Traubenannahme

4 Computerboard

2 Abbeermaschine

3 neuer Cuvier (Gärkeller)

Mit sanfter Kraft gewonnen

Aus bestem Lesegut wird nur dann ein hochwertiger Weißwein entstehen, wenn der Kellermeister die Trauben vorsichtig, schonend, schnell und mit Köpfchen verarbeitet. Nicht allen gelingt das. Schon beim Keltern kann man viele Fehler machen.

Traditionell werden weiße Trauben nach der Anlieferung zunächst von den Stielen getrennt. Das geschieht im Entrapper. Durch die Fliehkraft der rotierenden Trommel, in die die Trauben fallen, werden die Beeren von den Stielen gerissen und durch die Öffnungen in der perforierten Trommel nach außen geschleudert. Ein Teil der Beeren bleibt intakt, ein anderer wird durch die scharfen Kanten der Öffnungen aufgeschlitzt – je nach Einstellung des Entrappers. Die Beeren werden in die Presse gepumpt. Der ohne Preßdruck ablaufende Saft heißt Vorlaufmost und ergibt am Ende den hochwertigsten Wein. Aber kein Hersteller kann es sich leisten, nur den Vorlaufmost zu verwenden. Er macht nur etwa ein Drittel des gesamten, in den Beeren befindlichen Mostes aus. Um an den noch im Zellgewebe befindlichen Saft zu kommen, müssen die Beeren gepreßt werden.

Das Keltern

Der eigentliche Preßvorgang findet heute in modernen hydraulischen Tankpressen statt. In der Trommel, in der sich das abgebeerte Lesegut befindet, wird ein Luftschlauch aufgepumpt, der die Beeren an die Wand der Trommel preßt. Diese ist perforiert, so daß der Saft ablaufen kann. Er wird in einer Wanne unter der Trommel aufgefangen. Zunächst werden die Beeren nur sanft angepreßt. Bei einem Druck von 1 bar bricht bereits über die Hälfte der Zellen im Fruchtfleisch auf. Nach und nach wird der Preßdruck erhöht, damit auch der restliche Saft ablaufen kann.

Müssen weiße Trauben entrappt werden?

Vor 100 Jahren wurden praktisch alle Trauben mit den Stielen gepreßt und vergoren. Seit der Erfindung mechanischer Abbeermaschinen werden die weißen Trauben in fast allen Anbauländern der Welt vor dem Mahlen entrappt. Das heißt: Die Stiele werden von den Beeren getrennt und nur die Beeren abge-

Weißwein kann auf zweierlei Art gekeltert werden: Normalerweise werden die Trauben in der Abbeermaschine entrappt, abgepreßt, und der Most wird im Stahltank vergoren. Bei der Ganztraubenpressung werden sie gleich in die Presse befördert und mit Stielen gepreßt.

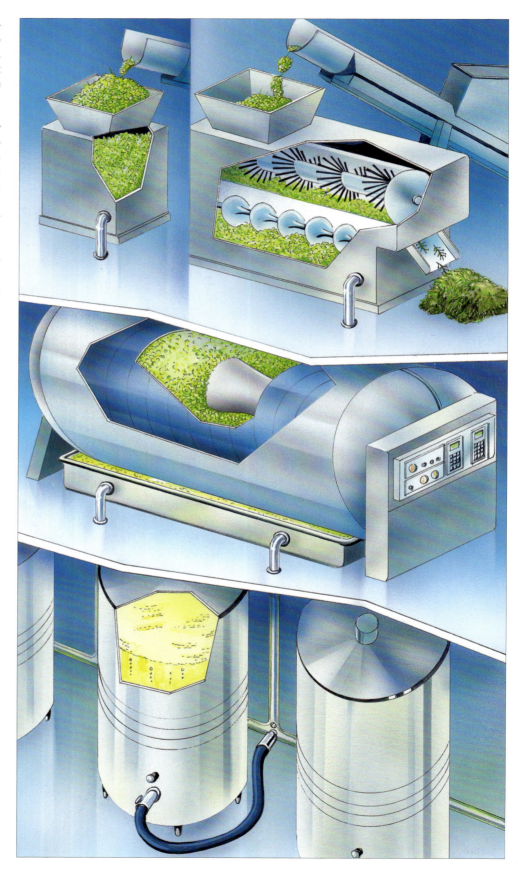

preßt. Der Most hat mithin keinen Kontakt mit den Stielen. Das Abbeeren führt also zu reintönigeren Weinen. Es bringt aber auch noch andere Vorteile mit sich: Der Kellermeister kann auf das Mahlen der Trauben verzichten. Schon das Schlagwerk der Abbeermaschine knackt die Beerenhaut nämlich auf, so daß eine Weißweinmaische entsteht, die – zumindest bei hochwertigen Weißweinen – vor dem Preßvorgang ein paar Stunden im Abtropfbehälter stehengelassen wird. In dieser Zeit würden unerwünschte phenolische Substanzen und Pflanzensäfte in den Most übergehen, wenn Stiele in der Maische wären. Sie würden sich als bitterer, spröde schmeckender Gerbstoff bemerkbar machen.

Ganztraubenpressung

In einigen Anbaugebieten wird auf das Abbeeren weißer Trauben bewußt verzichtet: in der Champagne etwa und bei vielen spätgelesenen, edelsüßen Weinen. Allerdings dürfen die Trauben nicht gemahlen und müssen sofort nach Ankunft im Keller abgepreßt werden, damit keine Phenole in den Most übertreten. Die Ganztraubenpressung wird auch zunehmend in der normalen Weiß-

Ganztraubenpressung mit Stielen: bei Schaumweinen üblich, aber auch bei normalen Weißweinen praktiziert.

weinbereitung praktiziert, weil die Trauben durch diese Behandlung weniger strapaziert werden und die Stiele im Preßkuchen Kanäle schaffen, durch die der Most schnell ablaufen kann. Meist wird allerdings nur ein kleiner Prozentsatz der Trauben nach dieser Methode gekeltert, und das auch nur in guten Jahren.

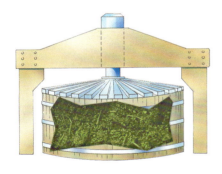

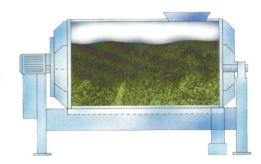

Korbpresse

Die vertikalen Korbpressen sind nach dem Prinzip der Keltern früherer Jahrhunderte konstruiert. Sie haben den Nachteil, daß sie meist ein geringes Fassungsvermögen besitzen. Für moderne Großkellereien sind sie deshalb wenig geeignet. Bei Qualitätsweinerzeugern erfreuen sie sich in letzter Zeit wieder großer Beliebtheit. In der Champagne werden die großen, über 4000 Kilo fassenden Marmonnier-Korbpressen von einigen renommierten Champagnerhäusern bis heute für ihre besten Weine verwendet. Die ersten 250 Liter bilden die *Cuvée*, den besten Teil des Mosts. Sie füllen 10 Fässer (Piècen zu 205 Liter). Die zweite Pressung (*Taille*) ergibt 615 Liter (3 Fässer).

Spindelpresse

Die horizontale Spindelpresse besteht aus zwei Platten, welche an Spindeln montiert sind, sich innerhalb des Preßzylinders horizontal aufeinander zubewegen und dabei die Trauben zwischen sich pressen. Der Most fließt durch die Siebwand des Zylinders ab. Der Zylinder ist geschlossen, so daß der Preßvorgang unter Luftabschluß stattfinden kann. Weil die Preßfläche der beiden Platten in Relation zur Menge der Maische, die sich im Zylinder befindet, klein ist, muß erheblicher Druck ausgeübt werden, um sie zu entsaften und abzupressen. Für die Weißweinbereitung wird die Spindelpresse selten verwendet.

Tankpresse

Die modernen, pneumatisch arbeitenden Pressen haben einen Luftsack im Füllraum des Tanks. Wenn sich der Luftsack aufbläst, werden die Trauben gegen die perforierte Innenwand des Zylinders gedrückt, bis sie aufplatzen. Durch die Löcher fließt der Most ab. Tankpressen arbeiten mit wesentlich geringerem Druck als Spindelpressen. Hinzu kommt, daß durch die siebartige Zylinderwandung nur wenig Schalenbestandteile in den Most gelangen – was bei Weißweinen höchst unerwünscht wäre. Tankpressen sind deshalb besonders zum Keltern von Weißweinen geeignet und werden heute in fast allen Weingütern verwendet.

Trübe Moste, klare Sache

Der Most, der beim Abpressen der Trauben abläuft, ist relativ dickflüssig und von trüber, gelbgrüner Farbe. Er muß geklärt und entschleimt werden, bevor er zu gären beginnt. Nur so entstehen reintönige Weine.

Zusammensetzung des Weißweinmostes

70–85 %	Wasser
15–27 %	Zucker
0,3–1,8 %	Wein- und Apfelsäure, Bernstein- und Milchsäure
0,3–0,6 %	Kalium, Natrium, Phosphat und andere Mineralstoffe
0,01–0,2 %	Tannine
0,03–0,5 %	Aminosäuren, Proteine
unter 0,01 %	Vitamine, Aldehyde, höherwertige Alkohole

Bevor der Most weißer Trauben vergoren wird, muß er entschleimt werden. So lautet der Fachausdruck für das Vorklären. Doch Vorsicht ist geboten. Wenn der Most zu stark geklärt wird, besteht die Gefahr, daß der Wein hinterher wie „ausgezogen" schmeckt: mager, eindimensional, ohne Körper.

Most, der von der Kelter fließt, ist gelbgrün, dickflüssig und trüb. Er enthält Fruchtfleischteilchen, Schalenfragmente, Stielreste, Erde und andere Schmutzpartikel. Wird er von diesen Feststoffen nicht befreit, leidet die Qualität des späteren Weins darunter, fürchten viele Kellermeister. Deshalb muß der Most entschleimt werden: Sie setzen dem Most beispielsweise Enzyme zu, die das Pektin lösen. Pektin ist für die Dickflüssigkeit verantwortlich. Es befindet sich in jedem Most, und zwar umso mehr, je später die Trauben gelesen wurden. Die hohe Viskosität des Mostes verlangsamt das Absinken der Feststoffe. Ohne Pektine ist der Most dünnflüssiger. Er kann

schneller entschleimt und dann sofort vergoren werden. Für große Weingüter ist ein rasches Entschleimen schon aus praktischen Gründen wichtig: Sie müssen in kurzer Zeit sehr große Traubenmengen verarbeiten. Aber auch kleinere Weingüter legen auf eine schnelle Vergärung Wert. Weißweinmost ist nämlich oxydationsanfällig. Wegen des geringen Gehalts an Phenolen reagiert er leicht mit dem Sauerstoff in der Luft, wird braun, verliert an Frische. Ein frühzeitiges Angären verringert die Oxydationsgefahr.

Ungeklärte Moste

Das Vorklären des Mostes ist umstritten – genauer: die Art des Vorklärens. Früher wurden alle Weißweine ohne Vorklärung vergoren – mit dem Risiko, daß die Weine wenig reintönig sind. Auch heute noch entstehen einige der bedeutendsten Weißweine der Welt nahezu ohne Vorklärung, zum Beispiel viele Burgunder Weißweine wie Meursault, Puligny-Montrachet und Corton-Charlemagne. Aller-

dings sind die Moste dieser Weine durch sorgfältiges Verlesen der Trauben, durch vorsichtiges Pressen und dadurch, daß sie überwiegend aus Vorlaufmost bestehen, meist von vornherein relativ sauber. Und nicht alle Weißweine besitzen die Statur weißer Burgunder. In der Regel ist eine gewisse Vorklärung des Mostes jedenfalls nötig, besonders in Jahren mit einem hohen Anteil an faulem Lesegut. Es kommt nur darauf an, nicht durch zu scharfes Vorklären andere, qualitätsfördernde Inhaltsstoffe zu zerstören. Deshalb werden ambitionierte Kellermeister ihre Moste immer möglichst schonend zu klären versuchen.

Die Absetzmethode

Die einfachste und natürlichste Methode ist das Absetzen. Der frisch gepreßte Most wird in einen Absetztank gepumpt, in dem er einen Tag lang ruht. Schon nach wenigen Stunden ist ein Teil der Feststoffe auf den Boden gesunken. Die mosteigenen Enzyme spalten die Pektine gar nicht oder nur teilweise. Der Most behält weitgehend seine Viskosität. Nach 24 Stunden sind alle Feststoffe auf den Boden des Tanks gesunken. Der Most hat sich selbst geklärt. Voraussetzung für diese Selbstklärung ist, daß der Most auf 5°C oder 8°C gekühlt wird, damit er nicht zu gären beginnt. In kühlen Weinregionen genügt es, den Absetztank im Freien aufzustellen, da die Nachttemperaturen niedrig sind. Der Nachteil der Absetzmethode ist, daß der Most häufig leicht geschwefelt werden muß, um eine Oxydation zu verhindern. Nur bei hochwertigen, phenolhaltigen Mosten (etwa nach einer kurzen Hülsenmaischung) ist das Oxydationsrisiko gering.

Andere Vorklärmethoden

Ist keine Kühlmöglichkeit vorhanden, muß der Most mit anderen Methoden vorgeklärt werden. Er kann zum Beispiel durch Zugabe von Bentonit geschönt werden. Allerdings wird dadurch nur das Eiweiß gebunden, nicht aber der Trub beseitigt. Viele Kellermeister schwören deshalb auf eine mechanische Klärung. Dabei werden Separatoren oder Vakuum-Drehfilter eingesetzt, die 10 000 Liter Most in einer Stunde klären können. Dadurch kann der Most schnell vergoren werden. Das Oxydationsrisiko ist gering, eine Mostschwefelung häufig nicht erforderlich. Zumindest kann die Schwefeldosis gering gehalten werden, weil der Most nur sehr kurz Luftkontakt hat – wesentlich kürzer als bei der Absetzmethode. Der Nachteil ist, daß beim Zentrifugieren wertvolle Inhaltsstoffe verlorengehen können: Kolloide zum Beispiel. Diese Polymere machen oft die Klasse feiner Weißweine aus. Sie geben ihnen Körper, Langlebigkeit und eine Vielschichtigkeit des Geschmacks, wie sie einfache Konsumweine nicht besitzen. Schließlich gehen durch die Fliehkraft des Separators beziehungsweise durch die Saugkraft des Vakuum-Drehfilters auch Hefen verloren. Der Most muß dann mit Reinzuchthefen vergoren werden. Ehrgeizige Erzeuger empfinden das als einen Verlust, weil eigene Hefen den Charakter eines Weins mitprägen.

Die Kieselgur-Filtration

Viele Großkellereien und Genossenschaften benutzen einen Vakuum-Drehfilter zur Vorklärung des Mostes. Der ungeklärte Most wird mit Hilfe einer Vakuumpumpe durch einen dicken Kieselgurkuchen gesaugt, in dem Feststoffe und Trub hängenbleiben. Mit dieser Methode können große Mengen Most in kurzer Zeit geklärt werden. Kieselgur ist ein weißer, locker verfestigter, hochporöser Stoff, der aus natürlichen Ablagerungen fossiler Kieselalgen besteht.

Der Separator

Kammer- oder Teller-Separatoren sind Zentrifugen, bei denen die Festteile des ungeklärten Mostes durch die Fliehkraft von der Flüssigkeit getrennt werden (immerhin kann der Most bis zu 15 Prozent aus Festteilen bestehen). Bei hoher Umdrehungszahl (10 000 Umdrehungen/Minute) wird der Most stärker, bei niedriger Drehzahl (4000 Umdrehungen) weniger stark geklärt. Im Vergleich zur schonenderen Absetzmethode strapazieren Separatoren den Most zweifellos stärker.

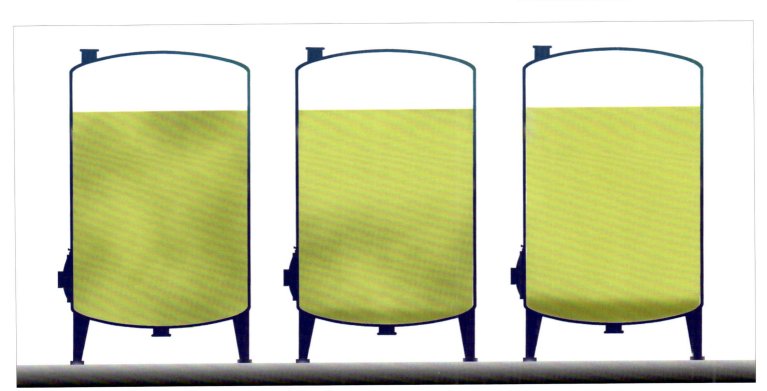

Nach drei Stunden: Feststoffe und Trub sinken im Absetztank langsam zu Boden.

Nach acht Stunden: Ein Teil des Mostes, der auf 5°C gekühlt wird, ist bereits klar.

Nach 24 Stunden: Der Trub hat sich abgesetzt, der Most ist klar und kann in den Gärtank umgepumpt werden.

Prickelnde Frische, knackige Aromen

Dank moderner Kältetechnik kann heute auch in warmen Gegenden der Welt Weißwein erzeugt werden, sogar unter freiem Himmel wie auf Neuseelands Nordinsel.

Die Methoden der Weißweinvergärung sind in den letzten 35 Jahren revolutioniert worden. Die Möglichkeit, den Most künstlich zu kühlen und dadurch langsamer fermentieren zu lassen, hat einen neuen Typ von Weißwein geschaffen: den reintönigen, duftigen, frischen Wein.

Für viele Weißweinwinzer war früher ein naturkühler Gärkeller fast ebenso wichtig wie ein guter Weinberg. Er ermöglichte die gezügelte Vergärung des Weißweins ohne technische Hilfsmittel. Eine gezügelte Gärung ist deshalb so wichtig, weil Weißweine mehr von Primäraromen leben als Rotweine. Bei hohen Gärtemperaturen würde der Alkohol versieden und zahlreiche Aromen verfliegen.

Wie gekühlt wird

Möglich wurde die Kühlung des Mostes durch die Einführung der Edelstahltanks. Sie kühlen den gärenden Wein auf zweierlei Art. Die einfachste Methode ist, kaltes Wasser von oben über die Stahltanks rieseln zu lassen. Die aufwendigere, aber auch wirksamere Methode besteht darin, doppelwandige Edelstahltanks zu konstruieren, in deren Zwischenräumen Kühlschlangen verlaufen. Durch sie fließt die Kühlflüssigkeit Glykol. Auf diese Weise ist es möglich, nahezu jede gewünschte niedrige Temperatur im Tank zu erzeugen – selbst unter freiem Himmel.

Temperaturkontrollierte Gärführung

Bei einer Temperatur von etwa 15° C gärt der Most normalerweise innerhalb von ein oder zwei Tagen an. Bald haben sich die Hefen so stark vermehrt, daß die Gärtemperatur auf 18° C bis 20° C ansteigt. Innerhalb kurzer Zeit würde die Temperatur sogar bis auf 30° C hochschießen, wenn die Kühlung nicht einsetzt. Sie bremst den Temperaturanstieg und sorgt so für eine gezügelte Gärung. Die meisten Weißweinmoste werden mittlerweile zwischen 15° C und 18° C vergoren. Temperaturkontrollierte Gärführung lautet der Fachausdruck dafür.

Neue Weißwein-Nationen

Die Möglichkeit, Moste zu kühlen, hat die Weißwein-Landkarte der Welt grundlegend verändert. Heute können auch in warmen

Regionen frische Weißweine hergestellt werden. Spanien, Sizilien, Australien, Südafrika, Chile und Kalifornien sind Beispiele dafür. Freilich ist dazu ein großer technischer Aufwand nötig. Viele Gärkeller dieser warmen Länder und Regionen sehen aus wie Raffinerien: Batterien von Edelstahltanks, surrende Kühlaggregate, chromblitzende Rohrleitungen, über die der Wein von einem in den anderen Tank gepumpt wird.

Die Azidifikation

Eine lebendige, fruchtige Säure ist für Weißweine, die temperaturkontrolliert kühl vergoren worden sind, besonders wichtig. Doch immer wieder passiert es, daß Weine aus warmen Anbaugebieten trotz vorgezogener Lese zu wenig Säure aufweisen. In warmen Weinbauregionen oder in heißen Jahren, in denen die natürliche Säure auf Werte unter vier Gramm pro Liter sinkt, kann daher eine Anreicherung des Mostes mit Säure sinnvoll sein. Azidifikation heißt der Fachausdruck. In Australien, Südafrika, Chile und Kalifornien ist sie grundsätzlich gestattet und wird häufig praktiziert. Dabei wird dem Wein Zitronen- oder Apfelsäure zugesetzt. In Europa ist eine Azidifikation selten. Bei chaptalisierten Weinen ist sie sogar verboten.

Snobs sprechen von „Tankweinen"

Gegenüber den plumpen, teilweise oxydierten, gerbigen Weißweinen der Vergangenheit stellt die neue Generation von Weißweinen

---

Kaltvergärung

Die unbegrenzten Möglichkeiten der Kühlung ließ experimentierfreudige Önologen bereits in den 1970er Jahren einige Weine bei 12°, 10° oder sogar bei 8° C vergären. Bei so niedrigen Temperaturen vermehren sich die Hefen nur sehr zögernd. Entsprechend langsam und lange gärt der Most. Resultat: extrem frische, reintönige, attraktive Weine mit knackigen Aromen – gerade das richtige für eine neue Schicht von Weintrinkern, die unkomplizierte Weine lieben und auf ein ausgeprägtes Sortenaroma keinen großen Wert legen. Kaltvergärung lautet der Fachausdruck. Die Kaltvergärung ist nur mit bestimmten, genau selektierten Hefestämmen möglich, die auch bei niedrigen Temperaturen arbeiten. Außerdem müssen die Moste sehr gut vorgeklärt sein. Scharf vorgeklärte Moste aber sind arm an Pektinen: an Kohlenhydratpolymeren, welche die Eigenschaft haben, Moleküle „zusammenzuschweißen" und dafür zu sorgen, daß der Wein eine höhere Viskosität erhält, also dickflüssiger wird. Pektinarme Moste ergeben körperarme, eher süffige Weine. Kaltvergorene Weine sind daher selten vielschichtig. Ihre Aromenstruktur ändert sich wenig beim Übergang vom Moststadium zum Weinstadium. Die Weine sind traubig – aber nicht weinig. Das typische Beispiel eines kaltvergorenen Weißweins ist der italienische Pinot Grigio.

---

zweifellos einen Fortschritt dar. Doch nicht jeder Weintrinker liebt sie. Manche Weinsnobs nennen sie verächtlich „Tankweine", weil sie geschmacklich zu eindimensional und bisweilen schwer einer Rebsorte oder einer Region zuzuordnen sind. Außerdem führt die Vergärung unter Sauerstoffabschluß häufig dazu, daß die Weine hinterher umso anfälliger für Oxydation sind. Sie altern auf der Flasche relativ schnell und werden früh firnig. Es sind also Weine für den schnellen Genuß. Die anfängliche Begeisterung für eine allzu reduktive Vergärung ist bei Winzern, die facettenreiche, anspruchsvolle Weine erzeugen wollen,

schon seit einigen Jahren merklich gesunken. Sie suchen nach Wegen, um reintönige und dennoch gehaltvolle Weine zu erhalten. Es gibt aber auch Weißweine, die bei Temperaturen bis 25° C vergoren werden, ohne daß sie dabei Schaden nehmen. Im Gegenteil: Je höher die Gärtemperatur, desto stärker reagieren die Kohlenwasserstoffverbindungen, die Träger der Aromen sind, mit anderen Substanzen. Dadurch ändert sich der Geschmack des Weins. Neben primärfruchtige Aromen treten komplexe Gäraromen, wie sie in manchen Chardonnays, Sauvignons und Viognier-Weinen zu finden sind.

Kaltmazeration

Unter Kaltmazeration versteht man die Maischung der Trauben bei niedrigen Temperaturen (0 bis 5 °C), ohne daß es zu einer Gärung kommt. Sie wird der eigentlichen Gärung vorgeschaltet. Bei roten Trauben dient sie vor allem dazu, Farbe aus den Schalen zu ziehen und den Wein dunkler zu machen. Für die Farbextraktion ist nämlich kein Alkohol nötig. Auch in einer wäßrigen Lösung werden die Anthocyane extrahiert. Bei der Vinifizierung von Pinot-Noir-Trauben wird eine Kaltmazeration oft angewandt. Sie kann bis zu einer Woche dauern. Aber auch bei Weißweinen wird gelegentlich eine Kaltmazeration vorgenommen, um kräftigen Weinen mehr Aroma zu geben. Statt Kaltmazeration wird auch der Ausdruck Hülsenmaischung verwendet.

Hülsenmaischung: Durch einen kurzen Schalenkontakt können Geschmacksstoffe in den Weißweinmost übergehen.

Der Kuß des Holzes

Der Siegeszug der fruchtig-frischen Weiß-weine, die Mode der Kaltvergärung, das unaufhaltsame Vordringen der Reinzucht-hefen – all das hat manche Winzer nach-denklich gemacht. Sie suchen nach Wegen, um andere Weine zu bekommen. Dabei haben sie das Holzfaß wiederentdeckt.

Bevor es Edelstahltanks gab, wurden alle Weine im Holzfaß vergoren. Eine Innovation ist es also nicht, wenn viele Winzer heute ih-re Weine wieder dem Holzfaß anvertrauen.

unterscheidet sich von der Vergärung im Stahltank vor allem dadurch, daß die Gär-temperatur nicht kontrolliert werden kann. Sie steigt auf 23°C bis 25°C an. Dadurch nimmt die Gärung einen anderen Verlauf. Es entstehen neue Esterkomplexe, die den Wein geschmacklich ganz anders prägen als bei einer Kaltvergärung: Er verliert an Frucht und entwickelt spezielle Gäraromen. Dazu gehören zum Beispiel laktische Aromen (wie Käse), Tee- und Tabakaromen, vegetabile Aro-men (wie Heu und Paprika), Karamelaromen

abbau (siehe Seite 76) wirken sie voller und körperreicher. Wegen der größeren Tempera-tursensibilität läßt sich die malolaktische Gärung im kleinen Holzfaß leichter durch-führen als in Stahltanks. Der Kellermeister braucht den Gärkeller nur zu erwärmen.

Ausbau in Barriques
Nach der Gärung werden Weine gerne im klei-nen Eichenfaß ausgebaut. Holz ist nämlich porös. Es findet also ein geringer, aber stetiger Sauerstoffaustausch statt. Dadurch wird die Feinoxydation des Weins gefördert: Er reift schneller als im sauerstoffarmen Milieu und entwickelt eine größere Aromenfülle. Das gilt besonders, wenn er einige Monate lang auf der Hefe liegt. Durch die Hefesatzlagerung erhält er zusätzliche Geschmacksnuancen. Sie können noch gesteigert werden, indem die Hefe regelmäßig aufgerührt wird. *Bâtonnage* lautet der französische Fachausdruck dafür.

Mißbrauch des Holzfasses
Allerdings eignet sich nicht jeder Weißwein zur Vergärung und zum Ausbau in kleinen Eichenfässern. Diese Behandlung ist nur für schwere, substanzreiche Weißweine erdacht worden. Ein Le Montrachet, ein Haut Brion Blanc oder ein großer Pouilly Fumé erreichen durch sie eine komplexere Reife, das Eichen-holz verleiht ihnen einen zarten Vanilleton, die Hefesatzlagerung mehr Frische. Mittelge-wichtige, gar leichte Weine werden durch die Feinoxydation eher gezehrt und vom Holz-geschmack regelrecht maskiert. Leider hat das viele Winzer nicht abgeschreckt, ihren Wein ins Holzfaß zu geben. Der Wunsch, einen Weißwein internationaler Klasse zu produzieren, ist häufig größer als die Einsicht, daß es ihnen an geeigneten Reben, am richti-gen Standort und an der notwendigen Ein-stellung fehlt.

Vergärung im kleinen Eichenfaß: Gewinn für substanzreiche Weine, Schminke für mittelgewichtige Weine.

Neu ist an dieser Entwicklung lediglich, daß es sich bei den Holzfässern größtenteils um Barriques handelt: kleine Fässer aus neuer Eiche, die nicht einfach nur Gärbehälter sind, sondern die Entwicklung des Weins entschei-dend beeinflussen.

Vergärung in Barriques
Lediglich im Burgund und in Bordeaux wur-den die Weißweine schon immer in kleinen Eichenholzfässern vergoren (früher auch in der Champagne). Wenn jetzt viele qualitäts-orientierte Winzer anderer Weinbaunationen diesen Brauch übernehmen, so deshalb, weil sie von der Individualität dieser französischen Weine beeindruckt sind. Insbesondere Char-donnay wird häufig, fast regelmäßig in Barri-ques vergoren. Die Vergärung im Holzfaß

(Butter und Butterscotch). Sie geben dem Wein ein komplexes Geschmacksbild. Noch höher darf die Gärtemperatur allerdings nicht steigen, wenn nicht schädliche Bakterien akti-viert werden sollen. Diese Gefahr ist aller-dings gering. Denn die Holzoberfläche, die die kühlen Kellertemperaturen an den gärenden Wein weiterleitet, ist relativ groß im Verhält-nis zur geringen Flüssigkeitsmenge.

Malolaktische Gärung
Weine, die im kleinen Eichenfaß vergoren werden, machen größtenteils eine malolakti-sche Gärung durch. Sie findet gleich im An-schluß an die alkoholische, manchmal schon während der alkoholischen Gärung statt. Dabei wird die im Wein enthaltene Apfelsäure abgebaut. Durch diesen biologischen Säure-

Traditionelle Fässer
Traditionelle Holzfässer, die 10, 20 oder mehr Jahre zählen, sind aus den Kellern fast völlig verschwunden. Nur in Deutschland, Öster-reich und im Elsaß sind sie teilweise noch an-zutreffen. Der Wert solcher Fässer, die keinen Geschmack mehr an den Wein abgeben, ist umstritten. Wenn sie regelmäßig von innen gesäubert werden, können sie dem Wein zu-sätzliche Nuancen geben. Wenn eine finger-dicke Schicht Weinstein an den Innenwänden sitzt, haben sie dagegen die Funktion eines Stahltanks. Oft dienen sie mit ihren Schnitze-reien nur zur Zierde des Kellers.

Fein wie französische Eiche

Weinfässer wurden in den vergangenen Jahrhunderten aus dem Holz der Kastanie, Akazie, Kirsche, Pinie, Palme, Rotzeder und des Eukalyptusbaums hergestellt. Aber kein Holz eignet sich zur Lagerung des Weins so sehr wie das der Eiche.

Eiche ist härter und dichter als die meisten anderen Holzarten. Das süße, würzige Tannin ihres Holzes kann das Aroma feiner Weine hervorragend unterstützen. Aus diesem Grunde wurden schon im 17. Jahrhundert vorzugsweise Eichenholzfässer zum Ausbau des Weins verwendet. Allerdings wachsen Eichen langsam. Sie müssen mindestens 80 Jahre alt sein, bevor sie eingeschlagen werden, und der Stammdurchmesser muß mehr als 50 Zentimeter betragen.

Drei Hauptquellen für Faßeiche

Es gibt rund 300 verschiedene Eichenarten auf der Welt, aber nur drei kommen für den Faßbau in Frage: die Steineiche (*Quercus sessilis*) und die Sommereiche (*Quercus peduncolator*), die beide in Europa kultiviert werden, sowie die amerikanische Weißeiche (*Quercus alba*), die in Nordamerika zu Hause ist. Bis vor dem Ersten Weltkrieg reiften die besten europäischen Rotweine in Fässern, deren Holz aus Polen, Lettland und Estland kam. Heute gibt es drei Hauptquellen. Die erste ist Frankreich, vor allem die Forste in Zentralfrankreich und in den Vogesen. Die zweite Quelle ist das Gebiet des ehemaligen Jugoslawien: Slowenien, Kroatien, Bosnien-Herzegowina und Serbien (slawonische Eiche). Als dritte Quelle haben sich seit einigen Jahren die USA etabliert. Das Holz ihrer Eiche wird vor allem in Australien und Spanien, zunehmend auch in Südfrankreich hochgeschätzt. Österreich und Deutschland haben als Eichenholzlieferanten nur regionale Bedeutung.

Französische Eiche

Die französische Eiche gilt heute weltweit als die beste. Sie ist nicht nur sehr aromatisch, die Feinheit ihrer Aromen ist unübertroffen. Allerdings ist sie auch die teuerste, so daß sich nur Erzeuger hochwertiger Weine Fässer aus französischer Eiche leisten können. Sie wird größtenteils zu Barriques, Piècen oder anderen kleinformatigen Weinbehältnissen verarbeitet. Der hohe Preis hat damit zu tun, daß die französischen Forste zwar groß sind, aber äußerst restriktiv bewirtschaftet werden. Außerdem wächst die hochwertigste Eiche nur in wenigen Gebieten, in denen die Böden

nicht zu feucht sind und kein Eisen enthalten. Noch wichtiger ist, daß der Verarbeitungsaufwand und der Materialverbrauch bei französischer Eiche sehr viel höher ist als zum Beispiel bei amerikanischer oder slawonischer Eiche. Französisches Eichenholz kann nämlich nicht gesägt, sondern muß von Hand gespalten werden (siehe Seite 104). Da dies nur längs der Faserrichtung möglich ist, ist die Ausbeute sehr gering und der Abfallanteil sehr hoch.

Slawonische Eiche

Slawonische Eiche besteht fast ausschließlich aus der Sorte *Quercus peduncolator*. Sie wird seit alters zum Faßbau verwendet, insbesondere für größere Fässer von fünf bis 150 Hektolitern, wie sie traditionell für italienische Weine verwendet werden: etwa für Barolo, Brunello di Montalcino und Chianti. In der Faserstruktur ist sie etwas grober als französische Eiche, im Geschmack neutraler. Das Forstmanagement der neuen Balkanrepubliken ist freilich von französischen Standards weit entfernt. Immer wieder passiert es, daß

Bäume zu jung eingeschlagen werden und später strenge Gerbsäure an den Wein abgeben. Oder das Holz wird gesägt statt gespalten, was später zu Leckagen an den Fässern führt. Als neue Eichenholzlieferanten drängen derzeit Ungarn, Rumänien, Ukraine und Rußland auf den Markt.

Amerikanische Eiche

Die amerikanische Eiche besitzt wesentlich härteres Holz als die europäischen *Quercus*-Arten und läßt sich wesentlich leichter verarbeiten. Es ist eine sehr aromatische Eiche, die sich zum Ausbau geschmacksintensiver Rotweine, etwa aus Shiraz- (Syrah-) oder Tempranillo-Trauben, bewährt hat. Auf delikate, elegante Weine wirkt sie jedoch zu stark, weshalb auch viele amerikanische Weinmacher die französische Eiche vorziehen. Amerika hat die größten Bestände an Weißeichen in der Welt. Die Faßeiche kommt meist aus Pennsylvania, Minnesota oder anderen östlichen Bundesstaaten. Aber auch in Oregon, teilweise sogar in Kalifornien wird sie angebaut.

Die wichtigsten Eichenforste Frankreichs

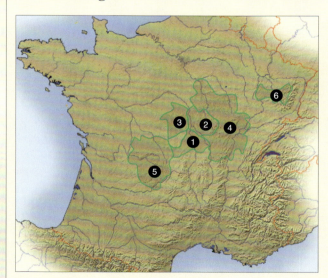

1 Allier: Departement in Mittelfrankreich um den gleichnamigen Zufluß der Loire. Die Eiche wächst auf kargen Böden und wird wegen ihrer Feinporigkeit und ihrer süßen, nach Vanille schmeckenden Tannine als die hochwertigste angesehen. Die besten Forste in Allier sind Tronçais, Gros Bois, Dreuille.

2 Nevers: Stadt an der Loire im Departement Nièvre. Berühmt geworden für feinporiges, dichtgemasertes Eichenholz, etwas tanninhaltiger als Allier-Eiche, aber ebenfalls sehr weich und süß.

3 Cher: Mittelfranzösisches Departement um die Stadt Bourges, in

dessen Forsten feinfaseriges, enggemasertes Eichenholz wächst, das leicht tanninhaltiger als das aus Allier, gleichzeitig aber sehr elegant ist und deshalb hochgeschätzt wird.

4 Burgund: Nicht genau eingegrenztes Gebiet, das vom Departement Yonne im Norden bis zum Departement Rhône im Süden reicht. Entsprechend unterschiedlich ist das Eichenholz: mal hart und feingemasert, mal grobporig und herb im Tannin.

5 Limousin: Großflächige Waldgebiete in den Departements Creuse und Haut-Vienne, in denen auf kalkhaltigen, verhältnismäßig fruchtbaren Böden ein großporiges Holz wächst, dessen Tannine schnell ausgelöst werden. Wird vor allem für die Reifung von Cognac verwendet.

6 Vosges: An den westlichen Vogesen-Ausläufern im gleichnamigen Departement ist die Eiche kleingemasert, feinporig, sehr geschmacksintensiv und ähnelt ein wenig der von Allier.

Die Kunst der Fein-oxydation

Fast alle Weine müssen, bevor sie in Flaschen gefüllt werden, eine Zeit der Reife durchmachen. Das gilt für Rotweine wie für Weißweine. Die Reifezeit kann ein paar Wochen dauern. Sie kann sich aber auch über mehrere Jahre hinziehen. Diese Reifezeit wird Ausbau genannt, weil der Wein sich in dieser Zeit verändert, sein Aromenspektrum erweitert und „ausbaut". Der traubige Geschmack, den der Wein direkt nach der Gärung aufweist, weicht einem weinigen Aroma. Ausgelöst wird die Veränderung des Weins durch kleinste Mengen von Sauerstoff, die auf den Wein einwirken. Feinoxydation heißt dieser Vorgang. Diese Sauerstoffmengen sind so gering, daß man besser umgekehrt sagt: Ausbau ist die Lagerung des Weins unter möglichst weitgehendem Luftabschluß. Der Ausbau kann im Holzfaß stattfinden, aber auch im Edelstahltank beziehungsweise auf der Flasche. Häufig entscheidet sich der Kellermeister für eine Mischung von allen. Es gibt allerdings auch Reifeprozesse des Weins, an denen Sauerstoff gar nicht beteiligt ist.

Kontrollierter Luftzutritt

Nach dem Ende der Gärung ist der Wein fertig, aber noch nicht trinkbar. Er schmeckt roh, ist hart, muß reifen. Der Reifeprozeß ist nichts anderes als die Lagerung des Weins unter kontrollierter Zufuhr von Sauerstoff.

Sauerstoff gilt als Feind des Weins. Er läßt ihn rasch alt werden und verdirbt ihn am Ende. Ohne Sauerstoff geht es jedoch auch nicht. Der Ausbau des Weins erfordert zumindest ein geringes Quantum. Wie groß die Sauerstoffmenge sein darf, mit der der Wein reagiert, läßt sich nur allgemein sagen: So wenig wie möglich, so viel wie nötig. Rotweine benötigen zum Beispiel mehr Sauerstoff, Weißweine vertragen durchweg weniger.

Erster Luftkontakt: Am meisten Sauerstoff gelangt an den Wein beim Umziehen von einem Faß ins andere.

Chemische Reaktionen
Der Wein enthält nach der Gärung viele Bestandteile, die auf Sauerstoff reagieren. Dazu gehören die Anthocyane, die für die Farbe des Weins verantwortlich sind. Sie verbinden sich, wie alle Phenole, sehr rasch mit Sauerstoff. So tendieren Weißweine vom anfänglichen Strohgelb ins Goldgelbe, während Rotwein seine dunkelrote Farbe verliert, sich aufhellt und am Ende purpurrote oder granatrote Töne annimmt. Auch der Duft des Weins ändert sich. Kohlenwasserstoffverbindungen – Träger der Primäraromen – verbinden sich

mit Sauerstoffmolekülen, so daß sich komplexere Duftkombinationen ergeben. Sehr reaktionsfreudig sind auch die Tannine. Sie verschmelzen unter Luftzufuhr mit anderen phenolischen Verbindungen, so daß sich neben den rein fruchtigen Geschmackskomponenten auch neue Aromen entwickeln können: Es können etwa erdige oder würzige Töne zutage treten.

Die Polymerisation
Das Verschmelzen von phenolischen Verbindungen unter Sauerstoffeinfluß wird Polymerisation genannt. Das Wort klingt kompliziert, beschreibt aber einen einfachen Vorgang: Kleine, kurzkettige Phenolmoleküle verbinden sich zu größeren Molekülen. Auf diese Weise entstehen zum Beispiel Tannin-Polymere oder die noch komplexeren Tannin-Polysaccharide. Die Auswirkungen dieser Polymerisation auf das Aroma des Weins sind beträchtlich. Die größeren Molekülstrukturen lassen den Wein sanfter, abgeklärter, eleganter erscheinen. Sie nehmen ihm das Ungestüme und geben ihm Komplexität und Feinheit. Bei fortschreitender Reife verketten sich die Tanninmoleküle so lange, bis sie nicht mehr in Flüssigkeit löslich sind und als Bodensatz in der Flasche ausgefällt werden.

Reduktiver Ausbau
Die Lagerung des Weins unter weitgehendem Luftabschluß birgt allerdings eine andere Gefahr: die Gefahr der Reduktion. Reduktion bedeutet, daß der Wein mangels Sauerstoff nicht oder nur reduziert chemisch reagieren kann. Die Folge ist, daß übelriechende chemische Verbindungen, wie sie nach jeder Gärung im Wein enthalten sind (etwa Schwefelwasserstoff oder Mercaptane), nicht neutralisiert werden können. Wein, der unter zu starkem Luftabschluß lagert (egal, ob im Stahltank oder auf der Flasche), entwickelt daher leicht unangenehme Gerüche von faulen Eiern oder von Kuhstall. Der Kellermeister, der eine reduktive Ausbauweise praktiziert, vermeidet die Ausbreitung solcher Aromen im Wein, indem er den Wein nach dem Ende der Gärung und dem Abzug von der Maische lüftet.

Oxydierte Weine
Eine übermäßige Zufuhr von Sauerstoff hat jedoch negative Wirkungen auf den Wein. Beim Kontakt zwischen Alkohol und Sauerstoff entsteht nämlich Acetaldehyd, eine Substanz, die, wenn sie im Wein gelöst ist, fade und unfrisch riecht. Der Wein ist dann oxydiert: Er hat einen Sherry- oder Madeiraton – typisch für angebrochene und zu lange offen stehengelassene Flaschen. Ein Zahlenbeispiel mag verdeutlichen, wie schnell Wein oxydieren kann. Ist ein Faß nicht ganz gefüllt, und weist es eine Oberfläche von etwa einem Quadratmeter auf, die mit Luft Kontakt hat, so werden in ihm 150 Kubikzentimeter Sauerstoff pro Stunde gelöst. Das bedeutet: Innerhalb weniger Tage ist der Wein komplett oxydiert. Damit das nicht passiert, muß der Kellermeister seine Fässer stets „spundvoll" halten, d.h. bis zum Spundloch füllen. Oder er muß Stickstoff in den Leerraum des Fasses pumpen – als Schutzgas gegen Sauerstoff. Baut er den Wein in Edelstahltanks aus, kann er im Inneren des Tanks einen luftdicht abschließenden Deckel von oben bis auf die Oberfläche des Weins absenken, um diesen vor Sauerstoffzutritt zu schützen.

Ester – Element der Reife
Es gibt wichtige Reifeprozesse des Weins, die sich auch unter Abschluß von Sauerstoff vollziehen. Der wichtigste ist die Veresterung. Ester sind organische Verbindungen, die entstehen, wenn Alkohol und Säure reagieren. Ester bilden sich bei der Gärung des Weins. Der am häufigsten vorkommende Ester ist das Äthylacetat, eine Verbindung von Essigsäure

Zweiter Luftkontakt: Über die kleine Luftblase hinter dem Spundstopfen hat der Wein Sauerstoffkontakt.

Weine früher bis zu sieben Jahren im Holzfaß ausbauten, füllen sie heute spätestens nach vier Jahren ab, lassen die Flaschen aber bis zu 20 Jahren im Keller. Sicher ein extremes Beispiel, das ohne die spanische Tradition, nur reife, trinkfertige Weine freizugeben, nicht verständlich wäre. Aber es illustriert eine überall auf der Welt zu beobachtende Tendenz, die Faßreifung zugunsten der Flaschenreifung zu verkürzen. Genaugenommen spricht man von der „Reifung" im Faß und von der „Verfeinerung" auf der Flasche. Der Luftzutritt in der Flasche ist wesentlich geringer als im Faß. Eine gewisse Periode der Flaschenlagerung ergibt mithin ausgeglichenere Weine mit einer besseren Verschmelzung der Aromen und der Integration von Tannin und Säure. Kurz: Die Weine werden harmonischer. Die Verfeinerung auf der Flasche ist nämlich in den ersten Jahren ein weitgehend reduktiver Prozeß. Das heißt: Er findet mehr oder minder unter Sauerstoffabschluß statt. In manchem Weinbaugebiet verhindert freilich die Gesetzgebung ein frühzeitiges Abfüllen auf die Flasche. Die Produktionsstatute, oft 20 oder mehr Jahre alt, legen nicht selten fest, daß ein bestimmter Wein mindestens ein oder zwei oder zweieinhalb Jahre im Holzfaß reifen muß, bis gefüllt werden darf. In vielen Gebieten Italiens, etwa beim Brunello di Montalcino, ist man erst in den letzten Jahren dazu übergegangen, die Statute zu modernisieren.

und Äthylalkohol. Von diesem Ester stammt das fruchtige Aroma des Weins. Ester bilden sich auch nach der Gärung, wenn Weinsäure, Bernsteinsäure und Apfelsäure mit dem Alkohol reagieren. Diese Ester „entschärfen" die Säuren, so daß der Wein nach einigen Jahren oft milder schmeckt. Auf dem Höhepunkt ist der Wein, wenn er ein optimales Verhältnis von Säure, Estern und Alkohol aufweist.

Flasche statt Holzfaß

Eine längere Lagerung im Holzfaß birgt die Gefahr, daß die Weine geschwächt und müde werden. Sie verlieren ihre Frische. Um dieser Gefahr aus dem Wege zu gehen, versuchen immer mehr Weinerzeuger, ihre Weine früher auf Flaschen zu füllen und sie dort verfeinern zu lassen, bevor sie zum Verkauf freigegeben werden. Die Bodegas Vega Sicilia, die ihre

Gefahr zu großen Luftkontakts

Es gibt grundsätzlich drei Möglichkeiten des Luftzutritts während der Ausbauphase: durch das poröse Holz des Fasses, durch die kleine Oberfläche des Faßspunds und beim notwendigen Umpumpen des Weins von einem zum anderen Faß. Beim Umpumpen von einem Faß ins andere oxidiert der Wein am stärksten, beim Ausbau im Holzfaß am wenigsten.

- Pro Liter Wein, der durch den Schlauch fließt, werden 3 bis 4 cm^3 Sauerstoff gebunden. Bei viermaligem Umziehen im ersten Jahr bedeutet dies eine Sauerstoffzufuhr von 12 bis 15 cm^3.
- Durch den Luftkontakt über das Spundloch nimmt der Wein 15 bis 20 cm^3 Sauerstoff pro Jahr auf.
- Durch die Dauben des Holzfasses dringen 2 bis 5 cm^3 Sauerstoff pro Jahr ins Faß ein und werden im Wein gelöst.

Dritter Luftkontakt: Durch die Dauben des Holzfasses dringt nur wenig Sauerstoff ein.

Blank gemacht

Bevor der Wein auf die Flasche kommt, muß sichergestellt werden, daß er stabil ist. Stabil heißt: Er muß dauerhaft frei von Trübungen und Schlieren sein. Er darf nicht nachgären und keine Bestandteile enthalten, die später unerwünschte Veränderungen bewirken können.

Weißweine müssen in einem relativ kurzen Zeitraum stabil gemacht werden, weil die meisten bereits im Februar oder März nach der Lese auf den Markt kommen. Die Stabilisierung ist ein Prozeß, der sich aus vielen einzelnen Schritten zusammensetzt und schon lange vor der Flaschenabfüllung einsetzt. Er beginnt mit der Klärung des Weins. Die Klärung hat den Zweck, den Wein von Schwebeteilchen zu befreien und optisch „blank" zu machen, wie der Kellermeister sagt. Danach muß er in einen Zustand versetzt werden, der ihn vor mikrobiologischen Veränderungen dauerhaft schützt. Früher wurden Weine zu diesem Zweck pasteurisiert. Heute erreicht man dasselbe Ziel durch Filtern und Separieren oder – schonender – durch Kühlen und Absetzenlassen.

Erster Abstich und Klärung
Die Stabilisierung beginnt mit der Klärung des Jungweins nach dem Ende der alkoholischen Gärung. Dabei wird der Wein von der groben Hefe getrennt, die in einem dicken Satz auf dem Boden des Fasses liegt. Genau betrachtet, handelt es sich um ein Gemisch aus toten Hefezellen, Bakterien, Weinsteinkristallen, Schalenresten und Fruchtfleischteilchen. *Geläger* lautet der Fachausdruck. Der mehr oder minder klare Wein über dem Geläger wird abgezogen und in ein anderes Faß gelegt. Mit diesem ersten Abstich erfolgt also zugleich eine erste Klärung (sie findet übrigens immer unter Sauerstoffkontakt statt, um den Wein zu belüften). Oft ist diese Klärung sogar schon ziemlich vollständig, besonders dann, wenn der Wein beim Umziehen filtriert oder gar zentrifugiert wird. Allerdings werden die Weine dadurch stark strapaziert. Für einfache Konsumweine mag das recht sein, für hochwertige, teure Weine nicht.

Die Hefesatzlagerung
Viele ehrgeizige Kellermeister legen geradezu Wert darauf, daß die Weine sich möglichst langsam klären. Sie zögern den ersten Abstich hinaus, um den Wein noch ein paar Wochen auf der Hefe liegen zu lassen. Dadurch gelangen zusätzliche Gäraromen in den Wein, die

ihn voller und delikater machen. Besonders Weine, die in kleinen Holzfässern vergoren werden, profitieren von dieser Hefesatzlagerung. Sie sollen sowieso eine malolaktische Gärung durchmachen, und die Bakterien, die diese auslösen, befinden sich in den Hefezellen am Boden der Fässer. Deshalb wird der Hefesatz auch mit einem „Stock" regelmäßig aufgerührt. Bâtonnage heißt diese Maßnahme im Burgund. Durch das Hefesatzaufrühren wird der Wein zugleich belüftet. Das Risiko, daß er unangenehme Gerüche annimmt, ist dann gering. Erst danach wird der Abstich vorgenommen.

Erster Abstich des Weins: Die Gärung ist beendet, der Wein muß „belüftet" werden.

Die Kaltstabilisierung
Eine häufig ausgeübte Praxis ist es, den Weißwein nach dem Abstich von der Hefe in den kältesten Teil des Kellers zu legen oder ihn im Stahltank auf null Grad zu kühlen. Bei derart niedrigen Temperaturen wird überschüssige Weinsäure ausgefällt und sinkt als Weinstein auf den Boden des Fasses. So ist die Wahrscheinlichkeit gering, daß der Wein später auf der Flasche Weinsteinkristalle bildet, die wie Glassplitter aussehen und beim unkundigen Verbraucher Irritationen hervorrufen können. Weinstein ist Kaliumhydrogentartrat und stellt weder eine Verunreinigung des Weins dar noch beeinträchtigt er dessen Geschmack.

Die Schönung des Weißweins
Ein geklärter Wein ist freilich kein stabiler Wein. Er enthält noch zahlreiche organische Verbindungen, die unter bestimmten äußeren Bedingungen reagieren und den Wein negativ verändern können. Dazu gehören zum Beispiel Proteine. Sie sind im Wein gelöst und nur unter dem Mikroskop erkennbar. Um sie zu entfernen, muß der Wein geschönt werden. Die Schönung dient also nicht dazu, den Wein „schön" zu machen, sondern Enzyme oder andere Polymere in einen festen Zustand zu überführen, so daß sie auf den Boden sinken und leicht entfernt werden können. Das am häufigsten verwendete Schönungsmittel für Weißweine ist Bentonit, eine Tonerde aus Silizium- und Aluminiumoxid. Sie wird in Wasser aufgeschlämmt und dem Wein zugegeben. Folge: Das Protein flockt aus und sinkt zu Boden. Ohne Schönung würden die Proteine später, wenn der Wein abgefüllt und wärmeren Temperaturen ausgesetzt ist (etwa im Regal einer Weinhandlung), koagulieren und Schlieren in der Flasche bilden. Früher wurde zur Schönung auch häufig Fischleim (Hausen- oder Störblase) verwendet. Dieser gehört zu den erlaubten Behandlungsmitteln und hinterläßt im Wein ebensowenig Geschmacksspuren wie Bentonit.

Schönung als Geschmacksverbesserung

Unter Schönung wird aber auch die Beseitigung etwaiger Geruchs- und Geschmacksfehler verstanden, die Weine nach der Gärung manchmal aufweisen. Dabei werden ihnen kleine Mengen von Kohle oder Gelatine beigemischt (etwa gegen Schwefelwasserstoffgeruch), seltener von Hefe, Tannin, Kieselsol oder von gelbem Blutlaugensalz (zur Entfernung von Schwermetallen). Alle diese Substanzen sind offiziell zugelassen (siehe Seite 99). Sie sind geruchlos und haben keinen Eigengeschmack. Allerdings müssen sie eher als Behandlungs- denn als Schönungsmittel angesehen werden. Sie dienen lediglich dazu, unsachgemäß vergorene Weine zu „reparieren". Geruchs- und Geschmacksfehler sind stets das Resultat von Vinifikationsfehlern.

Der zweite Abstich

Etwa acht Wochen nach dem ersten Abstich wird der Wein ein zweites Mal abgestochen – diesmal unter Luftabschluß. Bei diesem Abstich wird er vom Feintrub getrennt. Der Feintrub besteht aus kleinsten, noch im Wein verbliebenen Schwebeteilchen, wie Hefereste oder Kaliumsalzkristalle sowie den Ausflockungen der Schönungsmittel. Wenn die Klärung nach dem ersten Abstich nur sehr grob war, ist entsprechend mehr Feintrub im Wein. Manche Weißweinwinzer legen sogar Wert darauf, ihren Wein lange auf der Feinhefe auszubauen. Dazu gehören nicht nur die französischen Muscadet-Winzer, die sogar *sur lie* auf ihr Etikett schreiben. Für viele österreichische und deutsche Riesling-Winzer ist ein *sur-lie*-Ausbau selbstverständlich – ohne dies groß zu erwähnen. Gegen Ende der

Ausbauzeit ist der größte Teil dieser Stoffe auf den Boden des Fasses gesunken. Der darüberliegende Wein ist klar. Ein dritter oder vierter Abstich ist ganz selten nötig. Der letzte Trub wird durch Filtern vor der Flaschenabfüllung entfernt. Der Wein ist dann nicht nur blank, er ist auch stabil.

Was wird aus den leeren Fässern?

Fässer, die lange leerstehen, womöglich erst im nächsten Jahr wieder gebraucht werden, müssen mit Wasser oder einer Wasser-Wein-Lösung gefüllt werden, damit die Dauben nicht austrocknen und sich zusammenziehen. Das Faß würde undicht werden. In manchen Weinanbaugebieten wird dem Wasser ein Teil des Hefetrubs zugegeben. In ihm befinden sich zum Beispiel jene Bakterien, die die malolaktische Gärung bewerkstelligt haben. Auf diese Weise überleben die Bakterien und können ein Faß für den nächsten Weinjahrgang „präparieren". Am besten ist es jedoch, das Faß stets mit Wein zu füllen – oder es gleich auszurangieren. Kleine Eichenholzfässer werden zum Beispiel entsorgt, nachdem drei bis fünf Jahrgänge in ihnen gelegen haben.

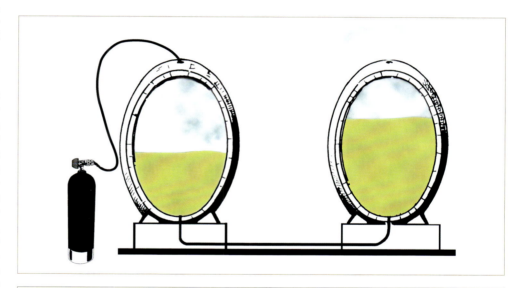

Umziehen des Weins unter Luftabschluß (oben): Stickstoff oder Kohlensäure wird aus der Druckflasche von oben in das alte Faß geleitet und drückt den Wein über den ablaufenden Schlauch in das neue, vorher mit Stickstoff gefüllte Faß. Das Gas entweicht durch den offenen Spund. Umziehen unter Luftkontakt (unten): Der Wein wird aus seinem Faß abgelassen. Mit Hilfe einer Pumpe gelangt er durch den Spund in das neue Faß.

Weinstein nach der Ausfällung.

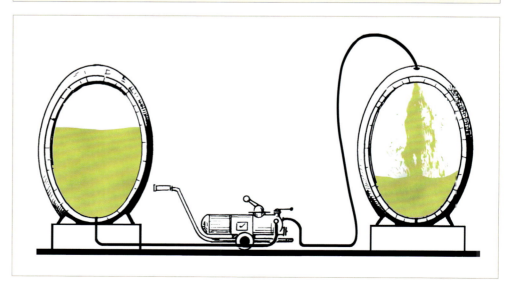

Schöner durch Umziehen

Auch beim Rotwein findet die Stabilisierung während des Ausbaus statt. Sie zieht sich aber meist über einen längeren Zeitraum hin als beim Weißwein, weil Rotweine in der Regel später auf den Markt kommen.

Eine erste Stabilisierung hat der Rotwein schon erfahren, bevor er ins Faß kommt. Während der malolaktischen Gärung ist die gesamte Apfelsäure in Milchsäure transformiert worden, so daß eine Nachgärung auf der Flasche ausgeschlossen ist. Die Klärung und die weitere Stabilisierung finden dann während der Ausbauphase statt.

Umziehen des Weins
Bordeauxweine werden im ersten Jahr traditionell viermal umgezogen. Soutirage heißt dieser Faßwechsel. Er dient dazu, den Wein von dem Sediment zu befreien, das auf den Boden gesunken ist. Es besteht nicht nur aus Heferesten, Bakterien und anderen Mikroorganismen, sondern auch aus Weinstein und Mineralsalzen, die sich später bei steigenden Temperaturen wieder in der Flüssigkeit lösen könnten. Bei jedem Faßwechsel fällt weniger Sediment an. Im zweiten Jahr ist der Wein schon fast klar. Es genügt, ihn dreimal oder auch nur zweimal umzuziehen.

Gefahr zu häufigen Umziehens
Rotweine anderer Anbaugebiete (mit anderen Faßgrößen als in Bordeaux) werden eher seltener umgezogen. Jedes Umpumpen strapaziert den Wein. Der Druck des Kompressors und die unvermeidlichen Erschütterungen können nämlich zu unerwünschten Ausscheidungen von Stoffen führen. Das chemische Gleichgewicht des Weins wird gestört. Bei den ersten Faßwechseln ist es wichtig, daß Sauerstoff an den Wein kommt, zumal die Oxydationsgefahr gering ist. Der Wein ist noch mit Kohlendioxid gesättigt. Die folgenden Faßwechsel werden dann meist unter Sauerstoffabschluß durchgeführt. Der Verlust an Wein durch Verdunstung des Wasseranteils über die Kapillaren des Holzes ist gering (ein bis zwei Prozent pro Jahr) – vorausgesetzt, die Keller haben eine Luftfeuchtigkeit um 85 Prozent. Luftblasen um den Spund entstehen vor allem durch das Zusammenziehen der Flüssigkeit im Winter. Wichtig ist deshalb, daß die Fässer nach jedem Umziehen

Schönung beim Rotwein: In jedes Faß werden zwei Eiweiß gegeben, die Trubstoffe und Schwebeteilchen im Wein sofort binden und ausfällen.

wieder aufgefüllt werden, damit sie „spund-voll" sind. Hierfür legt jeder Kellermeister ein Faß mit Reservewein an.

Die Schönung des Weins

Rotwein muß, ebenso wie Weißwein, che-misch stabil gemacht, also geschönt werden. Dazu gehört, daß ein Teil der im Wein enthal-tenen Kolloide entfernt werden. Kolloide sind feinste Schwebeteilchen: vor allem Tannine, Anthocyane und andere Phenole sowie Pro-teine. Sie würden sonst später ausgefällt und hinterließen einen dichten Bodensatz in der Flasche. Einfache Konsumweine wären so nicht verkäuflich. Aber auch hochwertige, feine Weine brauchen ein bestimmtes Maß an Schönung, damit instabile Tannine und Anthocyane sowie wärmeempfindliche Pro-teine ausgeschieden werden können. Beim nächsten Umziehen werden sie dann als Bodensatz entfernt.

Die Schönungsmittel

Geschönt wird mit tonhaltigen Mineralerden wie Bentonit (weniger häufig Kieselsol, Kao-lin) und eiweißhaltigen Produkten, etwa Gelatine. Häufig wird auch frisches, aufge-schlagenes Hühnereiweiß ins Faß gegeben –

besonders bei feinen Weinen. Innerhalb we-niger Minuten bindet es Tannine und Farb-stoffe und bildet großflockige Kolloide, die sich leicht aus dem Wein entfernen lassen. Bento-nit eignet sich vor allem, um Proteine zu bin-den, wird allerdings bei Rotweinen vorsichtig eingesetzt, weil es das Tannin angreift. Alle Schönungsmittel hinterlassen keine oder nur minimale Spuren im Wein. Nach einer neuen EU-Lebensmittelrichtlinie müssen tierische Eiweiße ab 2005 jedoch auf dem Etikett ange-geben werden.

Filtern des Weins

Das Filtern des Weins ist eine weitere Möglichkeit, ihn stabil zu machen. So wird Weißwein häufig schon beim Abstich von der Hefe, Rotwein nach dem Abzug von der Maische filtriert. Man benutzt dafür grobe Schichtenfilter, die aus Zellulose, Kieselgur (fossile Kieselalgen) oder Perlit bestehen (glasartiger Filterstoff, überwiegend aus Alu-miniumsilikat). Mit ihnen wird der Wein von seinen groben Bestandteilen befreit. Diese Filter ersetzen Siebe und Tücher, mit denen schon die Sumerer ihren Wein zu klären pflegten. Danach wird der Wein normaler-weise erst wieder vor der Füllung gefiltert.

Für diese Feinfiltration werden heute Mem-branfilter eingesetzt. Sie bestehen aus einer porösen Kunststoffolie, in der die kleinen, für das menschliche Auge unsichtbaren Trubteil-chen hängenbleiben. Bei Weiß- und jungen Rotweinen ist eine Feinfiltration notwendig. Bei lange im Faß ausgebauten Rotweinen ist sie umstritten, weil der Wein sich durch Ab-setzen bereits weitgehend selbst geklärt hat.

Pro und Contra Filtration

Einige Erzeuger hochwertiger Rotweine ver-suchen neuerdings, ohne Filtration auszu-kommen, um den Wein nicht wichtiger Geschmacksträger zu berauben. Darin liegt immer ein kleines Risiko, daß der Wein sich später auf der Flasche unerwartet oder nicht optimal entwickelt. Dieses Risiko gehen die Hersteller ein, um die bestmögliche Qualität zu erhalten. So werden einige der berühmte-sten Weine der Welt direkt vom Faß auf die Flasche gebracht – zum Beispiel im Burgund. Dazu muß angemerkt werden, daß ein reicher, kraftvoller Cabernet Sauvignon unter der Filtration weniger leidet als ein zarter, duf-tiger Pinot Noir. Es kommt also auf die Erfah-rung und das Fingerspitzengefühl des Keller-meisters an.

Auffüllen des Fasses nach dem Umziehen des Weins.

Die Schönungsmittel

Das Schönen des Weins dient dazu, den Wein von letzten, feinsten Trubteilchen zu befreien und ihn klar zu machen. Dazu wer-den ihm im Faß tonhaltige oder eiweißhal-tige Substanzen hinzugefügt, so daß die Trubteilchen durch Oberflächenanziehung oder Flockenbildung eingeschlossen, be-schwert und abwärts gezogen werden. Da-durch wird der Wein klar und „schön". Die erlaubten Schönungsmittel sind Bentonit, Kaolinerde, Kieselsol, Tanninpulver, Gela-tine, Hühnereiweiß, Fischblase, Kasein (Milchpulver) und Albumin (Eipulver).

Nach der Schönung wird der Wein umge-zogen. Die ausgefällten Substanzen wer-den dabei entfernt. Eventuelle Rückstände beeinträchtigen weder Geschmack noch Hygiene des Weins. Da die eiweißhaltigen Schönungsmittel jedoch Allergien aus-lösen können, müssen alle Weine, die mit ihnen geschönt wurden, ab dem Jahrgang 2005 einen entsprechenden Hinweis auf dem Etikett enthalten – egal ob der Wein Rückstände enthält oder nicht.

Auf die Dosis kommt es an

Praktisch alle handelsfähigen Weine sind geschwefelt. Wäre das nicht so, würden sie schnell oxydieren und zu Essig werden. Freilich ist Schwefel kein Stoff, der dem Wein bedenkenlos zugefügt werden sollte. Er darf aber auch nicht verteufelt werden. Vielmehr gilt der Satz: Die Dosis macht, daß er dem Wein und dem Menschen keinen Schaden zufügt.

Schwefel wurde bei der Weinherstellung schon von den Griechen als Konservierungsmittel benötigt. Er verhindert, daß Wein oxydiert. Ein geschwefelter Wein hat daher saubere, klare Aromen, ein ungeschwefelter würde fade schmecken, unfrisch riechen und schnell braun werden. Die Schwefeldosen sind gering – so gering, daß der Schwefel weder zu schmecken noch zu riechen ist. Auch gesundheitliche Beeinträchtigungen sind weitgehend auszuschließen. Zwar ist Schwefel ein Gift, doch rühren Kopfschmer-

Inhaltsstoffe des Weins verhindert werden. Das gilt nicht nur für den Moment der Schwefelung, sondern auch für die künftige Konservierung des Weins. Der Kellermeister muß den Wein mit so viel schwefliger Säure ausstatten, daß er möglichst lange frisch bleibt, seine natürlichen Aromen dabei aber nicht beeinträchtigt werden. Natürlich hält der Schwefel nicht ewig vor. Im Laufe des Reifeprozesses nimmt er kontinuierlich ab und ist irgendwann verbraucht. Das ist der Punkt, an dem der Wein durch Oxydation zu Essig wird. Schwefel kann in Gasform (SO_2) aus der Stahldruckflasche kommen, als wässrige Lösung (H_2SO_3) oder aber auch als Kaliumdisulfit in Tablettenform ($K_2S_2O_5$) zugesetzt werden.

Wann geschwefelt wird

Früher wurden die Fässer geschwefelt, bevor der Wein hineinkam. Heute wird der Wein geschwefelt, und zwar an drei Punkten seines

Erste Schwefelung: Nach der Gärung wird jeder Wein leicht geschwefelt.

zen und Übelkeit eher von zu hohem Alkoholgenuß, Sodbrennen und Magenverstimmungen eher von einer Säure-Unverträglichkeit her. In Australien und Amerika ist dennoch ein Schwefelhinweis auf dem Weinetikett vorgeschrieben.

Chemische Wirkungsweise

Kaum eine andere Substanz hat die Eigenschaft, so schnell auf Sauerstoff zu reagieren wie der Schwefel. Dadurch können die Attacken des Sauerstoffs auf die natürlichen

Herstellungsprozesses: im Most- beziehungsweise Maischestadium, nach Beendigung der Gärung und vor der Flaschenabfüllung.
Die Mostschwefelung dient dazu, die Enzyme (das sind sauerstoffübertragende Oxydasen) zu hemmen. Nach der Gärung bindet der Schwefel das im Wein enthaltene Acetaldehyd. Acetaldehyd entsteht beim Kontakt von Alkohol mit Sauerstoff und macht sich im Wein durch einen unangenehmen Alterston bemerkbar. Schwefel ist in der Lage, dieses Acetaldehyd zu neutralisieren. Die letzte

Château Latour 1956: Große Rotweine müssen nur leicht geschwefelt werden. Ihr Tannin „frißt" den Sauerstoff.

Schwefelgabe vor der Füllung dient dazu, den Wein in der Flasche zu konservieren.

Hauptproblem Acetaldehyd

Der Hauptzweck der Schwefelung ist die Bindung des Acetaldehyds, ohne die kein Wein auskommt. Die Mengen sind jedoch gering: zwischen zehn und 30 Milligramm pro Liter. Weißweine benötigen wegen der erhöhten Oxydationsanfälligkeit etwas mehr Schwefel, Rotweine etwas weniger. Manchmal muß der Wein wegen kleinster Nachgärungen, die neue Acetaldehyde bilden, während des Ausbaus erneut geschwefelt werden: Dabei werden die Schwefelgaben noch geringer bemessen. Schwefel bindet aber nicht nur das Acetaldehyd. Er reagiert auch mit anderen Inhaltsstoffen des Weins, etwa der Benztraubensäure, der Ketoglutarsäure und der Glucose. Schwefel verändert und beeinträchtigt also das Aroma des Weins. Schon aus diesem Grund bemühen sich die

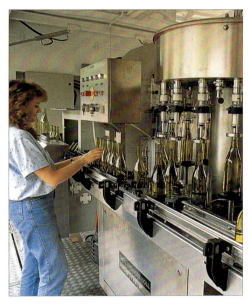

Zweite Schwefelung: vor der Flaschenabfüllung.

Erzeuger feiner Weine, die Schwefelgaben so niedrig wie möglich zu halten.

Gebundener und freier Schwefel

Der im Wein enthaltene Schwefel läßt sich in zwei Kategorien einteilen: den freien und den gebundenen Teil. Der gebundene Schwefel ist derjenige Teil, der mit dem Acetaldehyd und anderen Inhaltsstoffen reagiert hat. Er ist sensorisch nicht wahrnehmbar und gesundheitlich ohne Bedeutung. Anders der freie Schwefel: Er liegt im Wein als Sulfit vor, also in Salz-

form oder als freie schweflige Säure. Dieser freie Schwefel ist es, der eventuell riechbar ist und gesundheitliche Beschwerden hervorrufen kann, falls der Wein zu hoch geschwefelt wurde. Für die gesundheitliche Bewertung kommt es deshalb auf den Gehalt an freier schwefliger Säure an.

Schwefelung vor der Abfüllung

Nach der Gärung wird der Wein normalerweise nur so schwach geschwefelt, wie es für die Bindung der Acetaldehyde nötig ist. Erst bei der Abfüllung wird dem Wein dann jene Schwefelmenge beigefügt, die ihn vor Oxydation auf der Flaschen schützen soll. Dieser Schwefel ist in ihm dann als freie schweflige Säure enthalten. Ein Weißwein enthält, nachdem er abgefüllt wurde, zwischen 35 und 45 Milligramm Schwefel pro Liter, ein Rotwein zwischen 20 und 35 Milligramm. Die höchsten Mengen enthalten edelsüße Weine mit 60 bis 80 Milligramm. Die Werte sind umso niedriger, je gesunder das Traubengut war (möglichst wenig faule Trauben) und je sorgfältiger ein Wein vinifiziert wurde (etwa durch Reduzierung der Acetaldehyd-Bildung). Bezogen auf den Gesamtschwefel macht die freie schweflige Säure

knapp 20 Prozent, der gebundene Schwefel über 80 Prozent aus.

Schwefelarme oder schwefelfreie Weine

Bis heute ist kein wirksamer Ersatz für den Schwefel gefunden worden. Schwefelfreie Weine zu produzieren, ist deshalb ohne erhebliche Einbußen an Qualität beziehungsweise an Haltbarkeit nicht möglich. Immerhin verwenden einige Weinerzeuger – vor allem in den Ländern der Neuen Welt – vor der Flaschenfüllung oft Ascorbinsäure statt Schwefel. Ascorbinsäure ist Vitamin C und besitzt ebenfalls eine oxydationshemmende Wirkung. Allerdings hemmt sie nicht die Enzyme. Deshalb kann die Zugabe von Ascorbinsäure die Mostschwefelung nicht ersetzen. Wichtig ist es jedoch, die Schwefelgaben so niedrig wie möglich zu halten: Durch zügige Verarbeitung der gelesenen Trauben kann eine Mostschwefelung vermieden oder zumindest weitgehend minimiert werden. Vor allem auf eine Schwefelung der Trauben sollte verzichtet werden – wie sie in warmen Massenanbaugebieten mit langen Wegen zwischen Weinberg und Kellerei leider immer noch üblich ist. Schwefel mindert deutlich die Traubenqualität.

Gesetzliche Höchstmengen an Gesamtschwefel für die Länder der Europäischen Union (in Milligramm pro Liter)	
trockener Rotwein (bis 5 g Zucker)	160
trockener Weißwein (bis 5 g Zucker)	210
trockener Weißwein (über 5 g Zucker)	260
Spätlesen	300
Auslesen	350
Beeren-, Trockenbeerenauslesen, Eisweine, Süßweine	400

Schwefel in Tablettenform: Der Wein, nicht die Fässer, wird geschwefelt.

Wie er reift, so schmeckt er

Das am häufigsten verwendete Gefäß zur Reifung des Weins ist das Holzfaß. Seine wichtigste Eigenschaft ist, daß der Wein in ihm atmen kann. Die Sauerstoffzufuhr beschleunigt die Polymerisation. Dadurch wird der Wein weicher, harmonischer, komplexer.

Vor allem Rotwein wird im Holzfaß ausgebaut. Während die meisten Weißweine bei längerer Lagerung im Holzfaß an Frische verlieren und müde werden, kann der Sauerstoff, der durch die Faßwand eindringt, dem Rotwein wenig anhaben. Wegen des hohen Gehalts an Phenolen verträgt er den Sauerstoff nicht nur, er braucht ihn geradezu zur Reifung. Reifung ist, so betrachtet, nichts anderes als die Feinoxydation des Weins.

Die Größe des Fasses

Allerdings darf die Menge des Sauerstoffs, der durch die Faßdauben dringt, nur gering sein. Wie gering, hängt von der Größe des Fasses ab. Sie ist von entscheidender Bedeutung für das Tempo des Reifeprozesses. 1000 Liter Wein, die in einem großen Faß liegen, haben halb so viel Holzkontakt wie 1000 Liter, die auf vier kleine Barriques von 225 Liter Inhalt verteilt worden sind. In kleinen Fässern dürfen also nur Weine ausgebaut werden, die so phenolreich sind, daß sie der größeren Luftzufuhr standhalten. Die Premiers Grands Crus aus Bordeaux, die großen Rotweine aus dem spanischen Priorato, einige kalifornische Cabernet Sauvignons und die besten australischen Shiraz reifen in guten Jahren bis zu 24 Monaten in diesen Fässern. Ein leichter Pinot Noir aus dem Elsaß würde vermutlich schon nach sechs Monaten erste Ermüdungserscheinungen zeigen. In großen Holzfässern läßt er sich jedoch entsprechend länger lagern. Die besten italienischen Brunello werden in großen Holzfässern sogar zwei bis drei Jahre ausgebaut, die größten Barolo teilweise fünf Jahre, ohne Schaden zu nehmen.

Auf die Größe des Holzfasses kommt es an. In kleinen Fässern hat der Wein stärkeren Kontakt mit Holz, in größeren weniger. Die kleinsten der gebräuchlichen Holzfässer sind Barriques (linkes Foto und großes Foto unten). Sie stammen aus Bordeaux und fassen genau 225 Liter. Im Burgund sind sie mit 205 Litern etwas kleiner. Auch im portugiesischen Douro-Tal werden kleine Fässer zur Lagerung des Portweins benützt. Sie heißen Pipes (rechtes Foto) und enthalten teils 550, teils 580 Liter.

Die Dicke des Holzes

Die Größe des Fasses bestimmt auch die Dicke der Faßdauben. Je größer das Faß, desto dicker müssen sie sein, um das Gewicht der Flüssigkeitsmenge zu halten. Damit sie unter dem Druck des Weins nicht bersten, müssen sie mit Metallbändern zusammengehalten werden. Dauben, die 10 Zentimeter dick sind, wie bei großen 50-Hektoliter-Fässern, lassen nur minimale Mengen Sauerstoff passieren. Bei kleinen Barriques sind die Dauben dagegen nur 2,5 Zentimeter stark. Entsprechend mehr Sauerstoff dringt durch die Wandungen. Auch deswegen vollzieht sich der Reifeprozeß in kleinen Fässern rascher als in großen.

Der Einfluß neuen Holzes

Der Ausbau in kleinen Fässern hat noch einen anderen Effekt. Es werden Tannine aus dem Holz gelöst, die in den Wein übergehen und ihn geschmacklich mehr oder minder stark verändern. Zumindest gilt das, solange die Fässer neu sind. Die Menge des Tannins ist nicht gering. Im ersten Jahr gibt ein neues Barrique etwa 200 Milligramm an den Wein ab. Das entspricht etwa einem Zehntel des Tannins aus den Traubenschalen. Allerdings ist das Holztannin von völlig anderer Konstitution als das Schalentannin. Es polymerisiert nicht, ändert sich folglich mit zunehmendem Alter des Weins nicht und besteht aus anderen Kohlenwasserstoffverbindungen. Sie sind für die typischen Geruchsnoten von süßer Vanille, gerösteten Haselnüssen, Gewürznelken und Karamel verantwortlich. Leider unterstreichen diese Noten nicht immer das Eigenaroma des Weins, sondern dominieren es. Nach drei, spätestens fünf Jahren Gebrauch ist der Einfluß des Faßholzes auf den Geschmack des Weins gleich Null. Kommerzielle Weinmacher benutzen einfach Eichenholzspäne oder – billiger noch – chemische Essenzen, um einen Eichenholzton in den Wein zu bekommen. Seriöse Kellermeister lehnen solche Schminke ab.

Am Rhein werden viele deutsche Rieslinge noch in alten Stückfässern vergoren und ausgebaut (rechtes Foto). Sie fassen 1000 Liter. An der Mosel ist das Doppelstückfaß gebräuchlich (2000 Liter), anderswo das Halbstückfaß (500 Liter). Traditionelle Rotweine reifen hingegen in großen, alten Fässern aus Eiche, Kastanie, Akazie, Kirsche oder noch anderen Hölzern (linkes Foto). Ganz große Fässer fassen 150 Hektoliter, die kleinsten 7,5 Hektoliter.

Der Faßbau – ein altes Handwerk

Viele alte Faßbau-Werkzeuge sind heute durch Maschinen ersetzt worden, etwa das Kröseisen und der Gargelkamm, mit dem einst die Nut ausgekerbt wurde, in die der Faßboden eingesetzt wird. Das Öffnen gebrauchter Fässer, um den Weinstein von der Innenseite der Dauben zu entfernen und einen neuen Toast aufzubringen, gehört ebenfalls zu den Aufgaben des Faßbauers.

Spalten des Holzes

Das Vierteilen des Baumstamms längs der Fasern des Holzes wird schon lange nicht mehr von Hand, sondern von mechanischen Spaltmeißeln erledigt. Das Spalten hat gegenüber dem Sägen den Vorteil, daß die Zellstruktur des Holzes nicht beschädigt wird. Allerdings werden die Stämme heute vielfach nicht mehr geviertelt, sondern gleich Dauben aus ihnen gesägt. Die Ausbeute ist größer, der Abfall geringer.

Lagern im Freien

Der Faßbau ist Technik, das Lagern des Holzes jedoch ein Qualitätsfaktor erster Güte. Traditionell müssen die Dauben drei Jahre lang unter freiem Himmel gelagert werden. Die Sonne dörrt das Holz, der Regen wäscht die scharfen Tannine sowie Polysaccharide und Glucose aus. Heute wird der größte Teil des Faßholzes künstlich im Ofen getrocknet, so daß sich die ganze Prozedur auf drei bis zwölf Monate reduziert.

Zusammensetzen der Dauben zu einem Faß
Die Größe der Faßdauben für ein Barrique wird nach
einer mathematischen Formel berechnet, das Dau-
benholz dann entsprechend gehobelt, gesägt und
die einzelnen Dauben trocken zusammengesetzt.
Daß die Stoßkanten der Dauben später dichthalten,
dafür sorgt der Wein selbst: Er läßt das Holz auf-
quellen, so daß keine Flüssigkeit entweichen kann.

„Toasten" des Faßholzes
Bevor der Boden eingesetzt wird, muß das Faß
„getoastet" werden. So lautet der Fachausdruck
für das Flämmen der inneren Faßwandungen. Der
Toast beeinflußt die chemische Struktur des Holzes
und gibt den Weinen später einen leichten Röstton.
Je nach Typ des Weins, der in ihm reifen soll, werden
die Fässer leicht, medium oder stark getoastet.

Anlegen der Faßreifen
Wenn der Küfer die Faßböden eingepaßt hat, werden
die provisorischen Faßbänder abgenommen und die
endgültigen metallenen Faßreifen um den Bauch des
Barriques gelegt. Sie halten das Faß zusammen und
verhindern, daß es später unter dem Gewicht des
Weins auseinanderbricht. Zuletzt wird das Spundloch
in eine der Dauben gesägt.

Künstlich geholzter Wein

Eichenholz-Chips statt Fässer: unterschiedlich stark geröstete Holzspäne und Holzpulver zur Aromatisierung des Weins.

Die Globalisierung des Weinmarktes schreitet voran. Um Kosten zu sparen, werden Abläufe im Keller vereinfacht und die Zeiten für die Reifung des Weins radikal verkürzt. Manche der neuen önologischen Kellertechniken sind mit traditionellen Vorstellungen der Weinerzeugung nicht mehr vereinbar.

Die wachsende Konkurrenz der Weinanbieter auf dem Weltmarkt hat zu einem scharfen Wettbewerb geführt. Die überseeischen Weinbauländer drängen mit neuen Weinstilen auf den europäischen Markt. Die europäischen Weinbauländer, ihrerseits von Überproduktion bedroht, wehren sich mit neuen Weinqualitäten. Das Ziel aller ist es, Wein möglichst preisgünstig anzubieten, um Marktanteile zu gewinnen. Leider bleibt die Qualität dabei allzu oft auf der Strecke. Doch häufiger wird der Qualitätsbegriff einfach umdefiniert, um ihn in Einklang mit den neuen Notwendigkeiten zu bringen. Diese bestehen vor allem darin, Abläufe im Keller zu vereinfachen, um Kosten zu sparen. Andererseits wird versucht, gezielte Eingriffe in den Wein

und in die Weinerzeugung vorzunehmen, um die erwünschten Qualitäten zu bekommen, auch wenn die Rebe sie nicht liefert.

Ausbau im Eichenholzfaß

Hochwertige Rotweine werden traditionell in kleinen, neuen Eichenholzfässern ausgebaut. Der Vorteil dieser Fässer, auch Barriques genannt, besteht darin, daß die weineigenen Gerbstoffe mit dem Tannin des Holzes reagieren, diese „weicher" und den Wein langlebiger machen und die Farbe stabilisieren. Der Nachteil: Die Weine nehmen das leicht süße, an Vanille, geröstete Kaffeebohnen oder Zedernholz erinnernde Aroma des Tannins an. Besonders in den ersten Jahren kann der Holzgeschmack den Wein stark prägen. Viele Verbraucher aus der jungen Generation empfinden den Holzton freilich gar nicht als Nachteil. Im Gegenteil: Sie möchten ihn nicht mehr missen. Er ist für sie zum Erkennungsmerkmal eines qualitativ wertvollen Weins geworden. Immer mehr Erzeuger haben deshalb versucht, ihren Rotwein im kleinen Eichenholzfaß reifen zu lassen. Gute Rotweine

mögen davon profitiert haben. Andere sind durch den Barrique-Ausbau allerdings denaturiert worden.

Künstlicher Holzgeschmack durch Chips

Die Weinindustrie, die sich den Geschmacksvorlieben der Verbraucher verpflichtet fühlt, möchte Weine nach deren Wünschen liefern. Barriques sind jedoch teuer, und der Ausbau in ihnen dauert zwischen acht und 18 Monaten. Vor allem braucht man große klimatisierte Keller, um die Barriques lagern zu können – unrentabel für einfache Rotweine, die preiswert angeboten werden sollen. So sind findige Önologen schon früh auf die Idee gekommen, billige Eichenholzschnitzel, sogenannte Chips, die in Netzbeutel abgepackt sind, in den Stahltank zu hängen, in dem der Wein vergärt bzw. ausgebaut wird. Auf diese Weise nehmen Weine das Aroma des Eichenholzes an, auch wenn sie dessen Tannin gar nicht brauchen, weil sie nicht auf Langlebigkeit angelegt sind. Entscheidend ist allein das Kostenargument: Während der Ausbau im Barrique einen Wein um mindestens zwei

Euro verteuert, kostet der Ausbau mit Chips nur wenige Cent pro Flasche. Geschmacklich sind die Weine, solange sie jung sind, nicht voneinander zu unterscheiden.

Die *stave*-Technologie

Noch preiswerter ist eine andere Form der künstlichen Aromatisierung: die *stave*-Technologie. Dabei werden dünne Eichenholzbretter in ein metallenes Gestell montiert, das im Stahltank plaziert wird. Während die Maische gärt, werden die Bretter ständig von Flüssigkeit umspült. Dabei ist die Holzoberfläche, mit der der Wein Kontakt hat, wesentlich größer als bei den Chips. Entsprechend kräftiger ist das Eichenholzaroma, das er annimmt. Die Handhabung der staves ist einfach, und die Kosten für die Eichenholzbretter sind niedrig. Sie werden – wie die Chips – aus Abfallholz hergestellt, das beim Faßbau anfällt. Geschmacklich ist das Eichenholzaroma der stave- und der Chip-Weine identisch mit dem der Barrique-Weine, und auch wissenschaftlich läßt sich nicht nachweisen, ob ein Wein im kleinen Eichenholzfaß oder im großen Stahltank mit Eichenholz-Chips ausgebaut wurde. In den überseeischen Ländern ist deshalb die Verwendung von alternativem Eichenholz erlaubt. Die europäischen Weinkontrollbehörden verbieten dagegen die Verwendung von *pieces of oak*, wie der Fachausdruck lautet. Chips und staves, so deren Argumentation, dienten nicht dem Ausbau, sondern allein zum Aromatisieren des Weins. Sie gehörten folglich nicht zu den traditionellen Kellertechniken und müßten verboten bleiben. Da bis heute – und vermutlich auch in Zukunft – nicht nachweisbar ist, ob ein Wein im Holzfaß gereift oder künstlich aromatisiert wurde, wird das Verbot auf Dauer nicht haltbar sein – auch um Wettbewerbsnachteile für europäische Weinerzeuger zu vermeiden. Und schließlich hat der Ausbau in Barriques – ob gewollt oder ungewollt – ebenfalls eine Aromatisierung des Weins zur Folge.

Die Mikrooxygenase

Die Kostenvorteile der Aromatisierung des Weins durch alternatives Eichenholz bestehen auch in der Verkürzung der „Reifezeit". Statt ein Jahr und mehr im Faß zu verbringen, wie beim Barrique-Ausbau üblich, haben die stave- und Chip-Weine bereits nach acht Wochen den erwünschten Eichenholzgeschmack angenommen. Allerdings ist der Wein zu diesem Zeitpunkt noch nicht gereift. Um auch die Reifung zu beschleunigen, wird gern das in

Neue Barriques: zu teuer und zu aufwendig für preisgünstige Alltagsweine.

Stave-Technologie: Dünne Eichenholzbretter werden in einen Stahltank montiert.

Künstliche Konzentration

Die moderne Önologie versucht nicht beim Ausbau des Weins, sondern auch bei der Vinifikation Einfluß auf Art und Charakter des Weins zu nehmen. So wird durch technische Maßnahmen versucht, konzentriertere Weine zu bekommen, insbesondere Rotweine. Die älteste Form der Konzentration ist der Mostabzug (oder die Saignée). Dabei wird der Maische ein Teil der Flüssigkeit entzogen, so daß im verbleibenden Teil die Konzentration der Farbe und des Tannins zunimmt. Heikler ist die Vakuumverdampfung. Dabei wird der Umstand ausgenutzt, daß Wasser schon ab 10 bis 25 °C verdampft, wenn es sich in einer Unterdruckkammer befindet. Der Wasserdampf wird aufgefangen, kondensiert und in einen Wassertank abgeleitet. Der verbleibende Most ist konzentriert. Da der Vakuumverdampfer dem Most keine weinfremden Stoffe hinzufügt, sondern ihm nur Wasser entzieht, bleibt das Naturprodukt Wein erhalten. Diese Art der Konzentration kann bei Weiß- und Rotweinen angewendet werden. Auch bei der Umkehr-Osmose wird dem Wein Wasser entzogen, nur nach einem anderen technischen Verfahren (siehe Seite 77). Sie ist allerdings – ebenso wie die Vakuumverdampfung – aufwendig und teuer. Und Sinn macht die künstliche Konzentration sowieso nur, wenn der Most hochwertig ist. Andernfalls würden die negativen Eigenschaften (z. B. mangelnde Reife) nur verstärkt.

Bordeaux entwickelte Verfahren der Mikrooxygenase angewendet. Dabei werden dem frisch vergorenen Wein gezielt winzige Mengen von Sauerstoff zugeführt (rund zehn Milliliter pro Liter und Tag). Dieser Sauerstoffeintrag bewirkt einerseits, daß unangenehme Gärgase und Fehltöne aus dem Wein entfernt werden. Anderseits polymerisieren die harten Tannine und Gerbstoffe – werden also weicher und binden den Holzgeschmack ein. Mit anderen Worten: Die Reifevorgänge, denen der Wein traditionellerweise im atmenden Faß ausgesetzt ist, kann er mit Hilfe der Mikrooxygenase im Zeitraffer im Stahltank durchmachen. So ist er in wenigen Monaten füllfertig. Die Mikrooxygenase ist unter Winzern umstritten. Für einfache Weine mag sie kostensparend sein, zur Reifung hochwertiger Weine ist sie untauglich.

Weine ohne besonderen Anlaß

Champagner, Port und Sherry haben eines gemeinsam: Sie verdanken ihre Entstehung besonderen Umständen oder dem Zufall. Beim Port waren die besonderen Umstände der Spanische Erbfolgekrieg, beim Sherry ein Verbrechen: der Raubüberfall Sir Francis Drakes auf Cádiz. Beim Champagner spielten Zufälle eine Rolle, etwa der, daß die Entdeckung der Perlen in Frankreich und des druckstabilen Glases in England nahezu gleichzeitig erfolgten. Der Siegeszug des Champagners begann. Madame Lily Bollinger antwortete einmal einem Reporter auf die Frage, zu welchen Gelegenheiten sie Champagner trinke: „Ich trinke ihn, wenn ich glücklich bin, und ich trinke ihn auch, wenn ich traurig bin. Manchmal trinke ich ihn, wenn ich allein bin. In Gesellschaft trinke ich ihn sowieso. Selbst wenn ich keinen Appetit habe, nehme ich gern ein Gläschen zu mir. Und wenn ich Appetit habe, greife ich natürlich auch zu ihm. Aber sonst rühre ich ihn nicht an – außer wenn ich durstig bin." Viele taten und tun es der großen, alten Dame gleich. Nur ein paar Engländer fanden Champagner zeitweise dekadent: „Verschmäh' den Champagner und trinke hinfort, am heimischen Herd den bescheidenen Port." Aber das ist Geschichte. Heute trinken sie beides – und Sherry ebenso.

Die Welt der feinen Perlen

„Ich trinke Sterne", rief Dom Pérignon aus, als er zum ersten Mal schäumenden Wein trank. Der Mönch aus der Abtei Hautvillers bei Reims hat den Champagner nicht erfunden. Aber er hat begriffen, wozu Perlen gut sind: Sie heben den Geschmack des Weins.

Champagner ist der berühmteste Schaumwein der Welt. Seine feinen Perlen und das zarte Aroma haben ihn zum Inbegriff des gehobenen französischen Weingeschmacks werden lassen. Er wächst in Marne sowie vier benachbarten Départements, etwa 150 Kilometer nordöstlich von Paris – in den nördlichsten und damit kühlsten Anbaugebieten Frankreichs. Nur dort darf er sich Champagner nennen – vorausgesetzt, er wurde nach der Flaschengär-Methode hergestellt.

Wie Schaumwein entsteht
Schaumwein entsteht dadurch, daß Weißwein ein zweites Mal vergoren wird. Dies geschieht, indem der fertige Wein auf Flaschen gezogen wird und ihm dabei eine kleine Menge (24 Gramm pro Liter) Fülldosage hin-

Veuve Nicole Clicquot kam auf die Idee, Champagner-flaschen zu rütteln, um die Hefe zu lockern.

zugefügt wird – ein Gemisch aus Wein, Zucker und speziellen Hefen, auch *liqueur de tirage* genannt. Die Hefen beginnen sofort, den Zucker in der Flasche zu vergären. Nach ein bis zwei Monaten ist die Gärung beendet. Der Wein enthält dann rund 1,2 Vol.% mehr Alkohol, als er vorher aufwies. Wie bei jeder Gärung entsteht auch bei der Flaschengärung Kohlendioxid. Es kann nicht entweichen, weil

die Flasche fest mit einem Kronenkorken verschlossen ist. Folglich bleibt es im Wein als Kohlensäure gelöst.

Das Degorgieren
Die Flaschen liegen in Buchten im Keller waagerecht gestapelt, so daß sich die abgestorbenen Hefen, die zu Boden sinken, im Bauch der Flasche absetzen. Je nach Typ liegt der Schaumwein zwischen neun Monaten und fünf Jahren unbeweglich auf der Hefe. Dieses Hefelager ist wichtig für den Wein: Es hält ihn frisch und verleiht ihm den typischen Hefegeschmack. Danach muß die Hefe allerdings entfernt werden. Dazu wird die Flasche etwa 40 Sekunden lang mit dem Hals in ein Eisbad getaucht. Die Hefe gefriert sofort zu einem eisigen Klumpen. Wenn danach der Kronenkorken gelöst wird, schießt sie unter dem Druck, der in der Flasche herrscht, in hohem Bogen heraus. Der Wein ist klar und kann sofort endverkorkt werden. Dieser Vorgang heißt Degorgieren.

Das Rütteln
Allerdings muß sich das Hefedepot vorher im Flaschenhals gesammelt haben. Die Witwe Clicquot kam damals auf die Idee, Löcher in ihren Küchentisch zu bohren und die Flaschen vor dem Degorgieren einige Tage lang kopfüber hineinzustecken. Heute werden die Flaschen leicht geneigt in ein Pult gesteckt, so daß die Hefe langsam in den Hals der Flasche rutschen kann. Da das Depot ziemlich fest an den Wandungen der Flasche sitzt (obwohl die Champagnerhefen so gewählt werden, daß sie einen recht grobkörnigen Niederschlag ergeben), müssen sie gelöst werden. Jeden Tag wird die Flasche im Pult ein bißchen gedreht, damit die Hefe sich lockert. Rütteln heißt dieser Vorgang, französisch: *remuage*. Genau 21 Tage dauert es, bis sich der gesamte Hefetrub im Flaschenhals befindet.

Die Dosage
Nach dem Degorgieren ist der Schaumwein klar. Die Flaschen werden, damit nicht zuviel Kohlensäure verloren geht, sofort verkorkt und etikettiert. Vorher muß er allerdings noch dosiert werden: mit Wein, in dem Zuckersirup gelöst ist. Dadurch werden einerseits die Flaschen, deren Füllniveau durch den Auswurf der Hefe leicht gesunken ist, wieder aufgefüllt. Andererseits wird der Champagner dadurch gesüßt. Fast alle Standard-Champagner und jahrgangslosen Schaumweine

erhalten eine mehr oder minder große „Versanddosage" (*liqueur d'expédition*) zur Harmonisierung des Geschmacks. Da sie meist eine leicht erhöhte Säure aufweisen, schmecken sie dennoch trocken (brut). Nur hochwertige Jahrgangschampagner oder Schaumweine, die lange auf der Hefe gelegen haben, werden ohne Dosage verkorkt. Brut Nature, Dosage Zéro oder Pas Dosé steht dann auf ihrem Etikett. Der Kohlensäuredruck nach dem Verkorken liegt zwischen fünf und sechs bar. Das entspricht etwa dem dreifachen Druck eines Autoreifens.

Die Assemblage

Rund 80 Prozent aller Champagner kommen ohne Jahrgangsangabe auf den Markt. Das bedeutet: Sie sind aus Weinen zweier oder mehrerer Jahrgänge zusammengestellt. Das Zusammenstellen verschiedener Grundweine zu einem homogenen, harmonischen Wein wird Assemblage genannt. Assembliert werden vor allem drei verschiedene Rebsorten. Von Pinot Noir und Chardonnay werden gern auch ältere Jahrgänge einbezogen, die zwölf oder 24 Monate in Stahltanks ausgebaut wurden. Gelegentlich wird auch auf kleine Parti-

en noch älterer, hochwertiger Reserve-Weine zurückgegriffen, um die Assemblage zu „adeln". Kenner meinen, daß die Fähigkeit, eine gute Assemblage herzustellen, die Größe eines Champagnerhauses ausmache. Entscheidend ist die Fähigkeit, Hunderte von Weinen zu verkosten und zu bewerten, um am Ende fünf oder gar zehn Millionen Flaschen eines möglichst gleichartigen Weins zu bekommen, – so viel lassen große Champagnerhäuser pro Jahr heraus. Nur etwa 20 Prozent der Produktion kommt als Jahrgangschampagner auf den Markt.

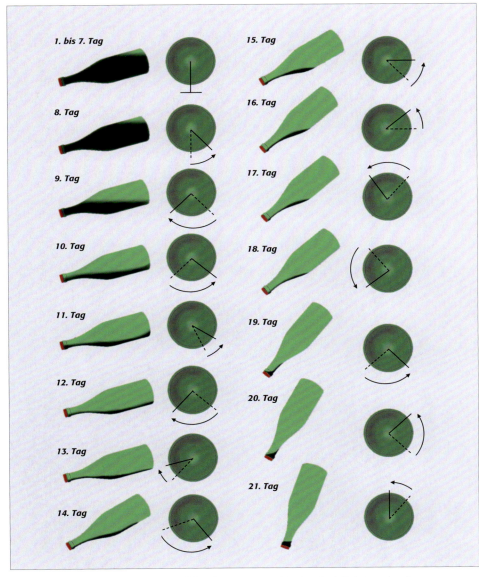

Das Rüttelverfahren: Drei Wochen lang wird der Champagner von Hand gerüttelt. Dabei werden die Flaschen in einem bestimmten Winkel gedreht und gleichzeitig immer stärker geneigt.

Alle Schaumweine, die eine Flaschengärung durchmachen, müssen gerüttelt werden ...

... damit die toten Hefen, die zu Boden gesunken sind, sich sammeln, in den Hals rutschen ...

... und der Wein im Eisbad degorgiert werden kann: das heißt, von der Hefe befreit werden kann.

Es muß nicht immer Champagner sein

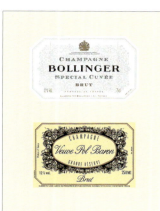

Erster Kellermeister

Dom Pérignon (1639-1715) hat herausgefunden, daß die kluge Mischung von Weinen verschiedener Rebsorten und Lagen einen besseren Endwein ergeben kann. Die Entdeckung des Schaumweins vollzog sich dagegen in London, nicht in der Champagne. Während die Franzosen noch luftdurchlässige, ölgetränkte Lumpen benutzten, um ihre Flaschen zu verschließen, besaßen Kaufleute in England um 1650 bereits Korken. Bei ungewollten Nachgärungen auf der Flasche konnte das CO_2 nicht entweichen. Es blieb als Kohlensäure im Wein gefangen. Wurde die Flasche geöffnet, schäumte der Wein. Die gezielte Flaschengärung wurde erstmals um 1700 in der Champagne angewendet – mit geringem Erfolg. Die meisten Flaschen platzten. Erst als die Engländer festeres Glas liefern konnten, setzte sich das Flaschengärverfahren durch.

Der Glanz, der vom Champagner ausgeht, hat dazu geführt, daß die Technik der Flaschengärung heute weltweit kopiert wird. Die hohe Kunst der Schaumweinerzeugung beherrschen dagegen nur wenige. Diese wenigen haben jedoch gezeigt, daß sich auch außerhalb der Champagne hochklassige Schaumweine erzeugen lassen – aus den gleichen oder aus anderen Sorten.

Champagner wird traditionell aus einer Mischung von drei verschiedenen Sorten hergestellt: der weißen Chardonnay und den roten Pinot Noir und Pinot Meunier. Die beiden roten Sorten werden zu Weißwein verarbeitet, indem der Saft ohne die Schalen vergoren wird. Die Farbe, die in den Schalen sitzt, kann also nicht in den Wein übertreten. Pinot Noir gibt dem Wein die Fülle, Chardonnay die Finesse, Pinot Meunier die Fruchtigkeit.

Die Assemblage

Vor der Flaschengärung müssen die Weine aus den drei verschiedenen Sorten zu einem Wein werden. Assemblage heißt dieser Vorgang. Dabei wird festgelegt, in welchem Verhältnis die drei Weine gemischt werden. Die Assemblage erfordert großes Verkostungsgeschick. Oft müssen Dutzende von Weinen verschiedener Tanks und Fässer verkostet werden, bevor die Entscheidung fällt, ob und in welchem Umfang sie in den endgültigen Wein eingehen. Die Assemblage ist daher immer Aufgabe mehrerer Personen. Der Kellermeister schlägt zwei oder drei Mischungen vor, die Besitzer, der Verkaufsdirektor

und andere gute Zungen sind eingeladen, sie zu probieren und gegebenenfalls abzuändern.

Die Champagnerstile

Die Assemblage bestimmt den Stil eines Champagnerhauses. Bollinger benutzt traditionell einen hohen Anteil Pinot Noir, Billecart-Salmon einen erhöhten Anteil Chardonnay. Hochwertige Champagner enthalten oft auch einen kleinen Anteil älterer Weine. Krugs Grande Cuvée besteht immer aus mindestens sechs verschiedenen Jahrgängen. Sie auszuwählen, gehört zur Kunst der Assemblage dazu. Auch muß Champagner nicht zwangsläufig aus allen drei Sorten erzeugt werden. Er kann auch nur aus Chardonnay (Blanc de Blancs) oder nur aus Pinot Noir (Blanc de Noirs) gekeltert werden – letzteres ist zum Beispiel beim Rosé-Champagner der Fall. Von der Assemblage hängt maßgeblich der Erfolg eines Champagnerhauses ab.

Crémant, Sparkling Wine, Spumante, Cava, Sekt

Die Kunst der Schaumweinherstellung beherrschen heute nicht nur die Champagner-Erzeuger. Aus Kalifornien und Australien kommen einige erstklassige Schaumweine aus Chardonnay- und Pinot-Noir-Trauben. Sparkling Wines werden sie dort genannt. Auch in Italien werden aus diesen Sorten einige hochklassige Spumante erzeugt. In Frankreich selbst, etwa im nördlichen und südlichen Burgund, wird Schaumwein überwiegend aus Chardonnay-Trauben gekeltert. Crémant heißen alle außerhalb der Champagne erzeugten Schaumweine. Neben

Viele der großen Champagnerhäuser von Epernay lagern ihren Wein in unterirdischen Kalkstollen mit kilometerlangen Gängen.

Champagne: Blick von der Montagne de Reims auf das Dörfchen Ville-Dommange. An den Hängen wächst ein stahliger Chardonnay.

dem Crémant de Bourgogne gibt es den Crémant de Loire (Sorte: vorwiegend Chenin Blanc), den Crémant de Die (Sorte: Clairette), den Crémant d'Alsace (Sorten: Pinot Blanc, Pinot Gris, Pinot Noir, Auxerrois, Riesling), Crémant de Limoux (Sorte: Blanquette), den Crémant de Bordeaux (Sorten: Sémillon, Sauvignon Blanc, Muscadelle). Einige sind Champagnern ebenbürtig. Auch in Österreich und Deutschland, dessen Sekte im 19. Jahrhundert die größten Konkurrenten Frankreichs waren, erreichen manche Schaumweine durchaus das Niveau guter Champagner – auch wenn sie aus anderen Rebsorten gewonnen werden (in Österreich Grüner Veltliner, Welschriesling und Riesling, in Deutschland überwiegend Riesling). Gleiches gilt für den Cava aus dem Penedès, den bekanntesten spanischen Schaumwein. Der Ruhm des roten russischen Krim-Sekts ist seit 1917 verblichen.

Prestige-Cuvées und Jahrgangsschaumweine

Neben ihrem Standard-Schaumwein, der in großen Mengen hergestellt wird und ein Jahrgangs-Verschnitt ist, erzeugen fast alle Häuser besonders hochwertige Cuvées in begrenzter Anzahl. Berühmte Prestige-Cuvées sind „R.D." und „Grande Année" (Bollinger), „Louise Pommery" (Pommery), „Cristal" (Roederer), „La Grande Dame" (Veuve Cliquot), „Comtes de Champagne" (Taittinger) und „Nicolas François" (Billecart-Salmon). Sie bestehen aus Wein der ersten Pressung, enthalten einen großen Anteil Reserve-Weine, haben lange auf der Hefe gelegen und besitzen ein Alterungsvermögen von bis zu 20, 30 Jahren. Ähnliches gilt für Jahrgangs-Schaumweine.

Die traditionelle Korbpresse der Champagne heißt Marmonnier. Sie faßt 2400 Kilogramm Trauben. Sie werden ungemahlen angepreßt, wobei maximal 1500 Liter Most aus ihnen gewonnen werden dürfen. Die ersten 900 Liter heißen Cuvée – die beste Qualität. Die nächsten 350 und 250 Liter sind die 1. und 2. Taille.

„The Englishmen's Wines"

Portwein – die wichtigsten Stile

Ruby
Dunkelrubinroter, konfitüren-haft süßer Port mit zwei bis vier Jahren Reife. Er macht den größten Teil allen Port-weins aus. Ein Ruby wird immer aus Grundweinen ver-schiedener Jahrgänge zusam-mengestellt.

Tawny
Mahagonibrauner Portwein, meist länger im Faß gereift als ein Ruby, gelegentlich mit klei-nen Chargen von 20, 30 oder 40 Jahre alten Portweinen as-sembliert und dann sehr fein. Trinkreif. Ein Tawny sollte nach dem Öffnen der Flasche schnell getrunken werden, da er leicht oxydiert.

Colheita
Tawny Port aus einem einzigen Jahrgang, mindestens sieben Jahre Faßreife, meist mehr. LBV (Late Bottled Vintage): Jahrgangsportwein aus einem kleineren Jahrgang mit vier bis sechs Jahren Faßreife: Er kann zwar sehr gut sein, ist aber häufig nur ein besserer Ruby.

Vintage Port
Jahrgangsportwein, der nur in als „groß" oder „sehr gut" deklarierten Jahren erzeugt wird. Reift zwei Jahre im Holz-faß und braucht dann 20, 30 oder mehr Jahre, um seine beste Trinkreife zu erreichen. Macht ein Prozent der Produk-tion aus.

White Port
Portwein, der nur kurz auf der Maische gestanden hat oder aus den wenigen weißen Sor-ten gekeltert wurde, die am Douro wachsen. Er reift maxi-mal 18 Monate im Tank, ist etwas weniger süß (manchmal fast trocken) und hat einen Alko-holgehalt von etwa 17 Vol.%. Macht zehn bis 15 Prozent der Produktion aus.

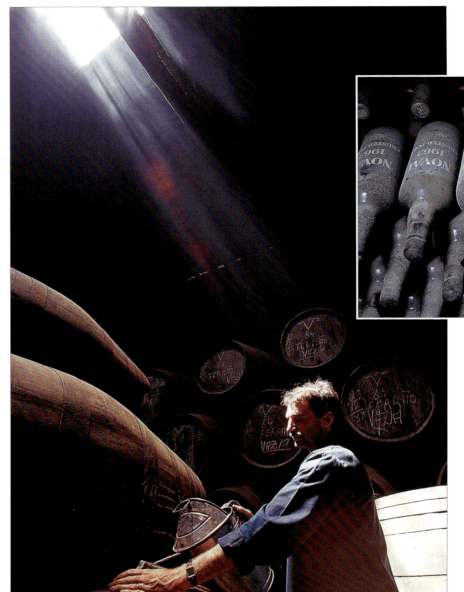

Jahrgangsport muß in der Regel mindestens 20 Jahre altern, um trink-reif zu werden. Tawny Port ist reif, wenn er auf den Markt kommt.

Nachfüllen von Fässern, in denen Tawny reift: Drei Prozent des Weins verdunsten im Jahr.

Port und Madeira wurden von englischen Händlern erfunden. Besonders geschätzt wurden sie von der intellektuellen Oberschicht des Landes. Da die Winter auf der Insel lang und die Colleges im 18. Jahrhundert meist kalt waren, bevorzugten die Gelehrten zum Aufwärmen Port oder Madeira. Im Zeitalter der Zentralheizung hat sich ihre Bestim-mung leicht geändert. Sie werden jetzt nur noch zum Genuß getrunken.

Portwein ist ein süßer Rotwein, der durch die Zugabe einer kleinen Menge Weinbrands aufge-spritet wird. So entsteht ein schwerer, berau-schender Wein von opaker Farbe, der zwischen 19 und 22 Vol.% Alkohol aufweist und in seiner Art von unerreichter Feinheit ist. Er stammt von den terrassierten Hängen des Douro-Flusses im Norden Portugals. Seinen Namen hat er von der Stadt Porto am unteren Flußlauf. Am Ufer, das der Stadt gegenüber liegt, befinden sich die Lagerhäuser der großen Portweinfirmen. Dort reift der Wein. Das englische Element ist noch heute auf dem Port-weinmarkt stark vertreten. Die Lagerhäuser heißen Lodges, die Firmen haben Namen wie Cockburn, Taylor, Dow, Sandeman oder Graham, und Port selber gilt noch immer als „the Englishmen's wine", obwohl er längst erfolgreich in alle Welt verkauft wird.

Wie Portwein entsteht

Zur Herstellung des Portweins sind 48 verschiedene Rebsorten zugelassen (von über 100, die im Douro-Tal noch kultiviert werden). Die meisten sind rote Sorten. Früher wurden sie in hölzernen Bottichen (*lagares*) mit den Füßen zerstampft, heute verrichten hydraulische Pressen diese Arbeit. Danach wird die Maische vergoren. Aber bereits nach ein bis zwei Tagen wird die gärende Maische mit 77prozentigem Weinbrand aufgespritet. Die Hefen stellen ihre Tätigkeit ein, der Wein weist, wenn er von der Maische gezogen wird, zwischen 40 und 60 Gramm unvergorenen Restzucker auf. Im Frühjahr wird der Wein mit Tanklastwagen nach Porto gefahren und in Fässer

oder in Holzfässern wird er mehrere Monate lang auf 40 bis 50° Celsius erwärmt – durch eine Art Tauchsieder oder durch Aufheizen in *Estufas*, sog. „Ofenräumen". Durch die Wärmebehandlung soll der Wein schneller reifen und der Zucker karamelisieren. Reife hat der Madeira nämlich dringend nötig. Er bringt viel Tannin mit und besitzt eine hohe Säure – übrigens auch eine hohe flüchtige Säure, wie an seinem Bouquet deutlich erkennbar ist. Sein Geschmack reicht von schokoladig-süß bis ranzig-trocken.

Nur wenige hochklassige Madeiras

Der größte Teil der Madeiras ist gerade zum Kochen gut. Es gibt jedoch auch hochklassige Vetreter ihrer

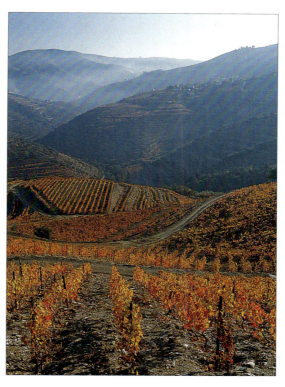

Die Engländer haben Port und Madeira erfunden, aber getrunken werden sie in aller Welt.

In den Weinbergen am Douro wachsen knapp 100 verschiedene Rebsorten: Fast alle dürfen für den Port verwendet werden.

eingelagert (traditionell Pipes genannt, 520 Liter fassend). Dort reift er mindestens zwei Jahre, manchmal aber auch 20, gelegentlich sogar 40 Jahre.

Wie Madeira entsteht

Auch der Madeira ist ein alkoholverstärkter, süßer Rotwein. Er kommt von der gleichnamigen Atlantikinsel und wird überwiegend aus der Sorte Tinta Negra Mole gekeltert – eine qualitativ mittelmäßige Sorte, die erst nach der Reblauskatastrophe angepflanzt wurde. Im Unterschied zum Portwein wird der Madeira nach dem Aufspriten jedoch einer speziellen Wärmebehandlung unterzogen. In gemauerten Betonbottichen, in Stahltanks, in Glasballons

Art. Die besten wachsen auf Höhen bis 1800 Meter. Dort werden die Terrassen zunehmend mit den alten weißen Sorten Sercial, Boal, Malvasia und Verdelho kultiviert (ihre dunkle Farbe erhalten Madeiras dieser Sorten durch die Wärmebehandlung). Diese traditionellen Qualitäten reifen langsam, ohne erhitzt zu werden. Sie werden in 600-Liter-Pipes gefüllt und mindestens 20 Jahre unter dem Dach der Handelshäuser gelagert, wo es im Winter kühl und im Sommer sehr heiß ist. Vinhos de canteiro werden sie genannt. Sie haben einen Geruch von Malz und Karamel, von Vanille, süßen Mandeln, Rosinen und kandierten Früchten. Kaum ein anderer Wein scheint so langlebig zu sein wie sie.

Madeira – die wichtigsten Stile

Der Standard-Madeira ist ein Jahrgangsverschnitt, der selbst dann, wenn er als Extra Dry deklariert ist, eine spürbare Restsüße aufweist. Meist sind die Madeiras jedoch mehr oder minder vollsüße Weine Die besten werden aus den noblen Weißweinsorten gewonnen und tragen deren Namen auf dem Etikett.

Zusatz-Prädikate:
Finest (3 Jahre)
Reserve (5 Jahre)
Special Reserve (10 Jahre)
Extra Reserve (15 Jahre)
Vintage (mindestens 20 Jahre).

Sercial
Relativ leichter, meist mäßig trockener Madeira mit schneidiger Säure. Feiner, aber reifebedürftiger Aperitifwein. Im Alter fast trocken.

Verdelho
Würziger, kräftiger Madeira von der Nordseite der Insel, trocken bis mäßig süß mit feinem Nußaroma. Lange alterungsfähig.

Boal
Dunkler, karamelfarbener Wein, reich und duftig im Bouquet, deutliche Süße, oft etwas „angebrannt" im Geschmack. Auch Bual geschrieben.

Malmsey
Der rarste, süßeste, dunkelste Madeira, nur aus Malvasia-Trauben gewonnen, die an den Südhängen der Insel angebaut werden. Der volle Geschmack wird vom Alkohol getragen, der die zitronenhaft frische Säure mildert.

Feuer des Südens

Soleras in einer Bodega von Jerez: Fino, Amontillado und Oloroso heißen die feinsten Sherrysorten.

Der Weißwein, aus dem Sherry erzeugt wird, ist flach und ziemlich belanglos. Erst durch Aguardente, jenen Branntwein, der ihm in kleinen Mengen zugegeben wird, erhält er seinen vollen, würzigen Geschmack und sein unnachahmliches Feuer.

Sherry existiert in zahlreichen Varianten. Er kann trocken oder vollsüß sein, dunkel oder hell, stark oder mäßig alkoholreich. Man unterscheidet zwei Grundtypen: den strohgelben, trockenen Fino und die dunklen Oloroso. Diese beiden Grundtypen sind der Ausgangspunkt für Dutzende von Spielarten, in denen der Sherry auf den Markt kommt: mal als sirupartiger Likör, mal als hochfeiner, in Würde gereifter, trockener Wein.

Solera
In Sherry-Bodegas sind die Fässer in bis zu fünf Reihen übereinander geschichtet. Die oberste enthält den jüngsten Wein, die unterste – Solera genannt – den ältesten. Den Solera-Fässern wird ein- bis zweimal im Jahr etwa 20 bis 30 Prozent Wein zur Abfüllung entnommen. Aufgefüllt werden die Fässer mit Wein aus der darüberliegenden Faßreihe. Diese Fässer werden ihrerseits mit dem entsprechenden Anteil an criaderos verschnitten – so heißen die jüngeren Weine. Die jüngeren Weine passen sich so schnell dem Geschmack der älteren an.

Fino und Manzanilla
Der Fino ist der klassische, trockene Sherry aus dem Anbaugebiet von Jerez de la Frontera, auch wenn er mengenmäßig nicht an oberster Stelle der Sherry-Produktion steht. Er wird zunächst wie ein normaler Weißwein vergoren und zum Reifen ins Faß gelegt. Im Faß bildet sich dann eine graugelbe Florhefe auf der Weinoberfläche, die immer weiter wächst.

Schließlich legt sie sich wie ein wächserner Film über den ganzen Wein, so daß dieser praktisch unter Luftabschluß reift. Florhefe macht die Besonderheit des Sherrys gegenüber anderen alkoholverstärkten Weißweinen aus. Sie hinterläßt charakteristische Geschmacksnuancen von Bittermandeln im Wein, weshalb sie sorgfältig gepflegt wird. Zum Beispiel reagiert sie empfindlich auf zuviel Alkohol. Deshalb wird ein Fino-Sherry nur vorsichtig aufgespritet und weist selten mehr als 15 Vol.% Alkohol auf. Ähnliches gilt für den Manzanilla, die Fino-Variante aus der benachbarten Stadt Sanlúcar de Barrameda an der Mündung des Flusses Guadalquivir. Der Manzanilla ist im Vergleich zum Fino zarter. Die Einheimischen in Sanlúcar trinken ihn zu Fisch und Langusten.

Der Amontillado
In den heißen andalusischen Sommern wird es auch in den oberirdischen Lagerhallen der großen Sherryhäuser ziemlich warm. Dann kann es passieren, daß die Florhefeschicht auf dem Wein zusammenbricht. Florhefe ist nämlich wärmeempfindlich. In diesem Fall gelangt Sauerstoff an den Wein und oxidiert ihn. Der Fino wird zum Amontillado. Er entwickelt mehr Fülle und nimmt eine bernsteinfarbene Tönung an. Ein echter Amontillado ist also ein ohne Florhefe gealterter Fino und vollkommen trocken: ein köstlicher Tropfen mit feinem Aroma von Orangen und

Fino Sherry mit Florhefe: Unter der Florhefeschicht reift der Wein praktisch unter Sauerstoffabschluß.

Sherry-Proben werden zelebriert: Die Venencia wurde entwickelt, um Sherry aus dem Florhefe-Faß zu entnehmen.

werden junge und alte, gereifte Sherry-Jahrgänge über mehrere Jahre hinweg miteinander verschnitten. In sehr alten Manzanillas können bis zu 19 verschiedene Jahrgänge enthalten sein. Das System garantiert, daß bei jeder Abfüllung ein Sherry gleichen Stils entsteht. Entwickelt wurde die Solera jedoch aus einem anderen Grund: Damit die Florhefe nicht abstirbt, muß alten Fässern immer wieder jüngerer Wein zugesetzt werden. Da der Alkoholgehalt alter Sherrys steigt und die Florhefe zu zerstören droht, muß ihm immer wieder jüngerer Wein mit niedrigerem Alkoholgehalt beigefügt werden.

Palo Cortado: Rarer, hochklassiger Sherry-Typ, aus einem Querverschnitt mehrerer kleiner Partien Olorosos aus der Solera entstanden. Selten zu finden, weil Sherry normalerweise entweder als Fino oder als Oloroso angelegt wird.

Pale Cream: Heller, kommerzieller Sherry, der mit *Mistela* gesüßt wurde.

Manzanilla Pasada: Hochfeiner, gereifter Manzanilla, der nur kurz unter der Florhefe gelegen hat. Er zeigt eine salzige Note.

Raya: Schlichtsüßer Sherry-Typ, der aus getrockneten Trauben hergestellt und praktisch nie abgefüllt, sondern nur als Verschnittwein verwendet wird.

Haselnüssen. Allerdings sind echte Amontillados selten, weil die wenigsten Sherrymacher auf den zufälligen Zusammenbruch der Florhefe warten, sondern diesen bewußt fördern. Meistens spriten sie den Fino auf 16 Vol.% auf, so daß die Hefe abstirbt. Dann werden sie in der Solera verschnitten und mit *Vinos Dulces* gesüßt: Süßreserve. Der handelsübliche Amontillado ist *medium dry.*

Der Oloroso

Oloroso ist ein Sherry ohne Florhefe. Der Wein wird nämlich nach der Gärung auf 18 Vol.% angereichert, so daß diese sich gar nicht erst entwickeln kann. Ein Oloroso reift also unter Sauerstoffkontakt. Durch diese oxydative Ausbauweise erhält er seine karamellig-dunkle Farbe und den würzigen Geschmack mit Anklang an Trockenfrüchte. Da während des jahrelangen Ausbaus in der Solera Flüssigkeit verdunstet (drei bis sechs Prozent pro Jahr und Faß), kann der Alkoholgehalt bis auf über 23 Vol.% ansteigen. Auch Olorosos sind von Natur aus trockene Sherrys. Alte, gereifte Olorosos gehören sogar zu den exquisitesten und teuersten Sherrys überhaupt. In der Praxis wird jedoch der größte Teil der Oloroso mit süßem Most verschnitten, um als Cream Sherry in die Regale der Supermärkte zu gelangen. PX wird diese Süßreserve – spanisch: *mistela* – genannt, nach der Traube, aus der sie gewonnen wird: Pedro Ximénez. Sie war einst in Jerez weit verbreitet, ist heute aber nur noch selten zu finden. Sherry-Produzenten haben sich deshalb das Recht erstritten, PX-Trauben von außerhalb ihrer Zone verwenden zu dürfen: aus dem Gebiet von Montilla-Moriles.

Das Solera-System

Die zweite Besonderheit des Sherry ist das System der Reifung. Es heißt Solera. Dabei

Trocknende Pedro-Ximénez-Trauben: Sie werden noch heute aus dem benachbarten Montilla-Moriles importiert.

Grande Nation des Weins

Frankreich ist der große Lehrmeister des Weins. Kein anderes Land hat sich, historisch betrachtet, so große Verdienste um die Entwicklung hochklassiger Weine erworben wie das Land im Herzen Europas. Eine zweihundertjährige Tradition glanzvoller Weingeschichte, die bis in die Gegenwart hineinreicht – wo gibt es das bei anderen Nationen? Bordeaux, Burgund und die Champagne bringen bis heute Weine von unnachahmlicher Feinheit hervor, und es gibt wenig Grund anzunehmen, daß sich in Zukunft etwas daran ändern könnte. Aber Frankreich besteht nicht nur aus drei, sondern aus über 300 Anbaugebieten, und der Glanz, der von den großen ausgeht, strahlt nicht immer auf die kleinen ab. Außerdem scharen sich um große Lehrmeister viele Schüler, und manche dieser Schüler, die heute in Kalifornien, Australien, Chile oder Spanien wirken, haben die Lektionen, die sie gelernt haben, ebenso beherzigt wie französische Winzer oder Kellermeister in der Tiefe der Provinz. Kurz, Frankreichs Ruhm strahlt hell wie immer – aber nicht gleichmäßig aus jedem Winkel des Landes.

Reims

Paris

Champagne

Nantes

Anjou

Muscadet

Coteaux
du Layon

Anjou

Saumur

Bourgueil

Chinon

Tours

Vouvray

Touraine

Auxerrois

Chablis

Als

Sancerre

Pouilly-Fumé

Menetou-
Salon

Haut-Poitou

Dijon

Côte de Nuits

Côte de Beaune

Côte
Chalonnaise

Château-
Chalon

Mâconnais

Beaujolais-
Villages

Beaujolais

Lyon

Bordeaux

Bergerac

Bordeaux

Monbazillac

Côte-Rôtie

Condrieu

St-Joseph

Cornas

Hermitage

Cahors

Clairette de Die

Côtes du Rhône-
Villages

Tursan

Gaillac

Coteaux
du Languedoc

Côtes
du Rhône

Côtes du
Ventoux

Béarn

Madiran

Irouléguy

Jurançon

Toulouse

Faugères

St-Chinian

Minervois

Costières
de Nimes

Côtes du Lubéron

Coteaux
d'Aix-en-Provence

Bellet

Coteaux
du Languedoc

Marseille

Coteaux
Varois

Côtes
de Provence

Blanquette
de Limoux

Corbières

Fitou

Cassis

Bandol

Côtes
du Roussillon

Banyuls

Frankreich und sein „terroir"

Nach der französischen Weinphilosophie hat Wein Ausdruck des Bodens und des Klimas zu sein. Diese Philosophie wird mit dem Wort *terroir* beschrieben. Das klingt wie eine Selbstverständlichkeit, wird aber keineswegs überall in der Welt als solche verstanden. In Frankreich wird Wein allerdings streng nach dieser Konzeption hergestellt.

Nirgendwo kommt die französische Weinphilosophie besser zum Ausdruck als bei den großen Spitzenweinen des Landes. Was wäre Pinot Noir ohne das Burgund? Was Cabernet Sauvignon ohne die wasserdurchlässigen Kiesschotterbänke an den Ufern der Gironde? Die beiden Rebsorten werden heute überall auf der Welt erfolgreich kultiviert. Aber nirgendwo besitzen die Weine aus ihnen eine solche Ausdrucksfülle wie in ihren angestammten Herkunftsgebieten. Für die Qualität ist der Mensch zuständig, für den Charakter die Rebsorte, für die Größe des Weins sorgt ausschließlich die Natur. Aubert de Villaine, Direktor der Domaine de la Romanée-Conti, bringt diese Philosophie so auf den Punkt: „Die Wahrheit ist der Weinberg, nicht der Mensch."

Assemblage und Rebsortenweine

Freilich gibt es große regionale Unterschiede in Frankreich. Im Süden und Südwesten des Landes ist man der Überzeugung, daß die Weine – vor allem die Rotweine – aus mehreren Rebsorten bestehen sollten. Dadurch werden sie vielschichtiger, und das Risiko allzu großer Jahrgangsschwankungen wird reduziert. Der Châteauneuf-du-Pape darf zum Beispiel aus 13 verschiedenen Sorten gewonnen werden. In den nördlicheren Anbaugebieten Frankreichs werden die meisten Weine dagegen aus nur einer einzigen Rebsorte gekeltert: an der Loire, in Chablis, in Savoyen, im Beaujolais, im Elsaß und vor allem im Burgund. Nicht einmal die Lagen vermischt man dort miteinander (außer bei einfachen Gemeindeweinen). Die Premiers und Grands Crus werden Weinberg für Weinberg getrennt geerntet, vergoren und abgefüllt. Nur in der Champagne kennt man die Assemblage – wie der Fachausdruck für das Mischen lautet: Champagner wird traditionell aus Pinot Noir, Chardonnay und Pinot Meunier hergestellt.

Kaiser Probus und die Anfänge des Weinbaus

Die ersten Reben kamen wahrscheinlich 600 Jahre v. Chr. durch die Griechen nach Frankreich. Von Marseille bis Banyuls an der spanischen Grenze setzten sie Rebstöcke in den Boden. Doch erst die Römer sorgten für die systematische Ausbreitung des Weinbaus in ihrer gallischen Provinz. Zunächst verbreitete sich die Rebe im stark besiedelten Rhônetal. Im 2. Jahrhundert gelangte sie bis nach Burgund und Bordeaux, im 3. Jahrhundert sprossen an den Ufern der Loire die ersten Reben. Die französische Weinkultur beginnt nach Meinung der Historiker mit Kaiser Aurelius Probus (232–282 n. Chr.), der die Anpflanzung von Rebstöcken in ganz Gallien befahl, was die Menschen im Lande mit großem Eifer befolgten. Der Kaiser wurde später von seinen Soldaten erschlagen, aber der Weinbau florierte. Im 4. Jahrhundert drangen die Reben dann sogar bis in die Champagne vor.

Der Aufstieg des französischen Weins

Die Ausbreitung des Weinbaus ging mit der Missionierung des Landes Hand in Hand. Die Kirchen brauchten Meßwein, und die Benediktiner-, später die Zisterziensermönche sahen es als fromme Tat an, um ihre Klöster herum Weingärten anzulegen. Dabei erlagen nicht nur sie der Verführung des berauschenden Getränks, sondern auch der weltliche Adel und die neuen Bürgerschichten, die sich am Ende des Mittelalters herausbildeten. Schon im 12. Jahrhundert entwickelte sich ein reger Handel mit England, später mit Schottland, Holland und Deutschland. Die steigende Nachfrage nach den edlen Tropfen aus dem Reich der Franken beflügelte

Château d'Yquem: Frankreichs berühmtester süßer Wein.

die Menschen, immer mehr Reben anzubauen. Zu Beginn des 17. Jahrhunderts gab es dreimal mehr Rebland als heute. Nach der Französischen Revolution übernahmen Bürgerliche die adeligen Weinlatifundien und nach der folgenden Säkularisierung auch die kirchlichen. In Bordeaux waren es vor allem Mitglieder des Parlaments, die Grundbesitz im Médoc erwarben. 1855 erstellte die Handelskammer von Bordeaux im Auftrag von Kaiser Napoleon III. eine Klassifikation der Bordeaux-Châteaus. Sie hat bis heute Gültigkeit behalten.

Große Nische für Weißweine

Die Champagne ist das nördlichste Wein-anbaugebiet Frankreichs. Die Faszination, die vom Champagner ausgeht, hat verges-sen lassen, daß auch an der Loire hoch-klassige Weiß- und Schaumweine erzeugt werden.

Das Anbaugebiet des Champagners ist stark gesplittet. Noch über hundert Kilometer süd-lich von Reims liegen Weinberge dieses AOC-Bereichs. 95 Prozent der Rebflächen sind mit den drei Champagnersorten Chardonnay, Pinot Noir und Pinot Meunier bestockt, wobei die beiden letzteren zusammen etwa dreivier-tel der Rebfläche einnehmen (zu gleichen Tei-

len) und Chardonnay etwa 25 Prozent aus-macht. Die kühlen Temperaturen und die extrem kargen Kalkböden, die der Rebe nur durch regelmäßige Düngung ausreichend Nährstoffe bieten, sind für die besondere Qua-lität der Weine verantwortlich. Die großen, marktbeherrschenden Champagnerhäuser besitzen zusammen nur etwa zehn Prozent der Rebfläche. Den größten Teil ihrer Trauben müssen sie kaufen. Die Weinbau-Gemeinden der Champagne sind offiziell klassifiziert und auf einer Skala nach Rang geordnet, die von 80 bis 100 Prozent reicht – je nach Güte. 90-bis 99-Prozent-Lagen gelten als Premier Cru, 100-Prozent-Lagen als Grand Cru. Das heißt:

Ein Winzer mit einer 99-Prozent-Lage be-kommt 99 Prozent des offiziell festgesetzten Höchstpreises für seine Trauben. Die besten Chardonnay-Trauben wachsen südlich der Marne um die Dörfer Chouilly, Cramant, Avi-ze, Oger und Mesnil, während die besten Pinot Noir aus Bouzy und Ay kommen. Die Mar-kenchampagner bestehen immer aus einer Mischung vieler Crus und mehrerer Jahrgän-ge (weshalb auf den Etiketten kein Jahrgang angegeben ist). Die Prestige Cuvées und Jahr-gangschampagner sind teilweise außeror-dentlich langlebig und verfeinerungsfähig. Ein kleiner Teil des Weins kommt als roter be-ziehungsweise weißer Stillwein auf den Markt.

Nantais

Das Gebiet um die Stadt Nantes an der Mündung der Loire hat einen zur Küche der Atlantikküste passenden Weißwein: den Muscadet. Ein preiswerter, einfacher Wein, der durch seine Frische den Fischgerichten Paroli bieten kann. *Sur lie* steht bei vielen Weinen auf dem Etikett: „auf der Hefe gelagert". Da die Muscadet-Traube (auch Melon de Bourgogne genannt), aus der er gewonnen wird, etwas geschmacksarm ist, sind die Winzer schon früh auf die Idee gekommen, den Wein bis zur Abfüllung auf der Feinhefe zu lagern und dann direkt abzufüllen, um ihm etwas mehr Nuancen zu geben. Ein großer Teil der Weine hat jedoch in Wirklichkeit gar nicht auf der Hefe gelegen, sondern ist mit Kohlensäure versetzt worden. Der Bereich Maine-et-Sèvre östlich von Nantes produziert die anspruchsvollsten Weine.

Coteaux du Layon

Kleine Appellation südlich der Loire, in der aus spätgelesenen Chenin-Blanc-Trauben zwei hochfeine, edelsüße Weine gewonnen werden: Quarts-de-Chaume und Bonnezeaux. Je nach Jahrgang können sie so opulent wie ein Sauternes und so rassig wie eine Beerenauslese sein.

Savennières

Die winzige Appellation Savennières bringt sehr gute, trockene Chenin-Blanc-Weine (aus der Unterzone Roche-aux-Moines) und einen außergewöhnlichen Wein hervor: den Coulée de Serrant. Für Weinkenner ein Kultwein und einer der besten, langlebigsten Weißweine der Welt.

Anjou

Traditionelles Rotwein-Anbaugebiet um die Stadt Angers, bekannt für seine würzigen, fruchtigen und relativ preiswerten Cabernet-Franc-Weine. Sie enthalten oft auch kleinere Anteile von Cabernet Sauvignon und anderen Sorten. Das gilt zum Beispiel für den gehaltvollen Anjou Villages, den Saumur Rouge und den Saumur Champigny. Als Spezialität des Anjou gelten die halbtrockenen Roséweine: der Cabernet d'Anjou und der Rosé d'Anjou, der auch aus Cot, Gamay und lokalen Trauben hergestellt wird. Allerdings erschließt sich nicht jedem Konsumenten der besondere Geschmack dieser Weine. Seit einiger Zeit

Champagne-Weinberge, Prince Philippe Poniatowski, Erzeuger eines der besten, langlebigsten Vouvray.

In Sancerre und Pouilly wachsen die besten Sauvignons der oberen Loire.

schon wird in Anjou aber auch kräftig Weißwein gepflanzt, speziell die Chenin-Blanc-Traube. Aus ihr werden große Mengen Saumur Mousseux hergestellt, ein feiner Schaumwein, der nach der klassischen Flaschengärmethode erzeugt wird und dessen Preise weit unter Champagnerniveau liegen. Der Stillwein Saumur Blanc ist ebenfalls ein sehr guter und merkwürdig unbekannter Wein der Gegend. Er enthält, wie die Schaumweine, neben Chenin Blanc oft ein bißchen Sauvignon und Chardonnay. Schließlich wird im ganzen Anjou und in der Touraine aus den Sorten Chenin Blanc, Cabernet Franc und anderen der Crémant de Loire produziert.

Touraine

Recht umfängliches Anbaugebiet um die Stadt Tours an der Loire, in dem leichte, einfache Rot-, Weiß- und Roséweine aus einer Vielzahl von Sorten und in zahlreichen Varianten erzeugt werden. Die Unterappellationen Bourgueil und Chinon sind bekannt für ihre würzigen, unkomplizierten, jung zu trinkenden Cabernet-Franc-Weine. In den Weingärten um das Städtchen Vouvray wachsen fruchtigleichte Weißweine aus der Chenin-Blanc-Traube, die dort Pineau de Loire genannt wird. Es gibt sie in der trockenen, halbtrockenen und süßen Geschmacksrichtung. Mal sind sie belanglos, mal ausgesprochen köstlich,

obendrein erstaunlich langlebig, die besten sogar beinahe unsterblich. Einige Weine werden zu einem feinen Schaumwein (Vouvray Mousseux) verarbeitet.

Sancerre

Von der oberen Loire kommt ein herb-fruchtiger, nach Stachelbeeren und Paprika duftender Weißwein, der nach dem hoch über dem Fluß thronenden Dorf Sancerre benannt ist. Da sich die Appellation über mehrere Nachbargemeinden erstreckt, wechseln die Böden und damit auch der Charakter der Weine. Sancerre wird immer reinsortig aus Sauvignon Blanc gewonnen.

Pouilly Fumé

Gegenüber von Sancerre liegt die Appellation von Pouilly Fumé, deren Weine zumindest in der Spitze kraftvoller, alkoholreicher und feiner sind. Auf den kalk- und kieselhaltigen Böden erreicht die Sauvignon-Blanc-Traube ihre optimale Ausdruckskraft. Wegen des hohen Anteils an Flintstein (*silex*), haben viele Weine eine charakteristische Feuerstein-Note. Auf den weniger *silex*-haltigen Böden wird oft die Chasselas-Traube angebaut, die den leichteren, einfacheren Pouilly-sur-Loire ergibt.

Vom Elsaß ins Beaujolais

Im Osten und Südosten Frankreichs wachsen viele einfache und einige wenige Spitzenweine. Zu letzteren gehören die Weißen aus dem Elsaß.

Wer von Thann im Süden bis Marlenheim im Norden über die Elsässer Weinstraße fährt, könnte glauben, er reise auf der östlichen und nicht auf der westlichen Seite des Rheins: kleine, gemütliche Dörfer mit viel Fachwerk, Weinstuben, in denen gesungen und geschunkelt wird, deutschsprachige Hinweisschilder und Speisekarten in den Restaurants. Dazu Weine, die Riesling, Gewürztraminer und Edelzwicker heißen.

Französische Weinkultur

Doch wer die Menschen näher kennenlernt, merkt schnell, daß es sich um Franzosen handelt. Ihre Weinbergslagen haben sie nach Bodenqualität und Klima klassifiziert. Nicht die Rebsorte ist wichtig, sondern daß sie in der richtigen Lage steht. Die Grands Crus gelten jeweils nur für eine Sorte. Steht eine andere in der Lage, darf der Name dieser Lage nicht auf dem Etikett erscheinen. Auch erzeugen die Elsässer durchweg trockene Weine. Die einzige Ähnlichkeit mit deutschen Verhältnissen: Das Elsaß ist eine Großappellation. Alsace AC heißt sie auf den Etiketten. Sie zieht sich über fast 150 Kilometer am Fuße der Vogesen hin und umfaßt rund 14 500 Hektar Weinberge.

Elsässer Spitzen

Die zulässigen Hektarerträge sind die höchsten in ganz Frankreich. Dennoch bringt das Elsaß immer wieder einige der schönsten

Jura-Winzer mit jungem Vin Jaune.

Das Dorf Turkheim im Elsaß mit seinem Grand Cru Brand im Hintergrund.

Weißweine Frankreichs hervor. Wenn er in guten Lagen steht, ist der Riesling der König der Reben, auch wenn er meist recht alkoholstark ausfällt (viele Elsässer Winzer chaptalisieren gerne). Der Sylvaner, die zweithäufigste Rebsorte, ergibt stoffige Weine. Tokay (Pinot Gris) und der edle Gewürztraminer sind schwer – aber auch von unvergleichlicher Fülle. Letzterer wird meist trocken oder als Vendange Tardive (hochrangige Spätlese) beziehungsweise als Grains Nobles (Trockenbeerenauslese) angeboten. Pinot Blanc ist im Elsaß eher ein schlanker Wein. Daneben werden kleine Mengen Chasselas, Muscat und ein leichter Pinot Noir erzeugt. Alle diese Weine müssen reinsortig aus der angegebenen Rebsorte bestehen. Lediglich der Edelzwicker ist ein Verschnitt mehrerer Sorten.

Jura

Der französische Jura ist ein Kalksteingebirge, das parallel zur Côte d'Or auf der westlichen Seite der Saône verläuft. Es ist ein kleines Anbaugebiet mit nur etwa 1500 Hektar Rebfläche. Der bekannteste Wein ist der Arbois, den es als Weiß-, Rot- und Roséwein gibt. Die Weißen werden aus der hellroten Poulsard-Traube oder der Chardonnay gewonnen, manchmal mit ein paar Anteilen Savagnin Allein gekeltert, ergibt die Savagnin-Traube den berühmten, aber recht seltenen Vin Jaune: einen sherryähnlichen Wein, der sechs Jahre unter einer Florhefeschicht reift. Bekanntester Produzent dieses goldgel-

ben, delikaten Weins ist Château Chalon mit eigener Appellation Controllé.

Beaujolais

Das Beaujolais gehört zum Burgund, ist aber der einzige Teil dieses Anbaugebiets, in dem nicht die Pinot-Noir-, sondern die Gamay-Rebe angebaut wird. Sie bringt einen leichten, fruchtigen Wein hervor, der mit den Burgundern nicht das Geringste zu tun hat und einer der preiswertesten Rotweine Frankreichs ist. Er wird in gewaltigen Mengen produziert: knapp 170 Millionen Flaschen. Das ist mehr, als das restliche Burgund insgesamt herstellt. In Lyon und Umgebung trinken die Einheimischen praktisch keinen anderen Wein. Das Erfolgsgeheimnis des Beaujolais liegt auch in der Art der Weinbereitung. Ein Teil der Trauben wird mittels Kohlensäuremaischung vergoren (siehe Seite 74). Dadurch erhält der Wein seine Fruchtigkeit. Am stärksten kommt sie im Beaujolais Nouveau zum Ausdruck, der bereits am dritten Donnerstag im November ausgeliefert werden darf. Angesichts des kommerziellen Erfolgs dieses Weins ist in Vergessenheit geraten, daß im nördlichen Beaujolais, wo die Böden aus Granit, Porphyr und Schiefer bestehen, ein gehaltvoller, kräftiger und durchaus reifefähiger Beaujolais wächst. Er trägt den Namen eines der zehn Dörfer auf dem Etikett, in denen er erzeugt wird: St-Amour, Juliénas, Chénas, Moulin-à-Vent, Fleurie, Chiroubles, Morgon, Régnié, Brouilly, Côte de Brouilly.

Chablis und das unbekannte Burgund

Burgund ist mehr als nur die Côte d'Or. Außerhalb dieses berühmtesten Anbaugebiets wachsen einige ausgezeichnete Rot- und Weißweine. Die meisten sind relativ unbekannt. Nur einer ist der Anonymität entronnen: der Chablis.

Der Chablis wächst nahe der Stadt Auxerre rund 180 Kilometer südlich von Paris. Benannt ist er nach dem gleichnamigen verträumten Städtchen, das knapp 3000 Einwohner zählt und am Fluß Serein liegt, der eigentlich nur ein größerer Bach ist. Die feinsten Chablis sind kraftvoll (jedoch nie so schwer wie die weißen Burgunder der Côte de Beaune) und besitzen ein raffiniertes, mineralisches Bouquet mit Anklängen an Feuerstein und Blütenduft. Ihre Alterungsfähigkeit wird meist überschätzt. Selbst beste Chablis sollten nach fünf bis zehn Jahren getrunken werden, wenn sie süße, leicht nussige Aromen anzunehmen beginnen. Einfache Chablis, die die Masse der Weine dieser Appellation ausmachen, spielen ihren Charme dagegen schon in den ersten drei Jahren aus.

Chablis und das Holzfaß
Der Chablis wird aus Chardonnay-Trauben gewonnen. In Anbetracht der relativ nördlichen Lage erreichen die Trauben nicht dieselbe hohe Reife wie die Meuraults und Puligny Montrachets. Außerdem ist es in Chablis oft bis ins Frühjahr hinein kühl. Nicht selten treten Nachtfröste noch im April und Mai auf (diese

Fröste sind übrigens die größte Gefahr für den Weinbau in Chablis). Dafür ist der Chablis stahliger und säurebetonter als die Weine des südlichen Burgund. Das liegt freilich auch an den Böden. Sie bestehen aus stark kalkhaltigem Ton und betonen mehr die mineralische Würze als die schiere Wucht. Der Chablis ist der einzige Chardonnay-Wein, der traditionell in der Betonzisterne oder im Stahltank reift. Inzwischen glauben einige Erzeuger, daß er besser im kleinen Holzfaß vergoren und ausgebaut werden sollte. Befürworter wie Dauvissat und Raveneau stehen Traditionalisten wie Durup und Michel gegenüber. Ihrer aller Weine gehören zu den besten der Appellation.

Immer mehr Chablis
Insgesamt stehen in Chablis 5300 Hektar unter Reben, Tendenz zunehmend. Ein nicht geringer Teil des Weins wächst in Lagen, in denen vor 25 Jahren noch Rinder weideten. Er kommt als Petit Chablis in den Handel – schmeichelhaft für einen Wein, der mit dem echten Chablis wenig zu tun hat. Der echte Chablis AC macht 75 Prozent des Weins des Anbaugebiets aus und kann durchaus vorzüglich schmecken. Dem Papier nach besser sind die Premiers Crus (739 Hektar). Leider rechtfertigt ihre Qualität aufgrund ausgeweiteter Rebflächen nicht immer den höheren Preis. Chablis in Vollendung liefern die sieben Grands Crus (97 Hektar), die alle auf dem breiten Hügelrücken gegenüber dem Städtchen Chablis liegen.

Côte Chalonnaise
Im südlichen Burgund liegendes Weinanbaugebiet nahe der Stadt Chalon, von dem zwar nicht der Glanz der Côte d'Or ausgeht, das aber einige bemerkenswerte Weine hervorbringt. Der wichtigste ist der rote Mercurey, benannt nach dem Dorf südlich von Chagny. Dieser Pinot-Noir-Wein mag etwas derber als die weiter nördlich wachsenden Burgunder sein, ist dafür aber auch körperreicher und kräftiger. Ähnlich gut kann der Rote aus dem benachbarten Dorf Givry sein. Der Ort Rully, nur wenige Kilometer südlich von Chagny, ist vor allem für seine Weißweine aus Chardonnay-Trauben bekannt. Sie sind fruchtiger und wesentlich leichter als die von Chassagne-Montrachet. Ein großer Teil der im südlichen Burgund wachsenden Weißweine wird zu Crémant de Bourgogne verarbeitet.

Mâconnais
Weinbaubereich um die Stadt Mâcon an der Saône, bekannt für saftige Weißweine aus der Chardonnay-Rebe. Sie kommen als Mâcon Blanc oder Mâcon-Villages in den Handel und besitzen weder die Feinheit noch die Fülle der weißen Burgunder von der Côte de Beaune. Dafür sind sie recht preiswert. Die besten Qualitäten wachsen auf den Kalksteinhügeln im Süden des Mâconnais um das Dörfchen Pouilly-Fuissé. Auch Pouilly-Vinzelles und St-Véran liefern gute Qualitäten. Neben Chardonnay wird ein wenig Gamay angebaut. Der Wein heißt Mâcon Rouge und ist einer der wenigen Rotweine, in dem die Tradition der einstmals im gesamten Burgund weitverbreiteten Gamay-Traube noch fortlebt.

Aligoté de Bourgogne: Stoffiger Weißwein aus der Aligoté-Traube, die vor allem im südlichen Burgund wächst. Der beste Aligoté kommt aus dem Dorf Bouzéron mit eigener AC: ein delikater, ziemlich körperreicher und weithin unterschätzter Weißwein.

Bourgogne Rouge, Bourgogne Blanc: Der Rotwein ist ein einfacher Pinot-Noir-Wein, der aus Trauben des gesamten Burgund erzeugt werden darf und mal rauh, mal samtig-weich ausfällt – je nach Erzeuger. Entsprechendes gilt für den Bourgogne Blanc aus Chardonnay-Trauben.

Bourgogne Passetoutgrain: Im gesamten Burgund erzeugter, herzhaft einfacher, jung zu trinkender Rotwein aus Gamay- und Pinot-Noir-Trauben (mindestens 33 Prozent).

Aus Pouilly-Fuissé im Süden des Burgund kommt ein üppiger, erdig-würziger Weißwein aus Chardonnay-Trauben.

Weine wie Samt und Seide

Weinberge um das Dorf Puligny-Montrachet: legendäre Weißweine von unüberbietbarer Feinheit.

Die Côte d'Or ist das Juwel unter den Weinlagen Burgunds. Sie reicht von Santenay im Süden über Beaune fast bis nach Dijon im Norden. Dort, wo kalkhaltige Bodenschichten an die Oberfläche treten, befinden sich einige der besten Weinlagen Frankreichs.

Nuits-St-Georges

Die Kleinstadt Nuits-St-Georges bildet das Handelszentrum der Côte de Nuits. Zahlreiche große Négociant-Eléveurs haben dort ihren Sitz, etwa Joseph Faiveley und Moillard. Die Weinberge liegen an den Hängen oberhalb des Städtchens und sind ausschließlich mit Pinot Noir kultiviert. Nuits-St-Georges und das benachbarte Prémaux-Prissey besitzen keine Grands Crus, dafür um so mehr Premiers

Crus, von denen einige Weine hervorbringen, die fast an Grand-Cru-Niveau heranreichen: etwa Clos de la Maréchales und Clos de l'Arlot, vor allem aber Les Saint-Georges und Les Vaucrains. Sie sind relativ hell in der Farbe, jedoch kraftvoll auf der Zunge und besitzen ein rauchiges, nach süßer Eiche schmeckendes Aroma.

Vosne-Romanée

Ein kleines, verträumtes Dorf, dessen Weinberge das Herzstück der Côte de Nuits bilden. Nirgendwo sind die Weine samtiger, duftiger, feinwürziger, kompletter als dort. Die Grands Crus liegen in der Mitte des Hangs, im Zentrum Romanée-Conti. Sie sind ganz oder teilweise im Besitz der Domaine de la Romanée-Conti (außer La Grande Rue und La Romanée). Die Weine von Echézeaux liegen zwar außerhalb des Gemeindegebiets, werden aber Vosne-Romanée zugeschlagen.

Vougeot

Clos de Vougeot ist mit 50 Hektar der größte Grand Cru der Côte de Nuits. Vollständig von einer Mauer eingefaßt, reicht er vom Schloß bis hinunter an die Staatsstraße N74. Grand-Cru-Niveau haben allerdings nur die Weine vom oberen Teil, während die Weine von

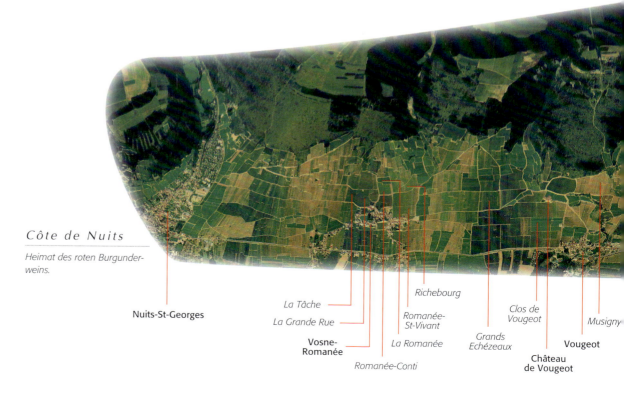

Côte de Nuits

Heimat des roten Burgunderweins.

Nuits-St-Georges

La Tâche

Richebourg

La Grande Rue

Clos de Vougeot

Romanée-St-Vivant

Musigny

Vosne-Romanée

La Romanée

Grands Echézeaux

Vougeot

Romanée-Conti

Château de Vougeot

unten nur besseres Gemeindeniveau aufweisen. Da sich zahlreiche Besitzer die Lage teilen, gibt es auch in der Verarbeitung große Unterschiede.

Chambolle-Musigny

Direkt am Fuße der Côte liegend, liefert die Gemeinde Chambolle-Musigny eher leichte, dafür aber ungemein duftige Weine. Bei keinem anderen Wein kommt das faszinierende Pinot-Bouquet so deutlich zum Ausdruck wie bei ihnen: süßer Iris-Blütenduft mit herbem Pflaumenaroma unterlegt. Die Spitzenlagen sind Les Musigny, die unerhört zarte Weine hervorbringt (ein Teil dieser Lage ist mit Chardonnay bestockt), und Les Bonnes Mares. Daneben ragen die beiden Premiers Crus von Les Amoureuses und Les Charmes heraus.

Morey-St-Denis

Die Grands Crus liegen alle oberhalb der Durchgangsstraße durch den Ort. Clos de Tart und Clos de Lambrays ergeben eher leichte, elegante Weine, während Clos St-Denis und Clos de la Roche schon die Statur und Festigkeit des Chambertin besitzen.

Gevrey-Chambertin

Die größte Weinbaugemeinde an der Côte de Nuits ist Gevrey-Chambertin. Die Rebenmeere ziehen sich von der Waldgrenze bis weit über die Route Nationale 74 in die Ebene hinab. Die Weine aus diesen tieferen Lagen sind einfach und ohne großen Charme. Die Grands Crus liegen alle am oberen Teil des Hangs, sind je nach Hangneigung oder Sonnenexposition in mehrere *Climats* unterteilt. Die Weine, die dort wachsen, gelten als männlich, fleischig, feurig – kurz: als die kräftigsten roten Burgunder überhaupt. Sie unterscheiden sich in Nuancen voneinander: Chambertin und Clos de Bèze sind die wuchtigsten Vertreter unter den Grands Crus, Mazis-Chambertin ist der samtigste. Die anderen Lagen bringen ebenfalls sehr gute, aber weniger einheitliche Weine hervor. Unter den Premiers Crus ist der sehenswerte Clos St-Jacques hinter dem Dorf hervorzuheben, der bestes Grand-Cru-Niveau aufweist, allerdings auch keinen Franc billiger ist als diese. Die Gevrey-Chambertin-Gemeindeweine können ebenfalls von ausgezeichneter Qualität sein. Es empfiehlt sich jedoch, sie vor dem Kauf zu probieren. Gevrey-Chambertin ist bekannt für ausufernde Traubenproduktion.

Fixin

Nördlichste Weinbaugemeinde an der Côte de Nuits mit ausgezeichneten Premier-Cru-Lagen, die denen des benachbarten Gevrey-Chambertin nicht nachstehen. Das Dorf Brochon besitzt keine eigene Appellation. Die Weine gehören zur AOC Gevrey-Chambertin.

Clos St-Jacques

Mazis-Chambertin

Charmes-Chambertin

Clos de Tart

Clos St-Denis

Chambertin

Chapelle-Chambertin

Ruchottes-Chambertin

Bonnes Mares

Clos de la Roche

Clos des Lambrays

Latricières-Chambertin

Chambertin-Clos de Bèze

ambolle-Musigny

Morey-St-Denis

Mazoyères-Chambertin

Griottes-Chambertin

Gevrey-Chambertin

Weißweine von überwältigender Fülle

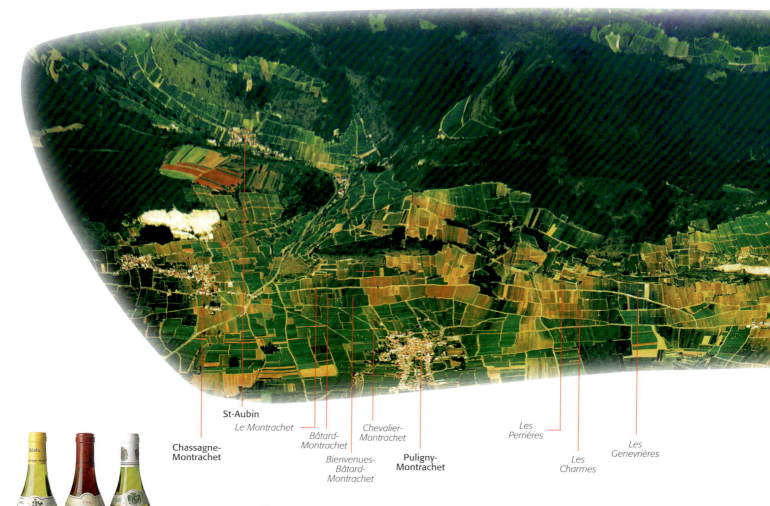

St-Aubin

Le Montrachet

Chevalier-
Montrachet

Les
Perrières

Chassagne-
Montrachet

Bâtard-
Montrachet

Les
Genevrières

Bienvenues-
Bâtard-
Montrachet

Puligny-
Montrachet

Les
Charmes

Der überwiegende Teil der Rebfläche an der Côte de Beaune ist mit Pinot Noir kultiviert. Doch berühmt sind viele Gemeinden vor allem wegen ihres Weißweins.

Diese Weißweine, die ausschließlich aus Chardonnay-Trauben erzeugt werden, haben es unter dem Sammelbegriff „Weißer Burgunder" weltweit zu Ruhm gebracht. Die besten unter ihnen sind schwer wie Rotweine, zugleich von großer Fülle und Langlebigkeit. Die Rotweine der Côte de Beaune sind kompakt und nuancenreich, sie besitzen jedoch nicht die Tiefe der Weine der Côte de Nuits.

Aloxe-Corton

Abseits der Touristenströme liegt das kleine Dorf am Fuß des Berges Corton, der mit seiner bewaldeten Kuppe unübersehbar ist. Fast der gesamte Hang besteht aus Grand-Cru-Lagen. In den oberen, direkt an den Waldrand grenzenden Weinbergen (vor allem in den südwestlichen Lagen) steht Chardonnay. Er ergibt den berühmten Corton-Charlemagne: volle, schwere Weißweine mit nussig-vanilligen Aromen. Der rote Corton ist ein robuster, langlebiger Wein, der an einen guten Gevrey-Chambertin erinnert.

Beaune

Berühmte historische Weinhauptstadt des Burgund in Frankreich, die das Handelszentrum der Côte d'Or bildet. Alljährlich findet hier die berühmte Weinauktion statt, während der auch das Preisniveau des neuen Jahrgangs im Burgund festgelegt wird. Die Stadt ist von Weinbergen umgeben – 400 Hektar insgesamt. Damit ist Beaune die größte Wein-

baugemeinde der ganzen Côte d'Or. Die meisten Lagen haben Premier-Cru-Status. Grands Crus gibt es nicht. Insbesondere einige der 42 Premier-Cru-Lagen, von denen fast alle Rotwein produzieren, erbringen bemerkenswert charakterstarke und dabei elegante Weine. Die Unterschiede zwischen den Premiers Crus sind teilweise nur gering. Sie reichen von leichten, zartfruchtigen Weinen von Sandböden (etwa Les Teurons oder Les Grèves mit der berühmten Lage L'Enfant de Jésus) bis zu gehaltvollen, kräftigen Weinen von kalkhaltigeren Böden (etwa Clos des Mouches).

Pommard

Rund 300 Hektar Reben umfassende Appellation, mehr als die Hälfte davon besitzt Premier-Cru-Status. Angebaut wird ausschließlich Pinot Noir. Von den besten Lagen kommen sanfte, mildfruchtige, den Premiers Crus von Beaune ähnliche Weine, ausgenommen die von den Lagen Epenots und vor allem Rugiens, die mehr Tiefe und Feuer besitzen.

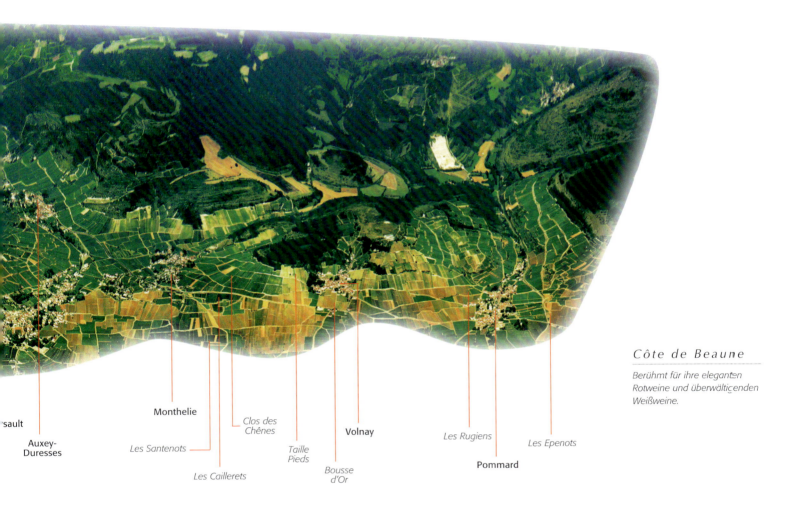

Monthelie

Clos des Chênes

Volnay

Les Rugiens

Les Epenots

'sault

Auxey-Duresses

Les Santenots

Taille Pieds

Les Caillerets

Bousse d'Or

Pommard

Côte de Beaune

Berühmt für ihre eleganten Rotweine und überwältigenden Weißweine.

Volnay

Nicht sonderlich kompakte, aber ungemein filigrane Weine mit zarter Frucht, die zu den feinsten der Côte de Beaune gehören. Mehr als die Hälfte der Lagen verfügt über Grand-Cru-Status. Insgesamt stehen 230 Hektar unter Reben. Sie sind ausschließlich mit Pinot Noir bestockt. Die zu Meursault gehörenden Lagen Santenots und Les Plures kommen ebenfalls als Volnay auf den Markt.

Meursault

Bedeutende Weißwein-Appellation zwischen Beaune und Puligny-Montrachet, in der die Chardonnay-Traube Weine von Weltklasse ergibt. Das gilt nicht nur für die Premiers Crus Genevrières, Perrières und Charmes, die etwa ein Viertel der Fläche der Appellation ausmachen, sondern teilweise auch für die einfacheren Gemeindeweine. Sie sind elegant und weich, dabei tiefgründig, äußerst langlebig und nie überladen. Insgesamt stehen 370 Hektar unter Reben. Zwar wird auch Rot-

wein angebaut, doch sind die Mengen gering. Die Böden bestehen aus kleinsteinigem, hartem Kalkgestein mit Sand durchmischt.

Puligny-Montrachet

Das Mekka der Weißwein-Liebhaber: Die vier Grands Crus Montrachet, Chevalier-Montrachet, Bâtard-Montrachet und Bienvenues-Bâtard-Montrachet sind die wuchtigsten trokkenen Weißweine des Burgund, so opulent, daß sie in manchen Jahren fast Gefahr laufen, überladen zu wirken. Mit rund 14 Vol.% und ihrem großen Körperreichtum können sie gut 20 Jahre alt werden. Die benachbarten Weinberge ergeben ebenfalls volle und äußerst feine Weißweine von guter Haltbarkeit. Besonders hervorzuheben sind die Premiers Crus Les Pucelles, Les Combettes und Les Folatières.

Chassagne-Montrachet

Die Weißweine ähneln denen von Puligny-Montrachet in puncto Fülle. Stahlige Wucht wird ihnen nachgesagt. Das gilt für den win-

zigen Grand Cru Criots-Bâtard-Montrachet, aber auch für die Premiers von Clos de la Maltroie und Les Ruchottes. Die Rotweine sind erdig-derb und ohne große Finesse.

Santenay

Das verträumte Dorf liefert süffige Pinots Noirs ohne den Anspruch, zu den großen Burgundern gezählt zu werden: samtig-weich, saftig, mit delikatem Himbeer- und Kirscharoma.

Saint-Aubin

Kleine Appellation, die direkt an Chassagne-Montrachet grenzt, aber nur 145 Hektar Reben aufweist, von denen etwa zwei Drittel Premier-Cru-Status genießt. Weinkenner ziehen die Weißweine vor, die ausschließlich aus Chardonnay gewonnen werden. Sie bestechen eher durch Kraft und Körper als durch große Finesse. Die Rotweine, die etwa 40 Prozent der Produktion ausmachen, sind etwas gröber und kommen nicht ganz an die besten Pinots Noirs der Côte de Beaune heran.

Über dem Fluß die Reben

Dunkle Syrah-Trauben ergeben den Hermitage (hinten der gleichnamige Berg).

Die Rhône ist das verkannteste Anbaugebiet Frankreichs. Sie bringt unvergleichlich volle, feurige Weine hervor. Sie imponieren freilich mehr durch Wucht als durch Feinheit. Der Kenner unterscheidet zwischen der südlichen und der nördlichen Rhône. Der Norden ist die Heimat der Syrah-Rebe. Dort liegen die prestigeträchtigeren Anbaugebiete.

Côte Rôtie
Einer überraschenden Biegung nach Südwesten, die die Rhône bei der Stadt Vienne nimmt, verdankt die Côte Rôtie ihren Wein. Auf 200 Hektar steil zum Fluß abfallenden Hängen, die mit Syrah bestockt sind, wächst der wuchtigste Spitzenwein der Rhône. Um sein animalisch-strenges Aroma und den Tanninreichtum zu mildern, dürfen ihm bis zu 20 Prozent weiße Viognier-Trauben zugegeben werden. Côte Blonde und Côte Brune heißen Unterzonen mit verschiedenen Böden. Die Weine beider werden traditionell miteinander verschnitten. Einige der besten Winzer füllen sie jedoch unverschnitten ab.

Hermitage
Auch bei Tain macht die Rhône einen Knick, so daß an dieser Stelle ein reiner Südhang gebildet wird. Dort wächst ein legendärer Rotwein, der Hermitage. Er wird meist reinsortig aus Syrah-Trauben gewonnen. Sein schokoladig-strenges Aroma, sein Himbeerduft und seine Altersfähigkeit (erst ab zehn Jahren trinkbar) haben ihn weltberühmt gemacht. Die

Appellation ist nur 131 Hektar groß. Entsprechend teuer ist der Wein. Der Hermitage Blanc ist ein rarer Weißwein aus Marsanne- und Roussanne-Trauben.

Cornas
Der dritte große Rotwein der Rhône, aus einer kleinen Appellation südlich von Tain stammend. Ausschließlich aus Syrah gewonnen, kann er einem Hermitage nahekommen. Würzig-erdiger Geschmack, Himbeeraroma, viel rauh-süßes Tannin und eine lange Lebenserwartung zeichnen ihn aus.

Crozes-Hermitage
Größtes Anbaugebiet der nördlichen Rhône mit Syrah-Weinen, deren Qualität von exzellent bis nichtssagend reicht. Der weiße Crozes-Hermitage besteht aus Marsanne- und Roussanne-Trauben.

St-Joseph
Der leichteste Syrah-Wein der Zone, fruchtig, delikat und schon früh entwickelt. Die Reben wachsen auf leichten Sand- und Kiesböden.

Condrieu und Château Grillet
Eine kleine und eine winzige Weißwein-Appellation an der nördlichen Rhône mit hochkarätigen, teuren Weinen aus Viognier-Trauben, bei denen Kenner mit der Zunge schnalzen. In Château Grillet gibt es nur einen Erzeuger, in Condrieu lediglich eine Handvoll.

Rotweine mit loderndem Feuer

Südlich von Valence wird die Landschaft flacher und nimmt fast provenzalische Züge an. Reben säumen freilich erst ab Montelimar wieder das Rhône-Ufer. Dort herrscht die Grenache-Traube vor, wenngleich sie kein solches Monopol hat wie die Syrah im Norden.

Côtes du Rhône

Riesiges Anbaugebiet, das fast das gesamte Rhônetal umfaßt. Erzeugt werden zumeist einfache, aber schmackhafte Rotweine, die aus nahezu allen Sorten der Rhône gewonnen werden dürfen, vorwiegend Grenache, Carignan, Mourvèdre, Cinsaut und Syrah, dazu einige weiße Sorten. Die Weine von Côtes du Rhône-Villages sind in der Regel anspruchsvoller.

Gigondas

Kleine Appellation im Hinterland der Rhône, aus der gehaltvolle, anfangs etwas vegetabil schmeckende, später weichere Weine kommen. Sie werden überwiegend aus Grenache gewonnen. In der Spitze sind es harmonische, geschmacksintensive Weine mit gutem Alterungsvermögen.

Vacqueyras

Nachbardorf von Gigondas mit eigener AOC. Die Rotweine ähneln denen von Gigondas, sind jedoch aufgrund des höheren Syrah-Anteils etwas strenger.

Châteauneuf-du-Pape

Feuriger, alkoholreicher Rotwein, der auf eigenartig steinigen Böden um die alte, gleichnamige Stadt wächst, die als ehemalige Papstresidenz berühmt ist. Angeblich dienen die Steine dazu, nachts die Wärme zu reflektieren. Dabei ist es in der Gegend eigentlich heiß genug − sonst würden es viele Weine nicht auf 14 Vol.% bringen. Die besten Châteauneuf-du-Pape sind zweifellos majestätische Weine mit einem ihrem Alkohol angemessenen Körperreichtum. Grenache dominiert in ihnen, zwölf weitere Sorten sind erlaubt (weiße inklusive). Freilich nutzen sie nicht alle Winzer. Leider ist der größte Teil der Weine nur schwer, aber nicht sonderlich fein.

Tavel und Lirac

Zwei kleine Anbaugebiete, die sich hauptsächlich mit zwiebelfarbenen, schweren Roséweinen einen Namen gemacht haben. Sie werden aus nahezu allen Rhône-Sorten gewonnen. In Lirac werden sie auch zu leichten, süffigen Rotweinen verarbeitet.

Côtes du Tricastin und Côtes du Luberon

Zwei große, bis tief ins Hinterland reichende Anbaugebiete mit einfachen, den Côtes du Rhône ähnlichen Weinen, jedoch leichter und durch Einbeziehung lokaler Sorten unterschiedlich akzentuiert. Auch Rosé- und Weißweine werden dort erzeugt.

Sommerschnitt an der Côtes du Rhône: Beschnitt der üppig wuchernden Reben.

Für den Ausbau des Châteauneuf-du-Pape werden meist kleine, alte Eichenholzfässer verwendet.

Champs-Élysées des Weins

Ch. Cos
d'Estournel

Ch. Cos
Labory

Marbuzet

Ch. Montrose

Ch. Calon-Ségur

St-Estèphe

St-Estèphe

Auf dem hochgelegener
Kiesplateau wachsen
tanninharte, spröde Wei..

**Seinen Ruf als Land, aus dem die Spitzen-
weine kommen, verdankt Frankreich vor
allem Bordeaux. Die drei Grundpfeiler für
den Erfolg des roten Bordeaux lauten:
Boden, Qualitätsstreben, jahrhundertealte
Tradition.**

Bordeaux bildet das mit Abstand größte AOC-
Gebiet Frankreichs. Über 117 000 Hektar
Reben stehen im Ertrag. Das Gebiet ist nach
Größe und Qualität der Böden aufgegliedert.
Die berühmtesten Gebiete liegen auf der
rechten (etwa St-Emilion, Pomerol) und auf
der linken Seite der Gironde (Médoc, Haut
Médoc). Dort wachsen die bedeutendsten Rot-
weine Bordeaux' – wenn nicht der Welt.

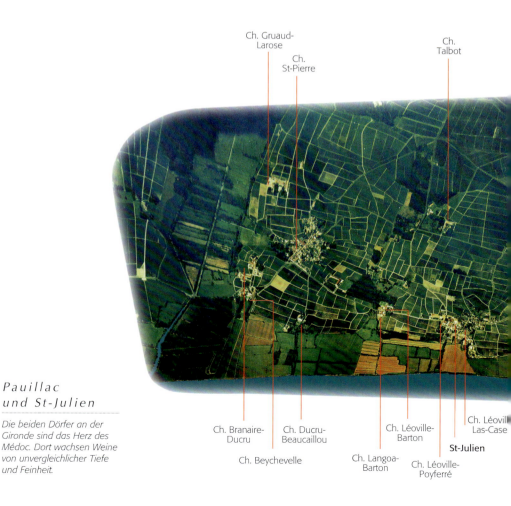

Ch. Gruaud-
Larose

Ch.
St-Pierre

Ch.
Talbot

Ch. Branaire-
Ducru

Ch. Ducru-
Beaucaillou

Ch. Léoville-
Barton

Ch. Léovil.
Las-Case

Ch. Beychevelle

Ch. Langoa-
Barton

Ch. Léoville-
Poyferré

St-Julien

*Pauillac
und St-Julien*

Die beiden Dörfer an der
Gironde sind das Herz des
Médoc. Dort wachsen Weine
von unvergleichlicher Tiefe
und Feinheit.

Haut Médoc

Von den Weinen, die auf den leicht erhöhten Kiesbänken am linken Ufer der Gironde wachsen, geht der größte Glanz Bordeaux' aus. Dort dominieren Cabernet Sauvignon, Merlot und Cabernet Franc. Aus diesen drei Sorten bestehen fast alle Weine der Appellation.

St-Estèphe

Ehemaliges Fischerdorf an der Gironde, das dem Wein der Gemeinde den Namen geliehen hat. Es liegt am nördlichen Zipfel des Haut Médoc, wo schwerer Lehm den Untergrund bildet. Die Weine von St-Estèphe gelten als die sprödesten des Gebiets, dunkelfarbig, gerbstoffgeprägt und sich nur langsam öffnend, später aber geradezu „explodierend" von Wohlgeschmack.

Pauillac

Das Handels- und Hafenstädtchen bildet das Herzstück des Haut Médoc. Hier sind die tiefgründigsten Kiesböden zu finden, hier stehen drei erstrangige Châteaus – mehr als in jeder anderen Appellation Bordeaux': Lafite-Rothschild, Mouton-Rothschild und Latour. Ihre Weinberge befinden sich in unmittelbarer Nähe zum Strom und legen Beweis für den häufig zu hörenden Satz ab: „Großer Wein muß Wasser sehen". Die Weine von Pauillac sind die üppigsten und geschliffensten des ganzen Haut Médoc. Sie besitzen die dichteste Tanninstruktur, ohne überladen zu wirken. Die Tannine selbst sind außerordentlich fein und weich – zumindest in guten Jahren. Außerdem sind sie in der Regel die langlebigsten Weine von Bordeaux. Selbst in den hinteren Bereichen des fast sechseinhalb Kilometer breiten Rebengürtels, wo der Boden stärker mit Sand und Lehm durchsetzt ist, wachsen noch volle, muskulöse und zugleich feine Weine. Die Cabernet Sauvignon ist in den Weinen normalerweise zu 65 bis 75 Prozent enthalten. Fachleute behaupten, daß die Cabernet Sauvignon in Pauillac ihren maximalen Ausdruck erreiche. Gleichwohl ist ihr Anteil in den letzten Jahren zugunsten der weicheren Merlot spürbar gesunken.

Weinflaschen im Château Pontet-Canet, einem der besten unter den fünftrangigen Cru Classés von Pauillac.

Feinheit und Würze

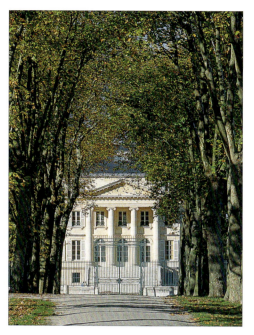

Château Margaux: die Nummer eins in Margaux.

St-Julien

Nur ein unscheinbares Bächlein trennt das Gebiet von St-Julien und Pauillac. Die Weinberge von Château Latour grenzen somit direkt an die von Château Léoville-Las-Cases, dem herausragenden Wein aus der kleinen Gemeinde St-Julien. Diese besteht aus nicht viel mehr als einer Ansammlung von einfachen Landarbeiterbehausungen um ein knappes Dutzend strahlender Châteaux. Entschei-

dend ist jedoch auch hier der Boden: Ein großer Teil liegt direkt am Fluß auf leicht welligen Kieskuppen, die eine optimale Drainage besitzen – ein wichtiges Qualitätskriterium im Médoc. Trotzdem besitzt St-Julien keinen Premier Cru, aber Fachleute sind sich einig, daß Léoville-Las-Cases eigentlich schon lange in diese Kategorie gehört, und die große Zahl von „zweitrangigen" Gewächsen zeugt ebenfalls von der außerordentlichen Exquise der Weine von St-Julien. Sie mögen nicht so kompakt und auch nicht ganz so langlebig wie die von Pauillac sein, besitzen dafür mehr Würze und ein hohes Maß an Eleganz. Merlot und Cabernet Franc sind in ihnen stärker vertreten als bei den meisten Pauillac-Weinen. Léoville-Las-Cases verwendet sogar zweieinhalb bis fünf Prozent Petit Verdot, eine Komplementärsorte, die normalerweise nur in Margaux angebaut wird.

Margaux

Das Dorf Margaux liegt am südlichen Ende des Haut Médoc, die Appellation selbst ist relativ groß. Sie umfaßt die benachbarten Gemeinden Issan, Cantenac, Labarde und Arsac. Die Böden sind in Margaux nicht weniger wasserdurchlässig als in den anderen Gemeinden an der Gironde, jedoch karg und arm an Stickstoff. Die Weine zählen nicht zu den körperreichsten Bordeaux, gelten aber als die vornehmsten und duftigsten. Ihre zarte, würzig-rauchige Frucht, das elegante, perfekt verwobene Tannin und das meist gut aus-

Margaux

Liefert elegante, seidige Weine, die zugleich von großer Festigkeit sind.

Ch. Giscours

Laba

Ch. Dauzac

balancierte Verhältnis von Alkohol, Säure und Körper – all das hat zu dem Weltruhm der Weine beigetragen. Allerdings findet man – bedingt auch durch die große Zahl an Châteaux – zahlreiche Stile und noch größere Qualitätsunterschiede zwischen den Weinen, auch bedingt durch die große Ausdehnung der Appellation und die verschiedenartigen Böden. Einsam herausragend: der Wein von Château Margaux, dem einzigen Premier Cru der Appellation; Licht und Schatten jedoch schon unter den zweitklassifizierten Gewächsen und riesige Unterschiede zwischen den dritt- und viertrangigen Weinen. Dafür gibt es eine beachtliche Anzahl von Cru Bourgeois, deren Weine eigentlich Grand-Cru-Qualität besitzen. Auch die Weine von Margaux basieren auf der Cabernet Sauvignon, jedoch kommen bei der Assemblage nicht nur Merlot und Cabernet Franc hinzu, sondern immer auch einige Anteile Petit Verdot, die einen extrem dunklen und säurehaltigen Wein ergibt.

Reben um das Château Prieuré-Lichine in Margaux: Die Appellation liefert die elegantesten Weine des Médoc.

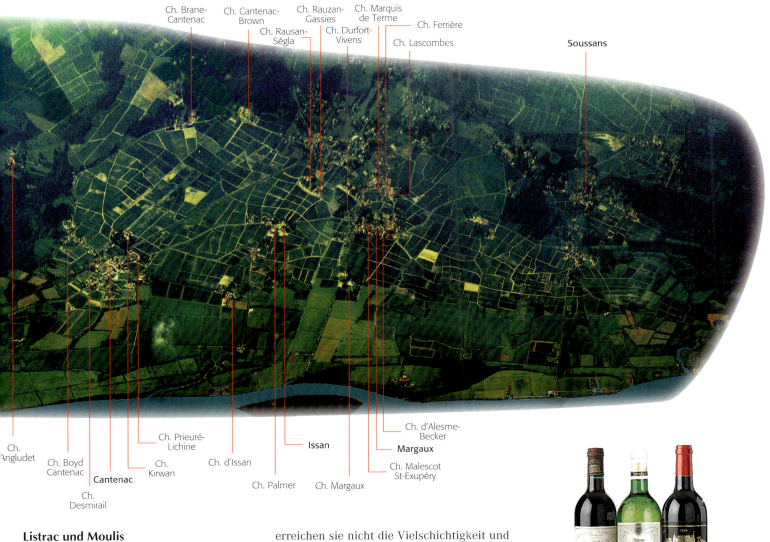

Ch. Brane-Cantenac
Ch. Cantenac-Brown
Ch. Rausan-Ségla
Ch. Rauzan-Gassies
Ch. Durfort-Vivens
Ch. Marquis de Terme
Ch. Ferrière
Ch. Lascombes
Soussans

Ch. d'Alesme-Becker

Ch. Angludet
Ch. Boyd Cantenac
Ch. Desmirail
Cantenac
Ch. Prieuré-Lichine
Ch. Kirwan
Ch. d'Issan
Issan
Ch. Palmer
Ch. Margaux
Margaux
Ch. Malescot St-Exupéry

Listrac und Moulis

Zwei kleine zum Haut Médoc gehörende Gemeinde-Appellationen im Hinterland von Margaux mit kräftigen und feinen, aber manchmal auch etwas derben Weinen.

Pessac-Léognan

Die beiden Orte gehören zum großen Anbaugebiet Graves, das sich von Bordeaux südlich bis über Sauternes hinaus hinzieht – immer am linken Ufer der Garonne. Pessac liegt noch im Stadtgebiet von Bordeaux. Dort befindet sich der einzige Premier Cru der Appellation, Château Haut-Brion, sowie die hervorragenden Châteaux La Mission-Haut-Brion und Pape Clement, dazu einige weniger bedeutende Güter und das für seinen Weißwein berühmte Château Laville-Haut-Brion. Léognan liegt weiter südlich in einer abwechslungsreichen Wald- und Weinlandschaft, deren karge, sanddurchmischte Böden äußerst delikate, erdigfruchtige Weine hervorbringen. Allerdings

erreichen sie nicht die Vielschichtigkeit und Langlebigkeit der Médoc-Weine.

Graves

Fast alle Weingüter südlich von Bordeaux erzeugen auch Weißwein aus Sauvignon Blanc, Sémillon und ein wenig Muscadelle. Diese Weine – meistens im kleinen Eichenfaß vergoren – gehören wegen ihres Körperreichtums und ihrer Verfeinerungsfähigkeit zu den edelsten Frankreichs.

Sauternes

Kleines Anbaugebiet im Süden Graves', berühmt für seine schweren edelsüßen Weine aus Sauvignon Blanc und Sémillon. Mehr noch als der Boden um das gleichnamige kleine Dorf spielt die Edelfäule eine Rolle, die – bedingt durch die tiefe Lage und die Nähe zum Flüßchen Ciron – fast regelmäßig auftritt und einen großen Teil der Trauben infiziert. Der berühmteste Sauternes ist der von Château

d'Yquem. Aus den gesunden Trauben werden, wie überall in der Gegend, körperreiche, volle, trockene Weißweine gekeltert, die unter der Bezeichnung Graves gehandelt werden.

Barsac und Cérons

Zwei nördlich von Sauternes gelegene Appellationen, die etwas leichtere, weniger üppige Süßweine ergeben, insbesondere die von Cérons. Während ein guter Barsac nicht weit von einem Sauternes entfernt ist, erreicht ein Cérons nicht dessen Klasse. Im Norden von Barsac wachsen die leichtesten edelsüßen Weine.

Auf Sand gebaut: das Reich der Merlot

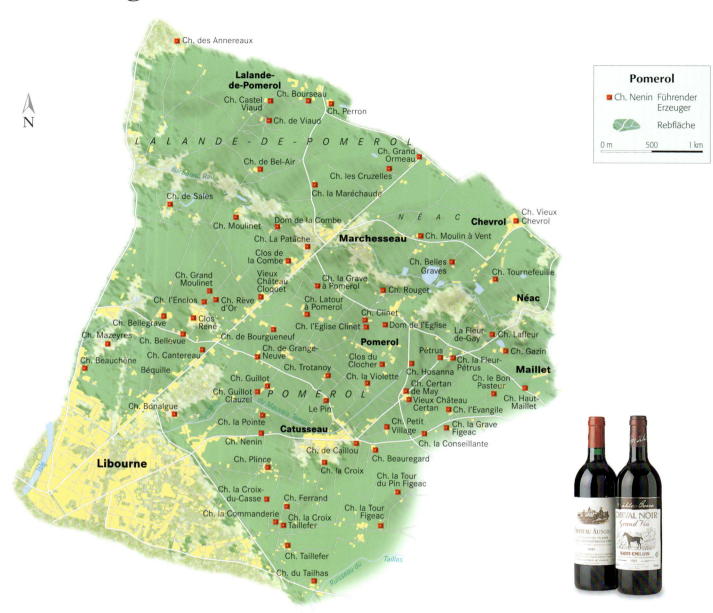

Ch. des Annereaux

Lalande-de-Pomerol

Ch. Castel Viaud
Ch. Bourseau
Ch. Perron
Ch. de Viaud

LALANDE-DE-POMEROL

Ch. de Bel-Air
Ch. Grand Ormeau
Barbanne Rau
Ch. les Cruzelles
Ch. de Sales
Ch. la Maréchaude

Ch. Moulinet
Dom de la Combe
NÉAC
Chevrol
Ch. Vieux Chevrol

Ch. La Patâche
Marchesseau
Ch. Moulin à Vent

Clos de la Combe
Ch. Belles Graves
Ch. Tournefeuille

Ch. Grand Moulinet
Vieux Château Cloquet
Ch. la Grave à Pomerol
Néac

Ch. l'Enclos
Ch. Rêve d'Or
Ch. Latour à Pomerol
Ch. Rouget

Ch. Bellegrave
Clos René
Ch. Clinet
Ch. Lafleur

Ch. Mazeyres
Ch. Bellevue
Ch. de Bourgueneuf
Ch. l'Eglise Clinet
Dom de l'Eglise
La Fleur-de-Gay
Ch. Gazin

Ch. Beauchêne
Ch. Cantereau
Ch. de Grange-Neuve
Pomerol
Pétrus
Ch. la Fleur-Pétrus
Maillet

Béquille
Ch. Trotanoy
Clos du Clocher
Ch. Hosanna
Ch. le Bon Pasteur

Ch. Guillot
Ch. la Violette
Ch. Certan de May
Ch. Haut-Maillet

Ch. Guillot Clauzel
POMEROL
Le Pin
Vieux Château Certan
Ch. l'Evangile

Ch. Bonalgue
du Mauvais Temps
Ch. Petit Village
Ch. la Grave Figeac

Ch. la Pointe
Catusseau
Ch. la Conseillante

Ch. Nenin
Ch. de Caillou
Ch. Beauregard

Libourne
Ch. Plince
Ch. la Croix
Ch. la Tour du Pin Figeac

Isle
Ch. la Croix-du-Casse
Ch. Ferrand
Ch. la Tour Figeac

Ch. la Commanderie
Ch. la Croix Taillefer

Ch. Taillefer
Taillas
Ruisseau du

Ch. du Tailhas

Pomerol

■ Ch. Nenin Führender Erzeuger

Rebfläche

0 m   500   1 km

Am nördlichen Ufer der Dordogne herrschen sandig durchmischte Kiesböden, teilweise auch schwere Lehmböden vor. Dort ist die Heimat der Merlot-Rebe. Die Weine, die aus ihr gewonnen werden, sind durchweg schwerer als die aus dem Médoc.

St-Emilion

In St-Emilion werden die Weine traditionell aus je einer Hälfte Merlot und Cabernet Franc gewonnen. Eigentlich stecken in der großen Appellation zwei Anbaugebiete: das Hochplateau mit feinem Kiessand und die Hänge (Côtes) um das gleichnamige Dorf, wo sandiger Kalkstein den Untergrund bildet. In diesem Teil liegen die meisten Châteaux. Ihre Weine sind üppig, würzig, oft mit „süßer", zumindest sehr ausgeprägter Frucht, dafür nicht so langlebig wie die Weine aus dem Médoc. Château Ausone ist der einzige Premier Grand Cru der Klasse A in diesem Distrikt. Die Weine vom Hochplateau sind fester. Sie enthalten oft mehr Cabernet Franc, nicht selten sogar einen Anteil an Cabernet Sauvignon. Der einzige Premier Grand Cru A ist Château Cheval Blanc. Er enthält 66 Prozent Cabernet Franc; Figeac, eines der besten B-Châteaux, sogar 70 Prozent.

Pomerol

Die Grenze zwischen St-Emilion und Pomerol verläuft mitten durch die Weinberge. Das kleine Anbaugebiet, noch in den 1950er Jahren nahezu unbekannt, ist eine Verlängerung des Kiesplateaus von St-Emilion. Nach Libourne hin werden die Böden sandiger, nach Norden hin lehmiger. Der Anteil der Merlot an den Weinen Pomerols schwankt zwischen 50 und 90 Prozent. Mit 95 Prozent hat Château Pétrus – der Star unter den Gütern – den höchsten Merlot-Anteil. Den Rest macht Cabernet Franc aus. Cabernet Sauvignon ist dagegen selten anzutreffen. Pomerol-Weine sind die verschwenderischsten, schwersten Rotweine Bordeaux' – und rar obendrein, denn das Anbaugebiet ist klein. Neben Pétrus werden Le Pin, Lafleur, Trotanoy und L'Evangile am höchsten gehandelt – eine heimliche Klassifikation der Weinliebhaber.

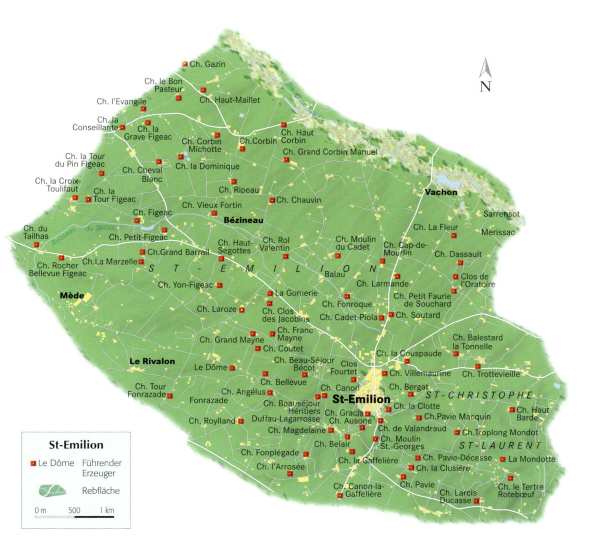

St-Emilion

■ Le Dôme Führender Erzeuger

Rebfläche

0 m   500   1 km

Das Weinland Frankreich in Zahlen

Rebfläche: 895 000 Hektar
Weinproduktion: 47 bis 50 Millionen Hektoliter
Jährlicher Weinkonsum pro Kopf: 56 Liter

Die 10 häufigsten Rebsorten

1. Merlot rot	rot	12 %
2. Grenache Noir	rot	11 %
3. Carignan	rot	10,6 %
4. Ugni Blanc	weiß	10,1 %
5. Cab. Sauvignon	rot	6,3 %
6. Syrah	rot	6,1 %
7. Chardonnay	weiß	4,3 %
8. Cab. Franc	rot	4,2 %
9. Gamay Noir	rot	4,1 %
10. Cinsaut	rot	3,4 %

Das französische Weinrecht

Das französische Weinrecht ist streng hierarchisch geordnet: Je größer das Herkunftsgebiet, desto niedriger seine Stellung in der Qualitätspyramide.
Vin de Table: Tafelweine, die als Herkunftsangabe nur Frankreich haben.
Vin de Pays: Landweine, die für Großregionen stehen, zum Beispiel den Südwesten oder ein Département.
Vin Délimité de Qualité Supérieure (AO VDQS): Weine höherer Qualität und bestimmter Anbaugebiete, die etwas strengeren Anforderungen unterliegen als Landweine.
Appellation d'Origine Controllé (AOC): Qualitätsweine bestimmter Anbaugebiete mit eng umrissener Herkunft und strengen Produktionsvorschriften.

Die Basis der Qualitätspyramide bilden die Tafelweine, die Spitze die Qualitätsweine bestimmter Anbaugebiete, kurz AOC-Weine genannt. Allgemein gilt: Je kleiner das Anbaugebiet, desto strenger die Vorschriften. Für ganze Regionen (z. B. Côtes du Rhône) sind die Vorschriften großzügig gestaltet. Danach kommen kleinere Regionen (z. B. Haut Médoc) und dann die Gemeinden (z. B. Pauillac). In Burgund wird sogar noch weiter differenziert. Dort haben auch Lagen eine eigene AOC: etwa Beaune Premier Cru „Les Amoureuses" oder Echézeaux Grand Cru.

Château Gazin in Pomerol.

Andere Weinanbaugebiete

Lalande de Pomerol: Im Norden an Pomerol anschließendes Gebiet mit guten, aber etwas rustikalen Weinen, die mit denen von Pomerol wenig bis nichts gemein haben – außer den Namen.

Fronsac: Gebiet, in dem traditionell Merlot, Cabernet Franc und Malbec angebaut werden. Die Weine sind leichter als in St-Emilion.

Entre-Deux-Mers: Weißweingebiet zwischen Garonne und Dordogne mit einfachen, aber schmackhaften und recht preiswürdigen Weinen aus Sauvignon Blanc, Sémillon, Muscadelle und Ugni Blanc. Auch einige gute Rotweine werden dort produziert.

Premières Côtes de Bordeaux: Langgestrecktes, am rechten Garonne-Ufer gegenüber dem Graves liegendes Anbaugebiet, in dem sich in den letzten Jahren einige ehrgeizige Investoren niedergelassen haben. Auf kies- und kalkhaltigen Böden wachsen teilweise exzellente Rotweine vor allem aus Merlot.

Masse und unbekannte Klasse

Unbekannter Wein vom Fuße der Pyrenäen: der Jurançon.

Der Südwesten ist die stille Provinz Frankreichs. Nur wenig dringt nach draußen, aber das wenige verdient Aufmerksamkeit – zumindest beim Wein. Ganz anders das Midi: Massenproduktion auf der einen Seite, überschäumender Ehrgeiz bei zahlreichen Neuwinzern auf der anderen.

Als Südwesten wird der Teil Frankreichs zwischen den Erhebungen des Zentralmassivs und den Pyrenäen verstanden. In der waldreichen Hügellandschaft wird an vielen Stellen Weinbau betrieben. Doch nur an wenigen schwingen sich die Weine zu stiller Größe auf. Die Rebsorten sind dem Fremden oft ebenso unbekannt wie der Landstrich selbst.

Cahors

Kleines Anbaugebiet um die gleichnamige Stadt am Lot, dessen Wasser durch die tief eingeschnittene Talsohle mäandrieren. Erzeugt wird dort ein dunkelfarbener Rotwein, der im 19. Jahrhundert mit dem Bordeaux konkurrierte. Er wird traditionell aus der Malbec-Traube erzeugt, die örtlich Cot oder Auxerrois heißt. Heute wird sie meist mit der geschmeidigeren Merlot, teilweise auch mit der Tannat verschnitten. Einige ausgesprochen schöne Gewächse sind die Zier des Gebietes.

Jurançon

Bernsteinfarbener, süßer Wein aus Gros Manseng, Petit Manseng und Courbu, die um Pau

wachsen: selten zu finden, dann aber eine Offenbarung.

Madiran

Kantiger, gerbstoffreicher Rotwein aus Tannat-Trauben, der stets ein paar Jahre braucht, um genußreif zu werden. Oft ein eigenwilliger, nie ein belangloser Wein.

Midi

Als Midi wird vor allem die ausgedehnte Küstenebene von Marseille bis zur spanischen Grenze bezeichnet. Die Region, einst verschrien als Massenanbaugebiet, gilt seit Ende des 20. Jahrhunderts als die dynamischste Weinbauzone Frankreichs. Durch Reduzierung der Traubenhöchsterträge wird in Roussillon, Languedoc, Minervois, Fitou, Corbières heute eine Vielzahl guter, fruchtig-würziger Rotweine erzeugt (aus Grenache, Carignan, Cinsaut, Mourvèdre, Syrah, Cabernet Sauvignon, Merlot). Vor allem im bergigen Hinterland keltert man konzentrierte und samtige Weine. Neben den 85 Prozent Rotweinen werden auch einige würzig-feine Weißweine (aus Picpoul, Clairette, Bourboulenc, Marsanne und Roussanne) produziert sowie ein sehr kleiner Anteil Rosés.

Banyuls

Winzige Appellation im äußersten südlichen Zipfel des Midi mit schweren, edlen, süßen Rotweinen, die entfernt an Portwein erinnern.

Andere Weinanbaugebiete

Gaillac: Bekanntester Wein des Südwestens, den es in allen farblichen und geschmacklichen Varianten gibt. Qualitativ einfacher Wein.

Pécharmant: Bester Rotwein von Bergerac, überwiegend aus Bordeaux-Sorten gewonnen. Die anderen Bergerac-Weine (rot, weiß, rosé) sind recht einfach.

Montbazillac: Kleine Appellation in Bergerac mit edelsüßen Weinen, die wahrscheinlich so gut wie Sauternes sein könnten – aber es selten sind.

Iroulégy: Eigenständige, gute Rot- und Roséweine aus dem französischen Baskenland, gekeltert aus Tannat, Cabernet Sauvignon und Cabernet Franc.

Béarn: AC-Dach für viele Rot-, Weiß- und Roséweine des Südwestens, etwa Madiran, Jurançon, Pacherenq-du-Vic-Bilh, Irouléguy.

Tursan: Kleine Appellation mit interessanten Tannat-Weinen und einem exzellenten Weißwein.

Blanquette de Limoux: Ein interessanter Weißwein aus Mauzan und Chardonnay, teils still, teils schäumend.

Von blassen Rosés zu kräftigen Rotweinen

Die Provence ist ein Ferienland. Der größte Teil des Weins wurde und wird in der Region konsumiert. Die Ansprüche an einen Urlaubswein sind nicht die höchsten. Aber es gibt Winzer, die gezeigt haben, daß die Provence auch andere Weine erzeugen kann: vor allem rote. Ihr Vorbild macht Schule.

Lange Zeit wurde die Provence identifiziert mit dem blaßroten bis zwiebelfarbenen Rosé de Provence. Er gilt teilweise noch immer als der typische Urlaubswein an der Mittelmeerküste. Er wird überall in der Region erzeugt: in Cassis, Bellet, Bandol sowie den Großappellationen Coteaux Varois, Coteaux d'Aix-en-Provence und Côtes de Provence. Jede Appellation sieht neben Weiß- und Rotweinen auch Roséweine vor, und meistens sind sie es, die den größten Teil der Weinproduktion ausmachen. Im Glas entpuppte er sich früher oft als fader, plumper, viel zu schwerer Wein (oft 14 Vol.% Alkohol) ohne jede Feinheit. Am Rosé de Provence zeigt sich am deutlichsten der Wandel, der in der Region stattgefunden hat. Ein großer Teil dieser Weine ist heute frisch, leicht, fruchtig und mit milder, weiniger Säure ausgestattet. Nicht nur, daß die Vinifikation verbessert wurde: auch die Traubensorten wurden teilweise gewechselt und der Lesezeitpunkt vorverlegt.

Boden, Sonne, Licht sind die wichtigsten Qualitätsfaktoren in der Provence: Lese von Cinsaut-Trauben bei Le Luc.

Côtes-de-Provence
Großappellation mit schillernder Weinproduktion: Massen von schlichten Industrieweinen, daneben einige hochklassige Weiß-, Rot- und Roséweine. Letztere kommen oft von ehrgeizigen, dynamischen Winzern, die aus den traditionellen Rebsorten das Optimum herausholen wollen und zugleich mit gebietsfremden Sorten wie Viognier, Cabernet Sauvignon, Merlot und Syrah experimentieren.

Bandol
Kleine Rotwein-Enklave um die gleichnamige Hafenstadt, aus der einige der besten Rotweine der Provence kommen. Die Basis dieser Rotweine liefern Mourvèdre-Trauben, die nirgendwo bessere Qualitäten bringen als dort. Der aus ihnen gewonnene Wein wird mit den anderen typischen Reben der Region assembliert. Der Bandol ist ein üppiger, feuriger Rotwein, der trotz seines Tannins sanft und würzig ist und sich mehrere Jahre auf der Flasche verfeinern und dabei qualitativ enorm steigern kann.

Palette
Winzige Appellation nahe Aix-en-Provence mit nur zwei Erzeugern, die hochklassige, langlebige Rotweine, exzellente Rosés und seine Weißweine erzeugen. Immer teuer, aber auch immer gut.

Korsika
Immer noch stark auf Land- und Tafelweine einfachster Art konzentrierte Weinbauregion, in der in den letzten Jahren jedoch mehrere Gebiete AOC-Status bekommen haben und dabei sind, bessere Qualitäten zu erzeugen. Einige Rot- und Weißweine aus den Anbaugebieten Patrimonio und Ajaccio konnten bereits heute erstaunliches Niveau erreichen.

Weinreben bei Propriano auf Korsika: Neben einfachem Vin de Pays werden auch einige exzellente AOC-Weine erzeugt.

Im Rausch des Weins

Der italienische Wein und Weinbau haben sich in den letzten 35 Jahren stärker verändert als in den 300 Jahren davor. Die gemischten Kulturen aus Reben, Oliven- und Obstbäumen sind größtenteils verschwunden. In den Weinbergen sind die Rebstöcke nach Sorten getrennt angepflanzt. Die Trauben werden getrennt gelesen und nicht mehr wie früher im gemischten Satz gekeltert. Auch in den Kellern hat sich viel verändert. Vor allem die Temperaturkontrolle während der Gärung hat dem italienischen Wein neue Qualitätshorizonte erschlossen – in einem warmen, bisweilen heißen Land geradezu eine Revolution. Angelo Gaja, Winzer aus Barbaresco und einer der ersten, der Weine auf internationalem Niveau produzierte, bezeichnet die „Temperaturkontrolle als die wichtigste Errungenschaft der Önologie nach der Erfindung des Holzfasses". Insgesamt hat die Modernisierung des Weinbaus und der Kellerwirtschaft zu einem ungeahnten Anstieg der Qualitäten geführt. Der Rausch des Weins ging Ende der 1960er Jahre von der Toskana aus, erfaßte das Friaul und das Piemont, um schließlich alle Regionen mitzureißen.

Kurze Geschichte des modernen italienischen Weins

Italien ist der größte Weinproduzent der Welt. Durchschnittlich 60 Millionen Hektoliter werden jährlich produziert. Der einheimische Konsum sinkt dagegen beständig. Das heißt: Die Italiener sind tüchtige Weinproduzenten und schlechte Weintrinker.

Der größte Teil des Weins stammt aus den Massenwein-Anbaugebieten Apuliens, Siziliens, Latiums und des Veneto. Es handelt sich dabei um schlichten Tafelwein, der als Verschnittwein von europäischen Großkellereien aufgekauft wird oder als Überschußprodukt von den europäischen Weinbehörden aus dem Markt genommen und zu Industriealkohol destilliert wird. Der ausufernden Tafelweinproduktion hat Italien beizeiten die Ausweitung seiner Qualitätswein-Anbaugebiete entgegengesetzt. In den DOC- und DOCG-Statuten sind Mengenbegrenzungen für die Traubenproduktion festgelegt. So ist der Anteil der DOC-Weine seit den 1980er Jahren auf 19 Prozent gestiegen. Das heißt: Die Menge des Weins, der offen im Tank verkauft wird, nimmt kontinuierlich ab, während die Zahl der Flaschenabfüller – und damit die Qualität steigt. Zur Verwirrung des Weintrinkers werden allerdings auch einige der besten Weine des Landes unter Phantasienamen als Tafelwein in den Handel gebracht. Die betreffenden Erzeuger wollen oder können sich nicht an die oft unflexible, gelegentlich qualitätsferne Gesetzgebung halten und deklassieren ihre Weine freiwillig zu Vini da Tavola, um starren Vorschriften aus dem Weg zu gehen und freier experimentieren zu können.

Italien begann in Griechenland

Die Geschichte des italienischen Weinbaus beginnt mit den Griechen, die schon um 1000 v. Chr. den Mittelmeerraum erkundeten und bei ihren Kolonisierungsfeldzügen in den eroberten Ländern Rebstöcke pflanzten. In Sizilien und Kalabrien entstanden die ersten griechischen Handels-Stützpunkte. Von dort verbreitete sich die Rebe langsam nach Norden. Spätestens seit dem 7. Jahrhundert erzeugten die Etrusker in der heutigen Toskana Wein und handelten damit. Im 3. Jahrhundert, als der Karthager Hannibal Rom überfiel, war ganz Süditalien schon mit Reben kultiviert. Der berühmteste Wein der Antike war der Falerno.

Niedergang unter Fremdherrschaft

In der Zeit des römischen Imperiums gelangte die Reben nach Norditalien und über die Alpen nach Deutschland und Frankreich. Mit dem Einfall der Goten und Langobarden brach der Weinbau zusammen. In der Hochkultur der Renaissance im 13. Jahrhundert erlebte der Wein eine neue Blüte. Große Weinhäuser wie Frescobaldi und Antinori sind in dieser Zeit gegründet worden. Nach dem Zusammenbruch der Medici-Herrschaft im 16. Jahrhundert, als Italien unter Spanisch-Habsburger Fremdherrschaft und allgemeiner Dekadenz litt, verfiel der Weinbau erneut. Durch die politischen Umwälzungen im 19. Jahrhundert konnte er sich nur regional erholen, und das auch nur, bis Reblauskatastrophe und Weltkriege die Weinberge verwüsteten. Der Wiederaufstieg des italienischen Weins begann erst um 1960.

Bacchus und Amor: Der Wein und die Liebe gehören in der Mythologie ebenso zusammen wie der Wein und die Götterverehrung.

Land des Rotweins und der Trüffel

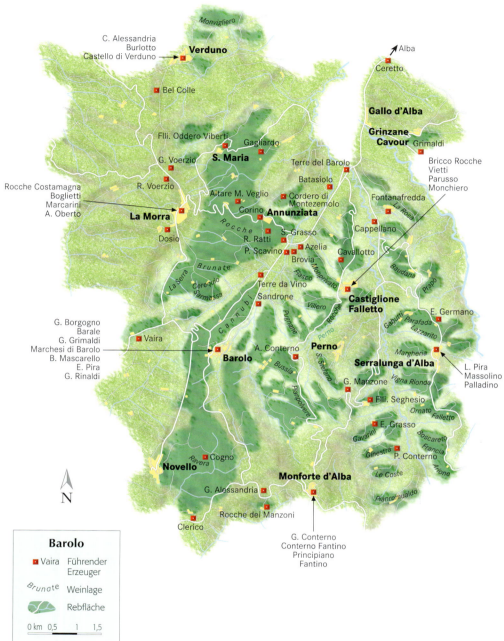

Barolo

- Vaira — Führender Erzeuger
- *Brunate* — Weinlage
- Rebfläche

0 km 0,5 1 1,5

Map labels:
Monvigliero · C. Alessandria · Burlotto · Castello di Verduno · **Verduno** · Alba · Ceretto · Bel Colle · **Gallo d'Alba** · **Grinzane Cavour** · Grimaldi · Flli. Oddero Viberti · Gagliardo · G. Voerzio · **S. Maria** · Terre del Barolo · Batasiolo · Bricco Rocche · Vietti · Parusso · Monchiero · Rocche Costamagna · Boglietti · Marcarini · A. Oberto · R. Voerzio · Altare M. Veglio · Cordero di Montezemolo · Fontanafredda · La Rosa · **La Morra** · Corino · **Annunziata** · Cappellano · Dosio · S. Grasso · R. Ratti · Azelia · Cavallotto · P. Scavino · Brovia · Baudana · *Rocche* · *Brunate* · Fiasco · *Monprivato* · Prapò · Terre da Vino · **Castiglione Falletto** · E. Germano · *La Serra* · Cerequio · *Cannubi* · Sandrone · Villero · *Rocche* · Gabutti · Parafada · Lazzarito · *Cerrasso* · *Perno* · Margheria · G. Borgogno · Barale · G. Grimaldi · Marchesi di Barolo · B. Mascarello · E. Pira · G. Rinaldi · Vaira · A. Conterno · **Perno** · *S. Stefano* · L. Pira · Massolino · Palladino · **Barolo** · *Bussia* · *Pugnane* · **Serralunga d'Alba** · Vigna Rionda · G. Manzone · *Pianpolvere* · Flli. Seghesio · *Ornato* · *Falletto* · E. Grasso · *Gavarini* · *Boscareto* · *Francia* · *Ginestra* · P. Conterno · **Novello** · *Ravera* · Cogno · *Le Coste* · *Arione* · G. Alessandria · **Monforte d'Alba** · *Pianromualdo* · Rocche dei Manzoni · Clerico · G. Conterno · Conterno Fantino · Principiano Fantino

N

unverwechselbaren Charakteristik hervor. In den ersten Jahren herb-fruchtig im Geschmack, entwickeln sie im Laufe der Jahre ein vielschichtiges, an welkende Blumen, Waldboden und süße Gewürznelken erinnerndes Bouquet. Die nicht sehr dunkle, eher kirsch- oder purpurrote Farbe darf nicht zu dem Schluß verleiten, es handle sich um leichte Weine. Tatsächlich können Barolo und Barbaresco in guten Jahren über 14 Vol.% Alkohol aufweisen.

Barolo

Barolo ist ein kleines Anbaugebiet. Es liegt südwestlich von Alba und umfaßt das Territorium von elf Dörfern. Die wichtigsten sind Serralunga, Monforte, Castiglione Falletto, La Morra und Barolo selbst. Die Rebkulturen ziehen sich bis auf Höhen von 500 Metern hin. Die Weine sind wuchtig und zart zugleich. Sie dürfen frühestens nach drei Jahren freigegeben werden und müssen davon mindestens zwei Jahre im Holzfaß reifen. Traditionell verbleiben sie wegen ihres Tannin-

Der Barolo reift traditionell in großen, alten Eichenfässern.

Piemont – hochambitionierte Weinregion

Das Piemont ist eine ländliche, weinbaulich zugleich hochambitionierte Region Italiens. Berühmt für Barolo und Barbaresco, die in den 1980er Jahren eine glanzvolle Wiedergeburt erfuhren, nachdem sie schon einmal, nämlich bei der Gründung Italiens 1860, eine Glanzzeit erlebt hatten. In den 1990er Jahren sind auch der dunkelfarbene Barbera und einige bislang wenig bekannte andere Weine in den Mittelpunkt des Interesses gerückt.

Barolo und Barbaresco sind zwei der bedeutendsten Rotweine Italiens und gehören zu den wenigen in der Welt, die nur aus einer einzigen Rebsorte gewonnen werden: der Nebbiolo. Die Nebbiolo-Traube ist eine alte, einheimische Sorte, die wahrscheinlich aus dem Aosta-Tal stammt und heute praktisch nur im Piemont angebaut wird. Auf den kalk- und lehmhaltigen Verwitterungsböden der Langhe um die Stadt Alba bringt diese Sorte körperreiche, tanninstarke Weine mit einer

reichtums sogar sehr viel länger im Holz, wobei stets große Fässer aus slawonischer Eiche verwendet wurden. In den letzten Jahren ist jedoch der Ausbau in kleineren Fudern und Barriques populär geworden. Während die Barolo-Weine früher oft als „Tanninpeitschen" bezeichnet wurden, ist zumindest ein Teil von ihnen heute durch Konzentration auf gute Lagen, bessere Klonenwahl, sorgfältigere Vergärung und Mengenreduktion wesentlich feiner als in der Vergangenheit.

Barbaresco

Die Weinberge von Barbaresco beginnen schon an den nordöstlichen Ausläufern des Stadtgebiets von Alba und ziehen sich über das Gebiet von drei Gemeinden hin: Treiso, Neive und Barbaresco. Es ist ein noch kleineres Anbaugebiet als das von Barolo. Mehr als 2,5 Millionen Flaschen werden praktisch nie erzeugt. Die Weinberge liegen etwas tiefer als die von Barolo und haben etwas leichtere, sandigere Böden. Dadurch fallen die Weine im Durchschnitt weniger üppig aus. Die meisten sind mehr durch Frucht als durch Tannin geprägt. In den Spitzenlagen entstehen allerdings Weine, die an Opulenz und Schwere dem Barolo nicht nachstehen. Auch die Barbaresco-Weine werden traditionell in großen, alten Fässern aus slawonischer Eiche ausgebaut, in denen sie mindestens ein Jahr reifen müssen, bevor sie nach zwei Jahren verkauft werden dürfen. Trotz der geographischen Nähe zu Barolo sind die Winzer von Barbaresco konservativ geblieben. Spitzenniveau erreichen weit weniger Weine als in Barolo. Die besten können sich jedoch durchaus mit den größten Barolo-Weinen messen.

Barbera

Die Barbera-Traube ist die am weitesten verbreitete rote Sorte im Piemont. Vor allem in der Provinz Asti, aber auch um Alba ist sie stark vertreten. Der Barbera d'Alba ist eine Art Zweitwein vieler Barolo-Winzer: ein Wein von mittlerem Körper, tanninarm von Natur, dafür ausgesprochen fruchtig. Ihre besten Qualitäten bringt die Barbera-Traube im Monferrato, wie die mäßige Hügellandschaft nördlich und südlich um Asti genannt wird. Auf den sandig-kalkhaltigen Böden entstehen saftige, teilweise kräftig strukturierte Weine mit einem Alkoholgehalt zwischen 13 und 14 Vol.%. Traditionell werden sie in großen Holzfässern, seit einigen Jahren mit großem Erfolg auch in Barriques ausgebaut.

Andere Weinanbaugebiete des Piemont

Gattinara: Kraftvoller Nebbiolo-Wein aus dem gleichnamigen Dorf bei Vercelli, jedoch ohne die Feinheit der meisten Barolo.

Ghemme: Mächtiger, aber etwas rustikaler Nebbiolo-Wein aus dem Dorf Ghemme, in unmittelbarer Nachbarschaft von Gattinara.

Roero: Aufstrebendes Anbaugebiet nördlich des Tanaro-Flusses bei Alba, berühmt für den delikaten, weißen Arneis und den roten Roero, einen Nebbiolo-Wein, der etwas leichter als Barolo und Barbaresco ausfällt, jedoch sehr fein sein kann.

Gavi: Hügelige Weißweinzone südöstlich von Alessandria, in der die Cortese-Traube leichte, etwas säurehaltige Weine ergibt.

Moscato d'Asti: Das gesamte südliche Monferrato umfassende Hügelgebiet, aus dem die süßen Schaumweine Asti und Moscato d'Asti kommen.

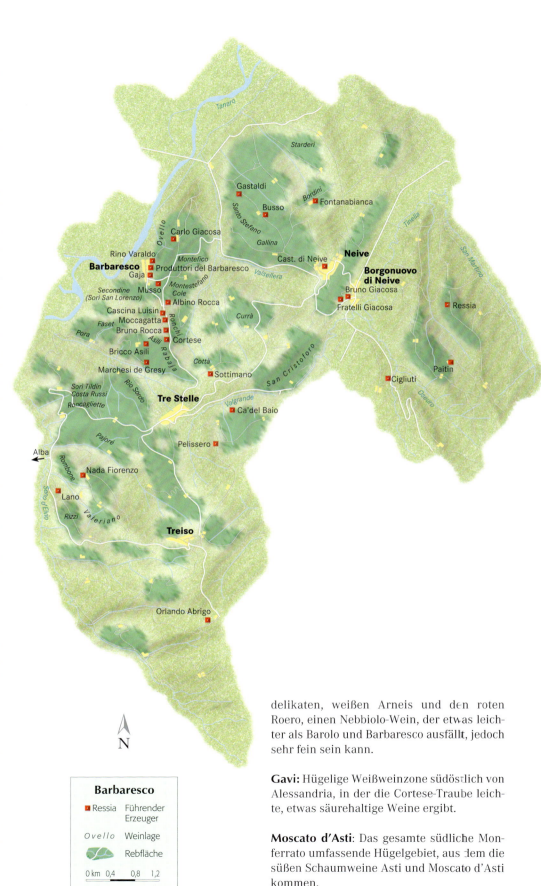

Barbaresco

🟥 Ressia — Führender Erzeuger

Ovello — Weinlage

🟩 Rebfläche

0 km   0,4   0,8   1,2

Neue Weine von uraltem Rebland

Der Südtiroler Weinbau ist fast 2000 Jahre alt. Doch die heutigen Weine haben mit den alten nichts mehr gemein.

Franciacorta

Das kleine, durch couragierte Unternehmerpersönlichkeiten bekannt gewordene Anbaugebiet zwischen Brescia und dem Lago d'Iseo gehört zur Lombardei und ist vor allem wegen seiner Schaumweine berühmt. Sie gelten zu Recht als die besten Italiens. Meist werden sie aus Chardonnay und (oder) Pinot Nero gewonnen, zwei Sorten, die auf den kalkhaltigen Böden der Zone sehr gute Bedingungen vorfinden. Die Spumante aus der Franciacorta zählen zu den besten Italiens und können sich in der Spitze mit guten Champagnern messen, auch wenn sie fruchtiger und weniger stahlig ausfallen. Aus Chardonnay-Trauben werden auch ausgezeichnete Stillweine erzeugt, während in dem etwas rustikalen Franciacorta Rosso verschiedene Sorten wie Cabernet, Barbera, Nebbiolo und Merlot gemischt werden dürfen.

Südtirol

Noch immer nimmt die Vernatsch-Rebe rund 55 Prozent der Südtiroler Rebfläche ein. Aus ihr werden einfache und einfachste Weine zum Törggelen erzeugt – wie das Zechen in Südtirol genannt wird. Jedoch bemühen sich sowohl Privatwinzer als auch Genossenschaften (die über 80 Prozent der Trauben verarbeiten) zunehmend, den traditionellen Sorten Traminer, Weißburgunder und Lagrein wieder mehr Raum zu geben. Die interessantesten Südtiroler Weine werden aber derzeit noch aus Chardonnay und Sauvignon erzeugt. Bei den Roten boomen Merlot und Pinot Nero – nicht immer mit durchschlagendem Erfolg. Cabernet Sauvignon reift nur in wenigen Lagen, ergibt aber, wenn er ausreifen kann, tanninreiche, sehr feine Weine.

Trentino

Die Region wurde zum wichtigsten Chardonnay- und Pinot-Grigio-Anbaugebiet Italiens, wobei Chardonnay vor allem an Italiens Spumante-Industrie ver-

Pergola-Erziehung im Valpolicella: viel Massenwein, wenig klassischer Valpolicella.

kauft wird und Pinot Grigio zu einfachen Leichtweinen vergoren wird. Nur im Einzelfall werden aus diesen Sorten feine Weine gewonnen. Eigenständige rote Sorten sind vor allen Marzemino und Teroldego. In den besten Qualitäten ergeben sie konzentrierte, würzige, charaktervolle Weine – meist jedoch entstehen recht durchschnittliche Weine.

Valpolicella

Das in die Ebene ausgeweitete Valpolicella-Anbaugebiet ist auch heute noch ein Massenanbaugebiet. Lediglich aus dem hügeligen Valpolicella Classico kommen leichte, schmelzig-fruchtige Weine mit eigenem Charakter. Sie werden meist aus drei roten Sorten erzeugt: Corvina, Rondinella, Molinara. Der feurige Amarone, ein aus teilgetrockneten Trauben erzeugter, durchgegorener Wein mit einem Alkoholgehalt von 14 bis 17 Vol.%, macht dagegen nur einen verschwindend geringen Anteil der Produktion aus. Er ist ein typisch Veroneser Spezialwein, im Einzelfall kann er ein großer Wein sein.

Breganze

Dieses winzige Ursprungsgebiet um das gleichnamige Dorf nördlich von Vicenza ist vor allem durch exzellente Chardonnays, Cabernet Sauvignons und Dessertweine (Torcolato, Dindarello, Acininobili) eines Betriebs bekannt: Maculan. Der Rest der Produktion ist von solider, aber etwas biederer Art.

Friaul

Das warme, mediterrane Klima und die milden Winter haben das Friaul innerhalb der letzten 25 Jahre zu einem boomenden Anbaugebiet für Weiß- und Rotweine gemacht. In den hügeligen Unterzonen des Collio (um Gorizia) und der Colli Orientali (um Udine), sowie auf dem mageren Kiesschotterbett des Grave und den roten Böden Isonzos wachsen teilweise sehr gute Weine. Besonders die Weißweine sind berühmt. Wegen ihres Körperreichtums und ihrer frisch-fruchtigen Primäraromen werden sie oft als die besten Italiens bezeichnet. Chardonnay und Sauvignon haben in den letzten Jahren viele traditionelle Sorten zurückgedrängt. Allerdings ist die autochthone Tocai immer noch die mit Abstand am meisten angebaute weiße Sorte im Friaul. Der Tocai hat weder etwas mit dem ungarischer Tokaj noch mit elsässischem Tokay zu tun. Die Rebe stammt ursprünglich aus Istrien. Tocai-Weine altern jedoch schnell und ergeben meist nur durchschnittliche Qualitäten. Interessanter können Ribolla und Pinot Bianco sein. Verduzzo und Picolit, aus denen mildsüße Dessertweine erzeugt werden, besitzen nur regionale Bedeutung. Die Rotweine haben in den letzten Jahren einen deutlichen Aufschwung erlebt. Hochwertige Merlots, seltener Cabernet Sauvignons, haben von sich reden gemacht. Aus alten Sorten wie Schioppettino, Pignola, Tazzelenghe und Refosco werden urwüchsige, bisweilen aber auch recht feine Weine gewonnen – allerdings nur in kleinen Mengen.

Soave

Weißwein-Zone östlich von Verona, typisches Massenanbaugebiet, jedoch mit einigen bemerkenswerten Weißweinen aus der Classico-Hügelzone um die Dörfer Soave und Monteforte. Sie kommen von Betrieben wie Pieropan, Anselmi, Pra, Bolla und einigen anderen. Hauptsorte des Soave ist die Garganega, aus der wegen ihrer dicken Schale auch delikate Süßweine (Recioto) gewonnen werden.

Andere Anbaugebiete

Bianco di Custoza, Gambellara: Ursprungsgebiete um den südlichen Gardasee, aus denen einfache, saubere Weißweine, vor allem aus Garganega- und Trebbiano-Trauben kommen.

Lugana: Teils zur Lombardei, teils zu Venetien gehörendes Anbaugebiet südlich des Gardasees, in dem fruchtige, vollmundige Weißweine aus Trebbiano-Reben erzeugt werden.

Weinlese im friulischen Collio: Heimat vollmundiger Weißweine und tanninreicher Roter.

Rotweine von karger Eleganz

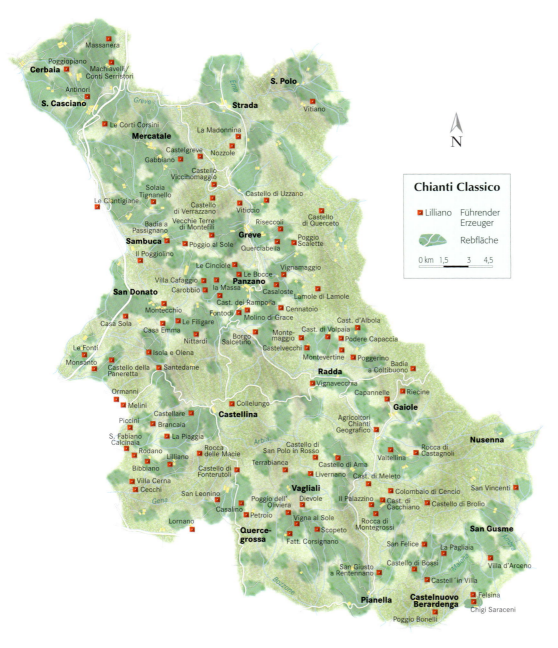

Chianti Classico

■ Lilliano Führender Erzeuger

Rebfläche

0 km 1,5 3 4,5

Toskana – mythische Kulturlandschaft

Das Land zwischen dem Apennin und dem Tyrrhenischen Meer ist eine der schönsten und besterhaltenen Kulturlandschaften Europas. Ein 200 Kilometer langer Hügelteppich breitet sich von der nördlichen zur südlichen Grenze aus, durchzogen von gewundenen Flüßchen, gesprenkelt mit mittelalterlichen Dörfern, überzogen mit immergrünen Krüppeleichenwäldern. Weinbau findet in der Hü-

gelzone fast überall statt. Allerdings gibt es wenige zusammenhängende Rebflächen. Ein Drittel der Toskana bedeckt das Chianti. Es beherbergt zahlreiche Unterzonen wie das Chianti Classico, aber auch einige eigene Ursprungsgebiete wie das des Brunello di Montalcino oder des Vino Nobile di Montepulciano.

Großes Chianti

Das Chianti reicht von Pisa im Norden über Florenz und Siena bis nach Montalcino im Süden. Es ist in sieben Chianti-Unterzonen unterteilt, von denen freilich nur eine größeren Bekanntheitsgrad besitzt: das Chianti Classico zwischen Florenz und Siena. Die anderen Zonen heißen Chianti Rufina (um Pontassieve), Chianti Colline Pisane (Pisa), Chianti Montalbano (Carmignano), Chianti Colli Fiorentini (Florenz), Chianti Aretini (Arezzo) und Chianti Colli Senesi (südlich Siena). Die Chianti-Weine aller Unterzonen gehören in die höchste italienische Qualitätsweinkategorie, die DOCG (siehe Seite 155), obwohl der größte Teil relativ einfache Rotweine hervorbringt. Das Chianti ist größer als die sieben Unterzonen. Deren Winzer können entscheiden, ob sie ihren Wein als einfachen Chianti oder als Chianti ihres Herkunftsgebiets auf den Markt bringen wollen. Für einfachen Chianti gelten flexiblere, für Chianti Classico strengste Qualitätsanforderungen. Gemeinsam ist allen Chianti-Weinen, daß sie ganz oder überwiegend aus Sangiovese-Trauben gewonnen werden müssen. In der Spitze ergeben sie konzentrierte Weine mit trockenem, adstringierenden Tannin und feinem Brombeeraroma – Weine von karger Eleganz.

Chianti Classico

Die Hügelzone zwischen Florenz und Siena gilt als Kerngebiet des Chianti. Sie setzt sich aus neun Gemeinden zusammen. Gemeinsam ist den Weinen, daß sie ausschließlich oder zu mindestens 85 Prozent aus Sangiovese-Trauben gewonnen werden. Die unlängst überarbeiteten Statuten für den Chianti sehen vor, daß der Rest (15 Prozent) aus Canaiolo, Malvasia Nera, Mammolo oder anderen einheimischen Sorten bestehen darf. Zudem sind 15 Prozent alternative Sorten wie Merlot und Cabernet Sauvignon zulässig. Weiße Sorten (vormals sechs Prozent) dürfen nicht mehr beigemischt werden. Die ehemalige Chianti-Formel wurde um 1860 erfunden, und die weißen Trauben dienten dazu, die Weine früher trinkbar zu machen.

Kein einheitliches Anbaugebiet

Das Chianti Classico ist kein einheitliches Anbaugebiet. Im Norden um San Casciano und Greve sind die Weine duftiger und mit feinerem Tannin ausgestattet als die Weine im Süden. Castellina, Gaiole, Radda und Castelnuovo Berardenga am südlichen Rand des Anbaugebiets liefern dagegen kräftigere, tanninstärkere, bisweilen auch rauhere Weine. Freilich unterscheiden sich die Weine auch dort je nach Höhenlage (bis 700 Meter) und Bodenformation deutlich. In tiefer gelegenen Gebieten finden sich sandige, feinschotterige Böden, auf denen elegante Weine wachsen. In höheren Lagen dominieren tonhaltige Letten (Galestro) und kalkhaltiger Sandstein (Alberese). Von dort kommen muskulösere Weine.

Die neuen Weine

Spätestens seit Beginn der 1980er Jahre ist die Qualität des Chianti Classico erheblich gestiegen. Kapitalkräftige Privatleute haben Weingut um Weingut aufgekauft und die darniederliegende Weinwirtschaft saniert. Sie haben die Erträge reduziert, die Sangiovese-Traube wieder vermehrt angepflanzt, zugleich aber auch mit alternativen Sorten experimentiert. Am Ende entsprachen ihre Weine nicht mehr den Produktionsvorschriften eines Chianti oder Chianti Classico. Die einen waren ausschließlich aus Sangiovese-Trauben gekeltert ohne Zusatz weißer (oder anderer

Das mittelalterliche Dorf Volpaia im Chianti Classico.

roter) Trauben, was damals noch zwingend vorgeschrieben war. Die anderen enthielten Sorten, die in der Toskana bis zu diesem Zeitpunkt für die Erzeugung von Qualitätsweinen nicht vorgesehen waren: etwa Cabernet Sauvignon, Merlot oder andere internationale Varietäten. Diese neuen Weine waren zwar

gut, teils sogar besser als die traditionellen Weine. Doch durften sie nicht den Namen Chianti auf dem Etikett tragen. Folglich verließen sie als schlichter Vino da tavola (Tafelwein) unter einem Phantasienamen das Weingut.

Ende des Vino da Tavola

So entstand die ungute Situation, daß die besten toskanischen Weine („Super Tuscans") in der untersten Weinkategorie, die die europäische Gesetzgebung bereit hält, auf der Markt kamen. Den Winzern war es recht. Sie konnten, da der Gesetzgeber an Tafelweine nur geringe Ansprüche stellt und daher wenige Vorschriften erlassen hat, nach Herzenslust experimentieren. Die Situation änderte sich erst 1997, als verboten wurde, Tafelweine mit Jahrgang in den Verkehr zu bringen. Der Jahrgang ist für hochwertige Weine unverzichtbar. Gleichzeitig wurde aber die neue Kategorie der IGT-Weine geschaffen: Weine mit geographischer Typizität. Deren Vorschriften waren flexibel genug, um all die „Super Tuscans" aufzunehmen. Die Jahrgangsangabe ist vorgeschrieben, und die Ursprungsgrenzen sind weit gezogen. Zugleich wurden die Herstellungsvorschriften für Chianti und Chianti Classico geändert. Sie dürfen auch ohne weiße Trauben, sogar reinsortig aus Sangiovese erzeugt werden. Damit war die Voraussetzung gegeben, daß reinsortige Sangiovese-Weine wieder in den Schoß des Chianti zurückkehren.

Das Chianti ist eine hügelige Landschaft mit steinigen Böden.

Wiedergeburt der Sangiovese

Villa di Capezzana, Mittelpunkt des kleinen Anbaugebietes Carmignano westlich von Florenz.

Chianti Rufina

Östlich von Florenz bei Pontassieve liegt ein kleines Anbaugebiet, das in den 1930er Jahren ins Chianti eingemeindet wurde und vorher unter der Bezeichnung Rufina einen eigenen Wein produziert hatte. Für den Rufina-Chianti gelten dieselben Vorschriften für die Traubenzusammensetzung wie für andere Chianti. Wegen der besonderen Sandstein- und Tonmergelböden entstehen aber recht eigenständige Weine. Sie sind etwas tanninstärker, besitzen aber eine zarte Frucht und sind in ihren besten Qualitäten ebenso gut wie die besten Chianti Classico. Allerdings umfaßt die DOCG-Zone lediglich knapp 600 Hektar, und es gibt nur wenige Spitzenerzeuger. Pomino, ehemals zum Chianti Rufina gehörend, hat heute eine eigene DOC.

Carmignano

Kleines Anbaugebiet westlich von Florenz, das 1932 dem Chianti Montalbano zugeschlagen, 1975 wieder ein eigenständiges Anbaugebiet wurde. Der Carmignano wird aus Sangiovese-

und Canaiolo-Trauben mit zehn bis 20 Prozent Cabernet Sauvignon gewonnen. Aufgrund der tief gelegenen Weinberge fällt er säureärmer aus als der Chianti Classico. Wegen der sandigen Böden erreicht er nicht ganz dessen Körperreichtum. Carmignano gehört zu den vier Weinzonen der Toskana, die bereits 1716 vom Großherzog der Toskana als herausragende Ursprungsgebiete benannt wurden.

Bolgheri

Städtchen an der toskanischen Mittelmeerküste etwa 50 Kilometer südlich von Livorno, das einem kleinen, sehr dynamischen Rotweinanbaugebiet den Namen gegeben hat. Bekannt gemacht hat das Anbaugebiet ein Wein: der Sassicaia. Er war der erste reinsortige Cabernet Sauvignon Italiens und genießt, seit er 1968 erstmals produziert wurde, weltweit höchste Wertschätzung. Der Erfolg dieses Weins hat zahlreiche Winzer ermutigt, in Bolgheri ebenfalls Cabernet Sauvignon anzubauen, aber auch Merlot, Petit Verdot und Syrah. Sie haben die Sangiovese-Traube, die

vorher in diesem Küstenbereich stark vertreten war, langsam verdrängt. Heute gilt Bolgheri als eines der besten Cabernet-Anbaugebiete Italiens. Der Erfolg der Weine hat in dem schmalen Küstenstreifen einen regelrechten Weinboom ausgelöst. Während die Weine früher als vino da tavola (Tafelwein) verkauft wurden, kommen sie seit 1995 als Bolgheri DOC oder Bolgheri Superiore DOC auf den Markt. Allein der Sassicaia hat das Recht, sich Bolgheri Sassicaia DOCG zu nennen. Die neue Ursprungsbezeichnung ist allerdings sehr flexibel. Auch Weine auf Sangiovese-Basis (mindestens 30 %) können sich ihrer bedienen. Daneben wird Bolgheri Rosato und Weißwein erzeugt, vor allem aus den Sorten Vermentino und Sauvignon Blanc.

Montescudaio

Altes, toskanisches Anbaugebiet im Hinterland von Cecina, das in den letzten Jahren vermehrt Zulauf von Neuinvestoren erlebt hat. Traditionell wird dort Sangiovese angebaut, die einen geschmeidigen, fruchtbetonten

Wein ohne großes Tanninrückgrat ergibt. Um dichtere, langlebigere Weine erzeugen zu können, wurde das DOC-Statut 1999 geändert, so dass nur noch 50 Prozent Sangiovese erforderlich sind. Der Rest kann aus Cabernet Sauvignon, Merlot und anderen internationalen Sorten bestehen. Auf diese Weise sind einige bemerkenswerte Rotweine entstanden, etwa La Regola und Sorbaiano. Castello del Terriccio bringt seine Weine als Rosso della Toscana auf den Markt.

Val di Cornia

Weinanbaugebiet an der toskanischen Mittelmeerküste, das von Piombino über Campiglia Marittima bis weit über Suvereto hinaus reicht. In dem breiten, zum Meer hin offenen Tal herrscht ein warmes, mediterranes Klima, in dem besonders Merlot und Cabernet Sauvignon gut gedeihen. Auf den rostroten, mineralreichen Böden der oberen Talebene werden aus diesen Sorten Weine erzeugt, die zu den besten Italiens gehören. Aus diesem Grund erlebt das Val di Cornia einen großen Zulauf von Neuwinzern und Investoren, die mit viel Kapital, aber auch mit viel Hingabe sich der Weinerzeugung widmen. Im Bereich der Gemeinde Suvereto dürfen die Weine auch reinsortig gekeltert werden. Traditionell werden in der Gegend Sangiovese, Ciliegiolo und Montepulciano angebaut (dazu ein wenig Malvasia Nera, Colorino). In kleiner Menge werden auch weiße Sorten kultiviert: traditionell Trebbiano Toscano, Biancone und Ansonica, in den letzten Jahren vermehrt Pinot Bianco, Chardonnay, Clairette. Besonderer Beliebtheit erfreut sich bei den Winzern neuerdings die rote Aleatico-Rebe, aus der ein süßer Passito-Wein erzeugt wird.

Morellino di Scansano

In der südlichen Toskana um Grosseto wachsender Wein, der aus Sangiovese-Trauben erzeugt wird mit kleinen Zusätzen von lokalen Sorten wie Canaiolo, Colorino, Ciliegiolo, Alicante, neuerdings auch von Merlot, Cabernet Sauvignon und Syrah. In der Vergangenheit war der Morellino di Scansano ein einfacher Wein, weicher als ein Chianti, aber ohne die Fülle eines Brunello di Montalcino. Seit die Gegend einen starken Zuzug von auswärtigen Weininvestoren erfährt, ist allerdings deutlich mehr Ambition spürbar. Die neuen Weinbergbesitzer pflanzen neben Sangiovese viel Merlot, Syrah und Cabernet Sauvignon an, um diese reinsortig zu keltern oder als Cuvées auf die Flasche zu bringen (auch unter Ein-

schluß von Sangiovese). Diese Weine kommen dann als Maremma Rosso IGT auf den Markt. Ein großer Teil dieser Weine befindet sich allerdings erst in der Entstehungsphase. Das Anbaugebiet ist groß und nicht sehr homogen. In der meernahen, niedrigen Zone herrschen hohe Temperaturen und sandige Böden vor, die schlichte Weine ergeben.

Andere Weinregionen

Vernaccia di San Gimignano: Bekannter und sehr populärer Weißwein aus dem gleichnamigen mittelalterlichen Städtchen in der Toskana. Er wird aus Vernaccia-Trauben erzeugt und ist ein einfacher, erfrischender, in seinen besten Qualitäten auch gehaltvoller Wein. Seit er 1994 den DOCG-Status erhalten hat, dürfen ihm zehn Prozent andere Sorten hinzugefügt werden. Der Rosso di San Gimignano muß zu mindestens 5 Prozent aus Sangiovese-Trauben bestehen, während die andere Hälfte aus Cabernet Sauvignon, Merlot und anderen empfohlenen Sorten gewonnen wird.

Cortona: Weinanbaugebiet um die Stadt Cortona, das in den letzten Jahren zu einem Experimentierfeld für neue Rebsorten und neue Weine geworden ist. Bei den Weißweinen sind Pinot Bianco, Chardonnay, Grechetto, Riesling Italico und Sauvignon Blanc erlaubt, bei den Rotweinen neben der Sangiovese-Traube Cabernet Sauvignon, Merlot, Syrah, Gamay und Pinot Nero, jeweils reinsortig oder als Cuvée.

Parrina: Im äußersten Süden der Toskana bei Orbetello gelegenes Ursprungsgebiet, das einen eher geschmeidig-fruchtigen Sangiovese-Wein hervorbringt, teilweise mit Merlot und Cabernet Sauvignon verschnitten, dazu Weißweine aus Trebbiano, Malvasia, Ansonica.

Chianti Montespertoli: Jüngste Unterzone des Chianti, die eine jahrhundertealte Weinbautradition besitzt und schon früh ein bedeutender Weinhandelsplatz war. Seit 1997 hat sie das Recht auf einen eigenen Herkunftsnamen. Der Ort Montespertoli liegt 30 Kilometer südlich von Florenz im Tal der Pesa. Seine Weinberge gehören damit zu den niedrigsten im Chianti. Dort wächst ein geschmeidiger, nicht zu fülliger Chianti, der vor allem mit Fruchtigkeit und Frische glänzt.

Montecarlo: Altes Weißweinanbaugebiet um das gleichnamige Städtchen westlich von Florenz, in dem in den letzten Jahren zunehmend rote Sorten angepflanzt wurden: neben Sangiovese, Canaiolo, Ciliegiolo, Colorino, Malvasia Nera, die die Basis der DOC-Rotweine bilden, vor allem Merlot und Syrah. Die Tradition der weißen Reben wird jedoch nicht aufgegeben, obwohl in den tiefen Lagen am Fuße des Apennin eher einfache Weine aus ihnen gewonnen werden. Seit den napoleonischen Kriegen sind in Montecarlo Sauvignon Blanc, Roussanne, Pinot Grigio und Pinot Bianco heimisch. Die Trebbiano Toscano bildet traditionell jedoch die Basis der Weißweine.

San Gimignano: mittelalterliche Stadt im Chianti, bekannt wegen ihres Vernaccia-Weins.

Die Entdeckung des süßen, weichen Tannins

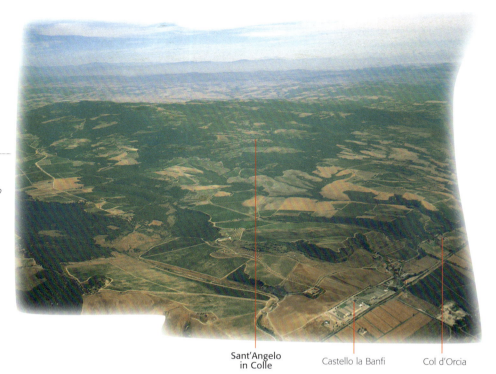

Montalcino

An den Hängen des südtoskanischen Städtchens wächst der Brunello di Montalcino.

Sant'Angelo in Colle   Castello la Banfi   Col d'Orcia

wuchtiger und schwerer als der Chianti Classico. Sein Tannin ist süßer und weicher, die Säure liegt niedriger. Er reift mindestens zwei Jahre im Holzfaß (traditionell ein großes Holzfaß aus slawonischer Eiche) und darf erst nach vier Jahren in den Handel gebracht werden. Jedoch rechtfertigt nicht jeder Brunello den Ruf, der ihm vorauseilt, und den Preis, den er kostet. Von exzellenter Qualität und vergleichsweise bescheidenem Preis kann der Rosso di Montalcino sein, der zweite Wein aus diesem südtoskanischen Anbaugebiet. Auch er ist reinsortig aus Brunello-Trauben gekeltert, braucht aber nur ein Jahr Faßreife.

Brunello di Montalcino

Der Brunello ist der international am höchsten geschätzte DOCG-Rotwein Italiens: ein üppiger, muskulöser Wein mit einem tiefen Zedern- und Brombeerduft und viel weichem, aber kräftigem Tannin. Er wird reinsortig aus Sangiovese-Trauben erzeugt, freilich einer besonders kleinbeerigen Spielart, die zur Familie der Sangiovese-Grosso-Reben gehört und Brunello genannt wird. Dieser Sangiovese-Grosso-Klon wurde Mitte des 19. Jahrhunderts von Ferruccio Biondi-Santi isoliert und vermehrt. Auf ihm basiert die Erfolgsgeschichte des Weins. Bis in die 1960er Jahre hinein hatte die Familie Biondi-Santi praktisch das Monopol auf den Brunello. Heute gibt es über 100 meist kleine Flaschenabfüller in der Zone. Die Anbaufläche hat sich seit Anfang der 1980er Jahre mehr als verdoppelt. Neben großen Weinhäusern und kapitalkräftigen Privatleuten, die sich in Montalcino angesiedelt haben, füllen auch immer mehr kleinbäuerliche Betriebe ihren Wein selbst ab. Der Brunello ist dank der südlicheren Lage

Reifekeller des Weingutes Il Greppo von Biondi-Santi: Drei Jahre reift der Brunello hier im Holzfaß.

Vino Nobile di Montepulciano

Der zweite bedeutende Rotwein der Süd-toskana ist der Vino Nobile di Montepulciano. Er wächst auf den Hügeln um das gleichna-mige mittelalterliche Städtchen und wird vor allem aus Trauben der Sorten Sangiovese (ört-lich Prugnolo Gentile genannt) sowie Canaio-lo und Mammolo (in kleinen Mengen) gewon-nen. Das Anbaugebiet ist halb so groß wie das des Brunello, hat sandigere Böden und wegen seiner Meeresferne ein kühleres, gemäßigte-res Klima: Grund dafür, daß der Vino Nobile nicht ganz die Fülle des Brunello beziehungs-weise die Dichte und Eleganz der Chianti Clas-sico erreicht. Gleichwohl sind die besten Vino Nobile würdige Vertreter der Sangiovese-Traube. Die weniger guten Lagen liefern die Trauben für den einfachen, aber delikaten Rosso di Montepulciano oder den noch ein-facheren Chianti Colli Senesi.

Montecucco

Neues, aufstrebendes Anbaugebiet in der süd-lichen Toskana, an den Hängen des Monte Amiata zwischen Montalcino und Grosseto ge-legen. Die Weine kommen, wenn sie nur aus Sangiovese erzeugt werden, in der Spitze ei-nem Brunello di Montalcino nahe. Sie heißen dann Montecucco Sangiovese. Im Gegensatz zu diesem Wein darf der Montecucco Rosso zu maximal 40 Prozent aus Merlot, Syrah, Cabernet Sauvignon und anderen internatio-nalen Sorten bestehen.

Montalcino: einsame, waldreiche Hügellandschaft, aus der ein großer Rotwein kommt.

Torgiano

Bekannt ist dieser umbrische Rotwein vor allem wegen der Familie Lungarotti, die über einen großen Teil der Weinberge um das klei-ne gleichnamige Dorf am Tiber verfügt und mit ihrer Riserva Monticchio, die erst nach zehnjähriger Lagerung (größtenteils auf der Flasche) auf den Markt kommt, schon früh Qualitätsstandards gesetzt hat. Der einfache Torgiano ist ein unprätentiöser, aber delika-ter Wein. Basis des Torgiano ist die Sangio-vese-Traube. Den ausdrucksvollen, fruchtigen Geschmack steuert die Canaiolo bei, die zu 30 Prozent in ihm enthalten ist.

Montefalco

Von den Hügeln um das Städtchen Montefalco kommt der heute wohl beste Rotwein Umbri-ens: der Montefalco Sagrantino. Die Sagranti-no-Traube ergibt einen vielschichtigen, tradi-tionell etwas feurigen, heute eher kompakten Wein von dunkelrubinroter Farbe mit viel mürbem, bittersüßen Tannin. Er wird rein-sortig aus ihr gewonnen. Ein etwas einfache-rer Wein ist der Montefalco Rosso aus San-giovese (60 bis 70 Prozent), Sagrantino und anderen Sorten nach Wahl.

Orvieto

Bedeutendste Weißweinzone Umbriens, aus der große Mengen einfacher und einfachster Weißweine in kommerzieller Qualität kom-men. Angebaut werden vor allem Trebbiano- und Grechetto-Trauben. Bessere Qualitäten liefern Weingüter, die Chardonnay und Sau-vignon gepflanzt haben. Seit einigen Jahren wenden sich ambitionierte Winzer aber auch mehr und mehr roten Sorten zu.

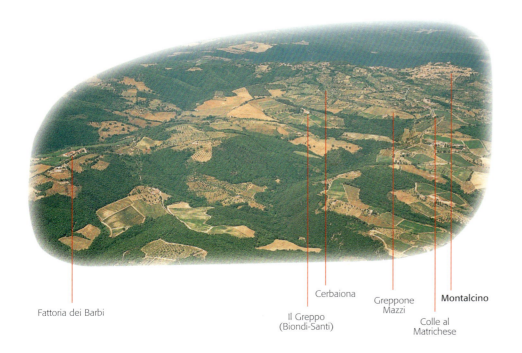

Fattoria dei Barbi

Cerbaiona

Il Greppo (Biondi-Santi)

Greppone Mazzi

Colle al Matrichese

Montalcino

Neue Botschaften aus dem heißen Süden

Abendlicht über den märkischen Hügeln bei Montecarotto: Land des Verdicchio und der Rotweine aus der Montepulciano-Traube.

Montefiascone

Im nördlichen Latium, nahe der Grenze zur Toskana gelegenes Anbaugebiet, das für seinen weißen Est! Est!! Est!!! bekannt geworden ist. Dieser rustikale, wenig aufregende Wein wird aus Trebbiano-Trauben erzeugt. Neben industriellen Weinerzeugern haben sich in jüngerer Zeit einige kleinere Betriebe dieses Weins angenommen – mit gutem Erfolg. Auch Merlot wird neuerdings sehr erfolgreich in Montefiascone angebaut.

Frascati

Zur Region Latium gehörendes Massenwein-Anbaugebiet vor den Toren Roms, das größtenteils schlichte, wässrige Weißweine einfachsten Zuschnitts liefert. Einige Betriebe haben neuerdings gehaltvollere Weine mit zarter Frucht auf den Markt gebracht.

Rosso Conero

Südlich der Hafenstadt Ancona, im Einflußbereich kühler Meerbrisen, wächst ein voller, feuriger Rotwein. Er heißt Rosso Conero und wird aus Montepulciano-Trauben gewonnen. Die Sangiovese, die ihm zu 15 Prozent beigemischt werden darf, bringt im warmen Adriaklima keine großen Qualitäten. Traditionell feurig und etwas derb, hat der Rosso Conero in den vergangenen Jahren durch sorgfältigere Weinbereitungs-Methoden deutlich an Feinheit gewonnen. Allerdings gibt es kaum mehr als ein knappes Dutzend Winzer, die gute Qualitäten anbieten.

Verdicchio

Der wichtigste Wein der Region Marken, am Fuße des Apennins auf lehmigen Kalkböden wachsend: Ein Weißwein, der nicht durch seine Säure, sondern durch seinen Körperreichtum besticht. Lediglich die industrielle Variante des Verdicchio ergibt einen schlanken Wein. Der charakteristische Verdicchio besitzt Fülle, Duft und Komplexität. Das gilt schon für den Verdicchio dei Castelli di Jesi, aber mehr noch für den Verdicchio di Matelica. Beide besitzen eine eigene DOC und werden reinsortig aus der gleichnamigen Traubensorte gekeltert.

Apulien

Die Fülle bekannter und namenloser DOC-Rotweine von teils ordentlicher, teils mittelmäßiger Qualität macht es schwer, einzelne Gebiete besonders hervorzuheben. Da das Klima von Norden nach Süden homogen warm ist und die Böden ganzer Landstriche für den Weinbau geeignet sind, hängt die Güte eines Weins stark vom einzelnen Erzeuger ab. Die Haupt-

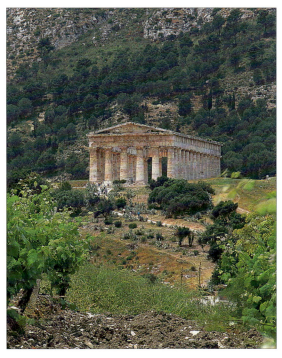

Tempel der Segesta auf Sizilien inmitten alter Reben.

sorte Negroamaro findet sich in fast allen, die Malvasia Nera und die Montepulciano-Traube in vielen Rotweinen wieder. Besonders interessante Weine ergeben die (stark rückgängige) Uva di Troia (zum Beispiel in den Weinen von Castel del Monte und Cerignola vertreten) sowie die urwüchsige Primitivo-Traube, aus der neuerdings einige großartige, trockene Rotweine erzeugt werden.

Kalabrien

Vergessene Weinregion im äußersten Süden Italiens, aus der nur noch wenige qualitativ gute Weine kommen. Diese wachsen ausschließlich im Hinterland der Hafenstadt Cirò: kräftige, tanninreiche Rotweine, die entfernt an einen Barolo erinnern, jedoch nicht dessen Langlebigkeit und Feinheit besitzen.

Kampanien

Klassische Weinregion Italiens, aus der heute eine Fülle solider Weiß- und Roséweine im mediterranen Stil kommen. Der bedeutendste Rotwein ist der Taurasi: ein schwerer, tanninstarker Wein mit aus-

drucksvoller Frucht. Er wächst um die Stadt Avellino. Auch der weiße Fiano ist ein charaktervoller, gänzlich eigenständiger Wein.

Basilikata

Am Fuß des Monte Vulture, eines erloschenen Vulkans, wird in kleinen, versprengten Terrassen die Aglianico-Rebe angebaut. Aus ihren Trauben wird

Vulkanasche auf Pantelleria: Insel der süßen Weine.

der Aglianico del Vulture gewonnen, einer der schönsten Rotweine des südlichen Italiens.

Sizilien

Das riesige Weinland tritt vor allem als Massenweinland in Erscheinung. Nur wenige Erzeuger haben es verstanden, das qualitative Potential der Insel auszunutzen. Die ersten waren die Staatskellerei Duca di Salaparuta in Casteldaccia, die Güter des Grafen Tasca d'Almerita in Scalfani Bagni und der Marsala-Erzeuger Vecchio Samperi. Inzwischen streben ihnen zahlreiche Erzeuger nach und stellen vor allem frische Weiß- und Roséweine im modernen Stil her.

Sardinien

Aus Sardinien kommen nicht nur leichte, frische Sommerweine (Sorten: Vermentino, Nuragus, Malvasia di Sardegna, Sauvignon), sondern auch substanzreiche Rotweine: Neben den traditionellen Sorten Cannonau, Carignano, Malvasia Nera und Sangiovese wird neuerdings auch Cabernet Sauvignon mit großem Erfolg angebaut.

Das Weinland Italien in Zahlen

Rebfläche: 856 000 Hektar
Weinproduktion: 42 bis 51 Millionen Hektoliter
Jährlicher Weinkonsum pro Kopf: 48 Liter

Die 10 häufigsten Rebsorten

1. Trebbiano	weiß	11,6 %
2. Sangiovese	rot	10,0 %
3. Barbera	rot	5,5 %
4. Merlot	rot	3,7 %
5. Negro Amaro	rot	3,6 %
6. Montepulciano	rot	3,6 %
7. Primitivo	rot	2,0 %
8. Dolcetto	rot	1,2 %
9. Prosecco	weiß	0,8 %
10. Pinot Bianco	weiß	0,8 %

Das italienische Weinrecht

Denominazione di Origine Controllata e Garantita (DOCG): kontrollierte und garantierte Ursprungsbezeichnung, die höchste Stufe des italienischen Weingesetzes. Die Bezeichnung wurde seit 1983 nur wenigen Weinen zuerkannt. Sie ist in der Regel mit strengeren Vorschriften, insbesondere strengeren Mengenbegrenzungen versehen als die DOC.
Denominazione di Origine Controllata (DOC): kontrollierte Ursprungsbezeichnung, wird seit 1964 vergeben. Enthält Vorschriften über die Grenzen der Anbaugebiete, die zugelassenen Rebsorten, die Art des Ausbaus der Weine sowie über den Zeitpunkt der Freigabe. Derzeit sind etwa 19 Prozent der italienischen Produktion DOC-Weine.
Indicazione Geografica Tipica (IGT): 1997 eingeführte Kategorie von Regionalweinen, die dem Landwein entspricht. Die Anforderungen an Mindestalkoholgehalt und Hektarhöchsterträge liegen unter DOC-Niveau. Auf dem Etikett dürfen Rebsorte, Jahrgang und Region angegeben werden.
Vino da Tavola (VdT): Tafelwein mit geringsten qualitativen Anforderungen. Er muß unverdorben und zum Verzehr geeignet sein. Auf dem Etikett dürfen nur die Farbe, der Alkoholgehalt und das Herkunftsland angegeben werden, nicht der Jahrgang.

Mehr als nur Rioja

Spanien ist nach dem Umfang seiner Rebfläche das größte Weinbauland der Erde. Gemessen an der Menge des Weins, die produziert wird, steht es freilich nur an dritter Stelle hinter Italien und Frankreich. Dieser Zwiespalt dokumentiert die Besonderheit Spaniens unter den weinerzeugenden Nationen. Durch die große Trockenheit, die in weiten Teilen des Landes herrscht, sind die Traubenerträge gering. Außerdem ist Spanien stark von Traditionen geprägt, die noch aus dem 18. und 19. Jahrhundert stammen. So stehen in keinem anderen Weinbauland Europas so wenig Rebstöcke auf einem Hektar wie dort. Seit den 60er Jahren hat in Spanien jedoch eine beispiellose Modernisierung des Weinbaus stattgefunden, die freilich zur Massenproduktion, zum Qualitätsverfall und damit zum Abstieg des spanischen Weinbaus führte. Der moderne, qualitätsorientierte Weinbau hat erst in den letzten Jahren in Spanien Einzug gehalten. Die Qualitätsrevolution ging dabei nicht von der Rioja, dem international bekanntesten Weinanbaugebiet Spaniens aus, sondern von vielen kleinen und kleinsten Anbaugebieten der Iberischen Halbinsel.

La Coruña

San Sebastián

Ribeira Sacra

Ribeiro

Bierzo

Rías Baixas

Valdeorras

Rioja

Navarra

Somon

Vinho Verde

Porto

Porto e Douro

Ribera del Duero

Toro

Rueda

Madrid

Bairrada

Dão

Ribatejo

Valencia

Utiel-Requena

La Mancha

Bucelas

Colares

Carcavelos

Setúbal

Lisboa

Valdepeñas

Yecla

Jumilla

Alicante

Alica

Cartagena

Sevilla

Montilla-Moriles

Jerez

Málaga

Málaga

Langes Festhalten an der Tradition

Spanien ist heute eine der dynamischsten Weinnationen der Welt. In den meisten Anbaugebieten des Landes dominieren jedoch noch jene Rebsorten, die in den letzten 50 oder 100 Jahren der Landbevölkerung ein Auskommen ermöglichten, indem sie sichere, hohe Erträge bei geringen qualitativen Ansprüchen gaben.

In der Rebenstatistik liegt unter den weißen Sorten die Airén, unter den roten die Garnacha vorn – beides Sorten, die schlichte, einfache Weine ergeben. Die traditionelle Art der Weinbereitung – späte Lese und fehlende Temperaturkontrolle bei der Gärung – gehört jedoch der Vergangenheit an. Dafür bestimmen Genossenschaften, die sich der industriellen Massenweinproduktion verschrieben haben, weitgehend das Bild des spanischen Weins. Das führt dazu, daß viele Weißweine des Landes mager und plump ausfallen. Die Rotweine sind häufig alkoholreich und meist sehr niedrig in der Säure. Erst die neue Generation von Weinerzeugern, die in den 1980er und 1990er Jahren die Bühne betrat, hat sich um eine Änderung bemüht. Diese Pioniere haben den Weinbau aus den heißen in kühlere Zonen getragen und stark in moderne Kellertechnik investiert. Das Resultat: frische, saubere Weißweine und gehaltvolle, konzentrierte Rotweine, die weder überlagert noch zu säurearm ausfallen. Sie prägen mehr und mehr den heutigen spanischen Weinstil.

Von den Karthagern zu den Arabern

Kultiviert wurde die Rebe auf der Iberischen Halbinsel schon 4000 bis 3000 vor Christus. Doch erst als Phönizier die Stadt Cádiz gründeten und später die Karthager und Römer einen schwunghaften Handel im Mittelmeerraum begannen, erlebte Spanien seine erste Weinblüte (200 v. Chr.). Besonders in Rom trank man viel und gerne Wein aus Baetica (Andalusien) und Terraconensis (Tarragona). Nach der Eroberung Spaniens durch die Araber (711 n. Chr.) wurde der Weinbau nicht mehr gefördert – wohl aber geduldet. Der Prophet Mohammed hatte zwar den Weingenuß verboten, aber die Emire und Kalifen konnten auf die Weinsteuern nicht verzichten.

Weinbau in der Neuzeit

Nach der Rückeroberung der Iberischen Halbinsel durch die Christen im 15. Jahrhundert blühte der Weinbau zum zweiten Mal auf. Jerez und Málaga waren die wichtigsten spanischen Weinbauregionen. 1587 überfiel Sir Francis Drake Cádiz und erbeutete 2900 Pipes (Fässer) Sherry. Bald darauf kam der Weinhandel mit England in Schwung. Spaniens Weinbau florierte. Erst in der zweiten Hälfte des 19. Jahrhunderts vernichteten Mehltau und Reblaus die Weinberge von Katalonien bis Málaga. Einzige Ausnahme: die Rioja. Wegen seiner Randlage erreichte

die Reblaus dieses Anbaugebiet erst, als die Reben schon weitgehend mit amerikanischen Unterlagen veredelt waren (1900 bis 1910). Zahlreiche Bordeaux-Winzer suchten in der Rioja Ersatz für ihre vernichteten Weinberge. Sie brachten ihre Barriques mit und führten neue Kellertechniken ein. Während der Weltkriege und des Spanischen Bürgerkriegs konnte sich der Weinbau kaum erholen.

Verfall und Wiederaufstieg

Nach 1950 wird der Weinbau durch Gründung zahlreicher Winzergenossenschaften neu belebt. Aber man konzentriert sich auf die Erzeugung einfacher Tafelweine sowie auf den Faßweinexport. Die Qualität verfällt. Nur Sherry und Rioja erleben seit den 1960er Jahren einen Boom. Erst in den 1980er Jahren bemüht sich Spanien, Anschluß an die Qualitätsbestrebungen anderer europäischer Länder zu bekommen. In Katalonien, Alt-Kastilien und einigen kleinen Anbaugebieten im Norden Spaniens starten junge Weinunternehmer und Investoren eine neue, atemberaubende Qualitätsoffensive.

Die Weine von Marqués de Murrieta verkörpern den aristokratischen Stil der Rioja. Es sind durch und durch traditionelle Weine mit enormem Alterungsvermögen. Der 59er Castillo Ygay verbrachte noch 25 Jahre im Holzfaß. Inzwischen hat man die Faßreife verkürzt.

Qualitätsrevolution in Spaniens Norden

Die Reblaus-Katastrophe, die im vorigen Jahrhundert Spanien heimsuchte, und die industrielle Massenproduktion, die nach dem letzten Weltkrieg einsetzte, haben die Ausbreitung des Qualitätsweinbaus auf der Iberischen Halbinsel stark behindert. Jetzt herrscht in Spanien jedoch eine beispiellose Aufbruchstimmung.

Bodegas Raimat in Costers del Segre: Neben Tempranillo stehen Cabernet Sauvignon, Merlot und Chardonnay.

Costers del Segre

Weinbauoase nahe der Stadt Lleida, berühmt wegen des äußerst modern ausgestatteten Spitzenweingutes Raimat. Die Raimat-Gewächse gehören zu den besten Weinen der neuen Generation spanischer Weine. Sie wachsen in einem frostkalten Hochland, in dem im Sommer große Trockenheit herrscht und das deshalb durch ein System von Kanälen bewässert werden muß. Neben den traditionellen Sorten (Parellada, Macabeo, Tempranillo) werden mit Erfolg Chardonnay, Merlot, Cabernet Sauvignon und Pinot Noir angebaut.

Penedès

Das kühle Hügelland südlich von Barcelona ist vor allem berühmt für den Cava, den bekanntesten spanischen Schaumwein, der nach dem Verfahren der Flaschengärung erzeugt wird. Er wird aus den weißen Rebsorten Macabeo, Xarel-lo und Parellada gewonnen. Seit 1988 darf auch Chardonnay verwendet werden. Cava wurde 1872 zum ersten Mal nach diesem Verfahren von dem Weinpionier José Raventos produziert. Seitdem ist seine Kellerei Codorníu landesweit bekannt. Cava muß mindestens neun Monate auf der Hefe liegen, Jahrgangs-Cava (Cava Vintage) mindestens vier Jahre.

Ansonsten werden auf den hellen, tonhaltigen Kreideböden des Penedès kräftige, fruchtbetonte Weißweine aus den drei Cava-Sorten erzeugt, daneben einige Rotweine aus Cariñena, Garnacha und Monastrell. Der bekannteste Winzer des Penedès ist Miguel Torres. Er hat in den 1970er Jahren als erster in Spanien moderne Weinbautechniken eingeführt. Von seinem Weingut in Villafranca kommen heute auch edle Rotweine aus Cabernet Sauvignon. Neue, junge Avantgarde-Winzer haben mit Merlot große Erfolge.

Priorato

Das kleine Anbaugebiet umfaßt nur neun Dörfer. Sie liegen im bergigen Hinterland von Tarragona. Der größte Teil der Weinberge ist mit Cariñena kultiviert, aus der dunkelfarbene, alkoholreiche, aber einfache Rotweine gekeltert werden. Seit Ende der 1980er Jahre haben sich jedoch ein gutes Dutzend Spitzenwinzer im Priorato niedergelassen, die die traditionelle Garnacha-Rebe wieder zu Ehren bringen und daneben ein wenig Cabernet Sauvignon anbauen. Aus diesen Sorten entstehen heute großartige, äußerst charaktervolle, langlebige Rotweine, die zu den besten und teuersten in ganz Spanien gehören.

Rioja

Das Anbaugebiet der Rioja ist 120 Kilometer lang und liegt an den Flußufern des Ebro. Berühmt ist es vor allem für seine tiefroten, würzigen Rotweine, die in ihren besten Reserva- und Gran-Reserva-Qualitäten mehrere Jahrzehnte alt werden und dabei eine unerhörte Feinheit entwickeln können. Allerdings wird über die Hälfte der Rotweine jung verkauft. Die Rioja besteht aus drei Unterzonen: die Rioja Alavesa im Westen liegt nördlich des Ebro-Flusses. Die Rioja Alta verläuft südlich des Flusses in den aufsteigenden Hügeln. Östlich von Logroño beginnt die Rioja Baja, die wärmste und trockenste Unterzone mit den schwersten Weinen (bis 15 Vol.%). Der typische Rioja besteht zu 80 Prozent aus Tempranillo. Dazu kommen kleinere Anteile Garnacha- und Cariñena-Trauben (örtlich Mazuelo genannt). Mit Sondergenehmigung darf dem Rioja auch Cabernet Sauvignon und Merlot hinzugefügt werden. Die Weine werden in kleinen *barricas* von 225 Litern aus amerikanischer Eiche ausgebaut. Die Qualität der Rioja-Weine ist sehr unterschiedlich. Es gibt viele magere Weine und zahlreiche überlagerte Reservas. Der Rioja-Boom der 1960er Jahre hat die Massenwein-Produktion gefördert. Noch heute stehen den rund 100 abfüllenden Groß-Bodegas Tausende von kleinen Traubenproduzenten gegenüber, die trotz der Trockenheit im Sommer oftmals weit mehr als den gesetzlichen Höchstertrag von 50 Doppelzentnern pro Hektar ernten. Erst in den letzten Jahren haben einige Kellereien be-

Viele Riojas reifen heute in kleinen „barricas" aus amerikanischer Eiche, so auch der der Bodegas Palacio.

gonnen, eigene Weinberge anzulegen, um die Traubenproduktion selbst kontrollieren zu können. Weiße Rioja-Weine kommen immer häufiger als frische, duftige, junge Weine auf den Markt. Es gibt aber noch die traditionellen holzfaßgelagerten Crianzas und Reservas. Sie machen etwa 20 Prozent der Produktion des Gebiets aus und werden heute meist aus Macabeo-Trauben gekeltert, nur gelegentlich noch aus der traditionellen Malvasia-Rebe.

Navarra
Bekannt geworden ist dieses Anbaugebiet vor allem durch seine einfachen, aber delikaten Roséweine aus der Garnacha-Rebe. Diese werden auch heute noch in großen Mengen gekeltert. Doch ersetzen immer mehr Weingüter die Garnacha durch die wesentlich feinere Tempranillo. Aus ihr lassen sich wohlstrukturierte Rotweine erzeugen, die ernsthaft mit den Riojas konkurrieren. Auch Cabernet Sauvignon und Merlot werden mit großem Erfolg angebaut. Navarra zählt heute zu den aufstrebendsten Anbaugebieten Spaniens.

Somontano
Somontano liegt an den Südhängen der Pyrenäen in der Region Aragón. Es ist eines der kleinsten (2100 Hektar) und jüngsten Ursprungsgebiete Spaniens (erst 1985 geschaffen). In dem kühlen, niederschlagsreichen Klima wachsen hervorragende Weißweine aus den Sorten Chardonnay und Chenin Blanc,

während in wärmeren, tiefer gelegenen Zonen neben den Traditionsreben Monastrell und Garnacha zunehmend Cabernet Sauvignon, Merlot und Pinot Noir angebaut werden. Aus ihnen entstehen gehaltvolle, elegante Rotweine, die in den letzten Jahren beträchtliches Aufsehen erregt haben.

Ribera del Duero
Das bedeutendste Anbaugebiet der Region Castilla y León liegt östlich der Stadt Valladolid an den Ufern des Duero-Flusses. Seine Rebfläche entspricht mit 12750 Hektar etwa einem Viertel der Rebfläche der Rioja. Qualitativ aber ist die Ribera zum großen Herausforderer für die Rioja geworden. Angebaut wird in erster Linie die Sorte Tempranillo, die dort Tinto fino oder Tinto del País heißt und deren Rebkulturen sich bis auf 900 Meter Höhe hinziehen. Ursprünglich wurde sie verwendet, um einfache Roséweine zu erzeugen. Heute ergibt sie dunkelfarbene, mächtige Rotweine von großer Feinheit und langer Lebensdauer. Die Bodegas Vega Sicilia sind das berühmteste Weingut. Sie fügen ihrem Wein zusätzlich Cabernet Sauvignon,

Merlot und Malbec hinzu. Die meisten der neugegründeten Bodegas folgten dem Beispiel. Andere keltern ausschließlich die Tinto fino. Zu diesen gehört Pesquera, die zweite bekannte Bodega der Zone. Mit dem Erfolg ihrer Weine begann in den 1980er Jahren der kometenhafte Aufstieg dieser Region, in der noch heute Zuckerrüben und Reben direkt nebeneinander wachsen. Klimatisch ist die einsame Ribera ein Land der Extreme: lange, frostkalte Winter und kurze, trockene Sommer, die große Traubenerträge gar nicht zulassen.

Rueda
Vor hundert Jahren in Vergessenheit geratene, heute wieder im Aufstieg begriffene Weißweinzone um die gleichnamige Stadt südwestlich von Valladolid. Nachdem dort jahrzehntelang nur die zuckerreiche Palomino-Traube angebaut wurde, um sherryähnliche Weine zu erzeugen, stellen die Winzer seit 1980 ihre Weinberge zunehmend um und pflanzen die traditionelle Verdejo-Traube. Sie bildet heute die Basis für die leichten, trockenen Weißweine der Gegend. Im Rueda Superior muß sie zu mindestens 60 Prozent enthalten sein. Den Rest teilen Viura und Sauvignon unter sich auf.

Toro
Kleine Rotwein-Enklave östlich der Stadt Zamora, aus der ein körperreicher, feuriger Wein kommt, der ganz aus Tempranillo-Trauben erzeugt wird.

El Bierzo
In Nordwesten Spaniens an der Grenze zu Galicien gelegenes Anbaugebiet, das noch stark traditionell geprägt ist und wegen seines kühleren Klimas eine große weinbauliche Zukunft besitzt, insbesondere für elegante Rotweine.

Rías Baixas
Galicien ist wegen seines feuchten, atlantischen Klimas besonders gut für Weißweine geeignet. Der südliche Bereich von der Stadt Cambados bis zur portugiesischen Grenze, Rias Baixas geheißen, gilt daher als bestes Weißwein-Anbaugebiet Spaniens. Angebaut wird dort zu 90 Prozent die Albariño-Rebe. Aus ihr werden frische, leicht würzige Weine erzeugt, die in Spanien selbst eine sehr hohe Wertschätzung genießen, daher recht teuer sind und nur in geringen Mengen ins Ausland gelangen.

Neue Weine im heißen Süden

Für süße Sherrys werden in Jerez Pedro-Ximénez-Trauben vor dem Pressen in der Sonne angetrocknet.

La Mancha

Das öde, einsame Hochland südöstlich von Toledo ist Spaniens größter Weinbaubereich. Obwohl die Trockenheit groß und Wasser knapp ist, kommen große Mengen von schlichten Massenweinen aus diesem Teil Neukastiliens. Allerdings wandelt sich La Mancha, berühmt für seine Windmühlen und Don Quichotte, von einem Massenanbaugebiet für Weißweine (die dürreunempfindliche Airén-Rebe bedeckte bis in die 1990er Jahre hinein 90 Prozent der Rebfläche) zu Spaniens größtem Rotweinbereich. Zwar ist nach wie vor die Airén die Hauptsorte, doch wird bis 2006 etwa die Hälfte der Gesamtrebfläche durch Cencibel (Tempranillo) ersetzt. Renommierte Produzenten aus anderen Anbauregionen haben sich mittlerweile in La Mancha niedergelassen und setzen neue Qualitätsmaßstäbe mit ihren rebsortenreinen Weinen aus Cencibel, Cabernet Sauvignon, Syrah und Petit Verdot, die das Potential der Region verdeutlichen. Etwa die Hälfte der gesamten Fläche (200 000 Hektar) ist gleichnamige DO-Zone.

Valdepeñas

Die Stadt in der Hochebene von La Mancha gibt dem ausgedehnten, in 700 Meter Höhe gelegenen Weinanbaugebiet seinen Namen. Die knapp 303 000 Hektar große Region ist heute für ihre milden, glutvollen Rotweine bekannt. Früher wurde hier fast nur Weißwein hergestellt, hauptsächlich aus der Airén-Traube. Auch die wenigen Rotweine bestanden früher zu 90 Prozent aus Airén. Zehn Prozent Tempranillo (örtlich Cencibel genannt) reichten aus, um dem Wein Farbe und Gerbstoff zu geben. Inzwischen haben die Cencibel und internationale Sorten wie Cabernet Sauvignon und Syrah die Weinberge erobert. Die heutigen Rotweine werden aus ihnen erzeugt: reinsortig oder als Cuvée. Der größte Teil besteht aus schmackhaften, unkomplizierten Weinen, die relativ preiswert auf den Markt gebracht werden können. Einige wenige Erzeuger bauen ihren Valdepeñas jedoch auch als Reserva in kleinen neuen Eichenholzfässern aus.

Jerez

Sherry ist der bedeutendste Wein Andalusiens. Von seinem Charakter und seiner Bereitung her gibt es nirgendwo auf der Welt einen vergleichbaren Wein. Er darf aus den drei weißen Rebsorten Palomino, Pedro Ximénez und Muscat d'Alexandrie erzeugt werden. Tatsächlich wird Sherry – zumindest der trockene – zu 90 Prozent aus der Palomino-Traube erzeugt. Er wächst in der Provinz Cádiz nahe des Meeres, wo trotz der hohen Temperaturen, die in Andalusien herrschen, immer eine kühle Brise vom Atlantik herüberweht. Zentrum der Sherry-Produktion ist die Stadt Jerez de la Frontera. Auf den weißen Albariza-Kreideböden, die sich dort befinden, erreicht Sherry seine besten Qualitäten. Die Besonderheit des Sherry liegt darin, daß er mit Branntwein aufgespritet wird, um ihm einen höheren, zu seinem Körperreichtum passenden Alkoholgehalt zu geben. In den letzten Jahren hat sich die Anbaufläche um Jerez halbiert, weil die Nachfrage nach Sherry weltweit gesunken ist. Statt dessen wird einfacher Weiß- und Rotwein angebaut. Unter Kennern genießt der Wein jedoch nach wie vor einen einzigartigen Ruf.

Andere Weinanbaugebiete

Jumilla: Ausgedehntes, heißes Gebiet im Hinterland von Alicante, in dem vor allem die rote Monastrell-Rebe angebaut wird. Sie ergibt meist feurige, schwere Rotweine mit kräftigem Aroma. Lange Zeit waren die Winzer von Jumilla auf Massenerträge spezialisiert. Nach

In den heißen Anbaugebieten Zentral- und Südspaniens beginnt der Fortschritt mit Edelstahltanks, die eine Temperaturkontrolle während der Gärung ermöglichen.

einem Reblausbefall Ende der 1980er Jahre dachte man um und erreichte, daß viele Weine deutlich an Feinheit gewannen. Neben den benachbarten Anbaugebieten Yecla und Alicante gehören die Weine von Jumilla zu den preiswertesten Spaniens.

Yecla: Das Städtchen in den Bergen um Murcia ist Namensgeber des knapp 4500 Hektar kleinen Qualitätsweinanbaugebiets. Die dunklen, ausdrucksvollen Rotweine werden aus der einheimischen Monastrell-Traube gewonnen, darüber hinaus aus Garnacha, Tempranillo, Cabernet Sauvignon, Merlot und Petit Verdot. Es sind kräftige Weine mit ausgeprägter Frucht, die den Weinen von Jumilla ähnlich sind und in den letzten Jahren an Bedeutung gewonnen haben.

Alicante: Etwa 14 000 Hektar großes Weinanbaugebiet, das aus zwei weit auseinander liegenden Teilen besteht: Vinalopó und La Marina. Als Spezialität wird der Fondillon erzeugt, ein Wein aus Monastrell-Trauben, die am Stock rosinenartig getrocknet sind. Neben den im Solera-Verfahren produzierten Weinen werden aus der gleichen Traube Rotweine erzeugt: schwere, feurige Weine, die meist nur von mäßiger Qualität sind. Darüber hinaus gibt es einige Moscatels. Seit einigen Jahren keltern einige Hersteller beachtenswerte Rotweine.

Utiel-Requena: Großes Anbaugebiet im Hinterland von Valencia, aus dem kräftig strukturierte Rotweine aus Tempranillo- und Bobal-Trauben kommen. Es sind dunkelfarbige, fruchtige, kräftig strukturierte Rotweine sowie feinfruchtige Rosados, die nur aus Bobal gekeltert werden. Doch Bobal macht inzwischen nicht nur im Verschnitt oder als Rosé Furore. Immer mehr Winzer entdecken sie auch für die Herstellung eines sortenreinen, eleganten, leichten Rotweins.

Montilla-Moriles: Bringt dem Sherry in Stil und Qualität vergleichbare Weine aus Pedro-Ximénez-Trauben hervor, die jedoch wesentlich billiger und immer trocken sind. Ein nicht geringer Teil der PX-Trauben wird nach Jerez verkauft zur Erzeugung süßer Olorosos – eine erlaubte Transaktion.

Binissalem: Bedeutendstes Anbaugebiet von Mallorca mit körperreichen, feurigen Rotweinen aus Manto Negro, teilweise auch aus Tempranillo und Monastrell.

Land voller Geheimnisse

Terrassenlandschaft am Douro: Heiße Sommer und kalte, regnerische Winter prägen das Klima in dem Flußtal, aus dem der Portwein kommt.

Portugal hat mehr zu bieten als nur Mateus Rosé und Portwein. Es besitzt mehr als 500 autochthone Rebsorten, aus denen viele gaumenschmeichelnde Industrieweine, aber auch einige charaktervolle Rot- und Weißweine erzeugt werden. Seit gut zehn Jahren herrscht unter den portugiesischen Weinproduzenten Aufbruchstimmung.

Portugal ist ein Land im Umbruch: Die neue Zeit hat schon begonnen, die alte ist noch nicht zu Ende. Im Inneren herrscht noch die alte Ordnung: rote Trauben, die mit Stielen und ohne technische Hilfsmittel gekeltert werden, um zu mächtigen, tannin-herben Rotweinen auszuwachsen, die den Gaumen zusammenziehen und jahrelang ungenießbar sind. Daneben stehen saubere, fruchtig-frische Weißweine, die am Ende mit ein paar Gramm Zucker gesüßt werden, und so die Weltmärkte erobern. Ein Land der Gegensätze also: Im kühlen, atlantischen Klima gedeihen Leichtweine wie der Vinho Verde. Das Kontinentalklima im Landesinneren mit seinen trocken-heißen Sommern bringt dagegen ein Schwergewicht wie den Portwein hervor.

Handelsware Wein

In der Antike brachten Phönizier, Griechen und Römer die Reben auf die Iberische Halbinsel. Unter der maurischen Herrschaft stagnierte der Weinbau, lag aber nicht darnieder. Mit der Unabhängigkeit Portugals im Jahre 1385 entwickelte sich dann ein reger Handel mit England. Vom Minho-Fluß aus, der heute Nordportugal von Spanien trennt, wurden regelmäßig Weinfässer ins Königreich verschifft. Von Portwein war damals noch nicht die Rede. Portwein wurde erst entdeckt, als der englische König William III. im Jahre 1693 so hohe Zölle auf französische Weine erhob, daß sich die englischen Weinhändler nach anderen Quellen umsehen mußten, um Ersatz für die heiß geliebten französischen Rotweine zu finden. Das freilich dauerte.

Aufstieg mit dem Portwein

1678 schickte ein Liverpooler Weinhändler seine beiden Söhne nach Portugal. Sie fuhren den Douro aufwärts, um tief im Landesinneren bei Lamego einen Geistlichen kennenzulernen, der den örtlichen Rotwein noch während der Gärung mit Brandy aufgoß und so die Gärung stoppte. Das Resultat: ein süßer, alkoholstarker Rotwein, ganz nach dem Geschmack der Engländer, die schwere Rotweine liebten. Bald gründeten sie überall am Douro Handelshäuser, um für Nachschub zu sorgen. Um Weinfälschungen vorzubeugen, wurden 1756 die Grenzen des Anbaugebiets, das für den Portwein bestimmt ist, genau festgelegt (siehe Seite 114). Auch der Madeira von der gleichnamigen Atlantikinsel erfreute sich im 18. und 19. Jahrhundert großer Beliebtheit (siehe Seite 115). Hundert Jahre später verwüsteten Mehltau und Reblaus die Weinberge. Erst um 1930 begann der Wiederaufbau durch die Gründung zahlreicher Genossenschaften. Als Portugal 1986 der EU beitrat, existierten bereits zahlreiche Ursprungsgebiete, und der weltweite Erfolg des Mateus Rosé bewies, daß der Blick der portugiesischen Winzer nicht rückwärtsgerichtet ist.

Vinho Verde

Aus dem Norden Portugals kommt der mengenmäßig bedeutendste Wein Portugals: der Vinho Verde. Den „grünen Wein" gibt es in zwei Versionen: der roten und der weißen. Roter Vinho Verde ist spröde, tanninherb und ziemlich unbekannt, weshalb nur wenige Exemplare das Land verlassen. Der weiße Vinho Verde ist neben dem Port der wichtigste Ausfuhrwein Portugals: ein leichter, kohlensäurefrischer Wein mit 8 bis 10 Vol.% Alkohol, häufig auch mit ein paar Gramm Restzucker, der schnell auf den Markt kommt und ebenso schnell getrunken wird. Sein Anbaugebiet umfaßt die Provinz Minho von Porto bis zur spanischen Grenze. In diesem kühlen, regenreichen, zugleich fruchtbaren und deshalb dichtbesiedelten Teil Portugals werden zahlreiche weiße Sorten kultiviert. So liegen dem Vinho Verde ganz unterschiedliche Trauben oder -mischungen zugrunde: Pederñao, Trajadura, Avesso und Loureiro zum Beispiel. Die hochwertigste Sorte ist die Alvarinho, die ganz im Norden an der Grenze zu Galizien angebaut wird. Deren Weine (bis 13 Vol.% Alkohol) bleiben

Vinho Verde: Wegen der Bodenfeuchtigkeit und der Fäulnisgefahr müssen die Reben an hoch gespannten Drähten ranken.

jedoch meist im Lande. Früher wurde der Vinho Verde stets einer malolaktischen Gärung unterzogen, wodurch die Kohlensäure entstand. Industriellem Vinho Verde, der 90 Prozent der Produktion ausmacht, wird dagegen Kohlensäure zugegeben.

Douro

Das Anbaugebiet des Portweins liegt rund 100 Kilometer östlich von Porto am Oberlauf des Douro-Flusses. Zentrum der Weinproduktion ist Pinhao. Die Weinterrassen ziehen sich weit ins Hinterland hinein. Sie liegen auf verwitterten Schieferböden, die imstande sind, Feuchtigkeit zu speichern, so daß die Reben die lange sommerliche Trockenheit über-

stehen können (siehe Seite 27). Wenig bekannt ist, daß die Hälfte der Weinproduktion vom Douro auf nicht-gespritete Rotweine entfällt. Der berühmteste ist der Barca Velha aus dem Portweinhaus Ferreira. Er gilt zu Recht als Portugals bester Rotwein. Die Weißweine haben eine angenehme Säure und Aromen von reifen und tropischen Früchten. Das Douro-Tal gilt als das älteste gesetzlich festgelegte Weinanbaugebiet der Welt. Zum Schutz des Portweins wurden seine Grenzen bereits 1756 definiert.

Bairrada

Das Anbaugebiet um die Stadt Águeda war bis vor 200 Jahren weltberühmt, weil es seine Rotweine zu Portweinen aufspritete und als solche verkaufte. Als eigenständige Region wurde Bairrada erst nach dem Zweiten Weltkrieg wieder bekannt, und zwar durch mächtige, tanninstarke und langlebige Rotweine aus der dickschaligen Baga-Traube. Sie bilden die Basis für zahlreiche Garrafeira-Weinverschnitte großer Handelshäuser. Aus Bairrada kommt auch eine kleine Menge eines robusten, säurebetonten Weißweins aus Bical-Trauben. Außerdem ist die Region für ihre durch Flaschengärung erzeugten Schaumweine bekannt, die Espumantes de Bairrada.

Dão

Im Aufstieg begriffene Region nordöstlich von Lissabon, aus der einige der besten und teuersten Rotweine Portugals stammen. Seinen Namen verdankt das Gebiet mit der Hauptstadt Viseu dem Fluß Dão. Seine körperreichen, fruchtbetonten Rotweine mit hohem Alterungspotential werden vor allem aus einheimischen Rebsorten wie Touriga Nacional, Tinta Roriz, Batardo und Jaen erzeugt.

Andere Weinanbaugebiete

Carcavelos: Winziges Anbaugebiet vor den Toren von Lissabon, das von dem Badeort Estoril nahezu aufgefressen worden ist. Der gleichnamige süße, aufgespritete Dessertwein aus weißen Trauben wurde vor 150 Jahren gern in England getrunken.

Bucelas: Winziges Anbaugebiet nördlich von Lissabon mit einem hochgelobten, aber recht einfachen Weißwein aus Arinto-Trauben.

Ribatejo: Großes Anbaugebiet im Hinterland von Lissabon, aus dem viele Massenweine kommen, aber auch einige bemerkenswerte rote Ribatejo-Gewächse.

Colares: Kleines, nur etwa 350 Hektar großes Anbaugebiet an der Atlantikküste. Seine Spezialität ist ein dicker, fast schwarzer, in Portugal selbst sehr gesuchter Rotwein aus unveredelten Ramisco-Trauben, die im Dünensand westlich von Lissabon wachsen.

Das Weinland Portugal in Zahlen

Rebfläche: 260 000 Hektar
Weinproduktion: 5 bis 6 Millionen Hektoliter
Jährlicher Weinkonsum pro Kopf: 46,3 Liter

Die häufigsten Rebsorten

In Portugal existieren noch keine exakten Erhebungen über Rebsorten und Anbauflächen. Die wichtigsten roten Trauben sind Alfrocheiro, Tinta Roriz (Aragonez), Baga, Castelão Frances (Periquita Mortága), Touriga Francesca, Touriga Nacional und Verdelho (Gouveio). Unter den weißen Trauben dominieren Alvarinho, Arinto, Avesso, Azal Branco Bical, Encruzado, Maria Gomez (Fernão Pires), Loureiro und Trajadura.

Das portugiesische Weinrecht

Portugal war das weltweit erste Weinland, das die Grenzen eines Anbaugebietes von Gesetz wegen festlegen ließ, um Weinfälschungen vorzubeugen: das Portwein-Gebiet am Douro. Das war im Jahre 1756. Heute gibt es in Portugal fünf Weinbauzonen mit 32 Qualitätswein-Anbaugebieten. 26 davon genießen **DOC**-Status (entspricht dem französischen AOC-System), in sechs Regionen werden Weine mit **IPR**-Bezeichnung (**Indicacão de Proveniência Regulamentada**, entspricht den V.D.Q.S.-Weinen) erzeugt. Dazu existieren acht Landweingebiete (**Vinhos Regionais**, entspricht den französischen Vins de Pays). Der Rest firmiert unter **Vinho de Mesa** (Tafelwein). Heute werden mehr Qualitätsweine erzeugt als alle anderen Weinkategorien zusammen.

Portugals Weinbezeichnungen

Verdes: Jungweine, die gleich nach Beendigung der Gärung getrunken werden.
Maturo: Die Bezeichnung „reife" Weine gilt für alles, was nicht zu den Verdes gehört.
Garrafeida: Etikettenbezeichnung für einen Spitzenwein, der lange (oft zehn Jahre) im Faß oder im Keller gelagert hat.

Leichtigkeit des Weins

Deutschland gehört zu den kleineren Vertretern unter den Weinbaunationen der Welt. Die Anbaufläche beträgt gerade acht Prozent derjenigen Frankreichs, und die Menge des Weins, der aus Deutschland kommt, ist nur unwesentlich größer als die Rumäniens. Trotzdem ist Deutschland eine besondere Weinnation. Die deutschen Anbaugebiete befinden sich nämlich nahe des 51. Breitengrades, der als äußerste Klimagrenze für den Rebenanbau gilt. In dem relativ kühlen, kontinentalen Klima, das in Deutschland herrscht, können die Trauben nur an wenigen Stellen ausreifen. Dieser Umstand darf jedoch nicht zu dem Schluß verleiten, daß deutsche Weine am unteren Ende der Qualitätsskala stehen. Im Gegenteil: Aus Grenzregionen – das beweist die französische Champagne – kommen oft besonders feine, charaktervolle Weine. Und außerdem besitzt Deutschland zumindest eine Sorte, die zu Recht zu den edelsten der Welt gezählt wird: den Riesling. Daraus werden Weine gewonnen, wie es sie kaum irgendwo auf der Welt gibt.

Der Natur abgetrotzt

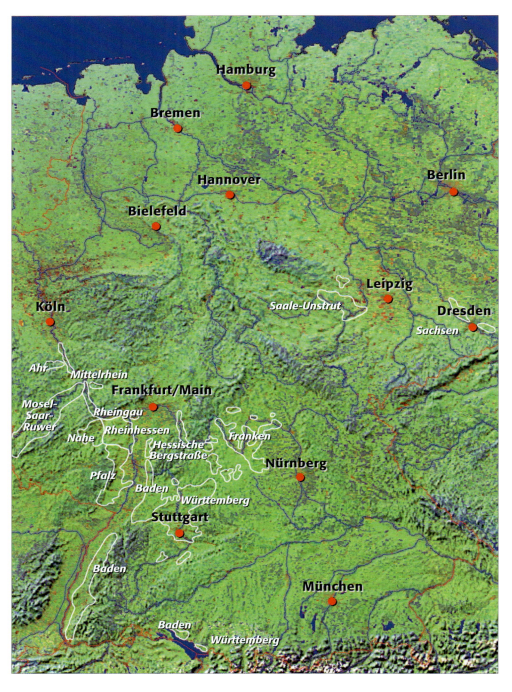

Kein anderes Land hat seine glanzvolle Weinbaugeschichte so verdrängt wie Deutschland. Kein anderes europäisches Land hat weinbaulich mehr Fehler gemacht und hält mit so unheimlicher Konsequenz an ihnen fest. Dieser Tragik zum Trotz gibt es Winzer, die große Weine erzeugen.

Der Weinbau wurde von den Römern nach Deutschland gebracht. Im 3. Jahrhundert n. Chr. spricht der Dichter Ausonius von den Reben an den Ufern der Mosel. Ob es Riesling-Reben waren, ist unbekannt. Im ausgehenden Mittelalter waren Elbling und Silvaner bekannt und weit verbreitet. Eine Sorte „Ruesseling" fand erstmals im 15. Jahrhundert Erwähnung. Die Bedeutung der Riesling-Traube wurde erst viel später erkannt. 1787 verfügte der Fürstbischof zu Trier, Clemens Wenzeslaus, daß an der Mosel Riesling zu pflanzen sei. Damit begann in ganz Deutschland die goldene Zeit des Weins. Im 19. Jahr-

hundert waren Rieslinge aus dem Rheingau die teuersten Weine der Welt. Sie kosteten bei Londoner Weinhändlern mehr als sieben Magnumflaschen Château Lafite. Solche Ehre widerfuhr freilich nur Weinen aus besten Lagen, wie Erbacher Marcobrunn, Schloß Johannisberger, Rauenthaler Baiken. Spätestens mit der industriellen Revolution, als die Menschen in die Städte abwanderten, begann der langsame Niedergang des deutschen Weins. Nach dem Zweiten Weltkrieg wurden die Anbaugebiete bedenkenlos ausgeweitet und die Qualitätsunterschiede der verschiedenen Herkünfte nivelliert. Statt dessen wurde eine Prädikatswein-Hierarchie geschaffen, die nur vordergründig an qualitativen Kriterien orientiert ist. An dieser Politik hat sich bis heute nichts geändert. Im Gegenteil: Immer wieder werden qualitativ mittelmäßige Weine offiziell aufgewertet, um ihnen bessere Absatzchancen zu ermöglichen. Den bescheidenen Glanz, der heute wieder von einigen deutschen Weinen ausgeht, verdankt das Land einzelnen Winzern, die ohne Unterstützung und gegen administrative Hemmnisse am Qualitätsgedanken festhalten.

Pfalz

Die Pfalz ist das zweitgrößte deutsche Anbaugebiet (23 600 Hektar Rebfläche) und ein Füllhorn herzhafter, süffiger Zechweine. Die meisten Weißweine stammen von der Müller-Thurgau-Rebe, die meisten Roten von der Blauen Portugieser. Daneben gibt es aber auch immer mehr hochwertige Weine. Vor allem im warmen Süden der Pfalz werden zunehmend Spätburgunder, in geradezu beängistendem Maße auch Dornfelder angebaut. Die mengenmäßig wichtigste Rotweinsorte bleibt aber der Blaue Portugieser. Insgesamt ist ein Viertel der Rebfläche mit roten Trauben bestockt. Das größte Qualitätspotential liegt in der nördlichen Hälfte der Pfalz, in der Mittelhaardt. Dieser langgestreckte Hügelrücken mit seinen Böden aus Kalksteingeröll, Ton, Basalt, Sand und Buntsandstein, der von Grünstadt im Norden bis fast nach Neustadt im Süden verläuft, ist eines der besten Riesling-Anbaugebiete Deutschlands. Orte wie Kallstadt, Ungstein, Wachenheim, Deidesheim, Forst und Gimmeldingen sind für ihre kräftigen Rieslinge berühmt. In den flacheren, in die Rheinebene auslaufenden Lagen mit ihren Kiesel-, Lehm- und Sandsteinböden wachsen neben Riesling teilweise hervorragende Weiß- und Grauburgunder sowie viel Müller-Thurgau, Kerner und Silvaner.

Rebenlandschaft in der Pfalz: kühles Klima für elegante Weißweine.

Nahe

Die Nahe ist ein Flüßchen, das im Hunsrück entspringt und in den Rhein mündet. Es hat einem kleinen Weinanbaugebiet den Namen gegeben. Angebaut werden vor allem Riesling, der über ein Viertel der Rebfläche ausmacht, sowie Müller-Thurgau, Silvaner, Weiß- und Grauburgunder. Rote Sorten sind nur in geringer Menge vertreten. Dornfelder und Blauer Portugieser machen den größten Anteil an der Rebfläche aus. Mit rund 4400 Hektar Reben ist die Nahe kein kleines Anbaugebiet mehr, aber auch noch kein großes. Auffällig ist die Zersplitterung der Lagen – die Nahe ist deshalb eine sehr heterogene Anbauzone. Das spiegelt sich einerseits in der großen Sortenvielfalt wider, andererseits in den ganz unterschiedlichen Bodentypen. An der oberen Nahe zwischen Monzingen und Traisen herrschen Porphyr, Melaphyr und Bunt-sandstein vor. Bei Bad Kreuznach findet man Sandstein-Verwitterungsböden mit Ton- und Lehmüberlagerungen. Die untere Nahe ist durch Schiefer- und Quarzgestein charakterisiert. Entsprechend unterschiedlich ist der Weintyp, den die Nahe hervorbringt. In ihrer Spitze müssen die Naheweine einen Vergleich mit den besten Gewächsen Deutschlands

nicht scheuen. Der fehlende Glanz, der die Weine umgibt, hat damit zu tun, daß das Anbaugebiet keine große Geschichte hat. Bis 1930 wurden die Weine zumeist als „Rheinweine" verkauft. Erst danach trat die Nahe als eigenständige Anbauregion in Erscheinung.

Rheinhessen

Größtes deutsches Weinanbaugebiet (über 26 000 Hektar Rebfläche), dessen Grenzen so weit gezogen sind, daß es stilistisch und qualitativ völlig unterschiedliche Weine hervorbringt. Auf den fruchtbaren Lößböden des Hinterlands, insbesondere des Wonnegaus zwischen Alzey und Worms, wachsen vor allem herzhafte Müller-Thurgaus (rund 25 Prozent der Anbaufläche), aber auch einige ausgezeichnete Rieslinge (rund zehn Prozent). Besonders gepflegt wird in dieser Region der Silvaner (rund elf Prozent), der sich in seiner neutral-fruchtigen Art gut als Tischwein eignet. Das Hauptanbaugebiet des Silvaners liegt im südlichen Zipfel Rheinhessens bei Worms, der Heimat der Liebfrauenmilch. Dieser dünne, vor allem aus Müller-Thurgau, aber auch aus Kerner, Scheurebe, Bacchus, Silvaner und anderen mehr oder minder hochwertigen Sorten gekelterte Wein, der regelmäßig aufge-

zuckert wird, macht noch immer rund ein Viertel der Weinproduktion Rheinhessens aus. Zum Leidwesen der deutschen Qualitätswinzer bestimmt er bis heute das Bild des deutschen Weins im Ausland. Am Rhein um die Städtchen Nackenheim, Nierstein und Oppenheim konzentriert sich der Rieslinganbau. Auf den Buntsandsteinböden („Rotliegenden") dieser Rheinfront wachsen einige der schönsten Rieslinge Deutschlands. Sie sind von fast symphonischer Fülle und unvergleichlicher Feinheit. Da sie kräftiger und voller, dafür etwas niedriger in der Säure als Mosel-Rieslinge sind, werden sie gern trocken ausgebaut. In letzter Zeit hat die Rotweinproduktion in Rheinhessen großen Auftrieb bekommen: Über 20 Prozent der Rebfläche ist mit roten Sorten bestockt. Vor allem Dornfelder ist neu angepflanzt worden und hat (wegen größtenteils bescheidener Qualitäten) zum Preisverfall dieses Weins beigetragen. Aber auch mit Blauem Portugieser, Cabernet Sauvignon oder Merlot versuchen viele Winzer auf den Rotweintrend aufzuspringen. König der Rotweine ist jedoch der Spätburgunder. In den wenigen guten Rotweinlagen dieses Anbaugebiets, etwa bei Ingelheim, werden beachtliche Qualitäten erreicht.

Schwierige Gegenwart eines berühmten Weins

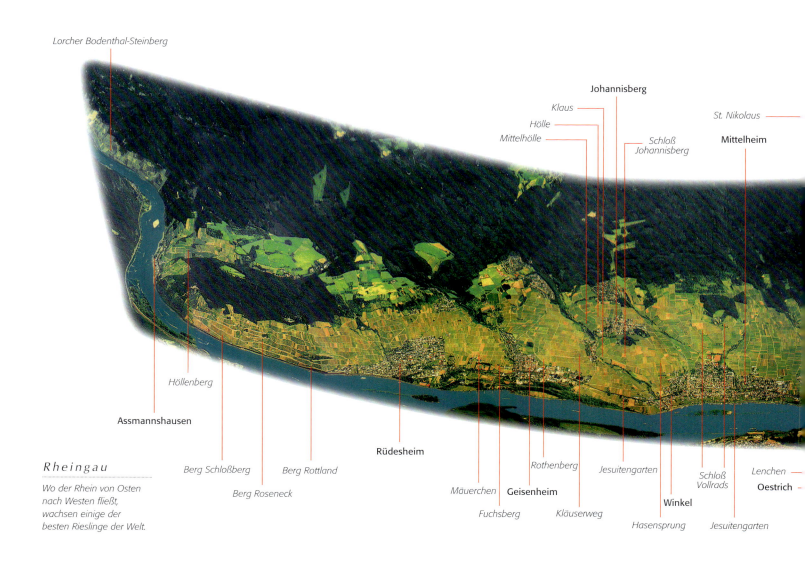

Lorcher Bodenthal-Steinberg

Johannisberg

Klaus

Hölle

Mittelhölle

St. Nikolaus

Schloß
Johannisberg

Mittelheim

Höllenberg

Assmannshausen

Rheingau

*Wo der Rhein von Osten
nach Westen fließt,
wachsen einige der
besten Rieslinge der Welt.*

Berg Schloßberg

Berg Rottland

Berg Roseneck

Rüdesheim

Rothenberg

Jesuitengarten

Schloß
Vollrads

Lenchen

Oestrich

Mäuerchen

Geisenheim

Winkel

Fuchsberg

Kläuserweg

Hasensprung

Jesuitengarten

Rheingau

Der Rheingau ist ein kleines (3100 Hektar Rebfläche), aber illustres Weinanbaugebiet westlich von Frankfurt. Es reicht von Hochheim über Wiesbaden, Eltville und Rüdesheim bis nach Lorch. Auf den kalkhaltigen, sanft nach Süden zum Rhein abfallenden Lößhängen wachsen kräftige, in der Spitze sehr feine Weißweine, auf einer Phyllitschieferinsel bei Assmannshausen auch hellrote, zartfruchtige, teilweise mandeltönige Spätburgunder. Der Riesling bedeckt 88 Prozent der Rebfläche. Er wird – im Unterschied zum Mosel-Riesling – überwiegend trocken bis halbtrocken ausgebaut. Um Schloß Johannisberg und das Kloster Eberbach wuchsen bereits im 13. Jahrhundert Reben. Zu Beginn des 20. Jahrhunderts zahlten Londoner Weinkenner für eine Flasche besten Rheingauers – da-

mals Hock genannt – genausoviel wie für eine Flasche Château Lafite. Im Vergleich dazu ist Rheingauer Wein heute preiswert. Qualitativ gehört er in seinen besten Qualitäten jedoch immer noch zu den großen Weißweinen der Welt. Weingemeinden wie Rüdesheim, Oestrich, Hattenheim, Erbach, Kiedrich und Rauenthal genießen nach wie vor einen guten Ruf. Allerdings werden auch zahllose mittelmäßige Weine angeboten, die das Resultat viel zu hoher Erträge sind. Die lokale Vermarktung über Buschenschänken und Straßenfeste hat ebenfalls zu Qualitätseinbußen geführt.

Mittelrhein

Das Anbaugebiet Mittelrhein umfaßt ein knapp hundert Kilometer langes Gebiet links und rechts des Rheins. Es reicht von Lorch im Süden bis nach Königswinter im Norden.

Den guten Ruf dieses eher wenig bekannten Gebiets macht der spritzige, säurebetonte, leicht mineralisch schmeckende Riesling aus. Die kühlen Keller sorgen dafür, daß die Weine oftmals eine natürliche Restsüße behalten, weil sie nicht vollständig durchgären. Wegen der hohen Säure steht ihnen diese leichte, oftmals kaum schmeckbare Süße jedoch vorzüglich. In jedem Fall stehen die besten Rieslinge vom Mittelrhein den berühmten Weinen des Rheingaus kaum nach. Auch Müller-Thurgau und Kerner sind in den Weinbergen gut vertreten. Freilich ist der Weinbau nur an wenigen Hängen (oder Seitentälern) des Rheins möglich. Fast immer sind es steile, nach Süden ausgerichtete und mit Tonschiefer bedeckte Terrassenlagen, die nicht flurbereinigt, schwer zugänglich, nur von Hand zu bearbeiten sind. Weil Arbeitskräfte fehlen,

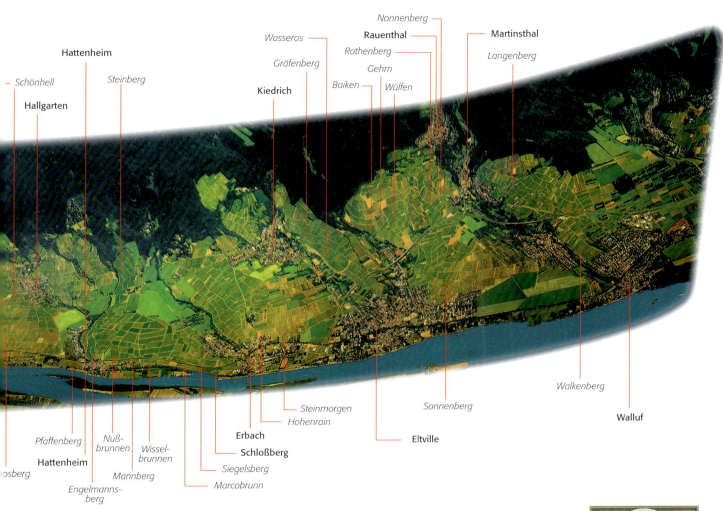

Schönhell
Hattenheim
Hallgarten
Steinberg
Kiedrich
Wasseros
Gräfenberg
Baiken
Gehrn
Wülfen
Rothenberg
Rauenthal
Nonnenberg
Martinsthal
Langenberg

Walkenberg
Sonnenberg
Walluf
Steinmorgen
Hohenrain
Erbach
Eltville
Schloßberg
Siegelsberg
Marcobrunn
Pfaffenberg
Nuß-brunnen
Wissel-brunnen
Hattenheim
Mannberg
Engelmanns-berg
...sberg

sind viele Lagen in den letzten Jahren verwildert. Heute sind nur noch etwa 700 Hektar mit Reben bestockt – Tendenz abnehmend.

Ahr

Die Ahr liegt deutlich nördlich des 51. Breitengrads, der häufig als eine natürliche Weinbaugrenze in Europa angesehen wird. Überraschenderweise zählt die Ahr jedoch zu den wärmsten deutschen Weinbauzonen. Vor allem in den Steillagen mit ihren wärmespeichernden Schieferverwitterungsböden herrschen bis in den Herbst hinein hohe Temperaturen. Diese besonderen klimatischen Verhältnisse sind der Grund dafür, daß an der Ahr seit jeher Rotwein erzeugt wird. Rund 83 Prozent der kleinen, oft gartenähnlich angelegten Rebpflanzungen bestehen aus roten Sorten. Die mit Abstand wichtigste ist der Spätburgunder,

aus dem samtige, teilweise üppige Weine mit süßer Fruchtfülle gewonnen werden, die in der Spitze zu den besten Rotweinen des Landes zu zählen sind. Auch der Frühburgunder wurde in den letzten Jahren vermehrt angebaut. Der anspruchslose Blaue Portugieser befindet sich dagegen auf dem Rückzug. Weiße Sorten machen nur einen geringen Teil der insgesamt 525 Hektar umfassenden Rebfläche aus. Der Riesling dominiert klar. Benannt ist das Anbaugebiet nach dem Flüßchen Ahr, das sich durch die Eifel mäandriert, um südlich von Bonn in den Rhein zu münden. Im oberen, engen Teil des Tals zwischen Altenahr und Marienthal wachsen filigrane, zartfruchtige Weine. Von den Lößlehmböden des breiteren, unteren Teils (von Walporzheim bis Heimersheim) kommen hingegen vollmundigere, üppigere Weine.

Stahlige Rieslinge mit donnernder Säure

Piesport: Die besten Weine kommen aus den Steillagen an den Ufern der Mosel.

Mosel-Saar-Ruwer

Die Mosel mit ihren steil zum Wasser abfallenden Weinbergen gehört zu den imposantesten Weinlandschaften der Welt. Dort, zwischen Koblenz und Trier, befindet sich die Heimat des Riesling. Auf den wärmespeichernden Schiefer- und Grauwackeböden wachsen überaus leichte, zart-würzige, stahlige Weine mit donnernder Säure, die eine Klasse für sich darstellen. Ein großer Teil der Reben ist noch „wurzelecht", also unveredelt. Je nach Boden haben die Weine Pfirsich-, Aprikosen- oder Holunderaromen, die von einem Schieferton unterlegt sind. Allerdings sind die Grenzen des Anbaugebiets vom Gesetzgeber viel zu weit gezogen. Sie gehen weit über die Steillagen hinaus auf die Höhen von Hunsrück und Eifel, wo oft nicht einmal Müller-Thurgau reif wird. Auf den flachen oder hügeligen Lagen in den Moselschleifen wird ebenfalls Wein angebaut, allerdings ohne je die Qualität der Steillagenweine zu erreichen. So bringt die Mosel heute zugleich Hochgewächse im Weltmaßstab und eine Flut biederer Schlichtweine hervor. Der Riesling ist die wichtigste Rebsorte, nimmt aber nur gut die Hälfte (55 Prozent) der Rebfläche ein. Es folgen Müller-Thurgau, Elbling, Kerner. Die besten Rieslinglagen befinden sich an der Mittelmosel zwischen Ürzig und Leiwen. Auf den dortigen Schieferböden wachsen die filigransten, feinsten Rieslinge mit einer wunderbar zarten, weinigen Säure. Nur ein Drittel wird trocken ausgebaut. Die meisten Weine,

Mittelmosel

Leichte, spritzige Rieslinge mit stahliger Säure.

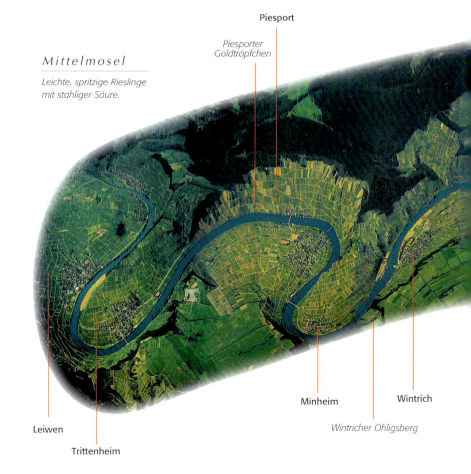

Piesport

Piesporter
Goldtröpfchen

Minheim

Wintrich

Wintricher Ohligsberg

Leiwen

Trittenheim

– 172 –

vor allem die Spätlesen, sind fruchtig-mild. In den letzten Jahren haben auch einige Weine von der Untermosel zwischen Cochem und Koblenz Aufsehen erregt. Dieser Teil der Mosel wird, weil er noch nicht ganz flurbereinigt ist, auch „Terrassenmosel" genannt. Die Ruwer, ein kleiner Nebenfluß bei Trier, bringt ebenfalls zarte, säurebetonte Rieslinge hervor. Die Weine von der Saar haben in der Regel die stahligste Säure. Von dort stammen die besten Eisweine Deutschlands sowie große edelsüße Beeren- und Trockenbeerenauslesen. Insgesamt ist der Weinbau in Mosel-Saar-Ruwer auf 9300 Hektar geschrumpft.

Sachsen

Sachsen ist das östlichste und zweitkleinste der 13 deutschen Anbaugebiete. Die Rebgärten umfassen inzwischen 445 Hektar, Tendenz steigend. Sie liegen im Elbtal zwischen Meißen und Dresden. Trotz der kühlen Jahresdurchschnittstemperaturen spendet das Elbbecken in der Vegetationsperiode genügend Wärme, um die Trauben reif werden zu lassen. Die Reben stehen auf steinigen Granit- und Gneisböden mit einzelnen Porphyr- und Buntsandstein-Einsprengseln. Müller-Thurgau ist die quantitativ wichtigste Sorte und bedeckt rund ein Viertel der Rebfläche. Doch die Rieslingfläche wächst stark, ebenso wie die des Weißburgunders. Außerdem wird ein wenig Traminer und neuerdings Elbling angebaut. Daneben finden sich in den kleinen, aufwendig terrassierten Weingärten geringe Mengen Kerner, Scheurebe, Perle und Bacchus. Die trocken ausgebauten Weine aus den guten Lagen sind durchweg ausdrucksvoll, in der Spitze sogar bemerkenswert fein, wenn auch teilweise etwas körperarm.

Das Weinland Deutschland in Zahlen

Rebfläche: 102 000 Hektar
Weinproduktion: 8 bis 10 Millionen Hektoliter
Jährlicher Weinkonsum pro Kopf: 24 Liter

Die 10 häufigsten Rebsorten

1. Riesling	weiß	20,2 %
2. Müller-Thurgau	weiß	14,7 %
3. Spätburgunder	rot	11,1 %
4. Dornfelder	rot	8,0 %
5. Silvaner	weiß	5,5 %
6. Portugieser	rot	4,8 %
7. Kerner	weiß	4,5 %
8. Grauburgunder	weiß	3,7 %
9. Weißburgunder	weiß	3,1 %
10. Trollinger	rot	2,5 %

Das deutsche Weinrecht

Je nach Jahrgang sind zwischen 90 und 98 Prozent der deutschen Weine im Bereich der Qualitätsweine bestimmter Anbaugebiete (QbA). Tafelweine und Landweine machen einen verschwindend geringen Anteil der Weinproduktion aus. Innerhalb der Kategorie der Qualitätsweine werden die Prädikatsweine unterschieden. Bei ihnen handelt es sich um Weine mit höherem natürlichen Mostgewicht. Sie dürfen nicht angereichert werden.
Kabinett: aus reifen Trauben mit einem Mostgewicht zwischen 70 und 80° Oechsle (je nach Anbaugebiet verschieden).
Spätlese: aus vollreifen Trauben bis 90° Oechsle gewonnen.
Auslese: aus vollreifen Trauben mit einem kleinen Anteil überreifer Beeren gewonnen (bis 125° Oechsle).
Beerenauslese: aus überwiegend überreifen Trauben gewonnen (125 bis 150° Oechsle).
Trockenbeerenauslese: ausnahmslos aus überreifen Trauben gewonnen (ab 150° Oechsle).
Eiswein: aus gefrorenen, bei einer Temperatur von mindestens minus 7° C gelesenen Trauben gekeltert, Mostgewicht mindestens das einer Beerenauslese.

Das Problem der Großlagen

Alle Rebenstandorte Deutschlands sind bestimmten Großlagen zugeschlagen worden. Sie umfassen mehrere Gemeinden. Ein Großlagenname auf dem Etikett ist kein Qualitätsausweis.

Ürziger Würzgarten
Erden
Erdener Prälat
Zeltinger Sonnenuhr
Zeltingen
Ürzig
Erdener Treppchen
Graach
Wehlener Sonnenuhr
Graacher Domprobst
Wehlen
Brauneberg
Brauneberger Juffer Sonnenuhr
Mülheim
Brauneberger Juffer
Lieser
Lieser Niederberg Helden
Kues
Bernkastel
Bernkasteler Doctor

Statt Riesling auch Burgunder

Wie mit dem Kamm gezogen: Weinberge in der Ortenau in Baden.

Saale-Unstrut

Die Weinberge an den Ufern der Saale und ihres Nebenflusses Unstrut bilden zusammen das nördlichste Anbaugebiet Deutschlands. Es liegt etwa auf dem gleichen Breitengrad wie Kassel und umfaßt inzwischen wieder 650 Hektar (nach 350 Hektar im Jahr 1990). Erstaunlich warme und trockene Sommer schaffen die Voraussetzungen, um die Trauben dort reif werden zu lassen – trotz einer Jahresdurchschnittstemperatur von nur 9 °C. Angebaut werden vor allem Müller-Thurgau und Silvaner. Beide Sorten sind relativ früh reif und passen in die kurze Vegetationsperiode, die wegen der langen, kalten Winter oft erst Ende März beginnt. Nur ganz vereinzelt finden sich Riesling und Traminer in den Weinbergen. Dafür wird vermehrt Weißburgunder angebaut, der auf den Muschelkalk- und Buntsandsteinböden zarte, durchaus finessenreiche Weine hervorbringen kann. Freilich sind alle Weine von Saale und Unstrut leicht und säurebetont. Sie werden fast ausschließlich trocken ausgebaut und zeigen einen erdig-herben Unterton. Die geringe Produktion wird – von den Produkten einer großen Sektkellerei abgesehen – überwiegend in Sachsen-Anhalt konsumiert.

Franken

Franken ist kein zusammenhängendes Anbaugebiet. Seine Weinberge liegen in klimatisch begünstigten Nischen längs des Mains verstreut, und zwar von Aschaffenburg im Westen bis Schweinfurt im Nordosten (insgesamt rund 6000 Hektar). Der Ausdehnung des Anbaugebiets entspricht die Unterschiedlichkeit der Böden. Um Aschaffenburg finden sich verwitterte Urgesteinsböden, am Mittelmain zwischen Klingenberg und Wertheim Buntsandsteinböden, im Osten um Iphofen und Castell schwerer Gipskeuper. Zentrum des Weinbaus ist das „Mainviereck" um Würzburg. Dort herrschen wiederum Muschelkalkböden vor. Die Unterschiedlichkeit der Böden spiegelt sich in der Breite des Rebensortiments wider. Es enthält mehr als ein Dutzend Sorten, darunter noch immer zahlreiche Neuzüchtungen aus den 1950er Jahren wie den Bacchus. Die typische Rebsorte Frankens ist der Silvaner. Aus ihm werden neutral-fruchtige, erdige Weine erzeugt, die zu den besten in Deutschland gehören. Der Riesling wird nur in wenigen Lagen reif, ergibt dann allerdings hochklassige Weine. Viele Winzer sind auf den Rieslaner ausgewichen (Silvaner x Riesling), aus dem in Franken duftige, rieslingähnliche

Weine gewonnen werden. Die häufigste Sorte ist der Müller-Thurgau. Frankens Weine sind körperreich, werden größtenteils trocken ausgebaut (bis vier Gramm Restzucker) und in den charakteristischen Bocksbeutel abgefüllt. Obwohl Franken in weiten Teilen ein klassisches Weißweinland ist, nehmen die roten Sorten inzwischen über 15 Prozent der Rebflächen ein. Schwarzriesling (Müllerrebe), Dornfelder, Domina und Regent haben in den letzten Jahren starken Zuwachs erlebt. Mehr als lokale Bedeutung haben die aus ihnen gewonnenen Weine jedoch nicht erlangen können. Die besten Rotweine kommen nach wie vor vom Spätburgunder, der seine besten Qualitäten auf den warmen Buntsandsteinböden am Main erreicht.

Hessische Bergstraße

Die Hessische Bergstraße ist das kleinste Weinanbaugebiet Deutschlands (440 Hektar Rebfläche). Gleichwohl kommen von den steil zum Rheintal abfallenden Westhängen um Bensheim und Heppenheim einige hervorragende Weine. Angebaut wird vor allem die Sorte Riesling, mit der über die Hälfte der Weinberge bestockt ist. Erwähnenswert sind daneben noch Müller-Thurgau und Silvaner, die gute Alltagsweine ergeben. Nicht zu verachten sind auch die wenigen, aber feinen Grau- und Weißburgunder, in denen die Nähe des Anbaugebiets zu Baden zum Ausdruck kommt. Der größte Teil der kleinen Weinmengen, die in den Rebgärten der Hessischen Bergstraße wachsen, werden in den zahlreichen Weinwirtschaften und Lokalen von Touristen getrunken. Aber auch die Einheimischen und die Menschen aus den nahegelegenen Großstädten gehören zu den treuen Abnehmern der Bergstraßenweine.

Baden

Baden ist das südlichste Anbaugebiet in Deutschland und das heterogenste zugleich. Es reicht vom Taubertal über Heidelberg, Baden-Baden, Freiburg und Lörrach bis an

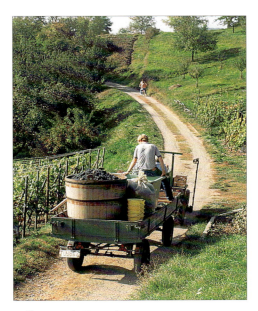

Trollinger-Lese in Württemberg.

den Bodensee nach Lindau. Die Rebfläche umfaßt ungefähr 16 000 Hektar. Baden besteht aus mehreren völlig eigenständigen Unterzonen. Eine ist der Kaiserstuhl, ein warmes, dem Schwarzwald vorgelagertes Hügelgebiet, in dem vor allem Rotwein aus Spätburgundertrauben erzeugt wird. Viele Weinfreunde halten ihn für einen der besten Deutschlands. Gleiches gilt für den benachbarten Tuniberg, wo ebenfalls Vulkanverwitterungs- und Lößböden dominieren. Wenn es um Weißwein geht, ziehen die Winzer Weiß- und Grauburgunder dem Riesling vor. In seiner traditionellen Version kommt der Grauburgunder als dicker, alkoholreicher und meist restsüßer Ruländer auf den Markt. Auch Sauvignon und

Weinberge in Saale-Unstrut, dem nördlichsten Weinanbaugebiet Deutschlands.

Chardonnay haben in den letzten Jahren am Kaiserstuhl Einzug gehalten. Eine andere, kleinere Unterzone ist der Kraichgau südlich von Heidelberg mit körperreichen Rieslingen, leichten Weiß- und „speckigen" Grauburgundern, die eher schlank und trocken ausgebaut werden. In der Ortenau um Baden-Baden erreicht der Riesling seine besten Qualitäten. Allerdings heißt er dort nicht Riesling, sondern Klingelberger. Außerdem kommen einige ausgezeichnete Spätburgunder von dort. Südlich von Freiburg beginnt das Markgräflerland. Dort ist die Gutedel-Traube zu Hause, die leichte, säurefrische Weißweine ergibt. Am Bodensee dominiert die Müller-Thurgau, während im nördlichen Taubertal, das auch badisches Frankenland genannt wird, außerdem Silvaner angebaut wird. Dort dürfen die Weine ausnahmsweise in die Bocksbeutelflasche abgefüllt werden.

Württemberg

Württemberg ist ein Rotweinland. Über die Hälfte des Weins wird aus roten Trauben erzeugt. Der größte Teil ist blaßroter Trollinger, der außerhalb des Anbaugebietes gar nicht, in Schwaben um so lieber getrunken wird: ein durstlöschender, bestenfalls delikater, ebenso oft aber fader, biederer Wein. Die klassischen Rotweine werden aus Lemberger erzeugt, dem deutschen Pendant zur österreichischen Blaufränkisch-Rebe. Die häufigste Rotweinsorte ist jedoch der Schwarzriesling (Pinot Meunier), aus der freilich nur bescheidene Qualitäten gewonnen werden. Kaum besser gelingt der Samtrot, eine Mutation der Pinot Meunier, die in Württemberg noch stark verbreitet ist. Neben dem anspruchslosen Dornfelder sind in den letzten Jahren auch vermehrt neue rote Kreuzungsreben wie Cabernet Dorio und Cabernet Dorsa gepflanzt worden. Die Ergebnisse waren durchaus ermutigend. Unübertroffen ist jedoch auch in Württemberg der Spätburgunder, wenn er in den richtigen Lagen steht. Die württembergischen Rieslinge sind kräftig, aber nicht so fein wie in den kühleren Zonen Deutschlands. Die insgesamt 11 500 Hektar Rebflächen verteilen sich auf viele Untergebiete. Zentrum des Rebanbaus ist das Neckartal um Heilbronn mit seinen Nebenflüssen Enz und Kocher. Auf den dortigen Keuper- und Muschelkalkböden wird neben dem Trollinger viel Riesling, Müller-Thurgau und Silvaner angebaut. Aber auch im Remstal um Stuttgart ist der Weinbau noch relativ stark vertreten.

Spätes Bekenntnis zur Qualität

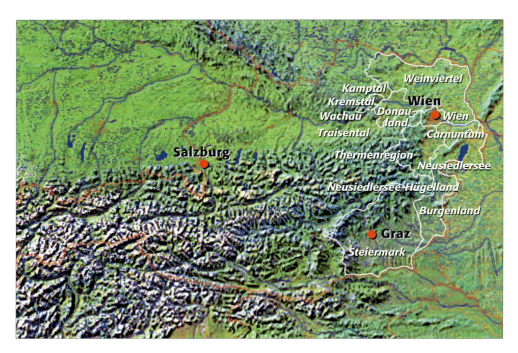

Als Weinproduzent ist Österreich auf den internationalen Weinmärkten erst spät wahrgenommen worden. Auch heute ist, bedingt durch die verhältnismäßig geringe Produktionsmenge, das Wissen um den österreichischen Wein im Ausland noch eher gering. Im eigenen Land werden Grüner Veltliner, Riesling, Zweigelt und Blaufränkisch um so begeisterter gefeiert.

Österreich hat als eines der letzten westeuropäischen Weinbauländer den Schwenk zur Qualitätsweinproduktion vollzogen. Nachdem 1985 Weinfälschungen im großen Stil aufgeflogen waren, brach der Weinhandel komplett zusammen. Aus der Krise gingen jene Winzer und Weinkellereien gestärkt hervor, die sich der Qualität verschrieben hatten. Ein neues, strenges Weingesetz wurde verabschiedet, die Weinkontrolle intensiviert. Seitdem befindet sich der österreichische Wein im Aufwind. Nicht wenige der Weiß- und Süßweine gehören heute zur Weltspitze.

Spitzenweine neben Schlichtweinen
Die Ursachen für den Aufstieg des österreichischen Weins sind in den auffällig gestiegenen Qualitäten, der Hinwendung zum trockenen Wein und dem stark ausgeprägten Bewußtsein österreichischer Winzer für ihr eigenes Terroir zu suchen. Diese Faktoren zusammen haben zu einer starken Nachfrage im eigenen Land geführt. Vorreiter waren Weinanbaugebiete wie die Wachau und die

Steiermark, in denen die ersten Winzer gleich nach dem Weinskandal begannen, das Ruder herumzuwerfen. Andere Regionen folgten. Nach 1990 besann sich Österreich auch wieder auf seine Rotweintraditionen. Vor allem im Burgenland wurden neue Weinberge mit Blaufränkisch und Zweigelt angelegt, neue Keller gebaut, zeitgemäße Weinbereitungstechniken eingeführt. Insgesamt wird rund 70 Prozent des österreichischen Weins im eigenen Land getrunken, darunter immer noch ein großer Prozentsatz sehr einfacher, teilweise noch lieblicher Land- oder Tafelweine, die in die Zweiliterflasche, den Doppler, abgefüllt werden. Mit Abstand größter Exportmarkt ist Deutschland.

Weinviertel
Dieses größte aller österreichischen Anbaugebiete umfaßt über 18 000 Hektar Weinberge, die weit verstreut zwischen Wien und der Grenze nach Tschechien bzw. der Slowakei liegen. Aus dieser Gegend kommt der größte Teil des österreichischen Grünen Veltliner, der würziger, „pfeffriger" schmeckt als die Weine aus der Wachau. Aber auch der Welschriesling ist weit verbreitet. Riesling, Gewürztraminer, Weißburgunder und Chardonnay gehören zu den lokalen Spezialitäten. Unter den roten Sorten dominiert der Portugieser, aus dem samtige, aber schlichte Rotweine gewonnen werden. Er weicht langsam, aber sicher dem Zweigelt. Auch der Blauburger findet sich noch in vielen Weingärten. Das Weinviertel ist das erste österreichische Anbaugebiet, das eine eigene Ursprungsbezeichnung (DAC) bekommen hat.

Thermenregion
Das Anbaugebiet liegt um die Stadt Baden südlich von Wien und gehört zu den wärmsten des Landes. Berühmt ist es wegen seines Weißweins, der früher aus einem Verschnitt der beiden autochthonen Sorten Zierfandler und Rotgipfler bestand und unter dem Namen Gumpoldskirchner auf den Markt kam. Heute werden Zierfandler und Rotgipfler meist reinsortig gekeltert. Daneben werden verstärkt Neuburger und Weißburgunder angebaut. Die wichtigsten Weindörfer sind neben Gumpoldskirchen vor allem Traiskirchen, Sooss, Guntramsdorf und Tattendorf. Im Süden um den Kurort Bad Vöslau wird Rotwein angebaut: traditionell St. Laurent, Blauburgunder, Zweigelt und Portugieser, neuerdings aber auch vermehrt Blaufränkisch und Cabernet Sauvignon.

Carnuntum

Kleine aufstrebende Weinbauregion, die von Schwechat östlich von Wien über Höflein, Göttlesbrunn bis zur slowakischen Grenze reicht. Dort entstehen mächtige Grüne Veltliner, aber auch feine Chardonnay und Weißweine aus den Burgundersorten. In den letzten Jahren haben die Rotweine von sich reden gemacht: fruchtige Zweigelt und kraftvolle Blaufränkisch-Weine, dazu einige üppige Pinots Noirs und Cuvées. Vor allem an den sonnenreichen Südhängen des Spitzerberges hat sich der Rotweinanbau konzentriert. Er belegt heute fast schon die Hälfte aller Rebflächen. Stark im Kommen sind internationale Rebsorten wie Cabernet Sauvignon und Syrah.

Donauland

Weinanbaugebiet an der mittleren Donau, das von Klosterneuburg bei Wien über Tulln bis nach Straß reicht. Berühmte Weinorte sind Mailberg und Großriedenthal (Eisweine) sowie die am Wagram liegenden Weindörfer Engabrunn, Feuersbrunn, Fels, Engelmannsbrunn und Kirchdorf. An dem langgezogenen, zur Donau abfallenden, warmen Südhang wachsen kräftige, „pfeffrige" Grüne Veltliner, würzige Rote Veltliner und gehaltvolle Weißburgunder. Die besten können sich leicht mit den Weinen des Kamptals messen. In den letzten Jahren wird am Wagram auch vermehrt Rotwein angebaut (Zweigelt, Pinot Noir).

Wien

An der nördlichen, in geringem Ausmaß auch an der südlichen Peripherie der österreichischen Bundeshauptstadt wird seit 2500 Jahren Wein angebaut. Der weit überwiegende Teil ist einfacher, unkomplizierter Heuriger, der in den 150 Buschenschänken Wiens offen ausgeschenkt wird. Grüner Veltliner ist die häufigste Rebsorte. Aber auch andere weiße Rebsorten werden kultiviert. Der bekannteste Weinstadtteil Wiens ist Grinzing mit seinen zahlreichen Weinlokalen. Aber auch in Heiligenstadt, Nussdorf, Sievering, Neustift am Walde sowie den am Ostufer der Donau gelegenen Vororten Strebersdorf, Stammersdorf und Jedlersdorf finden sich zahlreiche Heurige. Vereinzelt kommen aus den Wiener Spitzenlagen auch Topweine aus Riesling, Gelbem Muskateller, Grünem Veltliner, Chardonnay sowie Zweigelt und Pinot Noir. Im späten Mittelalter war Wien vollständig in Weingärten eingebettet. Der Weinhandel war die wichtigste Erwerbsquelle der Stadt. Heute gibt es nur noch knapp 700 Hektar Reben.

Anbaugebiet Donauland: kräftige Grüne Veltliner aus den Steillagen am Wagram.

Thermenregion: Aus dem weinseligen Dorf Gumpoldskirchen kommen Zierfandler und Rotgipfler.

Weißweine von Weltklasse

Das Weinland Österreich in Zahlen

Rebfläche: 50 000 Hektar
Weinproduktion: 3 Millionen Hektoliter
Jährlicher Weinkonsum pro Kopf: 30 Liter

Die 10 häufigsten Rebsorten

1. Grüner Veltliner	weiß	36,0 %
2. Zweigelt	rot	9,0 %
3. Welschriesling	weiß	8,9 %
4. Müller-Thurgau	weiß	6,8 %
5. Weißburgunder	weiß	6,5 %
6. Blaufränkisch	rot	5,4 %
7. Portugieser	rot	4,9 %
8. Riesling	weiß	3,4 %
9. Neuburger	weiß	2,3 %
10. Blauburger	rot	1,9 %

Das österreichische Weinrecht

Prädikatswein: Höchste Qualitätsstufe, größtenteils für süße (oder restsüße) Weine verwendet, die nicht angereichert werden dürfen. Sie wird abhängig vom Mostgewicht unterteilt in Spätlese (Mindestmostgewicht 19° Klosterneuburger Mostwaage, KMW), Auslese, Beerenauslese, Ausbruch, Trockenbeerenauslese, Eiswein.
Kabinettwein: nicht aufgebesserter Qualitätswein mit einem maximalen Alkoholgehalt von 12,9 Vol.%.
Qualitätswein: Wein mit einem Mindestmostgewicht von 15° KMW.
Landwein: Wein mit einem Mindestmostgewicht von 13° KMW. Darf aufgebessert werden.
Tafelwein: Wein mit einem Mindestmostgewicht von 13° KMW. Unterliegt keiner Mengenbegrenzung, darf aufgebessert werden.

Für Qualitäts- und Prädikatsweine gilt in Österreich eine Ertragsbegrenzung von maximal 9000 Kilogramm Trauben pro Hektar (67,5 Hektoliter). Übersteigt der Ertrag diese Marke, wird die gesamte Produktion als Tafelwein deklariert.

Wachau

Kleines, nur 1400 Hektar umfassendes, aber prominentes Weinanbaugebiet an der Donau zwischen Melk und Krems, zugleich eine der faszinierendsten Weinlandschaften der Welt. Die Wachau ist charakterisiert durch kleine, sich teilweise steil übereinander türmende Terrassenweingärten, in denen auf verwittertem Urgestein Grüne Veltliner und Rieslinge von Weltklasse wachsen. Durch die Öffnung des Donautals nach Osten liegt die Wachau im Einflußbereich warmen pannonischen Klimas, was dazu führt, daß die Trauben in der Regel voll ausreifen können und teilweise monumentale Weine mit über 14 Vol.% Alkohol ergeben. Zugleich strömt kühle Luft durch die Seitentäler des Waldviertels herein und sorgt dafür, daß die Säure erhalten bleibt. 1993 haben sich die Wachauer Winzer zum Winzerverband „Vinea Wachau" zusammengeschlossen und sich mit strengen Richtlinien und einem eigenen Bezeichnungswesen profiliert. So werden die Qualitätsweine je nach Mostgewicht und Typus in die Kategorien Steinfeder, Federspiel und Smaragd eingeordnet.

Letztere bilden mit ihren exotischen Fruchtnoten und den Honigtönen die Spitze der Qualitätshierarchie. Jedoch können nicht in allen Jahren Smaragde eingebracht werden. Um derart hohe Mostgewichte zu erhalten, muß in den meisten Jahren wenigstens ein Teil der Trauben von der Edelfäule befallen sein. Neben Riesling und Grünem Veltliner werden kleine Mengen Neuburger, Sauvignon und Gelber Muskateller angebaut.

Kremstal

Die Wachau geht fließend in das Anbaugebiet Kremstal über. Die Rebflächen befinden sich in und um die gleichnamige Stadt an der Donau und erstrecken sich bis tief ins Hinterland – sowohl nach Norden als auch nach Süden. Insgesamt sind über 2200 Hektar mit Reben bestockt. Dort wachsen duftige und gleichzeitig gehaltvolle Grüne Veltliner und Rieslinge, die teils auf quarzhaltigem Urgestein (um Krems), teils auf schwerem Löß stehen, und in ihren besten Qualitäten denen der Wachau in nichts nachstehen. Vereinzelt wird auch noch der Rote Veltliner kultiviert.

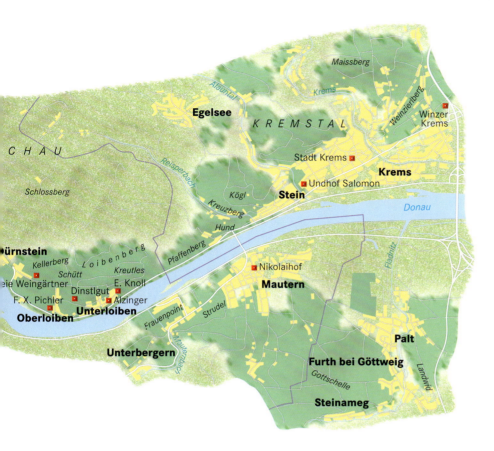

Wachau: Blick von Loibenberg auf die Donau.

Traisental

Kleines, altes Weißweinanbaugebiet zwischen der niederösterreichischen Landeshauptstadt St. Pölten und dem Dorf Traisen an der Donau Auf knapp 700 Hektar stehen vor allem Grüner Veltliner und Riesling, in kleineren Mengen auch Weißburgunder, Grauburgunder und Chardonnay. Erzeugt werden aromatische Weine mit knackiger Frucht und rassiger Säure.

Kamptal

An Krems anschließendes, aber donauabgewandtes Anbaugebiet um die Stadt Langenlois mit warmem, trockenen Klima, in dem auch Weißburgunder und Chardonnay, vereinzelt auch Cabernet Sauvignon und andere rote Sorten angebaut werden. Der größte Teil der Rebfläche ist jedoch mit Grünem Veltliner und Riesling bepflanzt. Die Böden bestehen in den hohen Lagen aus Urgestein, in den niederen Lagen aus Löß. Das Klima ist durch große Temperatursprünge zwischen Tag und Nacht gekennzeichnet. Der Riesling, vor allem aber der würzige Grüne Veltliner, können sich durchaus mit den besten Weinen der Wachau messen. Statt Müller-Thurgau, früher die zweitwichtigste Sorte, wird heute zunehmend Zweigelt erzeugt.

Steiermark

Der sommerlich warme, aber auch regenreiche Landstrich an der slowenischen Grenze ist berühmt für seine pikanten, säurebetonten Weißweine. Das gilt vor allem für die Südsteiermark, deren Leitsorten Sauvignon und Chardonnay sind (örtlich Morillon genannt). Auf den steil abfallenden Hügeln um Gamlitz und Leutschach werden teils knackig-frische, teils wuchtige, langlebige Weine (mit Holzfaßausbau) erzeugt. Die höchstgelegenen und kühlsten Weinberge liegen im Sausal westlich von Leibnitz. Dort wachsen rassige, feine Weißweine von großer Eleganz. Neuerdings wird dort auch Pinot Noir kultiviert – mit sehr guten Ergebnissen. Die Südoststeiermark ist wärmer. Auf ihren vulkanischen Böden gedeihen auch die Burgundersorten gut. Zentrum ist Klöch, bekannt für seine Traminer. Außerdem wird in der Südoststeiermark zunehmend Rotwein erzeugt: Zweigelt, Merlot, Syrah. Auch wenn sie nicht die Fülle und Tanninkraft der burgenländischen Weine besitzen, so bereichern sie doch das Rebensortiment. Die Weststeiermark ist die Heimat der Blauen Wildbacher, aus der der Schilcher gewonnen wird. Neuerdings werden daraus auch zunehmend Rotweine produziert. In allen Unterzonen wird außerdem viel Welschriesling, Müller-Thurgau, Weißburgunder sowie ein wenig Scheurebe und Gelber Muskateller erzeugt. Sie dürfen ebenfalls für den „Junker" verwendet werden, einen steirischen Markenwein, der schon im November abgefüllt wird.

Berühmt für Rot- und Süßweine

Achs
Beck
Gsellmann &
Gsellmann
G. Heinrich
Juris Stiegelmar
Leitner
Nittnaus
Pittnauer
Preisinger
Renner

Schloßweingut
Esterhazy
Hans Nehrer

Feiler-Artniger
P. Schandl
H. Schröck
F. Seiler
E. Triebaumer
P. Triebaumer
R. Wenzel

Tschida
Haider
Heiss
Kracher
Kroiss
H. Lang
Nekowitsch
Opilz
Kadlec

Münzenrieder
Steindorfer
Velich
Weiss

Scheiblhofer
Schwarz
Zantho

Gager
Gesellmann
J. Heinrich
Igler
Reimann

Arachon
Iby
Kerschbaum
Weninger

H. Baur
St. Lang
Winzerkeller
J. Tesch
Wellanschitz
J. Wieder

Gebr. Pfneisl

Burgenland

- Pöckl — Führender Erzeuger
- Rebfläche

0 km   3   6   9

Neusiedlersee

Der größte, südöstlich von Wien gelegene Steppensee Europas hat dem Weinanbaugebiet den Namen gegeben. Es reicht von der Jois über Neusiedl, Gols, Mönchhof, Halbturn und Frauenkirchen bis nach Illmitz und Apetlon direkt an der ungarischen Grenze. Der weitaus größte Teil der Produktion besteht aus Weißwein: meist einfachem Welschriesling, der im Burgenland anstelle des Grü-

nen Veltliners auch gern als „G'spritzter" (mit Mineralwasser verdünnt) getrunken wird. Daneben werden Weißburgunder, Grauburgunder, Neuburger, Gewürztraminer, Bouvier und gelegentlich auch Chardonnay und Sauvignon angebaut. Sie ergeben, von wenigen Ausnahmen abgesehen, mäßig feine, nicht selten halbtrocken oder lieblich ausgebaute Weine. Die flache, von vielen Tümpeln und Laken durchsetzte Landschaft östlich des Sees um Illmitz und Apetlon ist für ihre grandiosen Süßweine berühmt. In dem feuchtheißen Herbstklima dieses „Seewinkels" werden regelmäßig Beeren- und Trockenbeerenauslesen erzeugt, die Weltklasse haben. In den letzten zwei Jahrzehnten erlebten auch die roten Reben eine Renaissance. Vor allem in Gols, aber auch in den Nachbardörfern Mönchhof, Halbturn und Frauenkirchen werden auf der Basis von Zweigelt und Blaufränkisch Rotweine gewonnen, die zu den besten Weinen in ganz Österreich gehören. St. Laurent, gelegentlich auch Pinot Noir, Syrah und Cabernet Sauvignon sind bei den Roten Ergänzungssorten.

Das Burgenland um den Neusiedlersee ist das größte Rotweinanbaugebiet Österreichs.

Neusiedlersee-Hügelland

Die Rebkulturen reichen vom Ufer des Neusiedlersees bis zum Fuße des Leithagebirges. Auf den Löß-, Sand- und Schwarzerdeböden wachsen kräftige Weißweine von ausgezeichneter Mineralität. Besonders gut gelingen die Sorten Sauvignon, Weißburgunder, Chardonnay. Am weitesten verbreitet ist jedoch die Sorte Welschriesling, der auf diesen Böden durchweg bessere Qualitäten bringt als der stellenweise angebaute Grüne Veltliner. Der bekannteste Wein ist jedoch der edelsüße Ruster Ausbruch. Er wächst in den seenahen Weingärten um die Stadt Rust und darf aus allen zugelassenen Weißweinsorten erzeugt werden. In dem feuchtwarmen Treibhausklima werden die Trauben großflächig von der Botrytis befallen. Aus den seeferneren Zonen, insbesondere um St. Margarethen, kommen teilweise ausgezeichnete Rotweine. Auf den steinigen Böden wachsen kraftvolle, tanninbetonte Blaufränkischweine, die zu den besten Österreichs gehören. Aber auch Zweigelt und vereinzelt Cabernet Sauvignon und Syrah bringen hervorragende Qualitäten.

Mittelburgenland

Das Anbaugebiet südlich des Neusiedlersees ist Österreichs kompaktestes Rotweinland. Die Rotweine haben dort einen Anteil von über 80 Prozent. Die klassische Rotweinsorte ist Blaufränkisch, die auf den tiefen, schweren Böden charaktervolle Weine hervorbringt. Sie besitzen Farbe, Tannin und Säure und liefern ebenso herzhafte Tischweine wie langlebige Lagerweine. Ihres etwas rustikalen Charakters wegen werden sie gern mit Zweigelt, Cabernet Sauvignon oder Syrah zu interessanten Cuvées assembliert wird. Neckenmarkt, Horitschon, Deutschkreutz und Lutzmannsdorf sind die Zentren der Weinproduktion.

Südburgenland

Dieses kleinste, qualitative aber bedeutende burgenländische Anbaugebiet liegt im äußersten Süden des Bundeslandes. Der größte Teil der Weinberge liegt direkt an der ungarischen Grenze bei Eisenberg, Deutsch-Schützen, Moschendorf und Heiligenbrunn. Traditionell wird dort die Rebsorte Blaufränkisch angebaut, die jedoch durch Zweigelt sowie ein wenig Cabernet Sauvignon und andere internationale Sorten ergänzt wird. Auch einige weiße Sorten sind gelegentlich anzutreffen (Weißburgunder, Muskat Ottonel. Welschriesling). Wegen der kleinräumigen Besitzverhältnisse und der geringen Weinproduktion wird die Gegend auch „Weinidylle" genannt. Eine Besonderheit ist der Uhudler, der aus einigen Weingärten um das Dörfchen Heiligenbrunn kommt. Er wird aus Trauben alter, aus Amerika stammender Direktträgerreben erzeugt, die nach der Reblauskatastrophe vorsichtshalber ausgepflanzt worden waren. Sie ergeben einen etwas gewöhnungsbedürftigen, strengen Rosé, um den sich zahlreiche Legenden ranken und der als Relikt aus einer verflossenen Weinepoche gewissermaßen historische Bedeutung hat. Das Südburgenland ist mit weniger als 500 Hektar Reben nur ein sehr kleines Anbaugebiet. Seine Bedeutung liegt in den lehmhaltigen Böden, die stark eisenhaltig sind und den Weinen eine besondere Ausdruckskraft geben. Außerdem findet man im Südburgenland noch viele uralte Rebstöcke.

Wo der Wein ruft

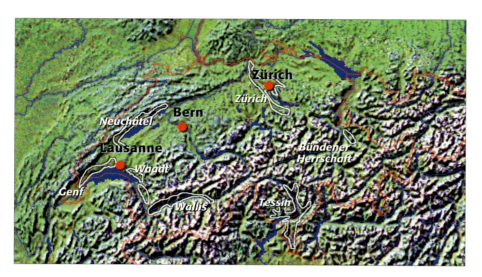

Das Weinland Schweiz in Zahlen

Rebfläche: 15 000 Hektar
Weinproduktion: 1,2 Millionen Hektoliter
Jährlicher Weinkonsum pro Kopf: 43 Liter

Die 10 häufigsten Rebsorten

1. Chasselas	weiß	35,2 %
2. Pinot Noir	rot	30,6 %
3. Gamay	rot	12,8 %
4. Merlot	rot	5,7 %
5. Riesling x Silvaner	weiß	4,4 %
6. Chardonnay	weiß	1,6 %
7. Sylvaner (Rhin)	weiß	1,4 %
8. Pinot Gris	weiß	1,0 %
9. Gamaret	rot	0,6 %
10. Pinot Blanc	weiß	0,5 %

Das Schweizer Weinstatut gestattet den Weinbau in fast allen 24 Kantonen. Die Regelungen sind ziemlich großzügig. Die Traubenerträge sind für Weißwein auf 1,4 kg/m² und für Rotwein auf 1,2 kg/m² festgeschrieben. Das bedeutet: Es werden zwischen 84 und 110 Hektoliter pro Hektar geerntet – zuviel für den Qualitätsweinbau. Allerdings ernten gute Winzer deutlich weniger. Fast alle Schweizer Weine sind trocken. Im Wallis gibt es einige edelsüße Johannisberg-Weine. Leider hat man die Anreicherung mit Zucker zum Prinzip gemacht, obwohl dies im Wallis und im Rheintal unnötig wäre.

Die Schweizer sind Patrioten – außer beim Wein. Der größte Teil dessen, was sie trinken, kommt aus dem Ausland. Die einen erklären dies damit, daß es zu wenig Schweizer Wein gäbe. Die anderen meinen, es gäbe zu wenig guten Schweizer Wein.

Wegen der Vorliebe ihrer Landsleute für ausländische Weine sah sich die Schweizer Regierung schon vor Jahrzehnten gezwungen, deren Import zu begrenzen – vor allem den von Weißweinen. Dieser Protektionismus helvetischer Prägung hat dem Schweizer Wein einerseits die heimischen Absatzmärkte gesichert, andererseits dazu geführt, daß er international in die Isolierung geriet. Außerhalb des eigenen Landes war und ist er praktisch nicht anzu-

treffen. Die Gründe: der hohe Preis und die wenig spektakulären Qualitäten. Gäbe es nicht eine Handvoll Weinbauern, die trotz fehlenden Wettbewerbs bereit sind, außerordentliche Anstrengungen zu unternehmen, wüßte niemand, daß aus der Schweiz auch feine, charaktervolle Weine kommen können.

Glanz und Elend des Weinbaus

Die Geschichte des Schweizer Weinbaus ist Teil der europäischen Weinbaugeschichte. Zur Zeit des Römischen Reichs wurden gezielt Reben im Raum Basel und Windisch angebaut. Im Mittelalter wurde die Entwicklung der Weinbautechniken durch die Mönche vorangetrieben. Höhepunkt: die Gründung des Zisterzienser-Klosters in Dézaley und die Anlage des ersten Terrassenweinbergs im Jahre 1142 am Genfer See. Vom Beginn der Eidgenossenschaft (1291) bis ins 18. Jahrhundert nahm der Weinkonsum stark zu. Der Weinbau blühte, bis er im 19. Jahrhundert aufgrund der starken ausländischen Konkurrenz niederging. Ende des 19. und Anfang des 20. Jahrhunderts brach er durch die Geißel des Mehltaus und der Reblaus zusammen. Erst nach dem Ende des Zweiten Weltkriegs erholte er sich wieder, nachdem die Anbaufläche um fast zwei Drittel geschrumpft war. Die ökonomische Gesundung wurde freilich mit einem rapiden Verfall der Qualität erkauft. So wurde 1977 in der Schweiz fast 200 Prozent mehr Wein erzeugt als 1957, obwohl die Rebfläche in dieser Zeit nur um weniger als zehn Prozent gewachsen war. Farbschwache Rotweine wurden und werden mit dunklen Importweinen verschnitten, die Weißweine massiv chaptalisiert (bis zu 3 Vol.%).

Terrassenweinberge in Lavaux: Vom Nordufer des Genfer Sees kommen einige der besten Chasselas-Weißweine des Landes.

Wallis (Valais)

Das Wallis steuert knapp 40 Prozent zur gesamten schweizerischen Weinproduktion bei. An den abenteuerlich steilen, terrassierten Südhängen des Rhônetals von Visp bis Martigny wachsen mehr als 40 verschiedene Rebsorten. Die Hälfte der Rebfläche ist allerdings mit Chasselas-Reben kultiviert, die im Wallis Fendant heißen. Sie ergeben kräftige, vollmundige Weine mit mineralischer oder fruchtiger Prägung – je nach Boden. Aus Chamoson kommen aromatische, körperreiche und stets trocken ausgebaute Sylvaner, eine Sorte, die im Wallis Johannisberg genannt wird. Aus Fully stammt der würzige Petite Arvine und der exotische Ermitage, der aus weißen Marsanne-Trauben gewonnen wird. Im oberen Rhônetal fristen noch mehr als ein Dutzend uralte Regionalreben ein bescheidenes Dasein, deren Namen nur die Einheimischen noch kennen. Ein Drittel der Weinproduktion des Wallis besteht aus Rotwein: größtenteils Dôle, ein Verschnitt aus Pinot Noir (mindestens 51 %) und Gamay. Es werden jedoch auch reine Pinot-Noir-Weine erzeugt.

Waadt (Vaud)

Waadt ist die klassische Weißweingegend der Schweiz. Rund 80 Prozent der Rebfläche sind mit Chasselas-Reben bestückt. Das berühmteste Gebiet ist das malerische Lavaux am Nordufer des Genfer Sees. Aus dem Bezirk zwischen Montreux und Lausanne kommen die wohl feinsten Chasselas-Weißweine der Schweiz (die Chasselas wird dort oft Dorin genannt). Die besten kommen allerdings unter dem Gemeindenamen auf den Markt: Chardonnes, Saint-Saphorin, Epesses, Calamin und vor allem Dézaley. Im Gebiet zwischen Lausanne und Genf, La Côte geheißen, entstehen leichtere, blumige, fast spritzige Chasselas-Weine. Der bekannteste ist der Féchy. Die Rotweine – zumeist aus Gamay-Reben gewonnen – sind dagegen eher schlicht (Salvagnin ist ein Verschnitt von Pinot Noir und Gamay). Eine Sonderstellung nimmt das Chablais südlich von Montreux ein, wo die Nähe des Hochgebirges spürbar ist. Dort, hoch über der Rhône um die Orte Yvorne, Aigle und Bex entwickelt die Chasselas mineralisch-herbe Noten und ähnelt dem vollmundigen Walliser Fendant.

Neuenburg (Neuchâtel)

Kleines Anbaugebiet mit verstreut um den Neuenburger See liegenden Weingärten, in denen vor allem Chasselas, aber auch ein wenig Chardonnay und Pinot Noir wächst. Aus letzteren wird der roséfarbene Œil de Perdrix gewonnen.

Bündener Herrschaft

Einzig bedeutendes Anbaugebiet der Ostschweiz nahe der Stadt Chur, berühmt für seine zartfruchtigen, würzigen Blauburgunder, die nicht durch Körper, sondern durch fruchtige Finesse imponieren.

Tessin (Ticino)

Kleines und relativ junges, aber mächtig emporstrebendes Anbaugebiet, das von Giornico bis Chiasso reicht und zu 90 Prozent mit Merlot-Trauben bestockt ist. Kein anderer Schweizer Rotwein reicht an den Merlot del Ticino in seinen besten Qualitäten heran.

Auf den steilen, terrassierten Weinbergen des Wallis ist das Einbringen der Trauben harte Knochenarbeit.

Im Osten viel Neues

Ungarisches Weinanbaugebiet von Tokajhegyalia: Heimat eines der größten, langlebigsten und einzigartigsten Süßweine der Welt.

Der Osten Europas ist wegen des außerordentlichen Umfangs seiner Rebflächen ein „schlafender Riese". Allerdings entspricht die Weinproduktion qualitativ noch nicht der Größe seiner Rebflächen. Daß in Zukunft nicht nur Menge, sondern auch Qualität aus dem Osten kommen wird, kann als gewiß gelten. Ungarn macht es heute bereits vor.

Ungarn

Die ungarische Weinlandkarte gleicht einem Flekkenteppich. Sie enthält 22 Anbaugebiete, die zu vier großen Weinregionen zusammengefaßt sind: Nördlich des Plattensees liegt Nord-Transdanubien mit einer Vielzahl von Weißweingebieten sowie der Rotweinnische Sopron nahe der Grenze zum österreichischen Burgenland. Dort dominiert Kékfrankos (Blaufränkisch). Das Weißweinspektrum reicht vom Olaszriesling (Welschriesling) über Furmint, Hárslevelű (Lindenblättriger), Kéknyelű (Blaustiel), Sárgamuskotály (Gelber Muskateller), Szürkebarát (Pinot Gris), Rajnai Rizling (Riesling) und Leányka (Mädchentraube) bis zum gewöhnlichen Rizlingszilváni (Müller-Thurgau). Zunehmend gewinnen Chardonnay und stellenweise auch Sauvignon Blanc an Bedeutung. Die zweite große Region ist Süd-Transdanubien mit einer teilweise sehr hochwertigen Rotweinproduktion, vor allem in den jüngeren, erfolgreichen Rotweingebieten Südungarns, Villány-Siklós und Szekszárd. Die wichtigsten Rotweintrauben sind dort Kékfrankos (Blaufränkisch), Kadarka und Ké-

koportó (Blauer Portugieser). Dazu kommen Nagyburgundi (Pinot Noir), Médoc Noir (Merlot) und Cabernet Sauvignon. In der Region Alföldi, der Tiefebene im Süden des Landes, liegt mit Kunság das größte Anbaugebiet Ungarns. Auf den warmen Sand- und Schwemmlandböden längs der Donau bis zur serbischen Grenze finden sich fast alle in Ungarn vertretenen Sorten wieder. Hauptsorte ist der Welschriesling. Viele Weine werden süß ausgebaut. Aus Nordungarn, der vierten großen Region, stammt der weltberühmte edelsüße Tokaj. Im kühleren Norden um Eger befindet sich die Heimat des Stierbluts, des erfolgreichen ungarischen Markenweins, der früher vor allem aus der roten Kadarka-Traube, heute vermehrt aus Kékfrankos, Cabernet und Merlot gewonnen wird. Von sich reden machen aber vor allem die Weißweine aus Eger und dem benachbarten Mátraalja, die aus Leányka, Olaszrizling, Muskateller, Chardonnay, Sauvignon Blanc und Sémillon erzeugt werden.

Rumänien

Obwohl Rumäniens Rebfläche zweieinhalbmal so groß wie die Deutschlands ist, produziert es nur halb so viel Wein. Weißwein macht rund 75% der Produktion aus. Rumänien ist in zehn verschiedene Weinanbaugebiete unterteilt. Davon ist die Moldau mit mehr als einem Drittel der nationalen Rebfläche die größte Zone. Von dort kommen größtenteils unkomplizierte Weiß- und Rotweine, die vornehmlich aus

---

einheimischen Sorten hergestellt werden. Das zweitgrößte Anbaugebiet ist die Walachei, die mehr als ein Viertel des rumänischen Weins hervorbringt. Die Weinberge liegen am Fuße der Karpaten und ziehen sich bis auf eine Höhe von 700 Meter. Angebaut werden Feteasca Neagra, Cabernet Sauvignon, Merlot, Pinot Noir und Burgund Mare (Blaufränkisch). Die Weißweine werden dort aus den Sorten Feteasca Alba, Muskat-Ottonel, Feteasca Regala, Welschriesling, Sauvignon Blanc und Tamâîoasa Romaneasca (Weihrauchtraube) erzeugt. Eine bedeutende Unterzone ist Dealu Mare; sie liefert die wohl besten Rotweine des Landes. Im Banat werden sowohl die einheimischen Feteasca-Reben sowie die Lokalsorte Creata (gilt als der „Riesling" des Banats) angebaut, dazu Blaufränkisch, Muskat-Ottonel, Furmint, Kadarka, Welschriesling und Portugieser. Auf dem Vormarsch sind auch hier Cabernet Sauvignon und Merlot. Die weiter nördlich, aber ebenfalls an der ungarischen Grenze gelegene Crisana mit ihren Sandböden liefert einfache Weine, überwiegend aus weißen, im Süden bei Minis auch aus roten Trauben (Kadarka). Schließlich Siebenbürgen: Die Hochebene im Karpatenbogen wird wegen ihres kontinentalen Klimas und der herb-schönen Hügellandschaft auch „das Piemont Rumäniens" genannt. Allerdings wird dort fast ausschließlich Weißwein produziert.

Bulgarien

Im Weinbau Bulgariens sind auch nach dem Ende der sozialistischen Herrschaft die traditionellen Strukturen weitgehend erhalten geblieben. Noch immer stehen Tausenden von Kleinwinzern nur wenige Kellereien gegenüber. Sie bestimmen, was angebaut wird. Cabernet Sauvignon und Merlot stehen bei der Weinindustrie hoch im Kurs. Denn über die Hälfte der Produktion wird exportiert, teils als schlichter Faßwein, teils als billiger Markenwein. Durch die allmähliche Einführung der Temperaturkontrolle können in Bulgarien heute auch moderne Weißweine erzeugt werden. Die größten Zuwächse verzeichnen auch hier Chardonnay und Sauvignon Blanc, während traditionelle Sorten wie Rkatsiteli, Aligoté, Misket, Muskat-Ottonel, Riesling, Gewürztraminer und Ugni Blanc immer weniger gefragt sind. Die größten Rotweingebiete liegen in Thrakien. Dort wachsen auf fruchtbaren Böden und in warmem Klima große Mengen an Cabernet Sauvignon. Im Süden an der mazedonisch-griechischen Grenze ist Harsovo eines der besten Rotweinanbaugebiete. Dort werden aus den einheimischen Sorten Melnik (rot) und Keratzuda (weiß) gehobene, teilweise auch hochwertige Weine erzeugt. Im nördlich des Balkangebirges liegenden Transdanubien wird vor allem die einheimische Gamza-Rebe angebaut, aus der leichte, unkomplizierte Rotweine gewonnen werden, dazu Chardonnay, Sauvignon Blanc und zunehmend Merlot sowie Cabernet Sauvignon. Die größten Weißweinanbaugebiete befinden sich jedoch im hügeligen Hinterland von Varna am Schwarzen Meer. Dorther kommt etwa ein Viertel der bulgarischen Weinproduktion. Angebaut werden Chardonnay, Sauvignon Blanc, Ugni Blanc, Weißer Muskateller sowie die einheimischen Sorten Misket und Dimyat.

Andere Weinbaunationen

Ukraine: Durch die Ächtung des Weins zu Zeiten der Perest-roika wurde in den 1980er Jahren mehr als die Hälfte der Rebflächen gerodet. Von diesem Schock erholt sich der Weinbau in der Ukraine nur langsam. In der Vergangenheit für ihre lieblichen und süßen Dessertweine berühmt (einschließlich des roten Krimsekts „Krimskoje"), produziert die Ukraine heute immer mehr trockene Weine (Riesling oder den roten Aluschta aus Cabernet Sauvignon, Monastrell, Saperavi, Malbec).

Georgien: Das Land südlich des Kaukasus, in dem es noch heute 500 verschiedene Rebsorten gibt, galt als bestes Weinanbaugebiet der ehemaligen Sowjetunion. Am Schwarzen Meer, in Imertien, Racha-Lechkumi, Kartli sowie in Kachetien werden auch heute viele liebliche, zunehmend aber auch trockene Weine erzeugt.

Moldawien: Massenproduzent mit riesigen Mengen an Cabernet Sauvignon und Merlot sowie Chardonnay, Sauvignon Blanc, Pinot Gris und Riesling. Rkatsiteli, Saperavi und die rote Sereksia sind Überbleibsel aus sowjetischen Zeiten.

Tschechien: In Böhmen werden um das Städtchen Melnik frische Weißweine erzeugt, vorzugsweise aus Müller-Thurgau und Gewürztraminer. Das größere Anbaugebiet liegt in Mähren südlich von Brünn. Dort werden Grüner Veltliner, Grauburgunder, Welschriesling sowie Blaufränkisch, St. Laurent und Pinot Noir angebaut.

Slowakei: Die Anbaugebiete liegen am Fuße der Hohen Tatra. Aus Welschriesling, Weiß- und Grauburgunder, Grünem Veltliner, Riesling und Müller-Thurgau werden hier gute, teils auch sehr gute frische Weißweine erzeugt. Der Gewürztraminer gilt als „König der Weine". Im Süden werden Blaufränkisch, Cabernet Sauvignon und Zweigelt kultiviert. Im Osten dürfen drei Gemeinden ihren edelsüßen Wein Tokajer nennen.

Weinberge am Fuße der Karpaten in Rumänien: hervorragende Lagen, bescheidene Weine.

Frischer Wind im warmen Süden

Griechischer Wein auf dem Vormarsch: Mit ihren vulkanischen Böden bietet die Insel Santorin ideale Voraussetzungen für den Weinbau.

Die Weine aus dem Süden Europas waren jahrhundertelang – wenn nicht jahrtausendelang – in der Versenkung verschwunden. In jüngster Zeit tauchen sie wieder auf und warten mit der einen oder anderen Überraschung auf. Das Potential für Qualitätsweine ist groß. Es zu nutzen, lautet die große Herausforderung.

Slowenien
Aus dem ehemaligen Jugoslawien hervorgegangen, hat sich Slowenien auch weinbaulich früh selbständig gemacht und ist heute eines der florierendsten Weinbauländer im östlichen Europa. Ein großer Teil der Produktion hat aufgrund des hohen Inlandkonsums nur Tafelweinstatus. Doch eine ständig wachsende Menge erreicht mittlerweile westeuropäisches Qualitätsweinniveau. Ein kleiner Teil kann sich bereits heute dem internationalen Wettbewerb stellen, insbesondere die Beeren- und Trockenbeerenauslesen aus der Gegend

um Jeruzalem. Slowenien ist in drei große Weinbereiche unterteilt. Aus dem Tal der Drau (Podravje) kommen Weißweine, die in der Spitze denen des Nachbarn Österreich in nichts nachstehen. Furmint und Welschriesling sind die häufigsten Sorten. Riesling, Traminer, Chardonnay, Sauvignon Blanc und Pinot Gris ergeben die besten Weine. Der traditionelle Weinstil ist halbtrocken oder lieblich. Die neue Garde der jungen Produzenten favorisiert jedoch den trockenen Stil. Der zweite Anbaubereich ist das Adria-Küstenland (Primorska). Auf den Hügeln von Brda, Vipara, Kras und Koper – praktisch eine Verlängerung der Friauler Anbaugebiete Collio und Carso – werden Chardonnay, Sauvignon, Pinot Gris, Rebula und Malvasia von hervorragender Qualität hergestellt. Im Kommen sind Rotweine aus Cabernet Sauvignon, Merlot und Pinot Noir. Der traditionelle Rotwein der Slowenen ist der säurereiche Teran aus der Refosco-Traube. Das dritte Weingebiet

liegt im Save-Tal an der Grenze zu Kroatien (Posavje). Von dort kommen überwiegend einfache Tafelweine.

Kroatien
Die im 19. Jahrhundert florierende Weinnation geriet durch die Reblauskatastrophe und die politischen Wirren in Vergessenheit. Nach dem Zweiten Weltkrieg wurden nur staatliche Großbetriebe gefördert, die Industrieweine erzeugten. Erst nach dem Balkankrieg (1991 bis 1995) sind in Kroatien wieder Initiative und Ehrgeiz zu spüren. Das Land ist in zwei völlig unterschiedliche Anbauzonen unterteilt: den an der Adriaküste liegenden Teil mit Istrien und Dalmatien sowie den kontinentalen Teil zwischen den Flüssen Save und Drau. Während an der Küste die roten Sorten dominieren, werden im Hinterland vornehmlich weiße Sorten angebaut, in der Vergangenheit vor allem Welschriesling, neuerdings verstärkt Gewürztraminer und Riesling. Aber

auch Weiß- und Grauburgunder sowie Chardonnay nehmen zu. Außerdem setzt sich langsam die trokkene Ausbauweise gegen die restsüße durch. Rotwein spielt im kontinentalen Bereich nur eine untergeordnete Rolle (Zweigelt, Plavina, Merlot, Pinot Noir). In Dalmatien dominieren dagegen die roten Sorten. Plavac Mali ist die bedeutendste. Aus ihr werden die berühmten Rotweine Postup und Dingač hergestellt. Eine andere wichtige Sorte ist die Babič, die samtige Rotweine ergibt. In Istrien ist dagegen der Refošk weit verbreitet, aus der der gerbstoffreiche Teran gewonnen wird. Aber auch die weiße Malvazija besitzt eine lange Tradition. Zunehmend werden auch internationale Rebsorten eingeführt.

Griechenland

In der Antike die führende Weinnation Europas, ist es im Verlauf der folgenden zwei Jahrtausende still um Griechenland geworden. Erst nach 1990 hat sich das Land mit einigen bemerkenswerten Weinen auf der internationalen Bühne zurückgemeldet. Die bekanntesten Anbaugebiete liegen in Makedonien (Naoussa), Thessalien (Rapsani) und auf dem Peloponnes (Nemea für Rotwein, Patras und Mantinia für Weißwein). In den letzten Jahren sind jedoch zahlreiche neue Anbaugebiete entstanden, die mit ausgezeichneten Weiß- und Rotweinen aufwarten: Goumenissa und Amynteon in Makedonien, Côtes de Meliton auf Chalkidiki, Archanes und Peza auf Kreta sowie die Insel Kephalonia, wo ein ausgezeichne-

ter trockener Weißwein namens Robola wächst. Immer häufiger treten auch Land- und Tafelweine qualitativ hervor, die – ähnlich den italienischen „Super Tuscans" – nicht den Vorschriften für Qualitätswein entsprechen. Sie kommen aus Nischenlagen bei Patras und Korakochori Elias, aus Attika und Thrakien. Dabei gelingt den griechischen Winzern eine spannende Synthese: Einheimische Rebsorten wie Xinomavro und Agiorgitiko werden mit internationalen Sorten wie Cabernet Sauvignon, Merlot und Syrah assembliert. Oder es werden alteingesessene Rebsorten wie Malagousia, Zakynthino oder Lagorthi nach neuen Methoden hergestellt. Eine große Rolle spielen – zumindest quantitativ – auch die schweren Süßweine von den Ägäischen Inseln.

Zypern

Der Weinbau findet in Zypern fast ausschließlich im griechischen Westteil der Insel statt. Die Reben wachsen an den Süd- und Südwesthängen des Troodos-Gebirges. Der größte Teil der Weinberge ist mit weißen Sorten bestockt, vor allem mit der einheimischen Xynisteri-Traube, die mäßig fruchtige, etwas derbe Weine ergibt, und der roten Mavro, einem Massenträger. Die vier größten Kellereien, die fast die gesamte Traubenproduktion Zyperns verarbeiten, setzen deshalb zunehmend auf Cabernet Sauvignon, Mourvèdre, Grenache, Carignan und Syrah. Ein großer Teil der Trauben wird zu Likörweinen und zu Mostkonzentrat verarbeitet.

Weinbau in Griechenland: Traditionelle Sorten dominieren, internationale schreiten unaufhaltsam voran.

Andere Weinbaunationen

Serbien: In der Donau- und Moravia-Ebene südlich von Belgrad wächst die weiße Smederevo. In der Krajina direkt an der rumänischen Grenze wird traditionell die rote Gamay angebaut. Der Süden Serbiens liefert die besten Rotweine, zumeist aus der Prokupac-Traube. Teilweise wird sie mit Gamay, Cabernet Sauvignon und Merlot verschnitten. Aus dem Hinterland der Sava östlich von Belgrad kommen einfache Rot- und Weißweine – die meisten süß.

Bosnien-Herzegowina: Aus der roten Blatina werden einfache, rustikale Rotweine gewonnen, während die weiße Zilavka teilweise ausgezeichnete, fruchtigschmelzige Weine mit milder Säure ergibt. Der größte Teil der Reben wächst um die Stadt Mostar.

Montenegro: Der Balkanstaat, der zusammen mit Serbien eine föderale Rebulik bildet, hat eine wichtige Rotweinsorte: die Vranac. Sie ergibt dunkelfarbene, feurige Weine mit viel weichem Tannin. Daneben werden die rote Kadarka und die weiße Krstac angebaut.

Mazedonien: Der kleine Gebirgsstaat ist hauptsächlich ein Tafeltraubenproduzent. Die Weinproduktion selbst ist klein, obwohl das Rebensortiment groß ist. Es reicht von der ungarischen Kadarka über die serbische Prokupac, die kroatische Refošk, die montenegrinische Vranac bis zu Cabernet Sauvignon und anderen internationalen Sorten. Typische Weißweinsorten sind die einheimische Temjanika, die serbische Smederevka, die bosnische Zilavka und die russische Rkatsiteli.

Kosovo: Die zu Serbien gehörende autonome Region ist die Heimat des roten Amselfelders. Dieser liebliche Rotwein wird überwiegend aus Pinot Noir gewonnen, die in diesem Land mit seinen 300 Sonnentagen pro Jahr einen weichen, säurearmen Wein ergibt. Außerdem findet man im Kosovo auch Cabernet Sauvignon.

Wein mit unbegrenzten Möglichkeiten

NORTH COAST

Anderson Valley

Clear Lake

Dry Creek

Alexander Valley

Knights Valley

Sonoma Coast

Sacramento

El Dorado

Fiddletown

Napa Valley

Shenandoah Valley

Russian River Valley

Lodi

Sonoma Valley

Los Carneros

Contra Costa

SIERRA FOOTHILLS

San Francisco

Livermore Valley

Alameda

Santa Cruz Mountains

Santa Cruz

Fresno

Monterey

CENTRAL VALLEY

Carmel Valley

Monterey

CENTRAL COAST

Paso Robles

Bakersfield

Edna Valley

Arroyo Grande

Santa Maria Valley

Santa Barbara

Santa Ynez Valley

Los Angeles

Das Napa Valley ist innerhalb von 50 Jahren von einem grünen Tal, in dem Schafe und Rinder grasten, zum innovationsfreudigsten und spektakulärsten Weinanbaugebiet Kaliforniens geworden – eine Entwicklung, für die Weingüter in Europa 150 Jahre benötigten. Aber Napa ist nicht das einzige Anbaugebiet Kaliforniens. Auch in anderen Zonen des „Sunny State" wächst Wein – teils edler, teils schlichter Massenwein.

Der sonnige Westen der USA erlebt erst seit den 1970er Jahren einen Weinboom. Trotzdem liegen Weine aus Napa, Sonoma, Monterey, Santa Barbara und anderen Anbaugebieten Kaliforniens bei internationalen Proben oft auf den vorderen Plätzen. Die Sonne Kaliforniens ist nicht der einzige Faktor, der zum Aufschwung der Weinindustrie geführt hat. Schon im letzten Jahrhundert war bekannt, daß sich die Böden an der gesamten West

Coast für den Weinbau eignen. Spätestens seit den Forschungsarbeiten der Weinbau-Universität Davis, die in den 50er Jahren vorgelegt wurden, ist klar, daß vor allem auch das Klima in den pazifiknahen Gebieten gute Voraussetzungen für feine Weine bietet.

Die Anfänge des Weinbaus

Die Geschichte des kalifornischen Weinanbaus beginnt 1769 in San Diego. Der Franziskanermönch Juníperro Serra errichtete eine Kette von Missionsstationen, die sich auf dem Weg nach Norden bis nach Sonoma zogen. Da die Padres Meßwein für ihre Gottesdienste benötigten, pflanzten sie Reben an. Es waren Sorten, die die Spanier einst nach Mexiko gebracht hatten, etwa die Criolla. 1782 wurde der erste Missionswein in San Juan Capistrano gekeltert. Er muß kaum genießbar gewesen sein. Um 1833 pflanzte der Franzose Jean-Louis Vignes erstmals Reben, die er direkt aus Europa importiert hatte, in Weinbergen um Los Angeles an. Aus der Tatsache, daß seine Weinproduktion sich bald auf tausend Fässer pro Jahr belief, kann geschlossen werden, daß es ein ordentlicher Wein gewesen sein muß. Nach der Unabhängigkeitserklärung Mexikos im Jahre 1822 und der späteren Annektierung Kaliforniens durch die Vereinigten Staaten von Amerika führten amerikanische Großgrundbesitzer die Weinbautradition fort.

Verlagerung nach Norden

Als 1849 das Goldfieber ausbrach, ließen sich Deutsche, Italiener und Amerikaner in Kalifornien nieder und verkauften ihren Wein mit Erfolg in die aufblühenden Goldgräberstädte am Rande der Sierra Nevada. Der Weinbau verlagerte sich langsam in den kühleren Norden Kaliforniens. Die wohl schillerndste Figur des kalifornischen Weinbaus war zu jener Zeit der ungarische Graf Agoston Haraszthy. Zunächst Sheriff in San Diego, wurde er zum Tafeltraubenhändler nahe San Francisco mit den Importreben Zinfandel und Muscat d'Alexandrie, um nach einer ausgedehnten Europareise mit 300 verschiedenen Rebsorten zurückzukommen und sie in Sonoma zu pflanzen. Als sein Gut Buena Vista bankrott ging, verschwand der Graf nach Nicaragua, um dort Zuckerrohr anzubauen und Rum zu erzeugen. Doch dazu kam es nicht mehr. Er wurde kurz darauf von Alligatoren gefressen.

Der erste Boom und die Reblaus

Ein Anfang war jedoch gemacht. Bald tauchten im Napa Valley europäische Namen wie Charles Krug, Jakob Schram, Friedrich und Jokob Beringer auf und pflanzten Reben. Ein Weinboom erfaßte das Land, der 1886 allerdings jäh endete. Die Reblaus zerstörte die neuen Weinkulturen – vermutlich war das Insekt durch Haraszthys Stecklinge nach Amerika gelangt. Kaum war ein Gegenmittel gefunden und die Weinberge neu bestockt, verkündete die amerikanische Regierung 1919 die Prohibition. Die Folgen für den Weinbau waren fatal. Die meisten Güter wurden in den Ruin getrieben. Wein durfte nur noch privat oder zu Meßweinzwecken angebaut werden. Als 1933 das Alkoholverbot wieder aufgehoben wurde, waren die Märkte beinahe völlig verschwunden und die Handelsstrukturen zerstört.

Der Wiederaufstieg

Erst Ende der 1960er Jahre begann der Wiederaufstieg, als weinbegeisterte Unternehmer wie Robert Mondavi und Joe Heitz sich im Napa Valley niederließen und begannen, Weine der Spitzenklasse zu erzeugen. Unterstützt von dem rußlandstämmigen, legendären Önologen André Tchelistcheff, der 1938 von Frankreich, wo er jahrelang für berühmte Weingüter gearbeitet hatte, nach Kalifornien wechselte, praktizierten sie modernes Weinbergmanagement: Sie führten die Temperaturkontrolle, die malolaktische Gärung und andere wichtige kellertechnische Neuerungen ein. Aus dem verschlafenen grünen Tal zwei Autostunden nördlich von San Francisco wurde eine Pilgerstätte für die neuen Weinenthusiasten. Bei einer Blindprobe, die die Académie du Vin in Paris organisierte, auf der

„Indian Summer" in einem Weinberg bei Calistoga im Napa Valley: der Anziehungspunkt für Weinmillionäre.

kalifornische Weine mit französischen Spitzengewächsen verglichen wurden, rangierte der Chardonnay von Château Montelena vor den besten weißen Burgundern, und auch ein Cabernet Sauvignon aus der kalifornischen Kellerei Stag's Leap fand sich in einer Spitzenposition wieder. Drei Jahre später organisierte das französische Feinschmeckermagazin Gault Millau eine „Weinolympiade": Wieder lagen kalifornische Weine auf den ersten Plätzen. Daraufhin setzte ein Weinboom ungeahnten Ausmaßes ein. Während 1960 gerade einmal 20 Kellereien im Napa Valley existierten, gibt es heute in dem 45 Kilometer langen Tal etwa 250 Winerys.

Der Weinstolz Amerikas

Mumm

Caymus

Silver Oak

Shafer Vineyards

Stag's Leap
Wine Cellars

Clos du

Silverado
Vineyards

Rutherford

Beaulieu

Saint
Supery

Cakebread

Opus
One

Robert Pepi

Cosentino

Yountville

Sequoia
Grove

Robert
Mondavi

Far Niente

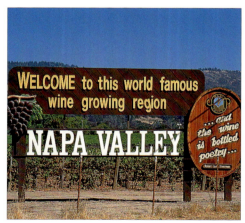

Begrüßungstafel in Napa: Wein ist „Poesie in Flaschen".

Carneros

Das etwa 6500 Hektar große Anbaugebiet nahe der San Pablo Bay ist berühmt für seine Weiß- und Schaumweine. In dieser flachhügeligen, äußerlich nicht sehr spektakulären Landschaft, die am Eingang zum Napa Valley liegt, sich aber auch nach Sonoma hinein erstreckt, wachsen einige der besten Chardonnay. Der größte Teil der Trauben wird an Napa-Winerys verkauft. Einige Winerys haben jedoch eigenes Rebland dort erworben. Schließlich haben sich in Los Carneros mehrere Schaumweinkellereien niedergelassen,

unter ihnen auch europäische Schaumweinhersteller wie Freixenet, Codorníu, Domaine Chandon, Mumm und Taittinger (Domaine Carneros). Die besten *sparkling wines*, die nach dem traditionellen Flaschengärverfahren erzeugt werden (allerdings oft nach dem Transvasionsverfahren), können europäischen Schaumweinen durchaus Paroli bieten. Auch die rote Pinot Noir gedeiht in dem kühlen Klima gut. Sie wird für Stillweine, von den Schaumweinkellereien aber auch zur Assemblage mit Chardonnay verwendet. Los Carneros heißen im Spanischen übrigens die Schafe – Hinweis auf die Zeit vor den Reben, als noch Viehzucht in diesem Landstrich betrieben wurde.

Napa Valley

Napa ist der Inbegriff des amerikanischen Weinwunders. In Napa haben die Amerikaner gezeigt, in welch kurzer Zeit sie in der Lage sind, europäisches Weinwissen in ihrem Land umzusetzen: in weniger als 30 Jahren. Viele der modernen, auch architektonisch beeindruckenden Weingüter verwirklichten Erkenntnisse, die in der Alten Welt nur als Buchwissen existierten – nicht selten mit fachlicher Hilfe und dem Kapital französischer, schweizerischer und deutscher Weinfachleute. Gegen die Anziehungskraft dieser

Winerys wirken selbst renommierte europäische Weingüter altmodisch und verstaubt. Jedenfalls ist das langgestreckte Tal immer wieder für Schlagzeilen gut, obwohl weniger als fünf Prozent der kalifornischen Weine aus ihm kommen. In erster Linie sind es natürlich die spektakulären Weine, die Aufmerksamkeit erregen. Aber auch kunstsinnige Millionäre, die sich mit einem Weingut ein Denkmal setzen wollen, exzentrische Tüftler mit Tellerwäscherkarrieren, spleenige Weinliebhaber, die auf den regelmäßigen Weinauktionen atemberaubende Preise für die schwarzroten Cabernet Sauvignons des Tals zahlen, sorgen dafür, daß der Gesprächsstoff in Napa nicht ausgeht. Das exotische Fluidum macht ein Schild deutlich, das am Eingang des Napa Valley steht und die eher nüchtern veranlagten Amerikaner mit den Worten begrüßt: „Wein ist Poesie in Flaschen". Sie stammen von dem Schriftsteller Robert Louis Stevenson.

Die Böden des Napa Valley

Das Napa-Tal ist etwa 50 Kilometer lang. Es reicht von Napa im Süden bis über Calistoga hinaus im Norden. Eigenartigerweise sind die Temperaturen im Norden wärmer als im Süden. Der Grund: Die feuchte, pazifische Kühle tritt von Süden ins Tal ein und ist im Norden kaum mehr zu spüren. Über 95 Pro-

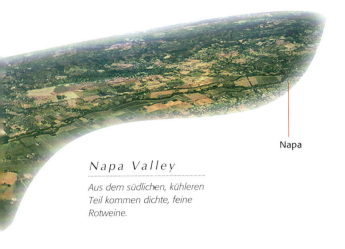

Napa

Napa Valley

Aus dem südlichen, kühleren Teil kommen dichte, feine Rotweine.

Pegase Winery und die Hess Collection, die zugleich Kunstmuseen sind, die mondäne Kelleranlage von Opus One, die alte Inglenook Winery, die jetzt Niebaum-Coppola heißt, oder das im Farmhouse-Stil errichtete Weingut von Joseph Phelps. Mancher bedeutende Wein kommt jedoch aus bescheidenen und gänzlich unspektakulären Winerys, wie Heitz Cellars, Mount Veeder, Stag's Leap, Clos du Val oder Cain Cellars, um nur einige zu nennen. Die Böden sind durchweg fruchtbar. Im Februar sprießt gelb blühendes Senfgras zwischen den Rebzeilen. Viele Winzer erzeugen sogar eigenen Senf. Allerdings ist die Zusammensetzung der Böden völlig uneinheitlich – sogar in den Tallagen. Viele Weingüter besitzen gar keine eigenen Rebkulturen im Tal, sondern beziehen ihre Trauben – zumindest zum Teil – von unabhängigen Winzern. Die Bedeutung eigener Reben ist vielen Weingutbesitzern erst deutlich geworden, als die Traubenpreise in den letzten Jahren aufgrund von Reblausschäden und einiger Mißernten massiv anstiegen.

Napa – ein Grund für Cabernet Sauvignon

Das südliche Napa Valley liegt noch im Einfluß kühler Meeresluft. Bis zur Ortschaft Yountville werden deshalb noch viel Chardonnay, ein bißchen Gewürztraminer, Riesling und Sauvignon angebaut. Ab Yountville dominiert jedoch Cabernet Sauvignon. Die wenigen Weißweininseln, die sich noch im nördlichen Abschnitt des Napa Valley finden, werden zunehmend mit roten Trauben bestockt, und auch nach Süden hin drängen die Rotweinkulturen unaufhörlich vor. Die feinschotterigen, wasserdurchlässigsten Böden sind normalerweise für den Cabernet Sauvignon reserviert, während die schwereren, lehmhaltigen Böden mit Merlot bepflanzt werden. Der Cabernet Sauvignon ergibt opulente, leicht krautige Weine mit einem Bouquet von Johannisbeeren, schwarzem Pfeffer, vielen Würznoten, Mokkatönen, Röstaromen und einem robusten Tanningerüst. Die Weine besitzen zwar nicht die Langlebigkeit großer Bordeaux', aber eine ähnliche Fülle und eine bemerkenswerte Feinheit. Viele Proben haben deutlich gemacht, wie schwer es ist, blind Bordeaux-Weine und Napa-Cabernets zu unterscheiden. Einige, aber nicht alle Weine weisen kleine Anteile Merlot, Cabernet Franc oder Malbec auf. Solange dieser Anteil 25 Prozent nicht übersteigt, darf allein Cabernet Sauvignon auf dem Etikett stehen (siehe Kasten Seite 193).

Blühendes Senfgras in einem Weinberg bei Carneros.

zent des Weinbaus spielen sich auf dem Talboden und an den hügeligen Ausläufern der Mayacamas-Berge auf der einen und Vaca Range auf der anderen Talseite ab. In den Tallagen finden sich schwere Tonböden, an den Hängen sind die Lehmböden stärker mit Kiesel durchsetzt. Im höher gelegenen, bergigen Hinterland haben sich bisher nur wenige Winerys niedergelassen. Die meisten liegen

wie Perlen aneinandergereiht an den beiden großen Verkehrswegen, die das Tal durchschneiden: der Schnellstraße 29 und dem parallel dazu verlaufenden Silverado Trail. Architektonisch sehenswert sind die im mexikanischen Stil erbaute Winery von Robert Mondavi, der neue Kellerklotz von Dominus, die wie ein griechisches Kloster auf dem Hügel thronende Sterling Winery, die Clos

Wenn die kühlen Nebel kommen

Clos Pegase · Cuvaison · Sterling Vineyards · Hanns Kornell · Frog's Leap · Burgess · Duckhorn · Freemark Abbey · Charles Krug · Beringe

Napa ist das Herz des kalifornischen Weinbaus, aber weder die erste noch die einzige bedeutende Weinregion Amerikas. Zumindest in Sonoma wurden früher Reben angebaut. Sonoma besteht aus mehreren Unterzonen – und ebenso vielen Weinen.

Die hübsche Kleinstadt Sonoma ist von San Francisco aus über die Golden Gate Bridge und den Highway 101 in weniger als einer Autostunde zu erreichen. Der Weinbau ist dort wesentlich älter als im nahegelegenen Napa Valley. Dennoch steht Sonoma im Schatten des berühmten Nachbarn. Es ist ein großes Anbaugebiet mit unterschiedlichen Klimata und ebenso vielen unterschiedlichen Rebsorten. Die bekanntesten sind Russian River Valley, Alexander Valley und Dry Creek Valley. Die historische Kernzone ist jedoch das Sonoma Valley. Es reicht von Sonoma bis nach Santa Rosa. Dort hat das alte Agoston-Haraszthy-Weingut Bartholomew Park seinen Sitz, die gigantische Sebastiani-Kellerei, der Zinfandel-Spezialist Ravenswood, Château St-Jean mit hervorragenden Weißweinen sowie die kleine Matanzas Creek Winery mit ihren berühmten Merlots. Ihre Trauben wachsen jedoch teilweise nicht im Sonoma Valley.

Russian River Valley

Meere von Reben bestimmen die Landschaft des Russian River Valley zwischen Santa Rosa und Healdsburg. Zum weitaus größten Teil sind es Char-donnay-Reben. Nur auf den kieselsteinhaltigen Schwemmlandböden an den Ufern des Russian River, der sich durch das Rebland schlängelt, wächst Pinot Noir. Die besondere Eignung für die Burgunderrebe und die Weißweine rührt von den Nebeln, die vom Pazifik her über die Berge kommen, aber auch von der feuchten, kühlen Luft, die vom Süden her in das offene Tal eindringt. Russian River ist die kühlste Unterzone Sonomas. Viele Napa-Winerys haben dort Chardonnay- oder Pinot-Noir-Weinberge, andere kaufen ihre Trauben dort, auch Schaumweinkellereien in Carneros.

Dry Creek Valley

Das Tal des trockenen Baches verläuft parallel zum Highway 101 in westlicher Richtung. Der Talboden ist an vielen Stellen mit alten, knorrigen Zinfandel-Reben bestockt – ein Indiz dafür, daß in dieser Zone schon lange vor dem Cabernet-Boom Wein angebaut wurde. Im 19. Jahrhundert waren es die Italiener, die als erste im Dry Creek Valley Reben anbauten. Noch heute zeugen viele Namen vom italienischen Stammbaum ihrer Eigentümer: das Show-Weingut Ferrari-Carrano, die Farmer-Winery Pedroncelli (mit guten Zinfandel-Weinen), die riesige Simi-Winery und die noch größere Kellerei der Brüder Gallo. Inzwischen werden im beschaulichen Dry Creek Valley auch viel Cabernet Sauvignon, ein wenig Syrah und Cinsaut und im Süden häufig Sauvignon und Chardonnay angebaut.

Joseph Phelps

Napa Valley

Im nöralichen Teil wachsen volle, wuchtige Rotweine.

lena

Alexander Valley

Das Tal liegt im Norden Sonomas zwischen Healdburg und Cloverdale und ist die wärmste Unterzone der gesamten Appellation. Früher ein Massenweingebiet, hat auch dort seit den 1970er Jahren der Qualitätsweinbau Fuß gefaßt. Die Sortenvielfalt ist zwar

immer noch groß und die Qualitäten oft schillernd. Doch gedeihen auf den lehmigen, wasserspeichernden Böden unstrittig volle, fleischige Cabernet Sauvignons und Merlots, teilweise auch sehr gute Zinfandel, während Weißweine nur noch in einigen Nischen erzeugt werden.

Mendocino County

Auch der warme Norden Kaliforniens hat sich als Weinbaugebiet einen Namen gemacht. Mendocino County ist nach der kleinen Künstlerstadt am Pazifischen Ozean benannt, die freilich weit entfernt von den Weinbergen ist, die im Anderson Valley, am oberen Russian River und am Clear Lake liegen. Nur knapp zwei Dutzend Winerys verteilen sich auf den Distrikt. Früher wurde in der Gegend viel Hopfen angebaut. Heute reifen an den terrassierten Hängen des Anderson Valley vor allem Chardonnay, Gewürztraminer und Pinot Noir. Das Tal ist über den Navarro River offen zum Pazifischen Ozean hin, so daß die sommerliche Hitze immer wieder durch kühle Meeresluft gemildert wird. Die Schaumweinherstellung spielt im Anderson Valley eine große Rolle. Das Champagnerhaus Roederer hat dort seine amerikanische Filiale eingerichtet. Im oberen Russian River Valley um Ukiah liegen die Temperaturen weitaus höher. Dort werden würzige Zinfandel und muskulöse Cabernet Sauvignons erzeugt. Auch kleine Mengen Petite Syrah werden angebaut, obgleich diese eher ein Relikt aus jener Zeit ist, als aus Mendocino County Massen namenloser Konsumweine kamen. Das beste Weingut der Gegend ist Fetzer in Hopeland, das sich dem ökologischen Weinbau widmet.

Das Weinland Kalifornien in Zahlen

Rebfläche: 224 000 Hektar
Weinproduktion: 17 bis 20 Millionen Hektoliter
Jährlicher Weinkonsum pro Kopf: 7,8 Liter

Die 10 häufigsten Rebsorten (für die Weinerzeugung)

1.	Chardonnay	weiß	20,5 %
2.	Cab. Sauvignon	rot	13,0 %
3.	Merlot	rot	11 %
4.	Zinfandel	rot	10,9 %
5.	Fr. Colombard	weiß	7,1 %
6.	Pinot Noir	rot	6,0 %
7.	Syrah	rot	3,5 %
8.	Chenin Blanc	weiß	3,1 %
9.	Sauvig. Blanc	weiß	3,1 %
10.	Rubired	rot	2,7 %

Die Weingesetze

Die kalifornischen Weingesetze sind einfach. Es gibt keine Mengenbeschränkungen bei der Traubenproduktion, die Sortenpolitik ist liberal. Ein Chardonnay- oder ein Cabernet-Sauvignon-Wein muß zu mindestens 75 Prozent aus dieser Sorte bestehen. Weine mit einem geringeren Anteil einer Sorte werden Meritage genannt (normalerweise steht Meritage für einfache Tafelweine).

Die AVA-Bereiche

Anfang der 1980er Jahre wurden bestimmte Weinbaugebiete zu American Viticultural Areas deklariert (AVA). Dabei entstanden viele große Zonen wie Napa Valley, Sonoma County oder Paso Robles, aber auch einige kleine Unterappellationen wie Stag's Leap oder Mount Veeder, beide in Napa gelegen. Weine mit einer Kleinappellation auf dem Etikett müssen zu 95 Prozent aus dieser Zone kommen, Weine aus einer Großappellation zu 85 Prozent, d. h., 15 Prozent sind aus den heißen Anbaugebieten des Central Valley.

Besondere Weinbezeichnungen

Jug Wine: einfachster Massenwein.
Cooler: alkoholarmer Fun-Wein.
Blush: Roséwein.
White Zinfandel: süßer Weißwein aus der roten Zinfandel-Traube.

Unterirdischer Keller der Kunde Winery in Sonoma.

Garten Eden und Disneyland zugleich

Unter dem geographischen Dachbegriff Central Coast werden alle Weinanbaugebiete zwischen San Francisco und Los Angeles zusammengefaßt. Die Herkunftsbezeichnung ist ebenso schillernd wie die Weine, die von dort kommen.

Vor allem Fun- und Modeweine sind es, die im südlichen Kalifornien hergestellt werden: saftig, aber dünn und oftmals lieblich ausgebaut. Auf der anderen Seite gibt es in einigen Landstrichen auch Weine, die es leicht mit den Hochgewächsen aus Napa und Sonoma aufnehmen können.

Aus dem Süden Kaliforniens kommen viele Fun- und Fancy-Weine und einige echte Hochgewächse.

Santa Cruz Mountains
Waldreicher Hügelzug zwischen San José und dem Pazifik, mit uralten Mammutbäumen und eingestreuten kleinen Weinbergen. Erzeugt werden sehr feine Cabernet Sauvignons, sehr gute Zinfandel und einige bemerkenswerte Weißweine. Allerdings ist die Produktion recht gering.

Monterey
Heterogenes Anbaugebiet im und um das Salina Valley, Kaliforniens größte Gemüsekammer mit kilometerlangen Brokkolifeldern und Salatbeeten. Heute ist das fruchtbare Tal, das zu den am schnellsten wachsenden Anbaugebieten Amerikas zählt, auf 20 000 Hektar auch mit Reben bestockt – vor allem mit Chardonnay. Aus den drei AVA-Zonen Carmel, Chalone und Arroyo Seco kommen zahlreiche gute Cabernet Sauvignons und einige exzellente Chardonnays.

Paso Robles, Edna Valley, Arroyo Grande
Drei dynamische Anbaugebiete um die Universitätsstadt San Luis Obispo. Aus dem riesigen Paso-Robles-Gebiet kommen gute Cabernet Sauvignons und Zinfandels, während im kühleren, meernahen Edna Valley naturgemäß Chardonnay und Pinot Noir vorherrschen. In Arroyo Grande reden alle vom Schaumwein. Das Champagnerhaus Deutz ist dort der größte Weinerzeuger. Die meisten Trauben dieser drei Gebiete werden jedoch an Kellereien im Norden verkauft, vor allem nach Carneros und Sonoma.

Santa Barbara County
Durch die zum Pazifik hin offenen Täler dringt nördlich des Badeortes Santa Barbara kühle Meeresluft ins Santa Ynez Valley und ins Santa Maria Valley. Dort wachsen knackige Chardonnays und wuchtige Pinots Noirs, in den tieferen Teilen auch Sauvignon und Merlot. Au Bon Climat, Lane Tanner, Foxen Vineyard und Robert Mondavis Byron Vineyards sind führende Erzeuger.

Central Valley
Das über 800 Kilometer lange Central Valley ist die produktivste landwirtschaftliche Region Amerikas. Hier werden Melonen, Blumenkohl und auch Weintrauben angebaut, traditionell zur Rosinen- und Saftproduktion, aber auch zur Weinherstellung. 60 Prozent aller kalifornischen Trauben werden in dieser Region geerntet. E. & J. Gallo, die größte Kellerei der Welt, produziert hier knapp 60 Millionen Flaschen einfacher, aber schmackhafter Alltagsweine. Zunehmend lassen sich in Lodi, dem nördlichen Teil des San Joaquin Valley, auch namhafte Güter wie Robert Mondavi, Glen Ellen und Sebastiani nieder, um nicht nur Trauben zu kaufen, sondern auch anzubauen – unter Einsatz von Tropfberegnung und schattenspendenden Erziehungssystemen. Auch das Rebensortiment hat sich geändert. Statt minderwertiger Hybridreben wie Rubired und Royalty werden zunehmend Zinfandel, Cabernet Sauvignon, Merlot, Sauvignon, Gewürztraminer und Riesling kultiviert. Mit 15 Prozent Anteil sind sie in manchen Napa-Weinen vertreten.

Weinberge bei Santa Ynez im Hinterland von Santa Barbara: knackige Chardonnays und wuchtige Pinot Noirs.

Land im Zustand der Gärung

Oregons Pinot-Noir-Pionier David Lett (links); großflächige Beregnungsanlagen in Washingtons Yakima Valley.

Es gibt Stimmen, die behaupten, daß die besten Weine Amerikas eines Tages aus anderen Bundesstaaten als Kalifornien kommen werden – Oregon etwa. Im Schatten seines großen südlichen Nachbarn hat sich Oregon zumindest auf einem Feld zum heimlichen Herausforderer entwickelt: beim Pinot Noir.

Die Rebflächen Oregons betragen nur etwa zwei Prozent derjenigen Kaliforniens. Ernstzunehmende weinbauliche Unternehmungen wurden erst in den 60er Jahren des 20. Jahrhunderts registriert, als in Kalifornien bereits eine allgemeine Aufbruchstimmung herrschte. Das gemäßigte, fast europäische Klima mit milden Wintern und nicht zu trockenen Sommern veranlaßte einige Pioniere, sich südlich von Portland am Willamette River niederzulassen, um dort Reben anzubauen – entgegen dem Rat der kalifornischen Wein-Universität in Davis nicht amerikanische Hybridreben, sondern europäische Vinifera-Reben: Chardonnay, Riesling, Gewürztraminer und vor allem Pinot Noir.

Später Erfolg der Pinot Noir
Die rote Burgunderrebe entwickelte sich in dem milden Klima am besten und bedeckt heute fast die Hälfte der Rebfläche des Landes. Die Weine, die aus ihr gewonnen werden, sind weder schwer noch säurearm, sondern zart-

fruchtig, fein und daher den französischen Burgundern ähnlicher als die meisten kalifornischen Weine aus dieser Rebsorte. Der Enthusiasmus der Pinot-Noir-Pioniere war derart ansteckend, daß mehrere Flüchtlinge aus Kalifornien sich am Willamette River niederließen, um sich auf das Abenteuer mit der Sorte einzulassen, die bislang nirgendwo außerhalb Burgunds überzeugende Ergebnisse gebracht hatte. Selbst das Burgunder Handelshaus Robert Drouhin eröffnete eine Dependance in Oregon. Andere wichtige Pinot-Noir-Produzenten sind Elk Cove Vineyards, Bethel Heights Vineyard und Adelsheim Vineyard. Einen großen Teil der Trauben kaufen sie von Winzern zu, weil nur wenige der Neugründungen über ausreichend Rebland verfügen. Neben Pinot Noir ist Oregon stellenweise mit Chardonnay und Gewürztraminer erfolgreich, im Süden des Landes auch mit Cabernet Sauvignon.

Washington
Der Bundesstaat Washington im äußersten pazifischen Nordwesten Amerikas hat doppelt soviel Rebfläche wie Oregon – und ist noch unbekannter. Das liegt daran, daß der Weinbau im Vergleich zur dominierenden Getreidewirtschaft des Landes nur einen geringen Stellenwert hat. An der Qualität liegt es jedenfalls nicht. Die Cabernet Sauvignon und

vor allem die Merlot, die am warmen Columbia River und im Yakima Valley wachsen, sind von beachtlicher Qualität, wenn auch nicht so herausragend, daß sie eine Konkurrenz für Kalifornien werden könnten. Es sind vollmundige, schwere Weine, denen es nie an Fülle, gelegentlich aber etwas an Feinheit fehlt. Das führende Weingut Washingtons ist Château Sainte Michelle am Columbia River, das auch bemerkenswerte Weißweine aus Sémillon- und Sauvignon-Reben erzeugt. Außerhalb Amerikas tauchen die Weine fast nie auf.

Andere Weinanbaugebiete

Arizona: Der heiße Südwesten Amerikas ist durch gute Weiß- und Rotweine berühmt geworden, die auf den Terra-Rossa-Böden um Tuscon wachsen.

Virginia: Aufstrebendes Weinland im Osten der USA, in dessen mildem Klima schon vor 350 Jahren Reben angebaut wurden. Inzwischen sind ein Großteil der Hybridreben gerodet und durch Chardonnay, Cabernet Sauvignon und Merlot ersetzt worden. Sie ergeben mittelschwere Weine ganz eigener Prägung.

New York: Die Finger Lakes im Bundesstaat New York nahe dem Eriesee sind seit Jahrzehnten für exzellente edelsüße Weine berühmt – ebenso die Küsten von Long Island vor den Toren New Yorks.

Angekommen in der Zukunft

Australien steuert zwar nur knapp fünf Prozent zur Weltproduktion an Wein bei. Doch viele australische Weine sind von gehobener und hoher Qualität. Vor allem die neuen Rotweine aus den kühlen Anbaugebieten des Landes zeichnen sich durch Eleganz aus, nicht nur durch Schwere.

Seit 1970 hat sich in Australiens Weinwirtschaft ein tiefgreifender Wandel vollzogen: Die Produktion süßer, alkoholreicher Likörweine wurde aufgegeben zugunsten von trockenen Tischweinen. Der steigende Weinkonsum im eigenen Land, vor allem aber die boomartig zunehmenden Exporte nach Europa, Amerika und in den pazifischen Raum haben die Weinindustrie zu großen Investitionen

ermutigt. Mittlerweile repräsentierten die großen Weinkonzerne rund 80 Prozent des australischen Weins. Doch aus den Konzernkellereien kommen keineswegs nur billige Massenweine, sondern auch Hochgewächse im internationalen Format.

Klima – wichtiger als der Boden

In Australien herrschen andere Voraussetzungen für den Weinbau als in Europa. Sonnenscheindauer und Lichtintensität sind in den meisten Weinanbaugebieten ausreichend, um die Trauben jedes Jahr gefahrlos ausreifen lassen zu können. Einzellagen im Sinne von Grand Crus gibt es praktisch nicht, sondern nur Klimazonen. Die größte Gefahr für den australischen Weinbau geht von der

Trockenheit aus. Ohne künstliche Beregnung ist Weinbau in vielen Gebieten nicht möglich. In den letzten Jahrzehnten hat sich der Weinbau vom heißen Norden in den kühleren Süden verlagert. Die Weine aus den *Cool Climate Areas* mit ihren frischen, fruchtigen Aromen ohne übertriebene Schwere haben maßgeblich zum Aufstieg des australischen Weins beigetragen. Die *Cool Climate Areas* befinden sich in Westaustralien (Margaret River, Frankland, Mount Barker) sowie in Südaustralien (Adelaide Hills, Eden Valley, Coonawarra, McLaren Vale) und in Victoria (Geelong, Yarra Valley, Tasmanien, Alpine Valleys).

Australien erzeugt Rebsortenweine

Wein ist in Australien normalerweise nicht Ausdruck des bestimmten Bodens und Klimas, sondern Ausdruck der Rebsorte – anders als in Europa. Der größte Teil des australischen Weins stammt daher von Trauben verschiedener Anbaugebiete. Teilweise liegen diese 1000 Meilen voneinander entfernt, werden in Kühlcontainern herbeitransportiert und nach einer bestimmten Formel mit Weinen anderer Gebiete verschnitten. Multi-District-Blends heißen sie in der Fachsprache. Die meisten kommen als Rebsortenweine auf den Markt: als Chardonnay, Sémillon, Shiraz oder Cabernet Sauvignon mit weitgefaßten Herkunftsangaben. Freilich gibt es auch viele Weine, die nur aus einer einzigen Anbauregion stamen: vor allem von kleinen und mittleren Gütern, deren Weine ganz oder größtenteils aus eigenen Trauben produziert werden.

Die australischen Winemaker

Die Weinindustrie ist kapitalstark und profitorientiert, gleichzeitig aber hoch innovativ und äußerst qualitätsorientiert. Penfolds, Rosemount, Hardys, Mildara, Yalumba und die anderen Weinunternehmen achten streng darauf, daß Qualität und Preis im richtigen Verhältnis stehen. Die Basis aller großen Weinkellereien sind die Standardqualitäten, die in Stückzahlen von mehreren Millionen Flaschen und zu einem niedrigen Preis auf den Markt kommen. Daneben werden auch in verschiedenen Abstufungen und in geringeren Mengen hochpreisige Premium-Qualitäten erzeugt. Der Winemaker muß die entsprechenden Trauben gezielt einkaufen. Er ist also nicht nur Önologe, sondern auch Manager mit kaufmännischer Verantwortung. Bei der Weiterentwicklung der Weinbau- und Kellertechnik ist Australien weltweit führend. Marketing, Winemaking und Wissenschaft sind eng miteinander verzahnt.

Die Geschichte

Australien besitzt keine eigenen Reben. 1788 pflanzte der britische Gouverneur in seinem Garten in Sydney erstmals Rebstöcke, die er aus Südafrika mitgebracht hatte. Drei Jahre später hingen an ihnen Trauben.

Bald darauf blühte in Victoria, Neusüdwales und Westaustralien, wo sich viele Engländer angesiedelt hatten, der Weinbau. Die Franzosen kultivierten auf der Insel Tasmanien Wein. Mitte des 19. Jahrhunderts ließen sich viele deutsche Religionsflüchtlinge im südaustralischen Barossa Valley nieder und begannen dort, europäische Reben zu kultivieren. Syrah hieß bei ihnen Hermitage, Pinot Noir Red Burgundy, Weißwein Chablis oder Rhineriesling. Vor allem aber spezialisierten sich die Australier darauf, süße Likörweine zu erzeugen – beziehungsweise diese aufzuspriten und so „Australian Port" zu produzieren. Die langsame Rückkehr zu trockenen Tischweinen begann erst nach dem Zweiten Weltkrieg. Der steigende inländische Weinkonsum und vor allem die starke Nachfrage des Auslands führten zu einer stetigen Ausweitung der Rebflächen.

Western Australia

Wein wird im Westen Australiens erst seit 1965 angebaut, und zwar ausschließlich im südlichen Teil dieses größten Bundesstaats. Die Reben reichen von Busselton im Süden der Hauptstadt Perth bis zum südlichen Indischen Ozean. Besonders stark ge-

Weinberge in den Adelaide Hills.

wachsen sind die Rebflächen um die Surfer-Paradiese Margaret River und Cowaramup. Wegen der kühlen Seewinde besitzen Shiraz und Cabernet Sauvignon trotz ihrer Fülle Eleganz und frische Frucht. Auch die Sauvignons, Sémillons und Chardonnays bestechen durch knackige Frucht und klassische Sortenaromen. Noch jüngeren Datums ist der Weinbau im Hinterland der Städte Albany und Esperance. Frankland River, Denmark, Mount Barker, Porongurup, Manjimup und Pemberton heißen die kleinen Unterzonen, die zu dem Anbaugebiet Great Southern zusammengefaßt werden. Das Klima dort ist relativ kühl, so daß neben den australischen Traditionssorten auch Pinot Noir und Riesling angebaut werden. Nördlich von Perth liegt Swan Valley, das in den letzten Jahren zu einem Massenwein- und Tourismusgebiet geworden ist.

Das Weinland Australien in Zahlen

Rebfläche: 160 000 Hektar
Weinproduktion: 14 Millionen Hektoliter
Jährlicher Weinkonsum pro Kopf: 20,5 Liter

Die 10 häufigsten Rebsorten

1. Sauvig. Blanc	weiß	29,0 %
2. Chardonnay	weiß	23,2 %
3. Pinot Noir	rot	18,1 %
4. Merlot	rot	8,0 %
5. Cab. Sauvignon	rot	5,0 %
6. Riesling	weiß	4,8 %
7. Pinot Gris	weiß	2,1 %
8. Sémillon	weiß	1,7 %
9. Gewürz-		
traminer	weiß	1,6 %
10. Müller-Thurgau	weiß	0,9 %

Das australische Weinrecht

Die Weine müssen zu 85 Prozent aus dem auf dem Etikett angegebenen Anbaugebiet und von der dort angegebenen Rebsorte stammen. Tauchen mehrere Rebsorten auf dem Etikett auf, so ist der Wein zum größten Teil aus der erstgenannten erzeugt. Erlaubt ist das Zusetzen von Säure, während die Chaptalisation verboten ist. Gesetzliche Mengenbegrenzungen bei der Traubenproduktion gibt es nicht. Im Qualitätsweinbau werden zwischen 60 und 90 Hektoliter pro Hektar geerntet.

Methoden der Weinbereitung

Der technische Standard im Weinbau und der Kellertechnik ist in Australien hoch. Die Trauben werden meist mechanisch gelesen und beschnitten. Rotweine werden oft in Barriques ausgebaut (guter Cabernet Sauvignon in französischen, Shiraz durchweg in amerikanischen). Die besseren Weißweine machen eine malolaktische Gärung durch und reifen ebenfalls in kleinen Barriques.
Nach entsprechenden wissenschaftlichen Versuchen sind einige Weingüter dazu übergegangen, bestimmte Reben fast gar nicht zu beschneiden (minimal pruning). Nach einigen Jahren der Überproduktion reguliert die Rebe den Traubenansatz dann von selbst auf ein Niveau von etwa 80 Hektoliter pro Hektar.

Heimat der Weinindustrie

Mopami

Stockwell

Mildava-Blass

Greenock

The Willows

Plush Corner
Rd

Moculta

Nuriootpa

Sturt Highway

Gnadenfrei

Torbreck

Penrice

Elderton

Penfolds

Greenock
Creek

Marananga

Parrot Hill

Seppelt

Veritas

Penrice

Heritage

Château
Dorrien

Saltram

Seppeltsfield

Peter
Lehmann

Angaston

Leo Buring

Yalumba

Old Barn

Henschke

Tanunda

Vine Vale

Château Tanunda

Turkey Flat

High Wycombe

Menglers Hill Rd

Eden Valley Rd

Glaetzer

Bethany

St. Hallett

Bethany

Collingrove

Château
Rosevale

Gomersal

Tanunda Cr.

Barren Hill

Grant
Burge

Kabininge

Keyneton

Rosedale

Rockford

Charles
Melton

Krondorf

Mt. McKenzie

Château
Yaldara

Charles
Cimicky

Altona

Orlando
Miranda

Meggies
Vineyard

Wilsford

Jenke

Rowland Flat

Peggys Hill

Warpoo

Burge Family
Winemakers

Trevor Jones

Keynes Hill

Lyndoch

Barossa
Settlers

Hill Smith Estate

Craneford

Pewsey Vale

Mountadam

Eden Valley
Wines

Wynns
High Eden

James Irvine

Eden Valley

Williamstown

The Marne R.

Barossa Valley

■ Wilsford Führender
           Erzeuger

🟩 Rebfläche

0 km 2   4   6

Springton

Holme's

Aus dem Bundesstaat Südaustralien kommt fast die Hälfte allen australischen Weins. Die meisten Anbaugebiete befinden sich um die Stadt Adelaide. Fast alle großen Weinkellereien haben dort ihr Hauptquartier. Die meernahen Anbaugebiete sind klassische *Cool Climate Areas*. Doch je weiter im Landesinneren die Reben wachsen, desto höher steigen die Temperaturen.

Südaustralien ist mit 42,8 Prozent der Rebfläche die größte Weinbauregion des fünften Kontinents. Im Hinterland von Adelaide

wachsen sowohl einfachste Verschnitt- und Tafelweine als auch hochklassige Rotweine. Es folgen Victoria mit 26,3 Prozent und New South Wales mit 23,4 Prozent. Western Australia und Tasmanien, beide als *Cool Climate Areas* geltend, teilen sich die restlichen zehn Prozent der Rebfläche.

Barossa Valley

Das bekannteste südaustralische Weinanbaugebiet liegt in einem flachen Hochtal nördlich von Adelaide. Es ist eine warme Anbauregion, vor allem bekannt für seine schweren, weichen Shiraz, die manchmal sogar über 15 Vol.% Alkohol aufweisen. Viele Reben sind 70, 100 oder sogar 150 Jahre alt und noch von deutschen Einwanderern, die 1840 nach Barossa kamen, gepflanzt worden. Neben Shiraz werden Grenache und Cabernet Sauvignon angebaut, die gern mit Shiraz verschnitten werden. Unter den weißen Sorten dominiert die Sémillon. Die nordöstliche Hügelzone, das kühlere Eden Valley (500 bis 600 Meter hoch), ist eines der besten Riesling-Anbaugebiete Australiens. Aber auch Chardonnay und ein wenig Pinot Noir werden dort kultiviert. Insgesamt beträgt die Rebfläche des Barossa Valley rund 7000 Hektar. Mehr als 60 Winerys haben sich in der Region niedergelassen, darunter einige der Großen der australischen Weinindustrie.

Clare Valley

Clare ist eine grüne Oase inmitten einer baumlosen, trockenen Wüstenlandschaft nordwestlich von Adelaide. Es ist ein tradionelles Riesling-Anbaugebiet. Aufgrund der kalten Nächte, hervorgerufen durch arktische Luftströmungen vom nahen Ozean, behalten die Trauben ihre Säure, so daß füllige, von Würzaromen und Petroltönen durchzogene und dennoch rassige Weine mit feinem Nerv entstehen (sie werden übrigens ausschließlich mit Drehverschluß statt mit Korken versehen). In den wärmeren Tälern wird Rotwein angebaut. Die Hauptsorten sind Shiraz und Cabernet Sauvignon. Daneben werden kleinere Mengen Malbec, Sangiovese und Mataro kultiviert. Die Clare-Weine sind in der Regel geschmeidig mit eleganten Tanninen.

Coonawarra und Padthaway

Australiens bestes Anbaugebiet für Cabernet Sauvignon liegt zwischen Adelaide und Melbourne. Die Weine sind tiefdunkel in der Farbe, sehr konzentriert im Geschmack, mit frischen Cassis- und Minze-Noten ausgestattet sowie von einem kräftigen Tanninrückgrat gestützt. Coonawarra liegt nur 70 Kilometer vom Indischen Ozean entfernt und somit im Einflussbereich kühler Luftströmungen. Die Ausdehnung des Anbaugebiets ist von einem 15 Kilometer langen und maximal sieben Kilometer breiten Streifen dunkelroter Erde begrenzt. Nur auf dieser Terra Rossa erhält der Cabernet Sauvignon seine besondere Prägung. In den letzten Jahren ist auch viel Shiraz gepflanzt worden, der ebenfalls exzellente Qualitäten hervorbringt. Padthaway, rund 100 Kilometer weiter nördlich gelegen, ist vor allem als Chardonnay-Anbaugebiet bekannt geworden. Viele große Winerys decken sich dort mit Trauben ein. Inzwischen wachsen auf den Lehm- und Sandböden vor allem Shiraz und Cabernet Sauvignon.

McLaren Vale

Dieser Vorort von Adelaide ist das heute wohl bedeutendste Rotweinanbaugebiet Südaustraliens. Es steht vor allem für Cabernet Sauvignon und Shiraz. Aus diesen Sorten werden dramatisch volle, geradezu opulente Weine hergestellt, die eine ähnliche Struktur wie die Weine aus dem Barossa Valley aufweisen, nur frischer und duftiger sind. Das Anbaugebiet,

zusammen mit seinen Randzonen (Kangaroo Island, Fleurieu Peninsula, Strathalbyn) auch Southern Vale genannt, hat zwar hohe Tagestemperaturen, liegt aber direkt am Golf von St. Vincent und kühlt immer wieder durch kühle Meerbrisen ab. Dadurch wird verhindert, daß die Trauben zu schnell reifen und ihre Aromen verlieren. Neben Cabernet Sauvignon und Shiraz liefern auch Grenache und Merlot Spitzenqualitäten.

Langhorne Creek

Die schnell wachsende Weinregion liegt 75 Kilometer südöstlich von Adelaide am Lake Alexandrina, einem zum Indischen Ozean hin offenen Haff. Die Reben wachsen auf flachen Kiesschotterböden. In dem mäßig warmen Klima werden nahezu alle international gefragten Rot- und Weißweintrauben angebaut. Es gibt nur wenige Winerys, aber zahlreiche Traubenfarmer, die ihren Wein an große und kleine Kellereien in ganz Australien verkaufen.

Riverland

Das größte Weinanbaugebiet Australiens liegt am Murray River bei Renmano inmitten von Zitrus- und Steinobstplantagen. Dort stehen

über 18 000 Hektar unter Reben. Das Klima ist subtropisch, die Böden dank Beregnung fruchtbar. Angebaut werden fast alle marktgängigen Sorten. Alle Großen der australischen Weinindustrie kaufen Trauben oder Wein in diesem Anbaugebiet für ihre Multi-District-Blends, Basisweine, teilweise auch für Premium-Qualitäten.

Kangaroo Island

Die Adelaide vorgelagerte Insel ist vor allem wegen ihrer weißen Strände und ihrer einzigartigen Flora und Fauna bekannt. Inzwischen haben sich dort über 20 Winerys niedergelassen und erzeugen auf 120 Hektar Rebfläche Wein. In dem kühlen Meeresklima entstehen elegante, würzige Weine aus Shiraz, Merlot und Cabernet Sauvignon.

Adelaide Hills

Das relativ junge Anbaugebiet um die Stadt Adelaide befindet sich in den waldreichen, 400 Meter hohen Mount Lofty Ranges und ist durch kühles Klima gekennzeichnet. Die rund 40 Winerys erzeugen geschmeidige Weine aus Chardonnay, Sauvignon Blanc, Merlot, Pinot Noir, Pinto Gris und Viognier.

Im warmen Südaustralien werden die Trauben während der kühlen Nachtstunden gelesen und verarbeitet, zum Beispiel im Clare Valley.

Rückzug in die kühlen Anbaugebiete

Eines der prestigereichsten Anbaugebiete Australiens: Das feuchtwarme Hunter Valley ist bekannt für seine üppigen Rotweine aus Shiraz und Sémillon.

Aus den Bundesstaaten New South Wales und Victoria mit ihren Hauptstädten Sydney und Melbourne kommt viel Massenware, aber auch viel feiner Wein von meist kleinen, qualitätsbewußt arbeitenden Winerys. Vor allem in Victoria gibt es zahlreiche Unterzonen mit unterschiedlichen Böden und Klimata, die nur Fachleute kennen.

Hunter Valley

Warmes, teilweise subtropisches Anbaugebiet mit einem breiten Sortiment von Weinen. Schwerpunkt: Sémillon und Chardonnay bei den weißen und Shiraz bei den roten Weinen. Letztere gedeihen auf dem roten Lehm, der den unteren Teil des Hunter Valley (bei Chessnock) prägt, am besten, während die Weißweine in der Regel auf den Schwemmlandböden im oberen Hunter Valley (bei Denman) ihre besten Ergebnisse bringen. Die Hunter-Weine sind traditionell schwer, alkoholreich und von den Aromen reifer Früchte geprägt. Durch den Trend zu frischeren, säurebetonteren Weinen hat das Tal seine Stellung als führendes Weinanbaugebiet Australiens verloren. Heute ist Hunter Valley, bedingt durch die Nähe zu Sydney (170 Kilometer), zu einem Naherholungsgebiet mit Golfplätzen, Pferdegattern und Luxushotels geworden.

Mudgee

Warmes Anbaugebiet im australischen Bundesstaat New South Wales, gelegen am westlichen Fuße der Blue Mountains um das Städtchen Mudgee. Die Rebfläche ist in den letzten 20 Jahren dank der großen Landreserven (und der Möglichkeit, die Weinberge bis in 600 Meter Höhe an den Hängen der Blue Mountains anzulegen) von 700 auf 4500 Hektar gestiegen. Angebaut werden vor allem Shiraz, Cabernet Sauvignon, Chardonnay und Sémillon. Der größte Teil der Trauben wird von großen Kellereien außerhalb der Zone angekauft.

Orange

Relativ junges Anbaugebiet im australischen Bundesstaat New South Wales, das auf der Westseite der Blue Mountains liegt. Die Weinberge ziehen sich bis in über 900 Meter Höhe, die extremen thermischen Unterschiede zwischen Tag und Nacht ausgesetzt sind und teilweise erst im Mai gelesen werden können.

Tumbarumba

Neues Weinanbaugebiet in Australien, das sich bis auf eine Höhe von etwa 800 Meter in der Skiregion Snowy Mountains hinzieht. Seit 1982 dort die ersten Reben gepflanzt wurden, gehören die Trauben dieses Anbaugebiets zu den gesuchtesten Australiens. Chardonnay und Pinot Noir sind die wichtigsten Sorten. Sie werden an die Schaumweinindustrie verkauft.

Riverina

Größtes Weinanbaugebiet in New South Wales. Die Reben wachsen im feucht-heißen Binnenland zwischen dem Murrimbidgee und dem Lachlan River auf sandigem Schwemmland, das ganzjährig beregnet werden muss. Angebaut werden nahezu alle marktgängigen Sorten. Fast die gesamte Produktion wird an große Kellereien außerhalb der Zone verkauft und nur ein geringer Teil im Anbaugebiet verarbeitet. Darunter sind einige Sémillons mit natürlicher Botrytis, die zu den besten edelsüßen Weinen Australiens gehören.

Yarra Valley

In den 1970er Jahren galt das Yarra Valley wegen seines moderaten Klimas als Anziehungspunkt für Weinmacher, die Chardonnays und Pinot Noirs im französischen Burgunderstil produzieren wollten. Noch heute kommen einige ausgezeichnete Weine dieser Sorten aus dem Tal. Inzwischen konzentriert sich das Interesse mehr auf *Cool-Climate*-Shiraz und Cabernet Sauvignons, Gegenstücke zu den schweren, üppigen Roten aus Süd-Australien.

Bendigo und Heathcote

Großflächiges Anbaugebiet mit wenig Rebfläche, dessen Zentrum Heathcote ein eigene Appellation hat. Das Klima ist warm. Ohne Bewässerung ist Weinbau nicht möglich. Die Shiraz sind feiner als die aus Südaustralien, besitzen aber nicht deren Süße und Opulenz. Außerdem wird Cabernet Sauvignon sowie ein wenig Merlot, Malbec und Chardonnay angebaut.

Goulburn Valley

In diesem warmen, nördlich der Stadt Nagambie wird traditionell Shiraz angebaut, der der vollmundige Weine ergibt, die aber selten die überschwängliche Fülle der südaustralischen Shiraz aufweisen. Daneben werden viel Cabernet Sauvignon und Chardonnay kultiviert sowie die Rhônesorten Marsanne, Roussanne, Viognier, Grenache und Mourvèdre.

Grampians

Wichtigster Wein dieses Gebiets ist der Shiraz. Er wird von fast allen Winerys produziert und ergibt relativ vollmundige, kräftig gewürzte Weine. Grampians, früher unter dem Namen Great Western bekannt, ist eine vergleichsweise kühle Gegend mit kalten Winden. Cabernet Sauvignon wird nicht immer reif. Von der Weißwein-Tradition sind nur Riesling und Gewürztraminer übriggeblieben.

Pyrenees

Im 19. Jahrhundert zunächst als Goldgräbergebiet, heute als Weinanbaugebiet berühmte Zone, die für ihre würzigen Shiraz bekannt ist. Das Klima ist zwar warm, doch erreichen die Temperaturen nicht südaustralisches Niveau. Ein Dutzend kleiner Winerys hat sich in und um Moonambel niedergelassen und erzeugt diesen Wein in teilweise recht guter Qualität.

Rutherglen

Bekannt für schwere süße Likörweine, die bei Kennern hoch geschätzt sind. Sie werden aus überreifen, gesunden Muscat- bzw. Muscadelle-Trauben (die hier Tokay heißen) gewonnen, die in leicht geschrumpeltem Zustand (aber ohne Botrytis) gelesen, gekeltert und vergoren werden. Bei 5 bis 7 Vol.% Alkohol wird die Gärung durch Zugabe von destilliertem Alkohol gestoppt, so daß die Weine eine hohe Restsüße aufweisen, gleichzeitig aber gut konserviert werden und somit sehr langlebig sind.

Mornington Peninsula

Auf den teils vulkanischen Granitböden, teils sandig-flachen Böden der gleichnamigen Halbinsel südlich von Melbourne stehen knapp 800 Hektar unter Reben. Sie fügen sich in die gepflegte, von Villen, Parks und Weideland durchsetzte Landschaft harmonisch ein. In dem kühlen, von ständigen Meeresbrisen geprägten Klima gedeihen besonders gut Chardonnay, Sauvignon Blanc, Sémillon, Pinot Gris, Viognier und Pinot Noir.

Macedon Ranges

Die Winzer dieses hügeligen, rund 100 Kilometer nördlich von Melbourne gelegenen Anbaugebiets setzen ihren Ehrgeiz daran, aus der Shiraz-Traube elegante Weine mit feinkörnigem Tannin und kräftiger Würze zu keltern.

Sunbury und Geelong

Das kleine Anbaugebiet Sunbury liegt in nordwestlicher Richtung kurz hinter den letzten Häusern von Melbourne. Traditionell werden dort Weißweine erzeugt. In den letzten Jahren ging der Ehrgeiz der Winzer jedoch dahin, das kühle Klima auszunutzen, um elegante, schlanke Rotweine aus Shiraz und Cabernet Sauvignon zu bekommen. In Geelong, westlich von Melbourne gelegen, herrscht ebenfalls ein kühles, maritimes Klima. Auf den sandigen Lehmböden mit vulkanischer Basaltunterlage wachsen teilweise hervorragende frische Weißweine sowie geschmeidige Rotweine aus Pinot Noir, Shiraz und Cabernet Sauvignon.

King Valley und Alpine Valleys

King Valley ist ein neues, aufstrebendes Anbaugebiet. Im warmen Teil bei der Stadt Milawa und in der fruchtbaren Ebene des King River werden einfache bis gute Weine erzeugt, einschließlich einiger hervorragender Likörweine. Der kühlere Teil liegt im Süden am Fuße der Great Dividing Range. Dort sind große Flächen neu angepflanzt worden, so daß jetzt schon 1500 Hektar unter Reben stehen. Die kühlen Alpine Valleys, erst 2000 als offizielles Weinanbaugebiet anerkannt, liegen am Eingang zu den Victorianischen Alpen. Dort wird derzeit vor allem mit roten Sorten und mit Chardonnay experimentiert.

Tasmanien

Die südlich von Melbourne gelegene Insel hat das kühlste Klima aller australischen Anbaugebiete. Chardonnay, Riesling, Gewürztraminer sind die typischen Weißweinsorten. Sie ergeben schlankere Weine als auf dem Festland mit frischen Aromen und lebendiger Säure. Auch Pinot Noir wird erfolgreich angebaut, sei es für Rotwein, sei es für Schaumwein. Die Hauptanbaugebiete: Piper's River im Norden um Launceston sowie Derwent Bay und Coal River im Süden um Hobart. Im Westen um Freycinet wird exzellenter Pinot Noir erzeugt.

Im kühlen Klima Tasmaniens gedeihen Weißweine mit frischen Aromen.

Die Inseln des weißen Sauvignons

Das Weinland Neuseeland in Zahlen

Rebfläche: 16 000 Hektar
Weinproduktion: 1 Million Hektoliter
Jährlicher Weinkonsum pro Kopf: 10,5 Liter

Die 10 häufigsten Rebsorten

1. Sauvignon Blanc	weiß	27,1 %
2. Sauvignon	weiß	23,0 %
3. Pinot Noir	rot	12,8 %
4. Merlot	rot	7,0 %
5. Cab. Sauvignon	rot	5,8 %
6. Riesling	weiß	4,8 %
7. Müller-Thurgau	weiß	3,4 %
8. Sémillon	weiß	2,0 %
9. Pinot Gris	weiß	1,5 %
10. Muscat	weiß	1,3 %

Das neuseeländische Weinrecht

Die Bestimmungen Neuseelands ähneln denen Australiens. Es gibt keine Vorschriften zur Begrenzung der Traubenproduktion. Die durchschnittlichen Erträge für Qualitätswein liegen mit 90 Hektoliter pro Hektar relativ hoch – eine Folge der ausgiebigen Niederschläge auf den Inseln.

Neuseeland hat mit seinen würzigen Sauvignons und Chardonnays in der ganzen Welt Bewunderung hervorgerufen. Im eigenen Lande wird und wurde Wein freilich immer noch mit Vorsicht genossen, obwohl die Weinproduktion sich seit 1960 mehr als verzwanzigfacht hat.

Jahrelang durften nur Hotels Wein verkaufen. Der einzelne war nicht befugt, mehr als zwölf Flaschen zu erwerben. Erst seit 1960 dürfen Restaurants Wein anbieten, seit 1990 auch Supermärkte. Ein gesetzliches Verbot, Wein mit Wasser zu verdünnen, wurde noch 1980 für nötig befunden. Die Ursache für derlei Absonderlichkeiten liegt in der skurrilen Weinbaugeschichte des Landes. Die ersten Reben wurden bereits 1819 in Neuseeland gepflanzt. Doch richtig in Schwung kam der Weinbau erst 1970. Dazwischen lagen Reblausbefall, Prohibition und Depression.

Spät auf den Geschmack gekommen

Die ersten europäischen *Vitis-vinifera*-Reben wurden in Neuseeland um 1970 gepflanzt, und die ersten Weine, die Aufsehen erregten, stammen von 1984. Zu diesem Zeitpunkt war die häufigste Sorte Neuseelands, die Albany Surprise, gerade von der Müller-Thurgau überflügelt worden. Die Winzer des Landes glaubten, daß die im kühlen Deutschland meistangebaute Traube auch im kühlen Neuseeland gelingen

müsse. Fortan ergoß sich eine Flut leichter, süßer Weine aus den Kellern des Landes. Die drei größten Getränkekonzerne Neuseelands füllten 90 Prozent des neuseeländischen Weins ab. Die restlichen zehn Prozent der Weinproduktion teilten sich 150 Weinerzeuger untereinander auf. Die Müller-Thurgau hat bis 1992 ihre Spitzenstellung behaupten können. Erst dann ist sie von der Chardonnay-Traube überrundet worden.

Die Entdeckung der Südinsel

Kühl ist das Klima Neuseelands vor allem auf der Südinsel. Die ersten Reben wurden jedoch auf der warmen Nordinsel gepflanzt. Jahrzehntelang war Auckland das Zentrum des neuseeländischen Weinbaus. Mit der Ausbreitung der Müller-Thurgau wurde das flache, fruchtbare Gisborne Valley zur größten Weinbauzone des Landes. Als anspruchsvolle Chardonnays und vor allem Sauvignons Erfolge feierten, verlagerte sich der Weinbau in die benachbarte Hawke's Bay und in den 1990er Jahren dann zunehmend auf die Südinsel. Heute ist Marlborough mit seinen kargen, steinigen Böden und den großen Temperaturunterschieden zwischen Tag und Nacht das größte und wichtigste Weinanbaugebiet Neuseelands. Allerdings wachsen die besten roten Cabernet Sauvignons nach wie vor auf der Nordinsel, speziell im Gebiet der Hawke's Bay, aber auch um Auckland.

Auckland

In dem gemäßigten, feuchtwarmen Klima um die Hauptstadt Neuseelands werden traditionell Rotweine angebaut. Die besten stammen von der Cabernet Sauvignon, die besonders in Matacma und auf der Insel Waiheke gute Qualitäten bringt. Neben Montana, dem größten Kellereibetrieb der Insel, haben sich dort viele wohlhabende Städter niedergelassen, um Wein anzubauen.

Gisborne

Das drittgrößte neuseeländische Weinanbaugebiet ist die wichtigste Chardonnay-Zone des Landes: Etwa ein Drittel aller Chardonnay-Rebstöcke stehen hier. Zwar gibt es auch einige sehr gute Produzenten, doch immer noch ist das Gisborne Valley ein Massenanbaugebiet, aus dem viele Großabfüller in anderen Landesteilen ihre Trauben beziehen. Gute Chardonnay-Weine aus Gisborne sind körperreiche Weine mit milder Säure und den typischen Aromen tropischer Früchte.

Hawke's Bay

Wegen des drastischen Rückgangs der Müller-Thurgau ist der Weinbaubereich um die Stadt Napier heute nicht mehr das größte Anbaugebiet Neuseelands – wohl aber eines der besten. Viel Chardonnay wächst dort, besonders gut aber gedeihen Cabernet

Sauvignon, Cabernet Franc und Merlot, aus denen konzentrierte, vom Eichenholz kräftig gewürzte Rotweine entstehen.

Wairarapa-Martinsborough

Kleine, schicke Anbauzone im Hinterland von Wellington mit exzellenten Cabernet Sauvignons und einigen vorzüglichen Pinots Noirs.

Marlborough

Größtes und bedeutendstes Anbaugebiet Neuseelands mit pazifisch-kühlem Klima und steinigen Böden, auf der Südinsel um den Ort Blenheim gelegen. Weltruhm genießen vor allem die pikanten Sauvignons, die sich durch Fülle und außerordentlich kräftige Aromen auszeichnen. Viele Großkellereien beziehen Trauben aus Marlborough.

Nelson, Canterbury

Kleine, noch junge Anbaugebiete auf der Südinsel, wobei Nelson in den letzten zehn Jahren seine Rebfläche auf gut 400 Hektar verdoppelt hat. Hier werden vor allem stahlige Chardonnays (Nelson) und interessante Pinots Noirs (Canterbury) erzeugt.

Lake Wanaka in Central Otago auf der Südinsel, einem der kühlsten Anbaugebiete auf der südlichen Erdhalbkugel.

Kap der guten Weine

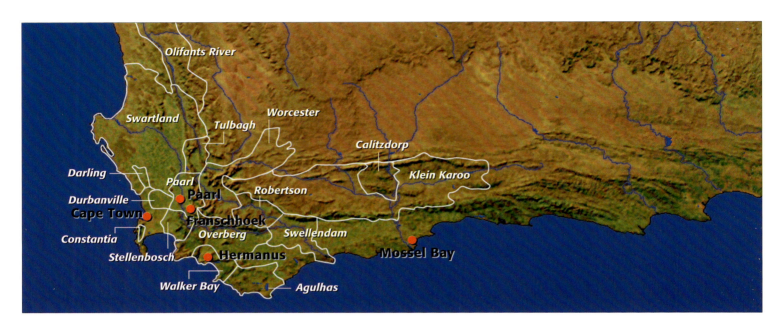

Der Weinbau Südafrikas ist im Vergleich zu anderen Ländern der Neuen Welt rückständig. Erst seit Mitte der 1980er Jahre hat sich das Land am Kap geöffnet. Seitdem sprießen neue Weingüter wie Pilze aus dem Boden. Die Zukunft hat gerade erst begonnen.

Südafrika ist noch immer ein Genossenschaftsland. 85 Prozent der Trauben werden von einer der 69 Kooperativen des Landes verarbeitet. Beinahe alle sind der großen KWV angeschlossen, der Zentralgenossenschaft des Landes (Kooperatiewe Wijnbouwers Vereeniging). Knapp 40 Prozent des von der KWV erzeugten Weins wird destilliert oder die Trauben werden zu Mostkonzentrat verarbeitet. Der einfache südafrikanische Wein kommt aus den heißen Massenanbaugebieten des Landes wie Oranje River, Olifants River, Klein-Karoo oder Malmesbury. Dank Bewässerung werden dort über 300 Hektoliter pro Hektar produziert. Ein großer Teil des Weins wird in Fünf-Liter-Kartons abgefüllt und geht – meist in lieblicher Version – in die Landesteile, die hauptsächlich von der weißen Bevölkerung Südafrikas bewohnt werden.

Rotwein statt Weißwein

Allerdings vollzieht sich in Südafrika seit dem Ende der Apartheid ein bedeutender Wandel. Seit Mitte der 1980er Jahre dürfen europäische Qualitätsreben eingeführt werden, die die heimischen Massenträger nach und nach ersetzen. Das bedeutet: Die neuen Sauvignon, Chardonnay oder Cabernet Sauvignon sind unvergleichlich besser als ihre alten Pendants. Die Zahl der privaten Winzer und Weinunternehmer steigt sprunghaft, mit ihnen die Rotweinquote und der Wunsch, qualitativ hochwertige Weine zu erzeugen. Als Folge davon wandert der Weinbau zuneh-

mend in kühlere Regionen ab. Dadurch kommt es zu einer völligen Neubewertung der Lagen und Anbaugebiete.

Constantia

1652 pflanzte der holländische Arzt Jan van Riewbeeck die ersten Reben in der Tafelbucht bei Kapstadt. Dort befindet sich heute das älteste und berühmteste Anbaugebiet Südafrikas. Im 18. Jahrhundert war es für seinen Süßwein weltberühmt. Heute werden in dem kühl-feuchten Klima saftige Sauvignons und Chardonnays erzeugt, die zu den besten des Landes gehören. Auch einige sehr gute Cabernet-Merlot-Cuvées kommen von dort. Drei Güter beherrschen die Szene: das staatseigene Gut Groot Constantia, das aufstrebende Familienweingut Klein Constantia und das hochambitionierte, in deutscher Hand befindliche Gut Buitenverwachting.

Stellenbosch

Die größte Dichte an Spitzenweingütern findet sich in Stellenbosch, knapp 50 Kilometer vor Kapstadt. In dem malerischen, von holländischen und englischen Traditionen geprägten Anbaugebiet entstehen kräftige, tanninreiche Rotweine aus Cabernet Sauvignon, Merlot und Pinotage. Auf den hochgelegenen Hängen des Simonsbergs und des Helderbergs wachsen kräftige, fruchtbetonte Weißweine, vor allem Sauvignons, aber zunehmend auch gute Chardonnays. Die Spitzenweine kommen von Thelema Mountains, Vriesenhof, Muldersbosch, Kanonkop, Morgenhof.

Franschhoek

Nördlich von Stellenbosch gelegen, gehört dieses relativ warme, langgestreckte Tal zu den touristisch am stärksten frequentierten, angesehensten Anbaugebieten Südafrikas. Besiedelt wurde es im 17. Jahrhundert von französischen Hugenotten. Sie haben den Weinbau eingeführt. Kultiviert wird heute nahezu die gesamte Palette der südafrikanischen Rebsorten. Spezialität ist der Sémillon.

Paarl

Nördlich von Kapstadt gelegenes, warmes Anbaugebiet, das von den Giganten KWV und Nederburg dominiert wird. Sie produzieren unzählige Weine meist einfacher Qualität, dazu Liköre, Brandys und Port-ähnliche Weine. Die privaten Weingüter stehen im Schatten der Genossenschaft. Einige von ihnen, deren Weinberge in kühleren Winkeln angelegt sind, produzieren jedoch auch exzellente Rotweine.

Andere Weinanbaugebiete

Walker Bay: Eines der kühlsten Anbaugebiete Südafrikas, bei Hermanus direkt am Scheitelpunkt von Atlantischem und Indischem Ozean gelegen. In den 1970er Jahren wurden hier erstmals Chardonnay, Sauvignon Blanc und Pinot Noir gepflanzt.

Durbanville: Das aufstrebende Anbaugebiet nördlich von Kapstadt bietet beste Voraussetzungen für moderne *Cool-Climate*-Weine.

Geschnitzte Fässer in der Bergkelder Vinothek in Stellenbosch.

Robertson: In diesem Anbaugebiet werden vor allem einfache Tafelweine produziert. Allerdings haben in den letzten Jahren mehrere Weingüter gezeigt, daß in dem warm-heißen, trockenen Klima durchaus auch feine Weine erzeugt werden können.

Das Weinland Südafrika in Zahlen

Rebfläche: 120 000 Hektar
Weinproduktion: 8 3 Millionen Hektoliter
Jährlicher Weinkonsum pro Kopf: 9,5 Liter

Die 10 häufigsten Rebsorten

1.	Chenin Blanc	weiß	23,8 %
2.	Colombard	weiß	11,2 %
3.	Cab. Sauvignon	rot	6,7 %
4.	Chardonnay	weiß	5,7 %
5.	Pinotage	rot	5,5 %
6.	Sauvignon	weiß	5,1 %
7.	Muscat d'Alexandrie	weiß	4,3 %
8.	Merlot	rot	3,6 %
9.	Cinsaut	rot	3,6 %
10.	Shiraz	rot	3,3 %

Weingesetze in Südafrika

Das südafrikanische Weinrecht ist nicht sonderlich streng. Die Ursprungsgebiete (Wine of Origin) sind zwar seit 1973 genau definiert, doch braucht ein Gut, das Weinbergbesitz in mehreren Gebieten hat, nur eines auf dem Etikett anzugeben, auch wenn die Trauben aus zwei oder mehreren Gebieten kommen. Ein Rebsortenwein muß nur zu 75 % aus der angegebenen Sorte bestehen. Eine Höchstmengen-Verordnung für die Traubenproduktion existiert nicht. Südafrikas Weine dürfen zwar nicht angereichert, wohl aber künstlich gesäuert werden.

Boschendal Weinfarm in Franschhoek mit dem Groot Drakenstein: Holländische und englische Traditionen prägen das Anbaugebiet.

Das Bordeaux Südamerikas

Wechselvolle Geschichte

Chile ist das älteste Weinland auf der südlichen Erdhalbkugel. Schon Mitte des 16. Jahrhunderts setzten die Spanier Reben in die Erde, die sie aus ihrer Heimat mitgebracht hatten. 1851 wurden die ersten Cabernet-Sauvignon-Reben ausgepflanzt. 20 Jahre später begannen die Weinexporte in das reblausgeschädigte Europa. Erst die Prohibition bremste das Wachstum (1938). Der endgültige Niedergang der chilenischen Weinwirtschaft begann mit den Landreformen der christdemokratischen Regierung (1965) und später mit den Enteignungen durch die sozialistische Regierung von Salvador Allende (1980). 1982 brach der Weinmarkt zusammen. Nachdem die Rebfläche auf die Hälfte (50 000 Hektar) geschrumpft war, begann drei Jahre später der Neuanfang. Mit Hilfe von amerikanischen und französischen Investoren wurden neue Weinberge angelegt und moderne Kellertechnik installiert. Die Temperaturkontrolle während der Gärung eröffnete die Möglichkeit, auch in warmheißen Anbaugebieten frische, fruchtbetonte Rot- und Weißweine zu erzeugen. In den 1990er Jahren erlebte die chilenische Weinindustrie einen rasanten Aufstieg. Die Rebfläche wuchs auf über 100 000 Hektar. Die Produktionsmenge nahm um 70, der Export um 300 Prozent zu. Und das Wachstum geht weiter. Vor allem in den Regionen im kühlen Süden, aber auch im Colchagua Valley wurden im großen Stil neue Rebflächen angelegt.

In wenigen Anbauländern der Welt findet der Weinbau so gute Voraussetzungen wie in Chile. Das Klima ist gleichmäßig trocken und warm, Rebkrankheiten treten nur vereinzelt auf und gespritzt werden muß nur selten. Auch lassen sich die Weinberge fast überall mechanisch bearbeiten. Die Weinindustrie ist begeistert. Mittlerweile kommen aber nicht nur Industrieweine, sondern auch einige hochklassige Lagenweine aus Chile.

Chile hat sich seit 1990 zu einem der bedeutendsten Anbauländer der Welt entwickelt – in quantitativer wie in qualitativer Hinsicht. Rebland ist genügend vorhanden und die Kosten der Weinerzeugung sind gering. In der Vergangenheit ist Chile vor allem als Produzent preiswerter Rebsortenweine in Erscheinung getreten. Doch das Potential des Landes ist damit nicht ausgeschöpft. Mit seinen ersten Super-Premium-Weinen zeigt Chile, daß es auch in der internationalen Weinszene oben mitspielen will. Auffällig ist dabei, daß die Entwicklung – anders als in Europa – vor allem von großen Weinkellereien ausgeht und nicht von kleinen Weingütern. Eine chilenische Besonderheit ist der große Anteil noch unveredelter Reben. Bis heute ist die Reblaus nicht in den Andenstaat vorgedrungen – oder nicht als Schädling in Erscheinung getreten. Neue Reben werden vorsichtshalber jedoch meist auf reblausresistente Unterlagsreben gepfropft.

Böden und Klima

Die Böden bestehen zumeist aus Andenschutt, der von den Flüssen zu Tal geschwemmt wurde. Sie sind mineralreich und trocken. Auch das Klima hält kaum Niederschläge bereit, die

Rebpflanzungen im hochgelegenen Valle Central.

Curacavi

Curacavi

SANTIAGO

Casablanca

Cousiño-Macul

Santa
Carolina
Canepa
Puente
Alto
San Bernardo
Undurraga

Aquitania
Santa Emiliana
Vinedo Chadwick
Almaviava
Concha
y Toro
Isla de
Pirque
Havas de Pirque

Melipilla

Rio Maipo

Santa Ema
Tarapaca
Santa Ines

Portal
del Alto
Isla de
Maipo
Buin
Alto Johuel
Carmen
Santa Rita

Melipilla

Valle de Maipo

N

Santiago

Canepa Führender Erzeuger

Rebfläche

0 km   20   40   60

Das Weinland Chile in Zahlen

Rebfläche: ca. 120 000 Hektar
Weinproduktion: ca. 6 bis 8 Millionen Hektoliter
Jährlicher Weinkonsum pro
Kopf: 12 Liter

Die 10 häufigsten Rebsorten

1. Cab. Sauvignon	rot	39,4 %
2. Merlot	rot	15,2 %
3. País	rot	12,8 %
4. Chardonnay	weiß	8,6 %
5. Sauvig. Blanc	weiß	7,3 %
6. Carmenère	rot	6,5 %
7. Syrah	rot	4,4 %
8. Sémillon	weiß	1,9 %
9. Pinot Noir	rot	1,5 %
10. Malbec	rot	0,7 %

Das chilenische Weinrecht

Ein Weingesetz hat sich Chile
erst 1985 gegeben. Es legt die
Herkunftsgebiete fest und definiert die zur Qualitätsweinproduktion zugelassenen Sorten:
insgesamt 23 (die País, eine
der am häufigsten angebauten
Reben, gehört nicht dazu). Die
Weine tragen in Chile fast immer den Namen einer Rebsorte
auf dem Etikett. Diese Rebsorte
muß zu mindestens 75 Prozent
im Wein enthalten sein. Das
gilt auch für Herkunft und Jahrgang. Maximal 25 Prozent dürfen aus einem anderen Jahrgang
beziehungsweise aus einem
anderen Herkunftsgebiet stammen. Die Chaptalisierung ist
in Chile nicht erlaubt, wohl aber
die Azidifikation. Eine Begrenzung der Traubenproduktion
ist nicht vorgeschrieben. Der
Durchschnitt liegt beim Qualitätswein bei etwa 90 Doppelzentner pro Hektar.

zum größten Teil während des Winters fallen. Das
Valle Central, in dem 90 Prozent der Rebflächen liegen, ist praktisch eine Trockensteppe, in der Weinbau nur durch künstliche Bewässerung möglich ist.
Es reicht von der Hauptstadt Santiago bis zur Stadt
Chillán 400 Kilometer weiter südlich und besteht
aus den vier Subregionen Maipo, Rapel, Curicó und
Maule. Jede dieser Regionen ist wieder in mehrere
Zonen und diese in Lagen unterteilt. Im Gegensatz
zu anderen Ländern der Neuen Welt besitzt Chile
also ein präzises System der Herkunftsbezeichnungen. Das Valle Central liegt eingebettet zwischen den
Küstenkordilleren und den Anden. Die Grundtemperaturen sind gleichmäßig warm. Nur an wenigen
Stellen, an denen Flußtäler sich durch die Küstenkordilleren schneiden, dringen kühle pazifische Winde bis ins Landesinnere. Sie sorgen dafür, daß die
Temperaturen nachts sinken: eine willkommene Abkühlung, denn so behalten die Trauben ihre Frische.
An besonders kühlen Stellen können sogar weiße
Sorten angebaut werden.

Die roten Rebsorten

Der weitaus größte Teil der Rebflächen ist jedoch mit
roten Trauben bestockt. Cabernet Sauvignon ist die
mit Abstand wichtigste Rebsorte, die vor allem in
den hochgelegenen und kühlen Lagen vollmundige,
tanninbetonte Rotweine ergibt, deren Aroma an
Schwarze Johannisbeeren, Eukalyptus und Zedernholz erinnert. Reinsortige Merlotweine erreichen nie
deren Feinheit und Üppigkeit. Stark im Vormarsch
ist die Carmenère, die schon Mitte des 19. Jahrhun-

derts nach Chile kam und in dem warmen Klima wesentlich bessere Qualitäten liefert als in Bordeaux,
wo die Sorte nicht immer ausreift und daher schon
seit 1900 kontinuierlich an Boden verloren hat. Bis
in die 1990er Jahre hinein wurde Carmenère in Chile
mit der Merlot verwechselt. Erst danach ist sie als eigenständige Sorte anerkannt worden. In ihren besten
Qualitäten ergibt sie schwere, selten unter 14,5 Vol.%
aufweisende, nach Leder und Beerenkonfitüre duftende Weine, die meist verschnitten, aber gelegentlich auch reinsortig gekeltert werden. Ebenfalls stark
im Kommen ist die Syrah, die in dem warmen Klima
und auf den trockenen Böden begeisternde Weine
liefern kann.

Die weißen Rebsorten

Die klassischen Weißweinsorten sind in Chile Chardonnay und Sauvignon Blanc. Mit ihnen sind rund
90 Prozent aller Weinberge bestockt (jedoch verbirgt
sich hinter einigen vermeintlichen Sauvignon-Blanc-
Weinbergen in Wirklichkeit die Sauvignonasse oder
Sauvignon Vert; das heißt: In vielen Altanlagen steht
in Wirklichkeit der Tocai Friulano). Die wichtigste
Weißweinzone ist Casablanca, das Gebiet zwischen
Valparaiso und Santiago. In jüngster Zeit wird aber
auch etwas weiter südlich bei San Antonio Weißwein
erzeugt. Außerdem erweisen sich die kühleren südlichen Anbaugebiete des Landes um Maule als gute
Weißweinzonen. Klimatisch ist der Humboldtstrom
von größter Bedeutung, der vor der Pazifikküste nach
Norden fließt und kalte Luftströmungen ins Landesinnere drückt.

Schlafender Riese

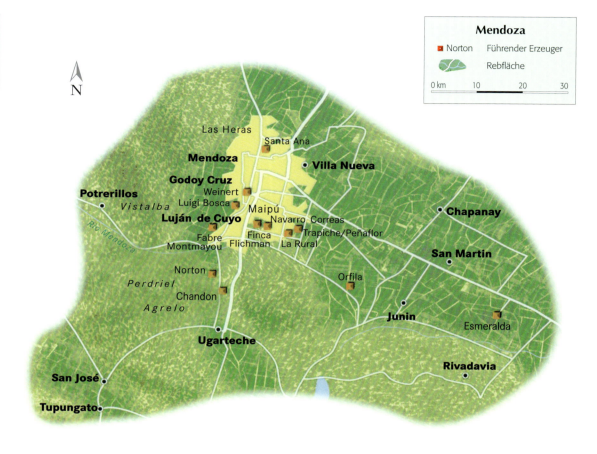

Argentinien ist die fünftgrößte Weinnation der Welt. Doch an Bedeutung liegt sie weit hinter vielen kleineren Ländern. Dabei hat sich in Argentiniens Kellereien in den letzten zwei Jahrzehnten viel getan. Ein großer Teil der Weine, insbesondere die aus der roten Sorte Malbec, haben internationales Niveau erreicht.

Argentiniens Landfläche ist rund viermal so groß wie die Frankreichs. Aufgrund des subtropischen Klimas, das in weiten Teilen des Landes herrscht, ist Weinbau nur in wenigen Regionen erfolgreich. Sie liegen alle im Westen des Landes am Fuße der Anden. Dort ist das Klima zwar ebenfalls heiß, doch nachts kühlt es stark ab, so daß Säure und Zucker nicht so schnell veratmet werden. Der Unterschied zwischen höchsten Tages- und niedrigsten Nachttemperaturen beträgt bis zu 15 °C. Die Kernanbaugebiete liegen um die Stadt Mendoza. Die Stadt, die 1861 von einem Erdbeben völlig zerstört, danach langsam wieder aufgebaut wurde und deren öffentliches Leben sich unter dem grünen Dach von 50 000 Platanen abspielt, ist das Zentrum der argentinischen Weinindustrie. Aus der gleichnamigen Provinz kommen heute rund 70 Prozent des argentinischen Weins.

Höchste Weinberge der Welt

Mendoza liegt rund 800 Meter hoch. Die meisten Rebpflanzungen, insbesondere die jungen Reben, befinden sich auf Höhen zwischen 900 und 1500 Metern – die höchsten der Welt. Die Böden bestehen aus mineralreichem Andenschotter und sind völlig trocken. Ohne künstliche Bewässerung wäre kein Weinbau möglich. Das Wasser kommt aus den nahen Anden und wird durch ein weitläufiges, kapillares Bewässerungssystem in die Weinberge geleitet.

Massenhaft Tafelwein

Historisch betrachtet, haben Chile und Argentinien viele Parallelen. So sind in Argentinien die ersten Reben im 16. Jahrhundert von spanischen Missionaren eingeführt worden – wie in Chile. Die ersten Edelreben wurden Mitte des 19. Jahrhunderts gepflanzt – wie in Chile. Anfang des 20. Jahrhunderts stand der Wein in voller Blüte – wie in Chile. Französische und italienische Einwanderer waren es, die Reben mitbrachten und den Weinboom auslösten. Doch anders als in Chile wurde fast der gesamte Wein im eigenen Land konsumiert. Export gab es nicht, und die Ansprüche, die die Argentinier an ihn stellten, waren gering. Wein war Lebensmittel. Er musste vor allem leicht und preiswert sein. Daran hat sich bis heute wenig geändert. Über die Hälfte des Weins wird in den heimischen Supermärkten verkauft. Auch werden noch immer viele dieser Weine aus den hellroten Missionstrauben erzeugt, Criolla und Cereza. Sie waren während der Kolonialzeit praktisch die einzigen Sorten.

Sinkender Weinkonsum

Allerdings ist der Weinkonsum der Argentinier in den letzten 30 Jahren von 90 Liter auf 38 Liter pro Kopf und Jahr gesunken, so daß die argentinische Weinwirtschaft verstärkt auf Export setzte – und damit auf Qualität. Die Weinbergfläche schrumpfte, viele Weinplantagen, die nur einfache Tafelweine hervorbrachten, wurden aufgegeben. Gleichzeitig erlebten die Kernweinanbaugebiete Argentiniens in den 1990er Jahren einen regelrechten Weinboom. Neue Weingüter wurden gegründet in der Hoffnung, gute bis sehr gute Qualitäten bei gleichzeitig niedrigen Kosten erzeugen zu können. Diese Rechnung ist nur bedingt aufgegangen. Denn mit der zunehmenden Qualitätsweinproduktion, auch in den an-

deren Weinbauländern der südlichen Erdhalbkugel, sanken die Preise. Nach der Wirtschaftskrise Ende des 20. Jahrhunderts ist die Tafelweinproduktion wieder deutlich angestiegen.

Die Rotweine

Argentinien produziert rund 80 Prozent Rotwein. Der größte Teil entfällt auf die Sorte Malbec, die um 1850 aus Frankreich nach Argentinien kam. Im warmheißen Klima kann sie nahezu jedes Jahr voll ausreifen und ergibt wesentlich feinere Qualitäten als etwa in Bordeaux. Die Bedeutung des argentinischen Rotweins hängt stark mit dieser Sorte zusammen. Allerdings ist das Angebot inzwischen stärker als die Nachfrage, so daß die Malbec auch zur Erzeugung von Tafelwein herhalten muß. Sie hat sogar die Bonarda überholt, eine aus Italien stammende Traube, die Durchschnittsweine ergibt, aber jahrzehntelang unangefochten an der Spitze der Rebsortenstatistik stand. Auch Sangiovese, Tempranillo und Barbera sind Traditionssorten, aus denen eher einfache Qualitäten erzeugt werden. Sie sind von

Syrah und Merlot überholt worden. Große Zuwachsraten weist die Cabernet Sauvignon auf. Die besten Weine daraus stehen denen aus Chile nicht nach. Auf über 1200 Meter Höhe wird auch Pinot Noir angebaut.

Die Weißweine

Die traditionelle Weißweinsorte Argentiniens ist die Torrontés. Sie wächst vor allem im Norden, wo Weinberge sich bis auf 2000 Meter Höhe ziehen. Die Sorte stammt aus Galicien, hat dort aber keine überragende Bedeutung, während sie in Argentinien teilweise interessante, würzig-aromatische Weine mit viel Eigencharakter ergibt. Es gibt zahlreiche Spielarten von ihr. Die Einheimischen unterscheiden zwischen Torrontés Riojano, Torrontés Sanjuanino und Torrontés Mendocino. Die Torrontés-Vorkommen sind leicht gesunken, zugunsten von Chardonnay und Chenin Blanc. Beide bringen in hohen Lagen ausgezeichnete Qualitäten. Daneben gibt es neuerdings kleine Anpflanzungen von Sémillon, Sauvignon Blanc, Sauvignonasse und Viognier.

Mendoza, Argentiniens wichtigstes Anbaugebiet: Im Schutz der Anden werden viel einfacher Tafelwein und ein wenig feinster roter Malbec geerntet.

Kostbare Geheimnisse

Das Verkosten des Weins ist, technisch betrachtet, ein nüchterner Vorgang. Es geht darum, Aussehen, Duft und Geschmack des Wein zu analysieren und danach zu einem Gesamturteil über den Wein zu kommen. Für den Genießer ist Weinverkosten etwas ganz anderes. Er will nicht analysieren. Er will sich vom Wein forttragen, sich in seine Geheimnisse einweihen lassen. Für ihn beginnt der Genuß mit dem Leuchten der Farbe und dem Anblick der Schlieren, die am Glasrand herablaufen. Und er endet lange, nachdem der Wein durch den Hals gelaufen ist. „Wer genießen kann, trinkt keinen Wein mehr, sondern kostet Geheimnisse", fomulierte der spanische Maler Salvador Dalí. Natürlich ist auch der Kopf am Weingenuß beteiligt. Das Wissen um die Herkunft des Weins, die Kenntnis der Besonderheiten eines Jahrgangs, die Fähigkeit, komplexe Geschmackseindrücke aus der Erinnerung mit anderen Eindrücken zu vergleichen − all das gehört zu einer lustvollen und intelligenten Weinverkostung dazu. „Im Wein geht ein Stück von der Seele des Landes, aus dem er kommt, auf den über, der ihn trinkt", sagte einmal der verstorbene italienische Winzer Giacomo Bologna.

Botschaft der Sinne

Das Faszinierende am Wein ist seine geschmackliche Vielfalt. Er kann Aromen von Pfirsich oder schwarzer Johannisbeere, von Gewürznelken, Butter oder getrockneten Feigen annehmen. Nicht alles, was gut klingt, schmeckt auch gut. Manchmal sind es aber gerade die bizarren Aromen, die dem Wein das gewisse Etwas geben.

Das Aroma des Weins besteht aus dem Teil, den der Mensch riechen, und dem, den er schmecken kann. Duft und Geschmack sind die wichtigsten Komponenten des Weingenusses. Einige besonders leidenschaftliche Weintrinker schwärmen auch von der Farbe, die ihnen schon einen Vorgeschmack auf das bevorstehende Trinkerlebnis beschert. Oder der Temperatur des Weins, die, unabhängig vom Geschmack, den Gaumen erfrischen kann. Oder dem Knistern der Perlen im Champagner. So betrachtet hat jeder Wein nicht nur ein bestimmtes Aroma, sondern auch eine optische, taktile und akustische Qualität.

Die Primäraromen

Als Primäraromen werden die natürlichen Traubenaromen bezeichnet, die aus den Beeren kommen. In der Mehrzahl handelt es sich um blumige und fruchtige Aromen. Zumindest bei jungen Weinen dominieren sie. Später kommen würzige Noten hinzu. Dabei besitzt jede Rebsorte ihre eigenen Primäraromen. Weine aus der weißen Sauvignon-Blanc-Traube verströmen oft einen Stachelbeerduft, während Pinot-Noir-Weine nach Kirschen und Pflaumen riechen. Die Primäraromen können jedoch – auch bei der gleichen Rebsorte – unterschiedlich ausfallen, je nachdem wo und in welchem Boden der Wein wächst. Ein Cabernet Sauvignon aus dem kalifornischen Napa Valley ist fruchtbetonter als ein Bordeaux Cabernet. In Bordeaux herrschen alkalische Böden vor, in Napa saure.

Die Sekundäraromen

Neben den Aromen, die aus der Traube kommen, finden sich im Wein auch Aromen, die während der Gärung entstanden sind. Diese Gär- oder Sekundäraromen bereichern den Wein, machen ihn „weinig" und führen dazu, daß er ein anderes Aromaprofil bekommt als der Traubensaft es besaß. Träger dieser Sekundäraromen sind Alkohole, Säuren, Aldehyde und Ester. Sie hängen von den Hefestämmen ab, die den Zucker in Alkohol umwandeln, aber auch von der Reife der Trauben: also von der Menge und der Zusammensetzung des Traubenzuckers. Typische Sekundäraromen können Geschmacksnoten wie Butter, Brot, Pilze, Leder, Käse und animalische Noten sein. Aber auch Geschmackseindrücke von der Art gekochter Marmelade, feuchtem Herbstlaub und Stallgeruch gehören in diese Kategorie. Ein Großteil der Sekundäraromen ist flüchtiger Natur und verschwindet wieder: teilweise schon während des Ausbaus, teilweise später auf der Flasche.

Tertiäraromen

Im Sommer nach der Lese, wenn es warm wird, beginnt sich das Aroma des Weins zu verändern – gleichgültig, ob er sich dann noch im Faß oder schon auf der Flasche befindet. Die primärfruchtigen Aromen treten in den Hintergrund, es entwickeln sich neue Duftkompositionen. Würzige Aromen, balsamische Aromen und Holzaromen machen sich bemerkbar – erste Anzeichen einer beginnenden Reife. Der Fachmann spricht davon, daß der Wein nun kein Aroma mehr hat, sondern ein Bouquet. Mit dem weiteren Ausbau oder der weiteren Verfeinerung auf der Flasche nimmt die Bouquetbildung zu. Der Wein wird komplexer, vielfältiger, facettenreicher.

Die Beschreibung der Aromen

Wissenschaftler haben rund 500 verschiedene Weinaromen nachweisen können. Wenn ihre Meßverfahren, die Gaschromatographie und die Massenspektralanalyse, feiner wären, würden es vermutlich noch wesentlich mehr sein. Der größte Teil dieser Aromen ist chemisch nicht beschreibbar. Erst bei wenigen Aromen ist es möglich, ihnen die entsprechende chemische Formel zuzuordnen. Wenn sie sprachlich benannt werden sollen, entstehen oft unerwartete, ja bizarre Aromenbezeichnungen. Anfang der 80er Jahre haben Wissenschaftler der kalifornischen Weinuniversität Davis den Versuch unternommen, die verschiedenen Weinaromen zu systematisieren. Herausgekommen ist der Aromenkreis. Zu einer verbindlichen Weinsprache hat aber auch er nicht geführt.

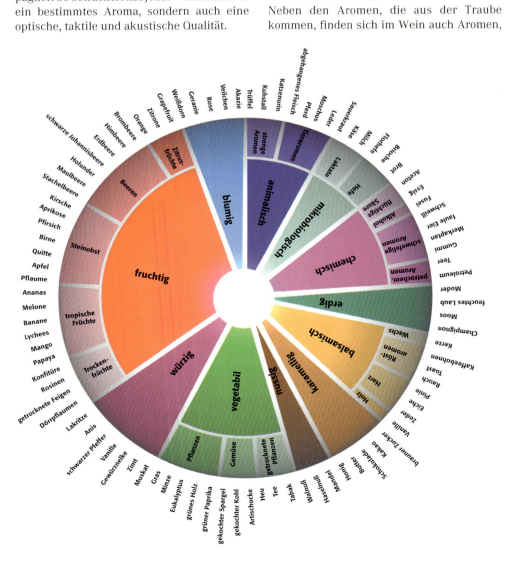

Chardonnay aus Kalifornien: Aromen von Ananas und Nüssen.

Roter Bordeaux: Aromen von schwarzen Johannisbeeren und Zigarrentabak.

Pouilly-Fumé und Sancerre: Aromen von Stachelbeeren und Feuerstein.

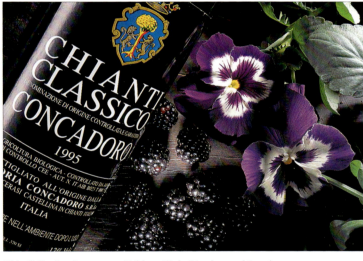

Chianti Classico: Aromen von Veilchen, Stiefmütterchen und Brombeeren.

Riesling vom Rhein: Aromen von Apfel oder Pfirsich.

Roter Burgunder: Aromen von Pflaumen und Eiche.

Der Kampf um Zehntelpunkte

Informelle Weinprobe bei Olivier Leflaive in Puligny-Montrachet. Ein typisches Degustationsblatt zur Punktevergabe (rechts).

Degustationsblatt		Kommission	Degustator	Wein	Farben						
					Typ						
					5	4	3	2	1	0	Multi-plikator
Viskosität											1
Farbe	Klarheit										1
	Tönung										1
Nase	Sauberkeit										2
	Qualität										2
Geschmack	Sauberkeit										2
	Qualität										2
Gesamt-eindruck	Feinheit										3
	Komplexität										3
	Länge										3
										Gesamtsumme:	

Wein genießen ist eine Sache, Wein degustieren eine andere. Die Degustation ist Arbeit mit wenig Genußwert – der Wein wird nämlich nicht geschluckt, sondern ausgespuckt. Das Ziel: ein möglichst umfassendes, für sich und andere Menschen plausibles Urteil über einen Wein abzugeben. Manchmal gelingt es, häufig nicht.

Die Wahrnehmung von Geschmacksreizen und ihre Beschreibung stellen noch kein Urteil über den Wein dar. Der französische Feinschmecker-Philosoph Jean Anthèlme Brillat-Savarin (1755–1826) hat schon vor 200 Jahren eine wichtige Unterscheidung getroffen: Für ihn beginnt jeder Weingenuß mit einer „direkten Empfindung", dem Geschmack. Der Wein berührt die Lippen, läuft langsam über die Zunge, rollt dann wieder zurück zu den Lippen. So wird der Geschmack voll ausgekostet. Zur „vollständigen Empfindung" gehört freilich mehr: der mundwässernde Anblick des Weins,

die „Tränen", die nach dem Schwenken am Glas herunterlaufen, und natürlich der Duft. Mit ihm beginnt der direkte Genuß. Er reizt die Sinne ähnlich wie die Berührung des Weins mit der Zunge.

Die Genußverkostung

Die „vollständige Empfindung" ist die Voraussetzung für ein Urteil über den Wein. Aber

erst die „reflektierte Empfindung", die die Sinneseindrücke ordnet, macht es möglich, zu einem solchen Urteil zu kommen. Der Körperreichtum, die Länge, die Vielfalt, die Üppigkeit, die Harmonie – der Gesamteindruck von einem Wein bildet sich durch das mosaikhafte Zusammensetzen einzelner Wahrnehmungen im Kopf. Brillat-Savarin war ein barocker Lebemann. Er wollte zuerst genießen, um dem Genuß danach einen Sinn zu geben. Sein Werk über „Die Physiologie des Geschmacks" ist eine fast wissenschaftlich anmutende Lehre der höheren Genüsse – einschließlich dem des Weins.

Die Degustation

Die heutigen Degustationsbreviere sind nüchterner. Da geht es nicht um den Genuß, sondern um die Analyse des Weins. Sommeliers, Weinhändler und Journalisten verkosten die Weine, ohne sie zu schlucken. Nachdem der Wein auf der Zunge „gewogen" wurde, wird er in Näpfe gespuckt. Die Arbeit steht also im Vordergrund, nicht der Genuß. Die Weine werden blind verkostet – ohne Ansicht des Etiketts. Persönliche Vorlieben oder Vorurteile sollen sich nicht auf das Urteil auswirken. Bei offiziellen Degustationen, etwa Weinprämierungen, wird ein formalisiertes Degustationsblatt verwendet. Darin werden für Aussehen, Bouquet, Geschmack und den Gesamteindruck Punkte vergeben. Das Degustationsblatt gibt es in vielen Varianten. Der Grundaufbau ist jedoch immer gleich. Nach Errechnung des Mittelwertes der Gesamtnoten sind es am Ende Zehntelpunkte, die über Sieg oder Niederlage entscheiden.

150 Weine pro Tag verkosten

Die Punktebewertung dient nach wie vor als Basis für die Vergabe von Medaillen bei Weinwettbewerben. Mit der Inflation der Gold-, Silber- und Bronzemedaillen haben die Weinwettbewerbe jedoch überall auf der Welt an Glaubwürdigkeit eingebüßt. Heute wird die Punktebewertung durch berufliche Weinverkoster, Degustationskommissionen, Fachjournalisten vorgenommen. Sie dient vor allem der Erstellung von Rangordnungen. Solche rankings sind, da sie meist veröffentlicht werden, ein wichtiges Verkaufsinstrument geworden. Keine Weinzeitschrift kann es sich leisten, auf sie zu verzichten. Benotungen nach Punkten haben die oftmals blumigen, phantasiereichen Weinbeschreibungen abgelöst. Während in Europa traditionell auf einer 20-Punkte-Skala gewertet wird, ist in Amerika die 100-Punkte-Skala gebräuchlich. Die Glaubwürdigkeit der Ergebnisse solcher Degustationen hängt freilich nicht von der Skala, sondern von der Seriosität der Verkoster ab – und von den Bedingungen. 80 Weine an einem Tag konzentriert zu verkosten und zu bewerten, ist zweifellos schwierig. Bei 150 Weinen am Tag – was keine Seltenheit ist – dürfte die Fehlerrate entsprechend hoch liegen.

Private Weinproben

Auch im privaten Rahmen lassen sich Weindegustationen veranstalten. Sie sollten unter ein bestimmtes Thema gestellt werden: Cabernet Frankreich gegen Cabernet Kalifornien, oder die zehn besten Chardonnay Kaliforniens gegeneinander. Eine solche Weinprobe wäre horizontal aufgebaut. Wenn sie vertikal aufgebaut ist, wird ein und derselbe Wein über mehrere Jahrgänge hinweg verprobt. Wichtig bei diesen Proben ist, daß die

Weine blind verkostet werden. Auf diese Weise wird eine größere Objektivität gewährleistet. Man wickelt die Flaschen, die in der Degustation sind, in Papier ein, so daß niemand das Etikett lesen kann. Oder man stülpt einfach einen Strumpf über die Flasche. Ob Punkte oder verbale Urteile über die Weine abgegeben werden, liegt im Ermessen des Veranstalters der Degustation. Meist werden die Weine getrunken, nicht ausgespuckt.

Kenner beurteilen einen Wein vor allem mit der Nase.

Wenn Weinproben logisch aufgebaut sind, lassen sich 40 bis 50 Weine am Tag seriös verkosten.

Das Auge trinkt mit

Wein ist Augenlust. Ob leuchtendes Purpurrot oder sattes Bernsteingelb, die Farbe des Weins ist eine Botschaft für die Sinne. Mehr noch: Sie kann durchaus etwas über das Alter, die Rebsorte und im Einzelfall über die Qualität des Weins verraten.

Weißweine dunkeln mit zunehmendem Alter nach. Besonders gehaltvolle Weißweine, die womöglich kurz auf der Maische gestanden haben (Kryomazeration), sind jedoch nie glanzhell, sondern zeigen sich schon jung in einem kräftigen Zitronengelb. Bei Rotweinen ist die Farbentwicklung umgekehrt. Sie hellen sich mit zunehmendem Alter auf und weisen einen orangefarbenen Schimmer am Rand auf. Bordeaux-Weine, besonders aber Burgunder, tendieren nach 20 Jahren oft ins Bräunliche und werden beinahe unansehnlich. Die Farbe steht dann in krassem Gegensatz zum Geschmack: Dieser nähert sich seinem Höhepunkt und entwickelt eine feine, malzige Süße.

Glanzhell: Pinot Grigio

Strohgelb: Sauvignon Blanc

Zitronengelb: junger Chardonnay

Schwarzrot: junger Ribera del Duero

Rubinrot: junger Médoc

Kirschrot: junger Chianti Classico

Das Problem mit der Farbe

Für junge Bordeaux-Weine wird gerne die Gleichung aufgestellt: Je dunkler die Farbe, desto besser ist der Wein. Tatsächlich korrespondiert die Anzahl der Farbpigmente in den Beeren mit der Reife der Trauben und damit mit der Qualität eines Jahrgangs: Je besser der Jahrgang, desto dunkler der Wein.

Vom Bordeaux-Wein läßt sich jedoch nicht auf andere Weine schließen. Die meisten roten Traubensorten haben von Natur aus weniger Farbe als die Cabernet Sauvignon, aus der die Bordeaux-Weine überwiegend gekeltert werden. Sie sind – auch in großen Jahren – heller, ohne deswegen schlechter zu sein. Burgunder und Barolo sind typische Beispiele dafür: Sie

erreichen nie die Farbtiefe eines Bordeaux' oder eines spanischen Ribera del Duero. Ein Qualitätsurteil läßt sich aus der Farbtiefe nicht ableiten. Außerdem kommen dunkelfarbene Weine häufiger in heißen als in kühlen Anbaugebieten vor. Südspanische, süditalienische und algerische Rotweine sind häufig nur zum Verschneiden gut.

Goldgelb: reifer Chardonnay

Altgolden: reifer Sauternes

Bernsteingelb: Amontillado Sherry

Purpurrot: St-Emilion, 10 Jahre alt

Ziegelrot: Barolo, 15 Jahre alt

Granatrot: Burgunder, 30 Jahre alt

Gläser: Spiegelau

Immer der Nase nach

Ein großer Teil dessen, was der Mensch zu schmecken glaubt, riecht er in Wirklichkeit. Das gilt auch für den Wein. Um seine Geheimnisse zu entschlüsseln, ist vor allem ein guter Geruchssinn nötig. Die Nase ist eines der entwickeltsten Sinnesorgane des Menschen.

Der Duft des Weins geht von den flüchtigen Substanzen aus. Sie machen den größten Teil seiner Aromen aus. Chemisch sind die flüchtigen Substanzen an Alkohole, Aldehyde, Ester, Säuren oder andere Kohlenwasserstoffverbindungen gebunden. Je mehr Kohlenstoffatome sie enthalten, desto intensiver ist der Duft. Die stärksten Düfte gehen von den Estern aus. Sie sind die flüchtigsten aller Verbindungen, flüchtiger noch als die Aldehyde, die ihrerseits aber stärker duften als die Alkohole. Am wenigsten flüchtig sind die Säuren.

Das Riechorgan

Die Riechzone des Menschen liegt in einer kleinen Seitenkammer der oberen Nasenhöhle. Der Luftstrom beim Einatmen berührt die Riechzone nicht direkt. Allerdings werden Luftwirbel in diese Seitenkammer getragen, die dann die Duftempfindungen auslösen. Die Geruchsrezeptoren selbst befinden sich auf einer Fläche, die nicht größer als eineinhalb Quadratzentimeter ist, der Riechschleimhaut. Sie ist mit einem feuchten Film überzogen, so daß die Duftmoleküle, die sie berühren, auf ihr gelöst werden. Nur in flüssigem Zustand können Gerüche wahrgenommen werden. Die Nasenlöcher mit der ebenfalls feuchten Nasenscheidewand haben dagegen keine Riechfunktion. Sie dienen lediglich dazu, die inhalierte Luft zu filtern, zu erwärmen und zu befeuchten. Da sich die Seitenkammer mit der Riechschleimhaut zum Rachenraum hin öffnet, werden die Geruchsrezeptoren beim Ausatmen stärker gereizt als beim Einatmen. Das ist der Grund, weshalb ein Wein nach dem Schlucken oft so lange nachklingt.

Die Geruchsneuronen

Auf der menschlichen Riechschleimhaut erden etwa 50 Millionen Neuronen in Form von kleinen Härchen, die in der Schleimhaut schwimmen. Neuronen sind Nervenleitungen, die direkt mit dem Gehirn verbunden sind. Über die Riechhärchen geben sie die empfangenen Reize an das Riechhirn weiter. Dieses liegt gleich oberhalb der Nasenhöhle. Die Wege sind also kurz – Indiz dafür, wie eng

Das Riechhirn des Menschen kann bis zu 4000 verschiedene Gerüche wahrnehmen.

das gesamte zentrale Nervensystem des Menschen an Geruchsempfindungen gekoppelt ist. Das Riechhirn entziffert die Reize und ordnet sie zu einem homogenen Geruchseindruck, was notwendig ist, weil Millionen von Riechfäden gleichzeitig stimuliert werden, wenn Geruchsmoleküle auf sie treffen. Wissenschaftliche Untersuchungen haben ergeben, daß das Riechhirn des Menschen bis zu 4000 Gerüche unterscheiden kann. Die Erinnerung von Geruchseindrücken – ein wichtiger Faktor beim Weintesten – ist dagegen eine intelligente Leistung des Menschen und unterliegt dem Willen.

Die Riechschwellen

Es ist eher unwahrscheinlich, daß es ein angeborenes Talent zum Weinverkosten gibt. Zwar ist die Größe der Riechschleimhaut nicht bei jedem Menschen gleich. Doch kommt es gar nicht auf die Größe, sondern auf die Empfindlichkeit der Rezeptoren an. Einige Menschen reagieren bereits auf 100 Geruchs-

moleküle, andere erst ab 10000. Allerdings wird vermutet, daß die Wahrnehmung stark vom Großhirn gesteuert wird. Das heißt: Die Fähigkeit, Gerüche zu erkennen, hängt stark von der Kenntnis der Geruchskomponenten und der Bereitschaft ab, diese zu unterscheiden. Riechschärfe ist also, zumindest beim Wein, trainierbar. Allerdings gibt es Einschränkungen. Menschen, die Dauergerüchen ausgesetzt sind (Tabakqualm, Autoabgase), nehmen diese kaum mehr wahr. Ihre Geruchsschwelle steigt. Sie werden geruchsunempfindlich. Auch scheint die Riechschärfe mit zunehmendem Alter nachzulassen. Ob dies mit der Abnutzung der Rezeptoren zu tun hat oder eine Folge nachlassender geistiger Konzentration ist, darf als ungeklärt gelten. Sicher ist, daß die Riechschärfe im Tagesverlauf schwankt, und zwar sowohl bei jungen wie alten Menschen. Nach Frühstück, Mittagessen und Abendessen ist sie besonders niedrig. Nüchtern riecht der Mensch dagegen am besten.

Kurze Attacke, langes Finale

Die Wahrnehmungsfähigkeit der Zunge ist sehr begrenzt: Sie unterscheidet kaum mehr als vier Geschmacksrichtungen.

Den Wein körperhaft auf der Zunge zu spüren, bedeutet höchsten Genuß. Zwar ist der Geschmack nie so vielfältig wie der Duft. Aber im Mund befriedigt der Wein mehr als nur einen Empfindungssinn – und löscht den Durst.

Die nichtflüchtigen Geschmacksträger des Weins sind Zucker, Säuren und die Phenole. Sie duften nicht (oder nur geringfügig), sie müssen infolgedessen geschmeckt werden. Für den Geschmack ist die Zunge zuständig. An ihr befinden sich die meisten Geschmacksrezeptoren, am Gaumen und im Rachenraum dagegen nur wenige. Gaumen und Rachen sind dennoch am Weingenuß beteiligt. Der physische Berührungsreiz, die Temperatur, das Zusammenziehen der Schleimhäute unter dem Einfluß des Tannins – für alle diese Sinneseindrücke ist der Empfindungssinn des Mundes empfänglich, der *Trigeminus*. Durch die Erwärmung des Weins im Mund werden schließlich auch die flüchtigen Aromen noch einmal aktiviert, die auf retronasalem Weg die Nasenschleimhaut noch einmal stimulieren.

Die Zunge

Die Zunge ist mit Papillen bedeckt: feinste pilz- oder wallförmige Ausstülpungen, die vor allem dem Tastsinn dienen. Etwa 200 bis 400 dieser Papillen enthalten jedoch auch Geschmacksknospen. Mit ihnen kann der Mensch chemische Stoffe wahrnehmen. Allerdings sind die Geschmacksknospen unregelmäßig über die Zunge verteilt. Sie häufen sich an der Zungenspitze, an den Zungenrändern und an der Zungenwurzel. In der Zungenmitte sind kaum Geschmacksknospen zu finden. Dieser Teil der Zunge ist also geschmacksneutral. Jede Geschmacksknospe enthält zahlreiche Sinneszellen, die an ihrem oberen Ende in kleinen, speichelumhüllten Geschmacksfäden enden, dem *Porus*. Sie sind die eigentlichen Empfindungserreger: Sie reagieren auf chemische Substanzen und leiten die entsprechenden Informationen ins Gehirn weiter. Am besten können Kinder schmecken. Bei ihnen stehen die Geschmacksknospen am dichtesten. Vom 20. Lebensjahr an nimmt ihre Zahl jedoch stetig ab. Mit 60 Jahren hat sich ihre Zahl halbiert.

Die Geschmacksknospen

Lange Zeit ging man davon aus, daß die Zunge eine unendlich große Anzahl von Geschmacksnuancen wahrnehmen kann. Heute weiß man, daß es gerade vier Grundgeschmackssrichtungen sind, auf die die Zunge reagiert: süß, salzig, sauer, bitter. Allerdings weiß man auch, daß der Weingeschmack stets aus einer Mischung dieser vier Grundrichtungen besteht. Süße hängt am Alkohol, besonders am Glykol. Die Säure ist als Weinsäure, Milchsäure, Essigsäure, gegebenenfalls als Apfelsäure im Wein enthalten. Salze sind Bestandteile der Säuren (da der salzige Geschmack von anderen Geschmackskomponenten dominiert wird, tritt er als solcher kaum in Erscheinung). Den Bittergeschmack steuern bestimmte Phenole bei, etwa die Tannine. Freilich sind nur wenige Geschmacksknospen in der Lage, alle vier Geschmacksrichtungen wahrzunehmen. Die meisten können nur eine oder zwei erkennen. Entsprechend verteilen sich die Empfindungen auf verschiedene Zonen der Zunge.

Die Geschmacksfelder der Zunge

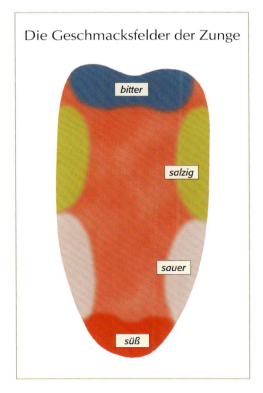

Ein empfindliches Produkt

Die Sorgfalt gegenüber dem Wein endet nicht mit der Verantwortung des Kellermeisters und der Abfüllung auf die Flasche. Es gilt vielmehr, die Qualität von der Flasche ins Glas zu bringen. Da Wein, zumindest feiner Wein, möglichst wenig behandelt sein soll, ist das gar nicht einfach. Denn zwischen Abfüllung und Genuß liegen meist mehrere Monate, oft Jahre, und in dieser Zeit ändert er sich beständig: durch Wärme- und Kälteeinfluß, durch Kontakt mit Sauerstoff, durch chemische Reaktionen in ihm selbst. Er ist zwar kein lebendiges Produkt, wie immer wieder behauptet wird, wohl aber ein höchst empfindliches. Deshalb ist es wichtig, Wein richtig zu lagern und richtig zu servieren. Ihn aus einem ungeeigneten Glas zu trinken bedeutet, die Feinheiten zu verschenken, um die der Winzer gekämpft und die der Kellermeister sich bemüht hat zu erhalten. Ohne Wissen um die rechte Behandlung von Wein kann sich beim Weintrinker jedenfalls kaum ein Gefühl für die Qualität feiner Weine entwickeln.

Dünnwandig und wohlgeformt

Champagner und Schaumweine
Man trinkt sie aus schmalen, hochgezogenen, tulpenförmigen Gläsern, die hoch genug sein müssen, damit sich die *Mousse* (der Schaum) aufbauen kann. Außerdem sollen die Bläschen (*Perlage*) gut sichtbar sein. Das Auge trinkt mit. Der Kelch selbst ist dünnwandig. Die temperatursensiblen Lippen spüren die erfrischende Kühle des Weins.

Leichter Weißwein
Dieses Glas mit seinem schmalen Durchmesser und dem kleinen Volumen ist ideal für leichte und mittelschwere Weißweine, die ihre blumig-fruchtigen Primäraromen sofort freigeben. Durch die geringen Dimensionen werden die Düfte noch konzentriert, während die Zunge vor allem den süßen Fruchtschmelz wahrnimmt. Gut für Riesling Kabinett, Grünen Veltliner, Sancerre, Soave, Pinot Grigio u. ä.

Körperreicher Weißwein
Durch sein größeres Volumen eignet sich dieses Glas für gehaltvolle Weißweine, die atmen müssen und von Natur aus eine milde Säure aufweisen beziehungsweise eine malolaktische Gärung durchgemacht haben. Ideal für Chardonnay (Barrique), Sauvignon Blanc (Barrique), Riesling Spätlese, schweizerische Chasselas u. ä.

Tanninarme Rotweine
Durch die relativ große Öffnung fließt der Wein auf breiter Front in die Mundhöhle ein und führt ihn zu allen Stellen, an denen Frucht und Säure zur Geltung kommen. Das heißt: Nicht nur die auf süßen Schmelz spezialisierte Zungenspitze, sondern auch die anderen Zungenpartien werden gereizt. Vor allem geeignet für Burgunderweine, Blaufränkisch, Barbera, Gamay, Pinotage u. ä.

Tanninstarke Rotweine

Der hohe Duftkamin führt das Bouquet konzentriert zur Nase. Durch die nicht zu enge Öffnung wird der Wein auch an der Zungenspitze wahrgenommen, so daß der erste Geschmackseindruck von der fruchtigen Süße geprägt ist. Dadurch wird tanninstarken Weinen die anfängliche Bitterkeit genommen. Durch das dünne Glas teilt sich die Temperatur des Weins sofort den Lippen mit – auch das gehört zum Genuß dazu. Für jungen Bordeaux, Rioja, Chianti u. ä.

Schwere Rotweine

Durch den großen Durchmesser des Glases hat der Wein viel Kontakt mit der Luft. So kann sich der Alkohol, der zugleich auch Geschmacksträger ist, entfalten. Fülle und Komplexität kommen besser zum Ausdruck. Der hohe Stiel verhindert zugleich, daß die Temperatur der Hand die Temperatur der Flüssigkeit beeinflußt (Weingläser werden am Stiel angefaßt). Ideal für reife Burgunder, Barolo, Brunello di Montalcino, Syrah u. ä.

Dessertweine

Edelsüße Dessertweine werden nur schluckweise getrunken. Der relativ kleine Kelch ist den geringen Mengen angepaßt, in denen man diese Weine genießt. Der Wein fließt über die Zungenspitze hinweg an die Zungenränder, so daß die außerordentliche Geschmacksfülle schärfer wahrgenommen, nicht aber die Restsüße verstärkt wird. Für Auslesen, Sauternes, Grains Nobles u. ä.

Sherry und Portwein

Portwein, Sherry, Madeira, Marsala sind körperreiche Weine, die einen Alkoholgehalt von über 18 Vol.% aufweisen. Der Alkohol darf beim Verkosten aber nie im Vordergrund stehen. Die kleinen, engen Gläser verhindern, daß der Alkohol verfliegt und das Bouquet brandig macht. Die Öffnung des Glases ist außerdem so eng, daß es nahezu unmöglich ist, die Nase tief ins Glas zu senken. Auf diese Weise wird der hohe Alkoholgehalt kaum wahrgenommen.

Gläser: Spiegelau

Der schnellste Weg zum Wein

Korkenzieher gehören zur Grundausstattung eines Weintrinkers. Es gibt sie in vielen Varianten: kitschig, schwergängig, unpraktisch, platzbeanspruchend, überdreht. Nur wenige Korkenzieher sind einfach und funktional zugleich. Der Weintrinker muß auswählen, welches Gerät am besten zu ihm paßt.

1 Korkenzange
Der „Korkenzieher" für Sekt- und Champagnerflaschen. Mit der Korkenzange wird der Korken nicht aus der Flasche gezogen, sondern lautlos aus dem Flaschenhals gedreht. Wer vorsichtig mit dem Instrument umgeht, verhindert auf diese Weise, daß der Wein überschäumt. Bevor die Zange angesetzt wird, muß natürlich das Staniolpapier und das Drahtkörbchen über dem pilzförmigen Korken entfernt werden.

2 Des Kellners Freund
Unter dieser liebevollen Bezeichnung wird die wohl praktischste Korkenzieher-Konstruktion angeboten, die es derzeit gibt: Mit dem Messer die Kapsel abschneiden, Spindel in den Korken versenken, Stützfuß auf den Flaschenrand setzen und den Korken heraushebeln. Geschicklichkeit und ein bißchen Kraft in den Handgelenken sind freilich nötig.

3 Kapselschneider
Statt mit dem Messer die Kapsel abzuschneiden, wird dieser Kapselschneider auf den Flaschenrand gesetzt und einmal gedreht: Ob Blei-, Staniol- oder Kunststoffkapsel, das Material wird sauber abgeschnitten, und zwar so tief, daß der Wein beim Einschenken nicht über die Schnittkante läuft.

4 Das T-Modell
Der meistbenutzte Korkenzieher der Welt: einfach, sicher, billig – und umständlich zu handhaben. Mit diesem Standardgerät eine Flasche zu entkorken, erfordert Kraft. Und wenn der Korken dann mit einem lautem „Flopp" den Flaschenhals verläßt, ist manchmal selbst der Wein „geschockt".

5 Screwpull
Ein ebenso schicker wie intelligenter Korkenzieher aus Amerika: elastische Spindel mit breitem Gewinde, das nahezu jeden Korken sicher packt – auch die festsitzenden. Ohne größere Kraftanstrengung zu bedienen. Nur in eine Richtung drehen, und der Korken wird sicher nach oben bugsiert.

6 Zig-Zag
Gelegentlich in England und Amerika anzutreffendes, etwas unhandliches Korkenzieher-Modell: Die kurze Spindel wird in den Korken gedreht. Durch Zusammendrücken der Scheren kann der Korken leicht und ohne große Kraftanwendung aus der Flasche gezogen werden.

7 Des Butlers Freund

Raffinierte Korkenzieherform, vor allem in Amerika verbreitet. Die beiden Zungen werden zwischen Flaschenhals und Korken geschoben. Durch ihre unterschiedliche Länge liegt der Schwerpunkt der Krafteinwirkung beim Herausziehen an verschiedenen Stellen des Korkens. So wird dieser sanft umschlossen und gleitet unversehrt aus dem Flaschenhals. Bei alten Flaschen mit mürbem Korken oft die einzige Möglichkeit, an den Wein zu kommen.

8 Korkentferner

Dieses Gerät wurde entwickelt, um die Reste abgebrochener oder bröseliger Korken aus dem Wein zu fischen, damit sie beim Ausschenken nicht ins Glas fließen. Die vier Drahtarme werden durch einen beweglichen Ring, der unterhalb des Griffs angebracht ist, geöffnet und geschlossen. Obenauf schwimmende Korkteilchen können so umfaßt und aus der Flasche entfernt werden. Eine wirksame, aber etwas aufwendige Methode, um störende Korkreste zu entfernen.

9 Screwpull-Zange

Die eleganteste und schnellste Art, die Flasche vom Korken zu befreien, ist die Screwpull-Zange. Eine Hand umklammert den Flaschenhals mit der Zange, die andere legt den Hebel von hinten nach vorne, so daß sich die dünne, elastische Spindel in den Korken bohrt. Danach wird der Hebel einfach zurückgelegt und der Korken fast schwerelos aus der Flasche gehoben. Weder Kraft noch Geschicklichkeit sind nötig, um mit diesem High-Tech-Gerät umzugehen. Allerdings ist es auch die teuerste Art, den Korken aus der Weinflasche zu ziehen.

Vom Alkoholmesser bis zur Portwein-Zange

Einen edlen Wein unsachgemäß zu servieren ist unverzeihlich. Ebenso unpassend ist es jedoch, das Weintrinken zu einer Geheimwissenschaft zu machen. Außer einem Korkenzieher und einem Glas braucht man wenig, um zu genießen – von einem guten Wein abgesehen. Das wenige sollte allerdings mit Bedacht gewählt werden.

Das Arsenal der Wein-Accessoires reicht vom Taschengerät, mit dem der Alkoholgehalt des Weins gemessen wird, bis zur Zange, mit der alte Vintage-Ports geöffnet werden. Tatsächlich ist der größte Teil des Weinzubehörs nur Spielzeug: der Dekantierapparat, die silbernen Umhängeetiketten, der Säbel, mit dem Champagnerflaschen geköpft werden. Emile Peynaud, Professor für Önologie an der Universität Bordeaux und Autor eines Buches über die Hohe Schule des Weintrinkens, hat in kurzen Worten beschrieben, wie Wein getrunken wird: „Man nimmt ihn aus dem Regal, bringt ihn auf die gewünschte Temperatur, entkorkt ihn und serviert ihn sofort." Nur für alte Flaschen läßt er eine Sonderbehandlung zu.

Weinkühler aus Ton
In einem zylinderförmigen Behälter aus Ton behält ein vorgekühlter Wein eine Zeitlang seine Trinktemperatur. Der Kühler wird vor der Benutzung unter kaltes Wasser gehalten, damit er sich vollsaugen kann. Durch Verdunstung des Wassers in warmer Umgebungstemperatur wird der Wein kühl gehalten.

Dekantierkörbchen
Alte Rotweine werden oft liegend in einem Körbchen serviert, damit sich das Depot auf dem Flaschenboden sammeln kann und beim Einschenken nicht ins Glas gelangt. Eine altmodische Methode, betagte Weine zu servieren, die aber durchaus ihren Zweck erfüllt.

Dekantiertrichter
Um das Umfüllen alter Weine mit Depot in die Karaffe zu erleichtern, wurde dieser Dekantiertrichter erfunden. Er wird in den Hals der Karaffe gesteckt, und der Wein wird aus der Flasche langsam in den Trichter gegeben. Vorteil: Man muß nicht aufpassen, wann das Depot kommt. Ein eingebautes Sieb fängt auch feine Schwebeteilchen auf.

Sektkühler

Um Weiß- oder Schaumweine auf die richtige Temperatur zu bringen, gibt es keine bessere Methode, als die Flasche in diesen mit Eiswürfeln und Wasser gefüllten Sektkühler zu stellen. Das Wasser leitet die Wärme der Weinflasche innerhalb kurzer Zeit ab. Allerdings bleibt der Wein im Flaschenhals warm – es sei denn, die Flasche wird kopfüber in den Kübel gestellt.

Dekantierkaraffe für junge Weine

Viele junge Rotweine haben, wenn die Flasche geöffnet wird, ein unangenehm riechendes, reduktives Bouquet. Solche Weine sollten dekantiert werden. Schon beim Umfüllen wird der Wein im Karaffenhals verwirbelt. Die große Oberfläche bietet zusätzlich einen maximalen Luftkontakt.

Weinthermometer

Unverzichtbares Utensil für Weinfreunde, um den Wein mit der richtigen Temperatur zu servieren. Allerdings sollte das Thermometer nicht am Tisch und nicht im Restaurant benutzt werden – aus Stilgründen.

Schaumweinverschluß

Dieser Verschluß wird auf die angebrochene Schaumweinflasche gesetzt und schließt sie luftdicht ab. Die Kohlensäure bleibt erhalten. Am nächsten Tag schäumt der Wein noch beim Einschenken. In jedem Fall ist dies eine wirkungsvollere Methode, als einen Silberlöffel in den Flaschenhals zu hängen und die Flasche offen stehenzulassen.

Dekantierkaraffe für alte Weine

Dekorative Karaffe in Entenform, in der alte Weine serviert werden. Das Depot wurde beim Umfüllen in der Flasche gelassen. Die kleine Oberfläche vermindert die Gefahr, daß alte, gezehrte Weine durch den Luftschock schnell umkippen.

Ohne steife Etikette

Zum Weintrinken braucht es eigentlich nicht viel: eine gute Flasche und ein passendes Glas. Aber da gehen die Probleme schon los. Wann soll die Flasche geöffnet werden? Wie schenkt man einen edlen Tropfen ein? Wann muß ein Wein dekantiert werden? Dazu ein paar Tips, die keine steife Etikette darstellen, sondern eher zu ungetrübtem Weinvergnügen verhelfen sollen.

Die kleine Weinschule

In der Regel wird die Weinflasche am Tisch geöffnet. Dabei sollte die Stanniolkapsel deutlich unterhalb des Flaschenmundes abgeschnitten werden, damit der Wein beim Einschenken nicht über die Schnittkante fließt. So können keine Schwermetalle (Blei, Zinnlegierungen) in das Glas gelangen.

Bei Flaschen, die in feuchten Kellern gelegen haben, befindet sich unter der Kapsel oft Schimmel. Dieser Schimmel beeinträchtigt weder die Kork- noch die Weinqualität.

Der Korken sollte, nachdem er aus der Flasche gezogen wurde, einer kurzen Geruchsprobe unterzogen werden. Kranke Korken sind an einem intensiven Korkgeruch zu erkennen, gesunde Korken riechen neutral oder nach Wein.

Bricht ein Korken ab, wird der Korkenzieher noch einmal vorsichtig angesetzt. Fallen Krümel in den Wein, so fließen diese mit den ersten Tropfen, die ausgeschenkt werden, ins Glas. Diese ersten Tropfen werden weggeschüttet.

Zuerst schenkt der Gastgeber sich selbst eine kleine Menge Wein ein und probiert ihn, um auszuschließen, daß er korkkrank ist. Danach schenkt er den Gästen ein. Zuletzt füllt er sein eigenes Glas auf.

Während man bei herkömmlichen Flaschen nur darauf achten muß, daß das Etikett nach oben weist, hält man Bocksbeutel beim Einschenken zudem flach, nicht hochkant.

Der Wein wird vorsichtig ins Glas eingeschenkt. Er soll nicht spritzen. Wenn genug Wein im Glas ist, wird die Flasche mit einem seitlichen Dreh abgeschwenkt. Richtet man

Geruchsprobe des Weins: korkkrank oder nicht?

Farbprobe des Weißweins: je älter, desto dunkler.

die Flasche allzu vorsichtig auf, landen die letzten Tropfen auf dem Tischtuch.

Die Weingläser sollten frei von Wasserflecken sein und müssen neutral riechen. Sie dürfen deshalb nur mit heißem Wasser ohne Spülmittel abgewaschen werden.

Danach sollten sie von Hand abgetrocknet werden, damit keine Wasserflecken am Glas entstehen.

Der Gastgeber ist für das Nachschenken des Weins zuständig. Er muß entsprechend aufmerksam sein, damit die Gäste nicht auf dem trockenen sitzen.

Das Weinglas wird am Stiel angefaßt, auf keinen Fall am Kelch. So soll verhindert werden, daß die Körperwärme der Hand den Wein erwärmt.

Wein wird nicht getrunken, sondern verkostet. Das heißt: Man nimmt ihn schluckweise oder in zwei Schlucken zu sich, genießt ihn auf der Zunge und läßt ihn vor allem nach dem Schlucken nachklingen. Gegen den Durst gehört Wasser auf den Tisch.

Ein Wechsel des Weins im Laufe des Essens hebt das Niveau jedes Beisammenseins. In der Regel wechselt man von Weißwein zu Rotwein. Vorher kann noch ein Aperitif, nach dem Essen ein Dessertwein gereicht werden. Es können auch zwei Rotweine oder zwei Weißweine gereicht werden. Ein Essen ist jedoch keine Weinprobe.

Beim Wechsel von Weißwein zu Rotwein müssen neue Gläser benutzt werden, ebenso vor dem Dessertwein. Bei zwei ähnlichen Weißweinen oder Rotweinen kann hingegen das alte Glas weiterbenutzt werden.

Alte Weine, die dekantiert werden müssen, sollte man schon zwei Tage vorher aus dem Keller holen und aufrecht stellen, damit das Depot auf den Boden der Flasche sinkt. Alte Rotweine können auch in ein Flaschenkörbchen gelegt und aus diesem eingeschenkt werden. Der Gastgeber muß dann beim Einschenken aufpassen, daß kein Depot ins Glas kommt.

In der Regel werden alte Weine direkt vor dem Servieren dekantiert. Junge Weine, die dekantiert werden, um zu atmen, sollten zwei bis vier Stunden vor dem Servieren in die Karaffe umgefüllt werden. Wer auf das Dekantieren verzichten will, sollte die Weinflaschen wenigstens ein bis zwei Stunden vorher öffnen, damit der Wein Luft bekommt.

Dekantieren eines alten Rotweins: Wie ein dünner Faden fließt das Depot aus der Flasche – der Dekantiervorgang wird gestoppt.

Warum dekantiert wird

Das vorsichtige Umfüllen eines Weins in eine Karaffe heißt Dekantieren. Sinnvoll ist das Dekantieren nur bei alten Rotweinen, die Depot gebildet haben, sowie bei schweren, aber noch jungen Rotweinen, die Luftkontakt brauchen, bevor sie serviert werden. Der Grund für das Dekantieren alter Weine besteht darin, das Depot in der Flasche zu lassen, damit es beim Ausschenken nicht ins Glas fließt. Das Depot ist das Sediment, das sich im Lauf der Jahre auf dem Flaschenboden abgesetzt hat. Meist handelt es sich dabei um Ausfällungen von Gerbstoffen. Der Geschmack wird zwar durch das Depot nicht beeinträchtigt, aber das Depot selbst schmeckt bitter. Einzige Ausnahme: alte Burgunder. Ihr Depot schmeckt und kann mitgetrunken werden. Burgunder brauchen mithin nicht dekantiert zu werden.

Wie dekantiert wird

Das einfachste Hilfsmittel zum Dekantieren ist ein Trichter mit einem feinen Sieb im Ausfluß, in dem das Sediment hängenbleibt. Es geht aber auch ohne Trichter. Geübte Weintrinker dekantieren über einer Kerze, die den Flaschenhals von unten erleuchtet und anzeigt, wann das Depot ausfließt. In diesem Moment wird der Dekantiervorgang gestoppt. Der Bodensatz bleibt in der Flasche.

Dekantieren bei jungen Weinen

Viel wichtiger ist das Dekantieren jedoch bei jungen, tanninstarken Rotweinen. Diese brauchen dringend Luft, um ihr Aroma zu entfalten – damit etwaige reduktive, unangenehme Nebentöne schnell verfliegen. Für das Dekantieren junger Weine sind Karaffen ideal, die eine große Luftoberfläche und einen langen Hals haben, damit der Wein schon beim Umfüllen verwirbelt wird. Auch bei schweren Weißweinen kann ein Dekantieren von Vorteil sein. Nur bei sehr alten Weinen sollte man mit dem Dekantieren vorsichtig sein. Der plötzliche Luftschock kann dazu führen, daß der Wein innerhalb kürzester Zeit oxydiert und ungenießbar wird.

Tabak, Parfüm und Kaffee

Wein erfordert die Konzentration aller Sinne. Deshalb darf während einer Weinprobe nicht geraucht werden. Das gilt auch, wenn die Weine zum Essen probiert werden.

• Rauchen beeinträchtigt zwar grundsätzlich nicht die Fähigkeit zum Degustieren von Wein, stört aber die anderen Teilnehmer. Außerdem brauchen die Geschmacksnerven mindestens 15 Minuten, um sich nach einer Zigarette wieder zu regenerieren.

• Wer zu einer Weinprobe geht, sollte möglichst kein Parfüm oder Rasierwasser benutzen, wenigstens aber zurückhaltend damit umgehen. Kosmetikdüfte vergällen jeden Weingenuß.

• Kaffee beeinträchtigt die Zunge noch stärker als Tabak. Deshalb sollte Kaffee nie vor, sondern höchstens nach einer Weinprobe getrunken werden.

• Blumen schmücken die Tafel, stören aber den Weingenuß, besonders wenn es stark duftende Blumen wie Maiglöckchen oder Rosen sind.

Wieviel Wein ins Glas gehört

Ein Weinglas darf höchstens zur Hälfte gefüllt werden. Nur bei Schaumwein gilt eine andere Regel, denn im volleren Glas kommt die Perlage besser zur Geltung.

Das Glas bis zum Eichstrich voll zu schenken, ist in Bierkneipen ein Ausdruck der unbedingten Seriosität des Wirtes. Beim Wein ist es ein Faux pas. Volle Weingläser sind genußfeindlich und die sicherste Art, sich als Weinlaie zu offenbaren. Daß viele Restaurants, die Wein glasweise anbieten, mit schlechtem Beispiel voran gehen, ist keine Entschuldigung.

Aus einem randvoll eingeschenkten Glas läßt Wein sich schwer genießen. Das Bouquet kann sich nicht sammeln. Es verfliegt sofort. Oftmals gelingt es nicht einmal, aus einem vollen Glas zu trinken. Jedenfalls dann nicht, wenn man es korrekt am Stiel anfaßt und zum Mund führen will. Der volle Kelch ist zu schwer, die Grifffläche am Stiel zu klein. Ein Balanceakt für alle, die trinken möchten und dabei nichts verschütten wollen. Wer auf Nummer Sicher gehen will, faßt das Weinglas dann notgedrungen am Kelch an und führt es so zum Mund. Zurück bleiben unschöne Finger-

spuren am Glas, die spätestens, wenn der Wein ausgetrunken ist, deutlich sichtbar werden. Außerdem überträgt sich die Wärme der Hand schnell auf den Wein. Dessen Temperatur steigt, besonders wenn das Glas lange in der Hand gehalten wird. Alle Mühen, ihn richtig temperiert zu servieren, waren dann vergebens. Das gilt besonders für Weißweine, die sich durch Handwärme schneller von 10°C auf 13°C erwärmen als ein Rotwein von 18°C auf 21°C (siehe Seite 233).

Die richtige Weinmenge

Weißweingläser, die meist kleiner als Rotweingläser sind, sollten maximal bis zur Hälfte aufgeschenkt werden. Nur dann bleibt der Duft, den der Wein verströmt, im Glas und verfliegt nicht gleich wieder. Ob die Weinmenge, die sich im Glas befindet, einem oder zwei Dezilitern entspricht, ist vom Genuß-Standpunkt aus betrachtet unerheblich. Der Duft entwickelt sich bei einer kleinen Weinmenge genauso wie bei einer großen Menge Rebensaft. Entscheidend ist allein das Glas. Deshalb sollte, wenn großvolumige Gläser verwendet werden, eher etwas mehr als zu wenig eingeschenkt werden. Bei kleinen Gläsern, die nur eine geringe Weinmenge fassen, muß dagegen häufiger nachgeschenkt werden. Gute Restaurants behelfen sich damit, daß sie offene Weine gleich im Viertelliter-Krug servieren. Der Gast erhält die garantierte Menge Wein, kann sie sich aber selber dosieren. Bei Rotwein ist die Sache anders. Rotweingläser sind in der Regel größer als Weißweingläser. Sie sollten nur zu etwa einem Drittel gefüllt werden. So lautet jedenfalls die Faustregel. Kleinere Rotweingläser, wie sie in vielen Bistros üblich sind, dürfen auch bis zur Hälfte gefüllt werden. Mehr ist jedoch stilos – auch wenn viele Weinbistro-Besucher es anders empfinden.

Sonderfall Schaumwein

Nur bei Schaumweinen ist es statthaft, die Gläser voller als üblich zu schenken. Je nach Glastyp können sie sogar zu Dreiviertel gefüllt werden – etwa bei einer schlanken Sektflöte. Der Grund dafür ist eher optischer Natur: Die Perlage ist einfach besser sichtbar, wenn mehr Wein im Glas ist. Und die Perlage zeigt dem Kenner, wie fein ein Schaumwein ist. Flaschenvergorene Schaumweine, etwa Champagner, bilden sehr feine Perlen, die wie an einer Schnur gezogen nach oben perlen. Bei tankvergorenen Schaumweinen, also den meisten Sekten, sind die Perlen größer und unregelmäßiger. Besonders hochwertige Jahrgangs-Champagner und Prestige-Cuvées, die oft drei oder fünf oder noch mehr Jahre auf

Ein „drop stop" hilft, den Wein tropfenfrei auszuschenken – ein nützliches Accessoire für Weinliebhaber.

der Flasche gereift sind, werden in Gläsern serviert, die weniger hoch sind, dafür einen etwas größeren Durchmesser aufweisen. Sie müssen, nachdem die Flasche entkorkt wurde, erst mal „atmen". Hier reicht es, die Gläser zur Hälfte, maximal zu zwei Drittel aufzuschenken. An der Perlage kann sich das Auge immer noch erfreuen.

Hilfe beim Einschenken

Wein ist kein Sprudelwasser. Er wird nicht ins Glas gegossen, sondern man schenkt ihn ein. Das heißt: langsam und vorsichtig, nicht geräuschvoll und nicht im dichten Schwall. Zu diesem Zweck ist es hilfreich, die Flasche in der Mitte des Bauches zu umfassen und über dem Glas langsam zu neigen. So läßt sich der ausfließende Wein am besten dosieren. Achtung: Das Etikett sollte immer nach oben weisen. Keine gute Figur macht man, wenn man die Flasche beim Einschenken am Hals umklammert. Außerdem läßt sich der Fluß des Weins bei dieser Einschenkhaltung nur schwer kontrollieren. Aber auch wer korrekt serviert, hat oft das Problem, daß die letzten Tropfen beim Einschenken daneben gehen. Für alle, die noch nicht den richtigen Schwung haben, empfiehlt sich daher eine Einschenkhilfe: ein zu einer Tülle zusammengerolltes Plättchen Silberfolie, das in den Flaschenhals gesteckt wird. Diese Einschenkhilfe wird in Weinfachgeschäften unter der Bezeichnung *drop stop* angeboten und kostet nur ein paar Cents. Mit ihr gibt es weder Weinflecken noch ungewolltes Schwallschenken.

Weinstein im Glas: Was wie Glassplitter oder Zuckerkristalle aussieht, ist Kaliumtartrat. Dahinter verbirgt sich die ausgefällte Säure eines Weißweins. Weinstein beeinträchtigt nicht die Qualität des Weins. Sie ist eher ein Zeichen dafür, daß es sich um einen reinen, lebendigen Wein handelt.

Was tun mit angebrochenen Flaschen?

Designer-Flaschenverschlüsse sollen verhindern, daß der Wein seinen Duft verliert. Ein Korken tut es allerdings auch.

Mit der Pumpe kann Sauerstoff aus der Flasche abgesaugt werden. Im Vakuum bleibt ein Wein etwas länger frisch.

Private Preserve ist ein stickstoffhaltiges Gas, das in die angebrochene Flasche gesprüht wird. Effektivstes Mittel, um Weine frisch zu halten.

Der Champagnerverschluß schließt Flaschen luftdicht ab. Die Kohlensäure kann nicht entweichen, der Schaumwein bleibt frisch.

Servier- und Trinktemperatur

Die meisten Weißweine werden zu kalt, die meisten Rotweine zu warm getrunken. Beides schmälert den Genuß erheblich. Um Wein mit der richtigen Temperatur genießen zu können, sind allerdings gewisse Vorkehrungen nötig – oder gute Ideen.

Jeder Wein hat seine ideale Trinktemperatur. Bei Weißweinen liegt sie um 10°C, bei Rotweinen um 18°C. Allerdings gibt es nach oben und unten Abweichungen – je nach Weintyp. Einfache, leichte Weißweine können ruhig ein paar Grad kühler getrunken werden. Schaumweine sollten sogar mit 8°C serviert werden. Je kühler die Temperatur, desto schöner perlen die Bläschen. Kräftige, körperreiche

Weißweine würden bei dieser Temperatur dagegen verlieren. Ihre Fülle, ihre Komplexität käme nicht richtig zum Ausdruck. Sie müssen wärmer, etwa mit 12°C getrunken werden. Ein beharrlicher Irrtum ist die Meinung, Rotweine müßten mit „Zimmertemperatur" getrunken werden. „Zimmertemperatur" bedeutet heute 21°C, häufig sogar noch wärmer. Bei dieser Temperatur schmeckt man vor allem den Alkohol und das Glycerin im Wein, weniger die Frucht. Damit geht eine wichtige Geschmacksfacette unter. Ideal ist hingegen eine Trinktemperatur von 18°C. Für leichte, fruchtige Rotweine gilt sogar, daß sie mit 16°C auf den Tisch kommen können. Für viele traditionelle Rotweintrinker sind diese

Temperaturen gewöhnungsbedürftig. Deshalb ist ein Weinthermometer unerläßlich. Wer es häufiger benutzt, bekommt schnell ein Gefühl dafür, ob ein Wein zu kühl oder zu warm ist.

Frappieren des Weißweins

Was macht man, wenn der Keller zu warm und der Weißwein nicht kühl genug ist? Ganz einfach: Der Wein wird rechtzeitig aus dem Keller geholt und in den Kühlschrank gestellt. Wenn er jedoch schnell gekühlt werden muß, hilft nur der Eiskübel. In ihm wird er innerhalb von zehn Minuten um mindestens fünf Grad gekühlt. Frappieren nennen die Franzosen das schnelle Herunterkühlen des Weins (oder Champagners) im Eisbad. Die Eiswürfel müssen allerdings mit Wasser aufgegossen werden. Wasser ist ein guter Kälteleiter. Wer eine Prise Salz ins Wasser gibt, kann den Kühlprozeß sogar noch beschleunigen. Salz läßt die Eiswürfel schneller schmelzen und fördert die Kälteabgabe. Sind keine Eiswürfel zur Hand, hilft nur das Eisfach des Kühlschranks. Darin sollte der Wein jedoch nur um wenige Grad gekühlt werden. Bleibt er länger als 10 oder 15 Minuten im Eisfach, ist er zwar kalt, hat sich aber völlig verschlossen. Übrigens: Im Notfall sollten auch (zu warme) Rotweine in den Eiskübel gestellt oder ins Eisfach gelegt werden.

Chambrieren des Rotweins

Wenn Rotwein aus dem Keller kommt, ist er für den sofortigen Genuß oft zu kühl. Ihn rasch auf Trinktemperatur zu bringen, heißt in der Fachsprache „Chambrieren". Wer den Wein also nicht rechtzeitig aus dem Keller geholt hat, damit er sich langsam erwärmen kann, muß sich etwas einfallen lassen. Früher wurde der Wein einfach auf die Heizung gestellt. Leider wird dabei nur der Inhalt der Flasche am Boden erwärmt, nicht der übrige Wein. Eine bessere Methode ist es, die Flasche in ein Gefäß mit lauwarmem Wasser zu legen. Innerhalb weniger Minuten kommt der Wein darin auf die erwünschte Temperatur. Doch Vorsicht: Rotwein wird immer um ein bis zwei Grad kühler serviert als er getrunken werden soll, weil er sich im Glas schnell erwärmt. Und noch etwas: Chambrieren in der Mikrowelle ist tabu. Die Flasche würde sofort platzen.

Immer noch die beste Methode Weißwein auch im Sommer kühl zu servieren, ist in einem Kübel mit Eiswasser.

Chambrieren: Nach ein paar Minuten im lauwarmen Wasser ist ein kellerkühler Rotwein auf Trinktemperatur gebracht.

Frappieren: So wie Weißweine können auch Rotweine im Eiskübel temperiert werden, wenn sie zu warm sind.

Frappieren: Im Notfall läßt sich Wein auch im Eisfach herunterkühlen, allerdings nur um ein paar Grad.

Herkunfts-land	Trinktemperatur von Weiß- und Rotweinen						
	6 °C	8 °C	10 °C	12 °C	14 °C	16 °C	18 °C
Frankreich	Vin de Pays Rosé	Champagner Bourgogne Blanc Sancerre Saumur Muscadet Chablis Bordeaux Sec Rosé de Provence	Pouilly Fumé Chablis Grand Cru Meursault Gewürztraminer Riesling Grand Cru Tavel Rosé Lirac Rosé de Provence Sauternes (süß)	Puligny-Montrachet Montrachet Corton-Charlemagne Musigny Blanc Tokay d'Alsace	Vin de Pays Beaujolais Primeur	Vin de Pays Mercury Mâcon Rouge Chinon Beaujolais Cru alle Burgunder Bordeaux Superieur Madiran Côtes-du-Rhône	Médoc, Haut Médoc, Pauillac, Margaux, St Emilion, Pomerol, Graves, Cahors, Côtes de Languedoc, Côtes de Roussillon, Côtes de Provence, Chateauneuf-du-Pape, Côte Rôtie, Hermitage
Italien	Prosecco Frizzante Galestro Pinot Grigio	Prosecco Spumante Südtiroler Weine Chardonnay (ohne Holz) Soave Gavi Arneis	Chardonnay Barrique Verdicchio Friauler Weißweine	Marsala Vin Santo	Kalterer See Valpolicella Bardolino Lambrusco	Chianti Vino Nobile Rosso di Montalcino Barbera d'Alba Merlot del Piave Pinot Nero Südtirol Lagrein Cabernet Friaul Sangiovese di Romagna Valtellina Rosso	Chianti Riserva Brunello di Montalcino Aglianico di Vulture Taurasi Barbera d'Asti Barbaresco Barolo Amarone Südtiroler Merlot
Deutschland	QbA süß Weißherbst Winzer-Sekt	QbA/Kabinett Jahrgangs-/ Lagen-Sekt	Spätlese/ Auslese trocken Beerenauslesen	Grauburgunder Auslese	Trollinger	Spätburgunder Dornfelder Lemberger	
Österreich	G'spritzter	Grüner Veltliner Riesling Welschriesling Neuburger	Ausbruch, Beerenauslesen	Smaragd Wachau Sauvignon Steiermark		Blauer Zweigelt St. Laurent	Blaufränkisch
Schweiz		Fendant, Aigle Epesses	Œil de Perdrix			Blauburgunder Dôle	Merlot del Ticino
Spanien	Rosado	Albariño Cava		Sherry		Valdepeñas	Rioja, Ribera del Duero, Tinto Navarra, Priorato
Portugal	Vinho Verde				Portwein Madeira	Ribatejo	Alentejo, Dão, Bairrado
Neue Welt	White Zinfandel	Sauvignon Blanc	Fumé Blanc	Chardonnay Barrique		Pinot Noir	Cabernet Sauvignon, Zinfandel, Shiraz, Pinotage Malbec

Korkschmecker und andere Fehler

Der französische Riech-Forscher Jean Lenoir hat Riechproben der 12 häufigsten Weinfehler zusammengestellt. Das Set „Le Nez du Vin" ist in allen guten Weinfachhandlungen erhältlich.

Es gibt zwei Arten von Weinfehlern: echte und eingebildete. Der häufigste echte Weinfehler ist der Korkschmecker. Hinter eingebildeten Weinfehlern verbergen sich oft ungewohnte Weinaromen, die der Konsument als fremdartig empfindet und intuitiv ablehnt.

Im deutschen Sprachraum wird ein Weinfehler mit dem Wort Böckser bezeichnet. Dieser Ausdruck umfaßt eine Vielzahl von Weinfehlern: bleibende und vorübergehende, manchmal aber auch nur vermeintliche. Typische Weinfehler sind das Schwefelwasserstoff-Bouquet („Merkaptanböckser"), ein stinkendes Gärbouquet („Mistböckser") oder das berüchtigte Mäuseln („Hefeböckser"), bei dem der Wein einen unangenehmen, schalen Nachklang nach dem Schlucken hat. Alle diese Böckser sind vorübergehende Unreinheiten, die gelegentlich bei jungen, reduktiv ausgebauten und möglicherweise vor der Füllung zu wenig belüfteten Weinen auftreten. In der Regel klingen sie jedoch ab, wenn der Wein eine Zeitlang Luftkontakt hat. Darum gilt:

• Wein im offenen Glas fünf oder zehn Minuten stehenlassen: oft verfliegt der unangenehme Geruch von selbst;

• wenn nicht, den Wein 24 Stunden lang in der offenen Flasche stehenlassen und ihn dann nochmals probieren;

• notfalls den Wein ein weiteres halbes oder ganzes Jahr im Keller reifen lassen.

Bleibende Weinfehler

Gravierender sind Schwefelböckser, die ihre Ursache in zu hohen Schwefelgaben haben. Sie machen sich durch eine stechende, leicht prickelnde Empfindung im hinteren Nasenbereich bemerkbar. Freies Schwefeldioxid wird nur sehr langsam gebunden. Es macht sich besonders in stark säurehaltigen Weinen bemerkbar. Außerdem gibt es eine Reihe von Geruchsanomalien, die nur schwer oder gar nicht aus dem Wein verschwinden. Dazu gehören Mufftöne, die durch Lagerung in unhygienischen Holzfässern entstehen; Geranientöne, die durch Bakterien während und nach Gärung hervorgerufen werden. Sie sollten allerdings vom Kellermeister rechtzeitig erkannt und vor der Füllung beseitigt werden.

Flüchtige Säure

Ein häufig bei schweren, alkoholreichen Weinen vorkommender Geruchsfehler, der vor allem auf eine zu hohe Menge an Essigsäure beziehungsweise Äthylacetat im Wein zurückzuführen ist. Im Bouquet des Weins läßt sich dann ein typischer Nagellackgeruch ausmachen (eine geringe Menge Essigsäure ist in jedem Wein enthalten, sie sollte nur nicht den Wert 1,5 Gramm pro Liter überschreiten). Essigsäure wird von Essigbakterien produziert. Sie lassen Sauerstoff und Alkohol miteinander reagieren. Bei Rotweinen und bei Chardonnay aus warmen Anbaugebieten und in guten Jahren treten vermehrt flüchtige Säuren im Bouquet auf. Auch edelsüße Weine sind

Im Restaurant kann man Wein, der nach Korken riecht oder schmeckt, zurückgehen lassen.

für einen hohen Essigsäuregehalt prädestiniert. Allerdings wird flüchtige Säure nicht von allen Konsumenten als störend empfunden. Bei bestimmten Weinen, etwa dem Unico von Vega Sicilia, schien flüchtige Säure jahrelang fast ein Qualitätsmerkmal zu sein.

Korkschmecker

Ein Wein, der nach Kork riecht oder schmeckt, ist eindeutig fehlerhaft. Da der Korkgeruch und -geschmack nicht vorübergeht, sondern bleibt und sich eher noch verstärkt, ist ein korkkranker Wein nicht mehr zum Genuß geeignet. In der Regel tritt der Korkfehler schon im Bouquet zutage als mehr oder minder penetranter Korkgeruch. Oft ist der Korkton aber auch schmeckbar. In den meisten Fällen wird er durch Trichloranisol hervorgerufen (siehe Seite 237). Äußerlich ist dem infizierten Korken nichts anzusehen.

Wie verhält sich der Konsument, wenn er eine Flasche korkkranken Wein vor sich hat?

• Im Restaurant kann der Wein zurückgewiesen werden (aber nicht erst die Flasche halb austrinken und dann reklamieren).

• Der Weinhändler (oder Winzer) leistet bei einer Flasche korkkrankem Wein keinen Ersatz. Bei drei

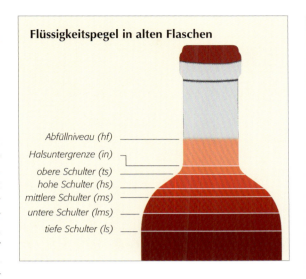

Flüssigkeitspegel in alten Flaschen

Abfüllniveau (hf)
Halsuntergrenze (in)
obere Schulter (ts)
hohe Schulter (hs)
mittlere Schulter (ms)
untere Schulter (lms)
tiefe Schulter (ls)

Flaschen der gleichen Sorte könnte er sich kulant zeigen. Ist ein ganzer Karton korkkrank, müßte er ihn ersetzen – auch wenn das Gegenteil in seinen Geschäftsbedingungen steht.

• Bei einfachen Weinqualitäten sollte sich der Konsument nicht zieren, Flaschen mit Schraubverschluß oder Kronenkorken zu akzeptieren. Sie sind der sicherste Schutz gegen Korkschmecker.

Flaschengrößen

Großflaschen sind bei Weinsammlern und Weininvestoren sehr beliebt. Erstens sind sie Schmuckstücke in jeder Sammlung. Zweitens reift der Wein in großen Flaschen besser. Der Sauerstoff, der in die Flasche eindringt, verteilt sich – je nach Größe der Flasche – auf die doppelte, dreifache oder mehrfache Flüssigkeitsmenge als in einer Normalflasche. Allerdings vollziehen sich bestimmte Reifeprozesse im Wein auch ohne Sauerstoffkontakt, etwa durch Esterbildung. Diese Reifeprozesse sind von der Flaschengröße unabhängig. Wäre das nicht so, würde ein Wein in Flaschen, die mit Siegellack verschlossen sind, ewig jung bleiben.

1) beim Champagner Jeroboam genannt
2) in Bordeaux gebräuchlich (bis 1978 4,5 l)
3) in der Champagne Methusalem genannt

Normalflasche	Magnum	Doppelmagnum	Jeroboam	Impériale	Salmanasar	Balthasar	Nebukadnezar
0,75 l	1,5 l	3 l 1)	5 l 2)	6 l 3)	9 l	12 l	15 l

Auf den Pegelstand kommt es an

Mit zunehmendem Alter sinkt der Flüssigkeitspegel in jeder Flasche. Ursache des Schwunds: Verdunstung. Wer alte Weine kauft, sollte deshalb den Pegel in der Flasche unbedingt überprüfen. In den Katalogen seriöser Auktionshäuser wird der Pegelstand von Flaschen, die 20 Jahre und älter sind, deshalb immer genau angegeben. Dabei haben die Weinexperten eine eigene Fachterminologie entwickelt:

hf		normales Abfüllniveau (high fill)
in		Halsuntergrenze (into neck)
ts		obere Schulter (top shoulder)
hs		hohe Schulter (high shoulder)
ms		mittlere Schulter (middle shoulder)
lms		untere Schulter (low middle shoulder)
ls		tiefe Schulter (low shoulder)

Für 20jährige Weine ist das Füllniveau „hohe Schulter" normal. Bis „obere Schulter" besteht für die Trinkbarkeit alterungsfähiger Weine kein großes Risiko. Kritisch wird es erst, wenn der Pegel auf das Niveau „mittlere Schulter" gesunken ist. Die immer größer werdende Luftblase in der Flasche beschleunigt dann die Oxydation des Weins. Er muß getrunken werden. Auf Auktionen gibt es für Flaschen dieses Füllstands Abschläge – es sei denn, der Wein ist schon 50 Jahre alt. In diesem Fall ist „mittlere Schulter" ein eher gutes Indiz. Wenn der Pegel gar auf das Niveau „untere Schulter" oder „tiefe Schulter" gesunken ist, besteht die akute Gefahr, daß der Wein bereits maderisiert und damit verdorben ist. Nur wenige tannin-, alkohol- oder säurestarke Weine sind bei diesem Pegelstand noch genießbar. In trockenen Kellern ist der Schwund übrigens größer als in feuchten. Außerdem fördert Trockenheit den Zerfall des Korkens, so daß der Wein immer schneller verdunstet.

Heikle Verschlußsache

Kork ist ein nahezu idealer Weinverschluß. Er schließt die Flasche gut ab, läßt nur geringste Mengen Sauerstoff durch, ist geschmacksneutral. Dafür ist er teuer. Je nach Qualität und Länge kostet er zwischen 20 Pfennig und 1,50 Mark. Und hundertprozentige Sicherheit bietet er leider nicht.

Schon die Römer verwendeten zum Verschließen ihrer Weingefäße neben Harz und Pech auch Naturkork. Durchgesetzt hat sich der Korken allerdings erst im 17. Jahrhundert, nachdem die Flasche erfunden worden war. Doch nicht jeder Kork hält, was er verspricht. Immer wieder kommt es vor, daß Flaschen lecken oder – schlimmer noch – der Wein einen unangenehmen Korkgeschmack annimmt. Über 50 flüchtige Substanzen sind gezählt worden, die mit

Ein großer Teil der dortigen Korkeichenwälder sind angepflanzte Kulturen. In Südfrankreich und Nordafrika werden die Korkeichen dagegen relativ wenig genutzt. In der Regel werden die Bäume nach 25 bis 30 Jahren zum ersten Mal geschält. Rund zehn Jahre dauert es, bis die Rinde wieder nachgewachsen ist. Bei einem durchschnittlichen Alter von 150 Jahren wird die Korkeiche also mindestens elfmal geschält.

Woraus Kork besteht

Kork besteht aus abgestorbenen Zellen des Holzgewebes. Sie sind mit Stickstoff gefüllt und absolut luft- und wasserundurchlässig. 30 000 bis 40 000 solcher Zellen befinden sich in einem Kubikzentimeter Kork. Der Sauerstoffaustausch mit dem Wein kann

Die Korken werden quer zu den verholzten Kanälen, den Lentizellen, aus der Rinde gestanzt. Luft kann nicht durch den Kork dringen, sondern sich nur an ihm vorbeizwängen.

Äußerlich ist einem Korken nicht anzusehen, ob er TCA-infiziert ist und den Wein korkkrank macht. Insgesamt weist Naturkork 50 verschiedene flüchtige Substanzen auf, die Fehltöne im Wein verursachen können.

dem Wein interagieren. Viele Weinerzeuger vermuten, daß die Korkqualität in dem Maße sinkt, in dem die Zahl der Flaschenabfüller steigt. Sie denken über Alternativen nach – und haben sie auch schon gefunden: Stopfen aus Silikon.

Wo Naturkork wächst

Kork wird aus der Rinde der Korkeiche *(Quercus suber)* gewonnen. Diese wächst vor allem im warmen Mittelmeerraum. Der größte Korklieferant der Welt ist Portugal. Aber auch in Südwestspanien befinden sich ausgedehnte Kulturen von *Quercus suber*. Sardinien und Korsika verfügen ebenfalls über große Korkeichenbestände und eine eigene Korkindustrie.

nicht durch den Korken hindurch, sondern nur zwischen Korken und Flaschenhals stattfinden. Er ist umso geringer, je besser die Qualität des Korkens ist. Erstens ist das Suberin, jener Stoff, aus dem die Zellwände bestehen, sehr elastisch und schmiegt sich eng an das Glas an. Zweitens werden die Korken gegen die Laufrichtung der Lentizellen (dunkle, verholzte Rinnen im Kork) aus der Rinde geschnitten, so daß keine Kanäle entstehen, durch die größere Mengen Sauerstoff in die Flasche eindringen könnte. An den Lentizellen ist der Korken übrigens am brüchigsten. Dort bricht der Korken am leichtesten ab. Die hochwertigsten Korken sind solche, die möglichst wenig Lentizellen aufweisen.

Wie Kork behandelt wird

Nach dem Schälen wird die Rinde mindestens ein halbes Jahr lang unter freiem Himmel getrocknet, danach gekocht und desinfiziert. Dann beginnt das schwierigste Geschäft: die Selektion der Rindenplatten, die zur Herstellung von Weinkorken geeignet sind. Nur rund die Hälfte findet Gnade vor den Augen der Prüfer, die andere Hälfte wird zu Korktapeten und ähnlichem Dekor verarbeitet. Die geeigneten Platten werden quer zur Wuchsrichtung des Baumes in Streifen geschnitten, die genau so breit sind, wie der Korken hoch sein soll. Die Streifen werden gebleicht (heute meist mit Wasserstoffperoxyd) und der Korken aus ihnen gestanzt. Damit er später besser in den Flaschenhals rutscht, wird er noch mit einem Paraffin- oder Silikonwachs überzogen.

ohne daß allerdings der Korkgeschmack verschwunden wäre. Der Grund: Chlor befindet sich überall in der Umwelt (Leitungswasser, Holzschutzmittel usw.) und kontaminiert den Kork selbst in kleinsten Mengen. Aber auch ungebleichte Korken können von solchen Schimmelpilzen (Aspergillus, Penicillium) infiziert werden. Sie befinden sich ebenso in den Lagerhallen der Korkhersteller wie den Kellern vieler Winzer. Dann ist nicht TCA, sondern eine andere Substanz für den Korkgeschmack verantwortlich.

Silikon als Korkersatz

Kork ist mit der ständig steigenden Zahl von Flaschenabfüllern knapp geworden – vor allem guter Kork. Für einfache Tafel- und Landweine, aber auch für Qualitätsweine aus der Literflasche, die nicht zum

Hochwertiger, 60 Millimeter langer Korken mit wenig Poren, geeignet für Rotweine, die lange und sicher lagern sollen.

Champagnerkorken, im oberen Teil aus zusammengeleimten Korkschnitzeln bestehend, im unteren Teil aus einem einheitlichen Korkkörper.

Korkernte in Portugal: Die Rinde wird aufgeschlitzt ...

... und die Korkplatte mit der Hand vom Stamm abgeschält.

Preßkorken, Verschluß aus zusammengeleimten Korkschnitzeln, besitzt nicht die Elastizität eines Ganzkörperkorkens, ist aber billiger.

Woher der Korkgeschmack kommt

Ein Wein, der nach Kork riecht oder schmeckt, ist fehlerhaft. Verantwortlich ist meist eine Substanz namens Trichloranisol (TCA). Sie bildet sich, wenn die chlorhaltigen Lösungen, in denen die Korken gebleicht werden, mit dem Phenol, das in jedem Naturkork enthalten ist, reagiert, und das Produkt dieser Reaktion von Schimmelpilzen umgesetzt wird, die unsichtbar auf dem Korken wachsen (mit dem Schimmel, der manchmal auf der Oberseite des Korkens alter Flaschen zu finden ist, hat dieser Schimmelpilz nichts zu tun). Äußerlich sieht ein TCA-infizierter Korken also makellos aus. Seit Mitte der 1980er Jahre werden Korken deshalb ohne Chlor gebleicht –,

langen Lagern geeignet sind, werden zunehmend metallene Drehverschlüsse verwendet. Aber auch der Silikon-Stopfen ist auf dem Vormarsch. Er ist ähnlich wie ein Korken aufgebaut: Er besteht aus aufgeschäumtem Polymeren mit vielen luftdicht abgeschlossenen, elastischen Zellen. Er dehnt sich, wenn er zusammengedrückt wird, nicht nach oben oder unten im Flaschenhals aus. Zumindest gilt das für hochwertige Silikonstopfen. Auch die Rückstellkraft – so lautet der Fachausdruck für den Druck, den ein zusammengepreßter Korken im Flaschenhals auf das Glas ausübt – ist ähnlich groß wie beim Naturprodukt. Wein kann normalerweise nicht auslaufen, wohl aber kann ein Luftaustausch stattfinden.

Kunststoff-Polymer-Stopfen aus Ethylvenylacetat, luft- und wasserundurchlässig, lebensmittelecht, elastisch. Wird gern für einfache Konsumweine benutzt.

Das Problem mit dem Sauerstoff

Neue Flaschenverschlüsse: Silikonstopfen, Schraubverschluß und Glasstöpsel.

Die Qualität des Korks wird schlechter. Schuld daran sind mangelnde Sorgfalt der Korkindustrie und der Korklieferanten sowie manchmal auch mangelnde Hygiene bei den Weingütern. Fieberhaft wird nach alternativen Verschlüssen gesucht. Aber auch Schraubverschlüsse und Stopfen aus Polymer oder Glas haben ihre Tücken.

Die Fehlerquote beim Kork liegt neueren Schätzungen zufolge zwischen fünf und zehn Prozent – Tendenz steigend. Dabei muß es nicht immer ein lupenreiner TCA-Korkschmecker sein (siehe Seite 237), der den Weintrinkern den Genuß vergällt. Immer häufiger treten „maskierte" Korkschmecker mit unspezifisch-muffigen Fehltönen auf, die die Vermutung nähren, daß auch andere Substanzen als Chlor mit den Phenolen des Korks reagieren und für die unheilvolle Veränderung des Weins verantwortlich sind. Wissenschaftler und Weingüter suchen deshalb verzweifelt nach Alternativen für das Naturprodukt Kork. Und sie sind fündig geworden. Die Frage ist nur, ob die neuen alternativen Weinverschlüsse die in sie gesetzten Erwartungen erfüllen können. Zwar spricht manches für alternative Verschlüsse. Doch ob sie den Naturkork ersetzen, ist offen.

Kunststoffverschluß

Flaschenstopfen aus Kunststoff sind bereits weit verbreitet. Sie sehen wie Korken aus, bestehen aber aus elastischen Polymeren, die sich zusammenpressen lassen und sich im Flaschenhals eng an das Innere der Glaswand drücken. Die Verschlüsse sind mithin lecksicher. Trotzdem findet, wie beim Naturkork, ein Luftaustausch statt. Auch können Kunststoffstopfen mit einem normalen Korkenzieher aus dem Flaschenhals gehebelt werden. Der Weintrinker muß nicht einmal auf das gewohnte „Plopp" verzichten. Der größte Teil von ihnen hat auch den Stopfen aus Kunststoff als Flaschenverschluß akzeptiert – allerdings nur für einfache Weine, die innerhalb von zwei bis drei Jahren getrunken werden. Längerlebige Weine werden nur selten mit Kunststoff verschlossen. Zwar haben umfangreiche Studien an der Forschungsanstalt Geisenheim die Funktionalität und Unbedenklichkeit des Kunststoffes bewiesen. Doch für eine längere Flaschenlagerung ist er nicht geeignet. Weine mit Kunststoffstopfen bauen die schweflige Säure rascher ab als Weine, die mit Naturkork verschlossen sind. Außerdem konnten nicht alle auf dem Markt befindlichen Produkte getestet worden. Und jeder Hersteller benutzt eine eigene Kunststoffmi-schung. Die einen verwenden Polymere auf Kohlenstoffbasis, also Polyethylen. Andere Kunststoffstopfen sind aus Silikon, also Polymere auf Siliziumbasis. Einige Produkte kommen ohne Weichmacher auf den Markt, anderen werden Weichmacher zugesetzt. All dies relativiert die Forschungsergebnisse.

Glasstöpsel

Der Glasstöpsel wurde von einem deutschen Zahnarzt erfunden. Er gleicht den gläsernen Stöpseln, die für Whisky- und Cognac-Karaffen üblich sind. Einziger Unterschied: Der Stöpsel schließt mit einem Plastikring ab, so daß kein Sauerstoff in die Flasche dringen kann. Damit der Glasstöpsel (Markenname: Vino-Lok) festsitzt, wird eine Zinn- oder Plastikkapsel über ihn gestülpt. Wird sie entfernt, reicht ein leichter Daumendruck, um ihn zu lösen. Ein Korkenzieher wird nicht mehr benötigt. Der Verschluß ist hygienisch, Korkschmecker gibt es nicht mehr. Und er ist ästhetisch. Weintrinkern fällt es leicht, ihn zu akzeptieren, auch wenn es das charakteristische „Plopp"-Geräusch beim Öffnen nicht mehr gibt. Der größte Nachteil dieses Verschlusses besteht darin, daß er noch nicht lange erprobt ist. Ob der Wein auch nach Jahren noch frisch bleibt, ist unbekannt. Die Kontaktfläche des Plastikrings mit der Flüssigkeit ist zwar minimal. Aber ob dieser auf Dauer dem Alkohol, der Säure oder den Phenolen des Weins standhält, bleibt abzuwarten. So ist auch der Glasstöpsel zunächst vor allem für Weine eine Alternative, die innerhalb von drei bis vier Jahren getrunken werden.

Glasstöpsel: ästhetisch, aber noch unerprobt.

Schraubverschluß

Bei Spirituosen und Fruchtsäften hat sich dieser Verschluß seit vielen Jahren bewährt. Allerdings sind die Anforderungen an einen Weinverschluß anders, und Schraubverschluß ist nicht Schraubverschluß. Erste Versuche mit Schraubverschlüssen haben gezeigt, daß der Wein schneller oxydiert. Die herkömmlichen Dichtungen dieser Schraubverschlüsse sind zwar lebensmittelecht, verhindern aber nicht den Sauerstoffzutritt. Anders die neuen Edeldrehverschlüsse: Bei ihnen ist eine Zinnfolie in die Dichtung eingearbeitet. Dadurch sind diese Verschlüsse gasdruckdicht. Ein Luftaustausch findet bei diesen Stelvin Caps, wie sie in der Fachsprache heißen, nicht statt. Da ihnen eine normale Kapsel übergestülpt wird, sind sie für den Käufer als Schraubverschluß nicht erkennbar. Viele Winzer sehen die Stelvin Cap heute als beste und sicherste Alternative für den Naturkork an, und zwar

Schraubverschluß: Hoffnungsträger für die Zukunft.

für Weiß- wie für Rotweine, für einfache wie für hochwertige Weine. Doch auch Stelvin Caps haben ihre Tücken. So dürfen die Weine nicht zu reduktiv vinifiziert werden, weil die sich später auf der Flasche entwickelnden unangenehm riechenden Gase nicht mehr aus der luftdicht verschlossenen Flasche entweichen können. Sie brauchen weniger Schwefel, da kein Sauerstoff in die Flasche eindringen kann. Aus diesem Grund kann auch die Tanninextraktion bei Rotweinen moderater erfolgen. Das Tannin, das sofort mit Sauerstoff reagiert und ihn bindet, entscheidet nicht mehr über die Langlebigkeit des Weins. Die Folge sind fruchtigere Aromen und eine elegantere Stilistik. Der Verschluß ändert also den Stil des Weins.

Keine Luft mehr zum Atmen

Wein braucht keinen Sauerstoff, um auf der Flasche zu reifen.

Sauerstoff ist der größte Feind des Weins. Er sorgt dafür, daß dieser schnell unfrisch wird. Er fördert die Oxydation und beschleunigt den Verderb. Kurz: Sauerstoff killt den Wein. Aus diesem Grund achtet jedes Weingut darauf, daß möglichst wenig Sauerstoff in die Flasche gelangt. Moderne Abfüllanlagen spülen die leeren Flaschen mit Stickstoff aus, bevor der Wein in sie gefüllt wird. Danach werden die Flaschen sofort mit einem Korken verschlossen. In dem daumenbreiten Zwischenraum zwischen Füllniveau und Korkenspiegel (handelsüblich: 30 Millimeter) befindet sich deshalb viel Stickstoff und wenig Sauerstoff. Dieser Sauerstoff wird vom freien Schwefel, der sich im Wein befindet, sofort gebunden und kann somit keinen Schaden anrichten. Allerdings dringen im Laufe der Zeit kleine Mengen Sauerstoff durch den Korken bzw. zwischen der Außenwand des Korkens und dem Glas in die Flasche ein. Solange noch freier Schwefel vorhanden ist, wird auch dieser Sauerstoff unschädlich gemacht. Doch irgendwann kann der eindringende Sauerstoff nicht mehr gebunden werden. Er reagiert mit dem Wein und beginnt ihn zu verändern. Zunächst polymerisieren die Anthocyane mit den Sauerstoffmolekülen: Der Wein ändert seine Farbe. Rotwein wird orangebraun, Weißwein goldgelb. Die Kohlenwasserstoffmoleküle, Träger der meisten Weinaromen, gehen Verbindungen mit dem Sauerstoff ein. Fruchtige Aromen schwächen sich ab, Aromen von Wachs, Leder, Tabak, Lakritze treten in den Vordergrund. Die Zusammensetzung der Fettsäuren ändert sich unter dem Einfluß von Sauerstoff. Furfural, ein nach Mandelöl riechendes Aldehyd, und Eugenol, ein Monoterpen mit dem Geschmack von frischem Klee, nehmen zu. Das Tannin des Rotweins reagiert sogar heftig mit dem Sauerstoff. Bevor dieser die anderen Substanzen angreifen kann, wird er vom Tannin „gefressen", das seinerseits dadurch weicher wird. Sauerstoff ändert auch den mikrobakteriellen Zustand des Weins. Essigbakterien vermehren sich.

Übersteigen sie ein bestimmtes Maß, droht der Wein „umzukippen". Am Ende greift der Sauerstoff auch den Alkohol an. Es entstehen schal riechende Aldehyde – untrügliche Zeichen für den schleichenden Niedergang des Weins. Alles negative Vorgänge? Nach der alten Schule braucht Wein Sauerstoff, um zu reifen, allerdings nur in kleinen Mengen. Es kommt auf die Balance an. Der Naturkork mit seiner nur geringen Luftdurchlässigkeit ist für die Vertreter dieser Schule daher der ideale Flaschenverschluß. Mit der Entwicklung der neuen luftdichten Edelschraubverschlüsse wird diese Auffassung allerdings in Frage gestellt. Alan Hart, Wissenschaftler bei der großen australischen Weinkel-

„Anaerober" Reifeprozess in luftdichter Flasche.

lerei Penfolds, hat jüngst Untersuchungen präsentiert, nach denen ein Wein, der unter „anaeroben" Bedingungen (mit gasdichtem Edelschraubverschluss) gelagert wird, ebenfalls einen Reifeprozeß durchmacht, nur langsamer als der in Flaschen mit Korkverschluß aufbewahrte Wein. Der Schraubverschluß-Wein erwies sich nach sieben Jahren Lagerung als wesentlich frischer als der Vergleichswein. Harts Fazit: „Sauerstoff ist kein notwendiges Element für die Reifung des Weins." Mit anderen Worten: Es gibt einen „anaeroben" Reifeprozess, den auch Weine durchmachen, die mit einem Edelschraubverschluss versehen und somit luftdicht abgeschlossen sind.

Wo Weine der Reife entgegendämmern

Jens Priewes Wein-keller: reichlich Alltags-weine, viele gehobene Qualitätsweine, einige Spitzenweine.

1. Grüner Veltliner, Sauvignon Steiermark
2. Elsässer Riesling, Pinot Blanc, Gewürz-traminer Vendange Tardive
3. Chablis, Bourgogne Blanc
4. Diverse französische Weißweine: Saumur, Savennières, Pouilly-Fumé, Tursan
5. Deutscher Sekt, italienischer Spumante
6. Muscadet, Fendant
7. Junger und reifer Chardonnay Kalifornien
8. Weißweine Sizilien, Kalabrien
9. Reife deutsche Rieslinge
10. Deutsche Beerenauslesen, Eisweine
11. Ältere weiße Graves, Ygrec, australischer Dry Sémillon
12. Alte Riesling Auslesen
13. Weiße Burgunder: Chassagne-Montrachet, Bienvenue-Bâtard-Montrachet, Corton-Charlemagne, Meursault
14. Riesling Smaragd Wachau
15. Trockene Riesling Spätlesen Deutschland
16. Coteaux d'Aix-en-Provence, Côtes-de-Roussillon, Cahors
17. Cornas, Côte Rôtie, Hermitage
18. Rote Burgunder alt: Chambertin, Corton, Chambolle-Musigny, Romanée-St-Vivant …
19. Diverse Weine Südafrika, Neuseeland: Pinotage, Chardonnay, Sauvignon …
20. Trouvaillen: Marsala 1932, kanadischer Eiswein, Heitz Fay Vineyard 1974 …
21. Alte Barolo, Barbaresco
22. Überwiegend Bordeaux, nicht trinkreif
23. Sauternes, teils in halben Flaschen
24. Diverse Süßweine: Vin Santo, Banyuls, Tokaj, Acininobili, Noble Rot No. …
25. Trouvaillen: argentinischer Malbec, Pinot Noir Neuseeland, Gewürztraminer Ungarn …
26. Jahrgangs-Port, weißer Port, Oloroso-Sherry
27. Rioja, Ribera del Duero, Priorato
28. Cabernet Sauvignon Kalifornien, Pinot Noir Oregon
29. Minimax-Thermometer, Hygrometer
30. Bordeaux mit beginnender Trinkreife
31. Junge Barolo, Barbaresco
32. Chianti Classico, Riserva
33. Brunello di Montalcino
34. Rote Burgunder: Gevrey Chambertin, Vosne-Romanée, Mercurey
35. Australischer Cabernet Sauvignon, Shiraz
36. Ältere „Super-Tuscans" in Magnumflaschen
37. Magnumflaschen Burgunder und Barolo
38. Junge „Super-Tuscans" in Magnumflaschen
39. Bordeaux in Doppelmagnumflaschen
40. Champagner, Spumante, diverse Weißweine in Magnumflaschen

„Ich bin, wie viele Menschen heute, ein Wechseltrinker. In 20 Jahren habe ich zahlreiche kleine Partien unterschiedlicher Weine erworben, selten große Mengen eines Weins gekauft. So kann ich, je nach Stimmung und augenblicklichen Geschmacksvorlieben, unter mehreren Weinen wählen. Mein Keller selbst ist recht einfach: hölzerne Regale auf gemauerten Sockeln. An der Wand ein Hygrometer und ein Minimum-Maximum-Thermometer. Ein Kellerbuch führe ich nicht. Auch ohne Aufzeichnungen weiß ich meist, was in den Regalen liegt. Und das seltene Glück, plötzlich eine Flasche zu entdecken, von der ich gar nicht wußte, daß ich sie besitze, möchte ich nicht missen."

nur dann auf den Tisch, wenn Gäste kommen. Dann gibt es Zeitgenossen, die zwar viel trinken, aber alles, was mehr als fünf Euro kostet, für einen Ausdruck von Snobismus halten. Und es gibt Leute, die nur edle Tropfen besitzen und vor lauter Ehrfurcht nicht zum Trinken kommen. Schon der Anblick des Etiketts macht sie glücklich. Gemeinsam ist ihnen allen, daß sie einen Raum brauchen, in dem sie ihre Weine aufbewahren können.

Keller oder Klimaschrank?

Größe und Beschaffenheit des Weinkellers sollten freilich auf die eigenen Trinksitten zugeschnitten sein. Wer viel sammelt und wenig genießt, braucht einen großen Keller. Wer nicht mehr als 100 Flaschen im Jahr konsumiert, kommt dagegen mit einer Niesche im Keller aus. Doch Vorsicht: Wein soll nicht in einem Raum lagern, in dem sich Fahrräder, Gummireifen, Farben, ein Öltank oder geruchsintensive Lebensmittel befinden. Fehlt ein geeigneter Raum, lohnt die Anschaffung eines Weinklimaschranks (siehe Seite 243).

Größe des Stauraums

Wer täglich eine Flasche trinkt, kommt mit einem Weinklimaschrank nur schwer aus – es sei denn, er kauft sich seine Weinration in kleinen Mengen zusammen. In der Regel ist jedoch Stauraum von nöten, um Wein vorhalten zu können. Aber wieviel Stauraum? Die Größe bemißt sich weniger nach der Höhe des Weinkonsums als danach, ob man die Weine lagern will oder lieber jung trinkt. Wer nicht warten will und gern junge Weine trinkt, hat einen hohen Umsatz im Keller und braucht weniger Regalfläche. Ein Weinliebhaber, der Geduld hat und Weine kauft, um sie erst nach Jahren zu öffnen, benötigt dagegen entsprechend mehr Stauraum. Bei geschickter Regalanrodnung lassen sich auf zwei Quadratmetern bis zu 500 Flaschen unterbringen.

Auf die Mischung kommt es an

Ein gut sortierter Weinkeller besteht aus einer gelungenen Mischung von Rot- und Weißwein, von jungem und altem Wein, von Weinen unterschiedlicher Herkünfte und Charakteristiken. Portwein, Sherry, edelsüße Spezialitäten und Schaumweine gehören übrigens zu einem gut sortierten Keller dazu – wenigstens in kleinen Mengen. Auch Großflaschen dürfen in einer guten Weinsammlung nicht fehlen. Andererseits sollten Weintrinker mit starkem Sammeltrieb nie vergessen: Es gibt jedes Jahr einen neuen Jahrgang.

Wer auf ideale Bedingungen Wert legt, muß sich seinen Weinkeller als Bunker tief unter der Erde anlegen. Das können nur wenige. Es ist auch nicht nötig, weil weniger ideale Flaschenlager ihren Zweck ebenso erfüllen: den Wein in Ruhe reifen zu lassen. Und was heißt Reife? Schätzungsweise 80 Prozent der Weine werden heute in den ersten zwei Jahren getrunken. Spezielle Weinkeller sind also nur für jene wenigen Flaschen notwendig, die fünf, zehn oder mehr Jahre lagern sollen.

Wieviel Wein braucht der Mensch?

Die Verbrauchsgewohnheiten der Weintrinker sind unterschiedlich. Einige trinken täglich eine Flasche Wein, andere höchstens am Wochenende. Wieder andere bringen Wein

Alternativen zum klassischen Weinkeller

Unter richtigen Lagerbedingungen kann ein langlebiger Wein über Jahre, ja Jahrzehnte zur vollen Reife gelangen.

Nicht alle, aber viele Weine brauchen Zeit, um sich zu entwickeln. Deshalb lohnt es, sich einen kleineren oder größeren Vorrat an Weinen anzulegen und sie fünf, zehn oder mehr Jahre lang einzukellern. Der Keller ist allerdings nicht unbedingt der beste Lagerort. Eine Weinklimazelle oder ein Weinklimaschrank eignen sich mindestens ebensogut – wenn nicht besser.

Gut gebettet

Wein reift am besten bei einer konstanten Temperatur um 12°C. Der Ort, an dem die Flaschen liegen, sollte frei von Erschütterungen und möglichst dunkel sein. Licht beeinflußt chemische Reaktionen im Wein, vor allem beim Weißwein. Auch fremde Gerüche verändern den Wein bei langer Lagerung negativ. Küchenschrank oder Garage eignen sich daher nicht zur Weinlagerung. Außerdem darf der Lagerort nicht zu trocken sein. Eine Luftfeuchtigkeit von 80 Prozent ist ideal. Zum Vergleich: In Wohnräumen herrscht normalerweise eine Luftfeuchtig-

keit von 60 Prozent. Kellerräume, durch die Heizungsrohre laufen, weisen eine ähnlich niedrige Luftfeuchtigkeit auf. Dort besteht dann die Gefahr, daß die Korken austrocknen und undicht werden. Das heißt: Der Wein in der Flasche verdunstet schneller und der eindringende Sauerstoff läßt den Wein rasch oxydieren. Eine höhere Luftfeuchtigkeit als 80 Prozent schadet dem Korken zwar nicht, fördert aber die Schimmelbildung auf den Etiketten. Das tut dem Geschmack des Weins zwar keinen Abbruch, aber Kapitalanleger, die ihre Weine später wieder verkaufen möchten, müssen mit Abschlägen rechnen.

Optimierung des Weinkellers

Leider findet man den idealen Weinkeller in der Wirklichkeit nur sehr selten vor. Deshalb gilt es, die Lagerbedingungen im eigenen Weinkeller zu optimieren. So kann man zum Beispiel die Weinregale auf einen Gummisockel stellen, um Erschütterungen abzufedern. Die Kellerfenster lassen sich leicht verdunkeln, indem sie mit Folie zugeklebt oder ver-

Weinklimaschrank: Sein Inneres ist in verschiedene Klimazonen unterteilt. Oben herrschen 18 °C für Rotweine, unten 8 °C für Weiß- und Schaumweine. Die Luftfeuchtigkeit ist regulierbar.

Weinklimazellen sind wärme- und lichtisolierte Räume mit speziellen Klimatüren, die man im Keller oder an einer anderen Stelle des Hauses aufbauen kann.

mauert werden. Holzkisten sollten nach Entnahme einer Flasche wieder geschlossen werden, damit die Flaschen weiterhin im Dunkeln liegen. Kartons eignen sich weniger zur Aufbewahrung von Wein. Die Pappe nimmt die Feuchtigkeit auf, die der Kellerluft entzogen wird. Außerdem knicken feuchte Kartons leicht ein, was zu Glasbruch führen kann, wenn sie aufeinander gestapelt sind. Luftbefeuchter sorgen in

zu trockenen Kellern für das richtige Raumklima. Manchmal genügt es aber auch bereits, wenn man einen Wassereimer in den Keller stellt.

Temperaturregulierung

Die wichtigste Voraussetzung für die Lagerung des Weins ist ein richtig temperierter Keller. Dabei ist gar nicht entscheidend, ob er 8°C, 12°C oder 16°C kühl ist. Bei allen diesen Temperaturen reift ein Wein auch über längere Zeit problemlos. Das ideale Kellerklima ist eine konstante Temperatur. Anders ausgedrückt: Die Schwankungen zwischen Winter und Sommer dürfen nicht zu hoch sind. Wenn der Keller im Winter nur 8°C, im Sommer hingegen 16°C aufweist, kommt der Wein nicht zur Ruhe. Im Sommer dehnt er sich aus, im Winter zieht er sich zusammen. Temperatursprünge von 4°C im Laufe eines Jahres schaden dem Wein dagegen nicht. Derartigen Schwankungen unterliegen auch die besten Keller in Bordeaux, wo die Weine viele Jahrzehnte, manchmal auch mehr als ein Jahrhundert ihrer Reife entgegendämmern.

Weinklimaschränke

Ideale Bedingungen findet der Wein nur in künstlich klimatisierten Umgebungen vor. Dazu gehört zum Beispiel ein Weinklimaschrank. Er unterscheidet sich von einem normalen Kühlschrank dadurch, daß die Temperatur von 6°C bis 18°C eingestellt werden kann: In den Fächern für Schaumwein liegt sie an der unteren, in den Fächern für Rotwein an der oberen Grenze. Außerdem betragen die Temperaturschwankungen nur 0,5°C. Bei einem normalen Kühlschrank pendelt die Temperatur dagegen ständig um 2°C nach oben und unten – zuviel, um einen Wein länger darin aufzubewahren. Die Luftfeuchtigkeit wird automatisch reguliert, und vibrationsfrei sind die Klimaschränke auch. Die einzigen Nachteile: Sie fassen selten mehr als 120 Flaschen und kosten viel Geld.

Weinklimazellen

Wer mehr als 120 Flaschen lagern möchte, muß sich eine Klimazelle im Keller (oder in der Wohnung) einrichten: wärmeisolierte Räume, die mit einer Klimatür verschlossen werden. Die Klimatüren arbeiten nach dem Muster der Klimaschränke. Sie schaffen in der Zelle ein für den Wein geeignetes Raumklima und regeln die Luftfeuchtigkeit. Die kleinsten handelsüblichen Zellen sind gerade zwei Quadratmeter groß und fassen etwa 500 Flaschen. Bei einem Umzug werden die Klimazellen einfach abgebaut und können in die neue Wohnung mitgenommen werden. Wer über einen geschlossenen Kellerraum verfügt, kann auf eine Klimazelle verzichten. Er benötigt nur eine Klimatür, die die Temperatur in dem Kellerraum konstant niedrig hält. Allerdings müssen vorher alle Wärmequellen in dem Kellerraum isoliert werden.

Wovon die Lagerfähigkeit der Weine abhängt

Weintyp: Gerbstoffreiche Rotweine und säurebetonte Weißweine haben im Allgemeinen ein längeres Leben als einfache, fruchtige, säurearme Weine.

Herkunft des Weins: Weine bestimmter Herkünfte können sich lange auf der Flasche verfeinern: Spitzen-Rotweine von der Rhône, aus Bordeaux, aus Grand-Cru-Lagen Burgunds, aus Ribeira del Duero und Rioja in Spanien, aus Barolo und Barbaresco im Piemont, aus Spitzenlagen der Toskana. Bei den Weißweinen sind große Weiße Burgunder, Rieslinge aus Deutschland, Gewürztraminer und Pinot Gris aus dem Elsaß, hochklassige Grüne Veltliner aus Österreich sowie edelsüße Weine aus allen Teilen der Welt besonders langlebig.

Vinifikation: Rotweine mit langer Maischegärung und Weine, die im kleinen Eichenholzfaß ausgebaut worden sind, reifen in der Regel länger als gleiche Weine ohne diese Merkmale.

Erzeuger: Bestimmte Erzeuger sind bekannt dafür, gezielt langlebige Weine herzustellen. In Burgund etwa das Weinhaus Leroy, in Bordeaux einige der großen Grand Cru Classé, in der Ribeira del Duero die Bodegas Vega Sicilia, im kalifornischen Santa Cruz das Weingut Ridge, im Piemont Bruno Giacosa.

Rebsorten: Nur wenige Rebsorten der Welt sind geeignet, um langlebige Weine herzustellen. Aber keineswegs alle Weine dieser Sorten sind langlebig.

Jahrgang: Ein Wein aus einem kleinen Jahrgang ist meist früher trinkreif als derselbe Wein eines großen Jahrgangs.

Korken: Ein fest schließender, lentizellenarmer Korken schützt den Wein bei langer Reifung.

Schwefel: Jeder Wein wird vor der Flaschenfüllung geschwefelt. Bei Weinen, die lange reifen sollen, darf die Menge des freien, ungebundenen Schwefels nicht zu gering sein. Er soll den vorhandenen und den eindringenden Sauerstoff in der Flasche binden. Zuviel freier Schwefel verhindert jedoch die Entwicklung eines Weins – und macht ihn ungenießbar.

Grand Cru mit Dividende

Weinauktionen sind ein wichtiger Marktplatz für den Handel mit Spitzenweinen.

Genuß hat seinen Wert. Und der Wert steigt, je mehr Menschen nach Genuß streben. Deshalb werden Weine der Welt nicht nur genossen, sondern auch gesammelt, um von ihrem steigenden Wert zu profitieren. Die besten von ihnen sind eine Art Blue Chips, die ihrem Besitzer stattliche Renditen bringen können – vorausgesetzt sie verstehen etwas von diesem Geschäft.

Die Preise für Wein sind in den letzten 20 Jahren stark gestiegen. Vor allem langlebige Spitzenweine haben im Preis kräftig zugelegt. Ihre Wertzuwächse übersteigen die Renditen festverzinslicher Wertpapiere deutlich. Einzelne Spitzenweine haben sogar eine stärkere Wertentwicklung erlebt als Aktien mancher erfolgreicher Unternehmen. Angesichts dieser Tendenzen ist es kein Wunder, daß manche Weine zu begehrten Spekulationsobjekten geworden sind. Sie ziehen das Interesse von Menschen auf sich, die vorhaben, sie nie zu trinken. Diese Menschen betrachten Wein als ein Wertpapier, das sie eine Zeitlang behalten und dann wieder abstoßen, um den Gewinn zu realisieren. So kommt es, daß heute einige der besten Weine der Welt wie Blue Chips an der Börse gehandelt werden.

Klassiker Bordeaux

Die klassische Wein-Kapitalanlage ist der Bordeaux. Kein anderer Wein der Welt ist so begehrt wie er. Die weltweite Nachfrage nach Pétrus, Château Mouton-Rothschild und anderen erstklassifizierten Gewächsen hat deren Preise oft schon im ersten Jahr nach Freigabe um bis zu 100 Prozent steigen lassen. Die besten der zweitklassifizierten Weine, etwa Château Léoville-Las-Cases und Château Pichon Longueville de Lalande, erlebten nicht selten Wertsteigerungen von 50 Prozent. Erst Ende der 1990er Jahre ließ der Boom etwas nach. Die Erstnotierungen waren bereits so hoch, daß kaum mehr Spielraum für Preissteigerungen blieb.

Futures auf Wein

Der Erstkauf junger Bordeaux-Weine erfolgt per Subskription *en primeur* über Fachhändler. Das bedeutet: Der Anleger erwirbt den Wein, während dieser auf dem Château noch im Faß liegt. Genau genommen, kauft er nur Berechtigungsscheine für den späteren Erwerb. Denn die Châteaux geben ihre Weine erst nach knapp drei Jahren frei. Für die frühzeitige Zahlung und sein blindes Vertrauen in die Qualität kommt der Erwerber in den Genuß eines günstigen

Preises. In der Börsensprache heißen diese Berechtigungsscheine „Futures". Sie sind ihrerseits handelbar. Ihr Wert kann sich bei Auslieferung des Weins schon verdoppelt haben. Aber er kann natürlich auch fallen, wenn Wein oder Jahrgang den hohen Erwartungen nicht entsprechen. Jedenfalls ist es keine Seltenheit daß manche Weine schon mehrfach den Besitzer gewechselt haben, bevor sie überhaupt ausgeliefert worden sind.

Jahrgang statt Château

Eine alte Weinhändlerregel lautet: In Bordeaux werden Jahrgänge verkauft, keine Weine. Mit anderen Worten: Das Renommee des Jahrgangs bestimmt maßgeblich die Wertentwicklung eines Weins. Die 1982er, 1986er und 1990er waren zum Beispiel Jahrgänge, bei denen Weininvestoren, die früh gekauft haben, voll auf ihre Kosten kamen. Die Qualität war exzellent, die Eröffnungspreise der Châteaux vergleichsweise niedrig. Binnen eines Jahres stiegen sie um nahezu 100 Prozent. In den 1990er Jahren war der Preis einiger 1982er sogar um fast 1000 Prozent geklettert. Doch es kann auch anders kommen. Die

Jahrgänge 1995 und 1996 haben Anlegern beispielsweise wenig Freude bereitet, auch die der berühmten Châteaux. Der Kurs vieler verharrt noch immer auf dem hohen Ausgangsniveau. Beim 1997er haben Investoren, die früh gekauft haben, sogar verloren. Die Qualität des Jahrgangs wurde überschätzt. Die Preise sanken im nachhinein. Freilich gibt es immer wieder einzelne Châteaux, die auch in kleinen Jahren gegen den Trend mit guten Qualitäten aufwarten. Sie aus der Masse der angebotenen Weine herauszufinden, ist der Ehrgeiz der Kapitanleger.

Urteil der Experten

Da Bordeaux-Frühkäufer die Weine in der Regel nicht selbst probiert haben, sind sie auf Expertenurteile angewiesen. In der ersten Aprilwoche des auf die Lese folgenden Jahres öffnen die Bordelaiser Châteaux ihre Tore und bieten die jungen, noch unfertigen Weine Händlern und Kritikern zur Vorprobe an. Von deren Urteil hängt ab, zu welchem Preis der Wein „rauskommt". Der bekannteste und einflußreichste dieser Weinkritiker ist der Amerikaner Robert Parker. Ein Wein, den er mit 99 oder gar 100 Punkten bewertet, verdoppelt binnen Tagesfrist seinen Preis. Eine Bewertung von unter 85 Punkten entspricht praktisch einem Verriß – zumindest bei den klassifizierten Bordeaux. Neben Parker, der seinen eigenen Weinbrief herausgibt („The Wine Advocate") gibt es andere gute Verkoster, deren Beurteilungen in Weinfachzeitschriften nachzulesen sind. Für en-primeur-Käufer sind diese Beurteilungen wichtig.

Aufstieg der Kultweine

Die letzten zehn Jahre haben jedoch gezeigt, daß Spitzenweine anderer Regionen ebenfalls Spekulationspotential besitzen, wenn sie mindestens drei Kriterien erfüllen: Sie müssen ein hohes Prestige genießen. Sie müssen rar sein. Und sie müssen langlebig sein. Mit Weinen, die schnell reifen, läßt sich kein Geschäft machen. Wer genau prüft, wird schnell merken, daß diese Kriterien nur auf einen winzig kleinen Teil der Weine, die weltweit produziert werden, zutreffen: nämlich so genannte Kultweine. Der größte Teil dieser Kultweine kommt aus den Ländern der Neuen Welt. Vor allem in Kalifornien und Australien werden inzwischen Weine erzeugt, die den europäischen Hochgewächsen qualitativ nicht nachstehen. Entsprechend gesucht sind sie. Doch um mit ihnen Geld zu verdienen, braucht es weniger eine gute Zunge als gute Informationen über den Weinmarkt und eine gute Kenntnis der Beschaffungsmöglichkeiten. Auch in Europa entstehen immer wieder neue Kultweine: die großen Rotweine der Toskana und des Piemont zum Beispiel, dazu einige prestigeträchtige Spanier. Und selbst in Bordeaux gibt es unklassifizierte Weine, die gesuchter sind als die klassifizierten (siehe Kasten).

Worauf es beim Kauf und Verkauf ankommt

Der wichtigste Handelsplatz für hochwertige Weine ist die Auktion – egal ob Klassiker oder Kultwein. Über die Weinauktionshäuser Christie's und Sotheby's in London sowie ihre Ableger in Amerika, Asien und Australien wird schätzungsweise 90 Prozent des Handels mit langlebigen Spitzenweinen abgewickelt. Dazu kommen kleinere Auktionshäuser wie Butterfields (San Francisco), Wermuth (Zürich) sowie Koppe & Partner (Bremen). Ursprünglich gegründet, um Liebhabern alte, gereifte Weine anbieten zu können, kommen heute immer mehr junge Weine unter den Hammer, die von Kapitalanlegern frühzeitig abgestoßen werden, um Gewinne zu realisieren. Kapitalanleger müssen freilich wissen, daß beim Kauf ein Aufgeld von 10 Prozent zum Zuschlagpreis zu entrichten ist (bei einigen Auktionshäusern auch 15 Prozent). Dazu kommt eine (geringe) Lotgebühr und die Umsatzsteuer sowie Frachtkosten und Transportversicherung. Beim Verkauf ist ebenfalls eine Einlieferungsgebühr fällig, die zwischen 10 und 15 Prozent liegt. Alle Nebenkosten zusammengenommen können den Gewinn erheblich schmälern. Wein als Wertanlage lohnt also nur bei Weinen mit hohem Spekulationspotential. Bei Großflaschen und ungeöffneten Holzkisten erhöhen sich die Chancen des Verkaufs. Bei beschädigten Etiketten muß man mit Abschlägen rechnen.

Die 50 gesuchtesten Kultweine der Welt

Frankreich
La Tâche/Dom.Rom.-Conti
Montrachet/Dom.Rom.-Conti
La Mondotte/Comtes Neipperg
Valandraud/Jean-Luc Thunevin
La Gomerie/G. et D. Bécot
Kalifornien
Cab. S./Screaming Eagle
Cab. S./Bryant Family
Cab. S. Eisele Vyd/Araujo
Cab. S. Herb Lamb Vyd/Colgin
Cab. S. Volcanic Hill/Diamond Creek
Maya/Dalla Valle
Harlan Estate
Cab. S./Grace Family
Cab. S. Hillside Select/Shafer
Cab. S. Howell Mountain/Dunn
Cab. S. Spec. Selection/Caymus
Cab. S. Montebello/Ridge
Pinot Noir/Marcassin
Australien
Astralis Shiraz/Clarendon Hills
Balmoral Shiraz/Rosemount
Cab. S. BIN 707/Penfolds
Cab. S./Greenock Creek
Cab. S. Merlot/Cullen
Mount Edelstone/Henschke
Odyssey Shiraz/Katnook Estate
Run Rig Shiraz/Torbreck
Shiraz Hanish/Veritas
Shiraz Reserve/Fox Creek
Shiraz Reserve/Noon
Shiraz/Turkey Flat
Spartacus Shiraz/Punter's Corner
Terra Rossa First Growth/Parker
Südafrika
Cab. S. Peter Barlow/Rustenberg
Cab. S./Thelema Mountain
Merlot/Veenwouden
Shiraz/Boekenhoutskloof Vergelegen
Chile
Almaviva
Montes Alpha M/Montes
Seña
Italien
Barbera d'Asti Quorum/Hastae
Masseto/Ornellaia
Merlot Vigna l'Apparita/Ama
Montiano/Falesco
Paleo/Le Macchiole
Redigaffi/Tua Rita
Rubino/Palazzola
Tenuta di Trinoro
Vigna Larigi/Elio Altare
Villa Fidelia/Sportoletti
Spanien
L'Ermità/Alvaro Palacios
Pingus/Dominio de Pingus

– 245 –

Im Labyrinth des Weins

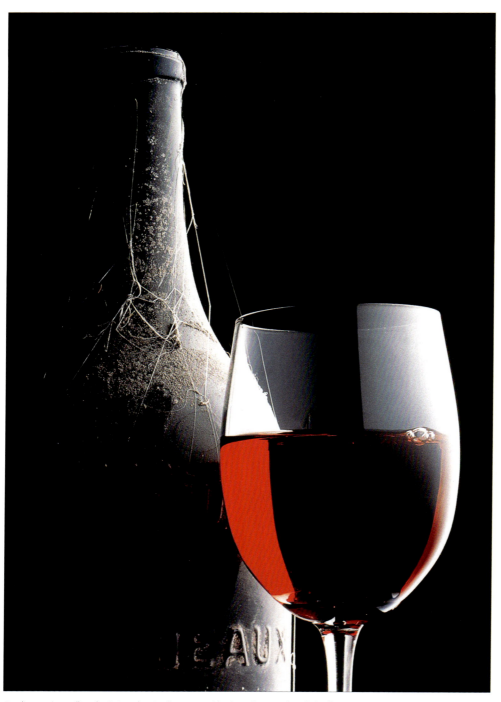

Qualitätsweine sollen die Spitze der Qualitätspyramide darstellen. Doch viele heißen nur so, sind aber keine.

Die Weingesetze sollen dem Verbraucher Sicherheit über die Herkunft des Weins geben und eine Mindestqualität garantieren. Tatsächlich sind die Weingesetze ein Labyrinth – zumindest in Europa. Ihre Logik erschließt sich nur noch Verwaltungsbeamten und Statistikern.

Wein wird in den Ländern der Europäischen Union (EU) in zwei Kategorien eingeteilt: Tafelwein und Qualitätswein. Qualitätsweine bilden die Spitze der Weinhierarchie. In der Regel sind die besten Anbaugebiete jedes Landes ausersehen, um Qualitätsweine zu produzieren. Damit ein gewisser Standard an Qualität und Typizität gewährleistet ist, hat jede Region für sich mehr oder weniger präzise Vorschriften erlassen. Tafelweine stellen hingegen die untere Stufe der Qualitätspyramide dar. An sie werden nur sehr niedrige Anforderungen gestellt. Ein großer Teil der Tafelweine wird erst gar nicht in Flaschen gefüllt, sondern faßweise gehandelt, um später in Korbflaschen, Großgebinden, Kartonverpackungen oder im Schlauch auf den Markt zu kommen.

Die Qualitätsweine

Sie sind immer an eine bestimmte weinbauliche Region gebunden. Die Trauben müssen aus einem klar definierten Anbaugebiet kommen. Deshalb steht auf ihrem Etikett häufig V.Q.P.R.D.: Vin de Qualité Produit dans les Régions Déterminées. Zu deutsch: Qualitätswein bestimmter Anbaugebiete. Für Qualitätsweine gelten in der EU bestimmte allgemeine Vorschriften:

- In der Regel beträgt der natürliche Mindestalkoholgehalt 8,5 Vol.%.
- In den meisten Anbaugebieten ist eine Aufbesserung (Chaptalisierung) um maximal 2,5 Vol.% erlaubt.
- Die Entsäuerung des Weins ist ebenso gestattet wie die Säurezugabe (Azidifikation), allerdings nicht bei gleichzeitiger Chaptalisation.
- Die Weinzusatzstoffe sind genau festgelegt (z. B. Schwefel, Bentonit).
- Das Maß an flüchtiger Säure, das ein Wein aufweist, darf 1,2 Gramm pro Liter nicht übersteigen.
- Qualitätsweine dürfen nicht mit Weinen außerhalb der EU verschnitten werden.

Darüber hinaus hat jedes Qualitätswein-Anbaugebiet eigene Bestimmungen erlassen, die nur für seine Weine gelten. Sie enthalten zum Beispiel Vorschriften über

- die zugelassenen Traubensorten,
- die maximale Traubenmenge pro Hektar,
- den Mindestalkoholgehalt,
- den Mindestsäuregehalt,
- die Mindestausbauzeit,
- den frühesten Zeitpunkt der Vermarktung.

Italien und Spanien haben die Qualitätsweine noch einmal in besonders qualifizierte beziehungsweise garantiert kontrollierte unterteilt. Frankreich und die anderen Weinnationen verzichten auf jede Unterteilung.

Die Prädikatsweine

Deutschland und Österreich haben ihre Qualitätsweine noch unterteilt in Qualitätsweine bestimmter Anbaugebiete und in Prädikatsweine. Die Eingruppierung richtet sich ausschließlich nach dem Mostgewicht (siehe Seite 42). Für Prädikatsweine gilt, daß ihr Alkoholgehalt nicht durch Zucker angereichert werden darf. Frankreich und Italien haben die Kategorie der Qualitätsweine statt dessen nach unten erweitert. Weine aus größeren, weniger berühmten Anbaugebieten können in Frankreich den Status V.D.Q.S. (Vin Délimité de Qualité Supérieure) erlangen. Nach diesem Vorbild hat auch Italien 1996 die Kategorie I.G.T. geschaffen (Indicazione Geografica Tipica). Daß diese Weine qualitativ tatsächlich über den Tafel- bzw. Landweinen und unter den Qualitätsweinen anzusiedeln sind, ist damit natürlich noch nicht gesagt.

Die Tafelweine

Sie bilden die unterste Kategorie in der Weinhierarchie der EU. An sie werden die geringsten qualitativen Anforderungen gestellt. Sie stammen meist aus großen Massenanbaugebieten Frankreichs, Italiens und Spaniens, aber auch aus weinbaulich wenig geeigneten Zonen Deutschlands und Österreichs oder aus solchen, die zu gar keinem Qualitätswein-Anbaugebiet gehören. Für Tafelwein gelten folgende Anforderungen:

- Er darf aus allen für den Weinbau geeigneten Zonen der EU stammen.
- Es existieren keine gesetzlichen Mengenbeschränkungen für die Traubenproduktion im Weinberg.
- Das Mindestmostgewicht liegt bei 50 Grad Öchsle.
- Der Mindestsäuregehalt pro Liter liegt bei 4,5 Gramm.
- Die Chaptalisierung ist erlaubt.
- Alle in der EU empfohlenen Traubensorten sind zugelassen.
- Verschnitte zwischen Weinen aus EU-Ländern sind möglich.
- Weder Jahrgang noch Rebsorte(n) müssen auf dem Etikett erscheinen.

Die Landweine

Etwa 65 Prozent der europäischen Weinproduktion bestehen aus Tafelwein. Ein großer Teil davon ist unverkäuflich. Rund ein Viertel des Tafelweins muß darum jedes Jahr aus dem Markt genommen und zu Industriealkohol destilliert werden. Um mehr vermarktungsfähige Tafelweine zu erhalten, hat die EU 1973 eine Zwischenkategorie geschaffen: die Landweine. Sie sollen die Elite der Tafelweine sein. Sie kommen aus festgelegten Großregionen (oder Ländern bzw. Départements), ihre Traubensorten sind genau definiert, sie müssen mindestens 0,5 Vol.% mehr aufweisen als Tafelweine und durchweg trocken ausgebaut sein: süffige, schmackhafte und preiswerte Alltagsweine. Frankreich erzeugt fast 20 Prozent Landweine, bei anderen Nationen hat sich der Landwein nicht durchgesetzt.

Neue Welt

In den Ländern außerhalb Europas ist der Weinbau weniger stark geregelt. Die USA haben seit 1983 über hundert Ursprungsgebiete für ihre Weine definiert (American Viticultural Areas, AVA), aber ohne daß damit Produktionsvorschriften verbunden wären, etwa Mengenbegrenzungen der Traubenproduktion. Ansonsten gibt es nur die Unterscheidung zwischen Table Wine (alle Weine bis 15,9 Vol.%), Dessert Wine (ab 16 Vol.%) und Sparkling Wine (schäumend). Dafür gibt es bestimmte Etikettenvorschriften: 85 Prozent des Weins müssen von der Rebsorte stammen, die auf dem Etikett angegeben ist. Gleiches gilt für Australien, während es in Südafrika und Chile nur 75 Prozent sein müssen. Vorschriften für die Begrenzung der Traubenproduktion existieren nicht. Chaptalisation ist in allen diesen Ländern verboten (in Neuseeland gestattet), die Säurezugabe (Azidifikation) hingegen ist erlaubt.

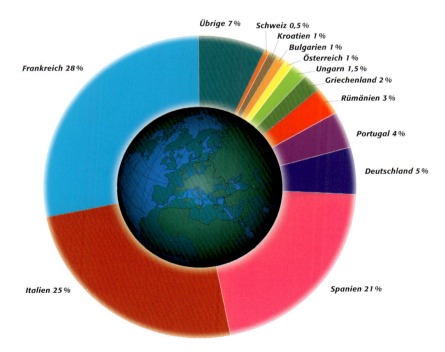

Der Anteil der Länder an der Weinproduktion Europas.

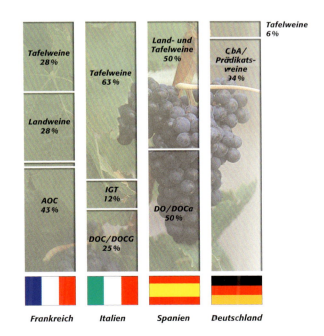

Paradox: Italien hat nur wenige, Deutschland fast nur Qualitätsweine.

Wieviel Wein verträgt der Mensch?

Traditionelles Nahrungsmittel: Wein.

Wein – ein Problem der Menge

Die Menge des täglich ohne Bedenken zu konsumierenden Weins ist von Mensch zu Mensch verschieden. Sie hängt von der körperlichen Konstitution, dem Gewicht, dem Geschlecht und auch dem Training der Organe ab. Die männliche Leber kann durchschnittlich 30 Prozent mehr Alkohol verarbeiten als die weibliche. Allerdings spielen dabei das Alter des Weinliebhabers und sein Gesundheitszustand eine große Rolle. Amerikanische Ärztegremien sprechen vorsichtig von ein bis zwei Glas Wein (à 0,1 Liter) pro Tag, die der Gesundheit eines durchschnittlichen, mittelgewichtigen Menschen auf jeden Fall zuträglich sind.

Ein bis zwei Glas pro Tag?

Die britische Medizinische Gesellschaft gibt ebenfalls sehr zurückhaltende Ratschläge. Sie empfiehlt bestimmte Wochenrationen: 21 Einheiten Wein für Männer und 14 Einheiten für Frauen. Eine Einheit entspricht acht Gramm Alkohol (eine 0,75 Liter fassende Flasche mit einem Wein von 12 Vol.% enthält etwa 70 Gramm Alkohol). Das bedeutet: Ein wöchentlicher Weinkonsum von 2,5 Flaschen für Männer und 1,5 Flaschen für Frauen ist gesundheitlich unbedenklich und fördert das Wohlbefinden. Die Tagesration beträgt danach etwa anderthalb Glas Wein (à 0,1 Liter) für Frauen und zweieinhalb Glas (à 0,1 Liter) für Männer. Einig sind sich die Mediziner, daß Frauen während der Schwangerschaft keinen Wein trinken sollten.

Wein besteht zu etwa 85 Prozent aus Wasser und zu 12 Prozent aus Alkohol. Vor allem der Alkohol hat den Wein ins Gerede gebracht. Trotzdem ist sich der größte Teil der Mediziner einig: Mäßiger Weingenuß ist gesünder als Abstinenz – nicht zuletzt wegen der restlichen drei Prozent Inhaltsstoffe, die im Wein sind.

Wein ist jahrhundertelang ein Lebensmittel gewesen – und ist es in einigen Teilen der Welt auch heute noch. Sein Wert für die Ernährung des Menschen und sein Beitrag zu dessen Gesundheit geraten angesichts der Diskussion über die Gefahren des Alkoholkonsums leicht in Vergessenheit. Wein ist zum Beispiel ein wichtiger Kalorienspender. Glyzerin und Säuren – die mengenmäßig bedeutendsten Bestandteile neben dem Alkohol – fördern den Stoffwechsel und stärken das Immunsystem. Außerdem enthält Wein Vitamine und Mineralien. Sie sind allerdings in so geringen Mengen in ihm enthalten, daß sie nur wenig zum Tagesbedarf eines Menschen beisteuern. Andere positive Auswirkungen auf die Gesundheit können nur vermutet werden: etwa die Vorbeugewirkung gegen Rheuma und Osteoporose. Die wichtigste Erkenntnis der letzten Jahre aber ist der Zusammenhang zwischen Weinkonsum und sinkendem Herzinfarktrisiko. Das „französische Paradoxon" hat Schlagzeilen gemacht.

Das französische Paradoxon

Am 17. November 1991 widmete die amerikanische Fernsehgesellschaft CBS ihren regelmäßigen News-Report „60 Minuten" einem ungewöhnlichen Thema: dem Rotwein. Der Moderator Morley Safer hob ein Glas Rotwein in die Höhe und erklärte, möglicherweise liege der Grund für die niedrige Herzinfarktrate in Frankreich in dem Inhalt dieses Glases. Dann erläuterte er das, was er das *French paradox* nannte: daß die Franzosen zwar viel Butter, fette Käse, Gänsestopfleber und Sahnesaucen äßen, trotzdem aber statistisch eine viel niedrigere Herzinfarktrate aufwiesen als die Amerikaner oder andere westliche Nationen. Seine Erklärung: das tägliche Glas Rotwein, das die Franzosen zu sich nähmen. Die einstündige Sendung erschütterte das Weltbild der Amerikaner zutiefst, für die Alkohol bis dahin als schlimmste Geißel der Nation galt. Zeitungen, Zeitschriften und Fernsehsender stürzten sich auf das Thema. 1992 stieg der Rotweinkonsum der Amerikaner um 39 Prozent, nachdem er vorher jährlich um knapp fünf Prozent gefallen war.

Rotwein gegen Cholesterin

Inzwischen haben wissenschaftliche Studien in England, Amerika, Frankreich und Dänemark nachweisen können, daß ein Zusammenhang zwischen Rotweinkonsum und abnehmenden Koronarkrankheiten des Herzes besteht. Verantwortlich dafür ist die vor allem in Rotweinen vorkommende Gruppe der Phenole. Sie umfaßt etwa hundert verschiedene Substanzen, zu denen auch das Tannin gehört. Ähnlich wie beim Wein haben die Phenole im Blut eine oxydationshemmende Wirkung: Sie verhindern die Oxydation des „bösartigen" LDL-Lipoproteins, auch Cholesterin genannt. Ein hoher Cholesteringehalt kann zur langsamen Verengung der Arterien im Bereich der Herzkranzgefäße führen. Am Ende dieser Arteriosklerose stünde der Herzinfarkt. Laborversuche haben jedoch gezeigt, daß Rotwein (mehr noch als Alkohol) das Blut dünnflüssiger macht. Auf diese Weise wird etwaigen Blutgerinnseln vorgebeugt.

Rotweine haben mehr Phenole als Weißweine und Roséweine.

Negative Auswirkung des Weingenusses

Ob Weingenuß positive oder negative Auswirkungen auf den Organismus hat, hängt entscheidend von der Menge des konsumierten Weins ab. Wer in kurzer Zeit große Mengen Wein trinkt, schädigt den Organismus. Aber auch bei moderatem Dauerkonsum ist es nötig, Leber, Nervensystem, Verdauungsapparat und andere Organe regelmäßig zu kontrollieren. Negative Begleiterscheinungen des Weingenusses können sein:

Benommenheit: Eine Flasche Wein mit 12 Vol.% enthält gut 70 Gramm reinen Alkohol (Äthylalkohol). Die menschliche Leber, die zu 90 Prozent für den

Abbau des Alkohols zuständig ist, kann pro Stunde maximal zehn Gramm Alkohol verarbeiten. Die entsprechenden Übermengen zirkulieren als Acetaldehyd (einem Zwischenprodukt des Alkoholabbaus) solange im Blut, bis die Leber sie abbauen kann. Folge: eingeschränkte Reaktionsfähigkeit, Schädigung des Nervensystems. Schaumweine beschleunigen die Alkoholaufnahme noch.

Lebervergrößerung: Kann der Alkohol von der Leber beziehungsweise von anderen Geweben (etwa der Muskulatur) nicht abgebaut werden, werden die Zwischenprodukte Acetaldehyd und Acetat zu Fett aufgebaut. Es entsteht die sogenannte Fettleber. Bei entsprechender Vergrößerung wird die Funktion

konsum auftreten, insbesondere nach dem Konsum von Rotwein. Schuld daran ist eine Reaktion der Nervenzellen mit den Phenolen, die sich in erhöhten Mengen im Rotwein befinden.

Allergie: Wein kann im Einzelfall Hautjucken und Atembeschwerden bewirken. Ursache dafür kann eine Unverträglichkeit gegenüber der schwefligen Säure sein, die allen Weinen in geringen Mengen zur Konservierung zugesetzt wird. Aber auch Histamin kann Allergien verstärken. Histamin ist ein Eiweißbaustein, der nicht in allen, aber in bestimmten Rotweinen vorkommt – wenn auch in sehr geringen Mengen. Bei einer Histamin-Unverträglichkeit muß der Konsument auf andere Weine ausweichen.

Glückliches Frankreich: Viel Butter, Sahne, tierisches Fett – und doch keine Herzschädigung durch das tägliche Glas Rotwein.

dieses Organs und damit der gesamte Stoffwechsel erheblich beeinträchtigt.

Kopfschmerzen: Sie sind fast immer eine Folge übermäßigen Alkoholkonsums. Dabei ist es weniger der reine Alkohol, als vielmehr die in jedem Wein enthaltenen Methylalkohole und Fuselöle, die Kopfschmerz- und Kreislaufbeschwerden hervorrufen (Kater). Allerdings beträgt der Anteil an Methylalkohol weniger als ein Prozent. Bei schweren Rotweinen liegt er höher als bei leichten Weißweinen.

Migräne: Kopfschmerz und Übelkeit können bei manchen Menschen auch bei moderatem Alkohol-

Magenbeschwerden: Bei Menschen mit empfindlichem Magen kann Wein zur Reizung der Magenschleimhaut führen. Das gilt insbesondere für Weißweine, die meistens eine höhere Säure aufweisen als Rotweine. Die Übersäuerung des Magens führt zu Völlegefühl, Appetitlosigkeit, Sodbrennen.

Übermäßige Kalorienzufuhr: Allein der Alkohol einer Flasche Wein (12 Vol.%) beträgt knapp 500 Kalorien. Mit jedem Gramm Restzucker, den der Wein aufweist, kommen zwölf Kalorien hinzu. Wein besitzt mithin einen hohen Nährwert. In Anbetracht seiner appetitanregenden Wirkung kann es so leicht zu einer erhöhten Kalorienzufuhr kommen.

Wie Lipoproteine wirken

Die Menge des Blutfettes hängt stark von der genetischen Konstitution des Menschen ab. Der Cholesterinspiegel ist jedoch auch direkt von der Ernährungsweise abhängig. Das heißt: Er steigt mit fettreicher Ernährung. Verantwortlich dafür ist vor allem die steigende Produktion von LDL. Dieses Low Density Lipoprotein setzt sich langfristig wie Wachs an den Wänden der Arterien ab und verengt diese, so daß der Durchlauf des Blutes erschwert wird. Schlimmer noch: LDL bindet Sauerstoff und entzieht es dem Blutstrom, so daß möglicherweise der Herzmuskel unterversorgt ist. Auf diese Weise steigt das Herzinfarktrisiko beträchtlich an. Bislang waren vor allem Substanzen wie Vitamin E und Betacarotin wegen ihrer antioxydativen Wirkung als Koronarschutz bekannt. Wesentlich wirksamer noch als Vitamin E und Betacarotin sind drei Phenole, die in jedem Rotwein enthalten sind, und zwar in um so größerer Menge, je tanninreicher der Wein ist:

- Quercetin (das außer im Wein auch in Äpfeln und Zwiebeln vorhanden ist).

– Catechin (das in allen Weintrauben in hohem Maß enthalten ist).

– Resveratrol (das von den Weintrauben gebildet wird, wenn sie von Pilzkrankheiten befallen werden).

Diese drei Phenole verhindern die Oxydation des LDL. Mehr noch: Sie sind es, die die Produktion des nützlichen HDL-Lipoproteins (High Density Lipoprotein) im Blut am stärksten ansteigen lassen. Ein hoher HDL-Wert ist daher der beste Schutz gegen Blutverfettung. Dieser Schluß muß zumindest aus einer 1990 in Frankreich veröffentlichten Studie gezogen werden. Dabei hatte je eine Versuchsgruppe puren, verdünnten Alkohol, Weißwein und Rotwein zu sich genommen. Die Rotweingruppe zeigte den höchsten HDL-Anstieg und zugleich die stärkste Senkung der LDL-Werte.

Abgang: Nachklang eines Weins nach dem Schlucken, auch Finale genannt.

adstringierend: die Zunge zusammenziehend. Geschmackseindruck, der häufig bei jungen, gerbstoffhaltigen Rotweinen auftritt.

Allier-Eiche: feinporige, gern zum Barriquebau verwendete Eiche aus dem gleichnamigen französischen Département. Wegen ihres süßen Geschmacks werden Chardonnay-Weine gerne in Allier-Eiche vergoren.

Ampelographie: Rebsortenkunde.

Annata: ital. Jahrgang. Junger Wein, der nach wenigen Monaten den Keller verläßt.

anreichern: Hinzufügen von Zucker zum Most vor der Gärung, um einen höheren Alkoholgehalt des Weins zu bekommen.

AOC, Appellation d'Origine Contrôllée: höchste französische Qualitätsstufe für Wein.

Assemblage: Zusammenfügen gleicher Weine aus unterschiedlichen Fässern zu einem Wein (bzw. Weine gleicher Herkunft, aber unterschiedlicher Rebsorte).

Ausbruch: Beerenauslese aus Rust am Neusiedlersee, gewonnen aus überreifen oder edelfaulen Trauben mit einem Mostgewicht von mindestens 138° Oechsle.

Auslese: hohe deutsche Prädikatsstufe, reserviert für meist süße oder edelsüße Weine mit 90° bis 100° Oechsle, wird oft aber auch für entsprechend hochgradige, trockene Weine in Anspruch genommen.

Barrique: kleines Holzfaß mit 225 Litern Inhalt, einst für Bordeaux-Weine entwickelt, heute in aller Welt verbreitet.

Bâtonage: das Aufrühren der Hefe im Faß mit einem Stock. Qualitätsfördernde Maßnahme bei Weißweinen, die im Holzfaß vergoren werden. Entwickelt im Burgund.

Bernsteinsäure: frische, herbe Fruchtsäure, die sich neben → Weinsäure und Apfelsäure in jedem Wein in geringeren Mengen findet.

Blanc de Blancs: nur aus weißen Trauben gekelterter Schaumwein.

Blanc de Noirs: nur aus roten Trauben gekelterter Schaumwein.

Botrytis cinerea: Edelfäule, erwünscht für Sauternes und alle Formen von Beeren- und Trockenbeerenauslesen.

brandig: alkoholisch schmeckend.

Cantina: ital. Keller bzw. Kellerei.

Cava: span. Schaumwein aus dem Penedès.

Cave: frz. Keller, auch Kellerei.

Chai: ebenerdiger Faßkeller in Bordeaux.

Champagnermethode: Umschreibung für die Flaschengärung beim Champagner. Für andere Schaumweine müssen nach EU-Recht die alternative Bezeichnung Méthode traditionelle oder Méthode classique verwendet werden.

chaptalisieren: → anreichern.

Charakter: Weine mit Charakter sind eigenständig und laufen nicht irgendwelchen Moden nach.

Clairet: in England übliche Bezeichnung für Bordeaux-Weine allgemein.

Charmat-Methode: Methode zur Herstellung von Schaumweinen ohne Flaschengärung. Dabei wird der Wein in großen Druckbehältern aus Edelstahl statt in der Flasche zweitvergoren.

Clos: abgeschlossener, meist von einer Mauer eingefaßter, guter Weinberg. Vor allem im Burgund gebräuchlicher Name.

Cooler: amerikanischer Ausdruck für einen Leichtwein.

Crémant: Schaumwein aus Gebieten außerhalb der Champagne (z. B. Elsaß, Loire, Burgund) mit weniger Kohlensäure (zwei bis drei Atmosphären) als ein Champagner.

Cru: besonders gute Weinberglage.

Cuvée: 1. hochwertiger Most aus der ersten Pressung von Champagnertrauben. 2. Assemblage verschiedener Champagner-Grundweine vor der Flaschengärung.

Cuvier: frz. Gärkeller.

Dauben: gebogene Holzstücke, die die Wandung eines Fasses bilden.

dekantieren: Umfüllen des Weins von der Flasche in eine Karaffe.

Diabetikerwein: trockener Wein mit maximal vier Gramm Restzucker pro Liter.

Domaine: frz. Weingut.

durchgegoren: restzuckerfreier, staubtrockener Wein.

edelsüß: Bezeichnung für Wein aus edelfaulen, stark eingeschrumpelten oder gefrorenen Trauben mit hohem Fructose-Anteil.

Edelzwicker: im Elsaß gebräuchliche Bezeichnung für einen Wein, der aus vielen verschiedenen Rebsorten gekeltert ist.

Erzeugerabfüllung: Wein, der auf dem Weingut abgefüllt worden ist, von dem die Trauben stammen.

eurotrocken: EU-Wein, dessen Restzuckergehalt maximal neun Gramm pro Liter beträgt bzw. sich nach der Formel „Säure plus zwei" errechnet (d. h. ein Wein mit sechs Gramm Säure darf noch bei acht Gramm Restzucker als trocken gelten).

Extraktsüße: Extraktreiche Weine werden oft als leicht süß wahrgenommen, auch wenn sie vollkommen durchgegoren sind. Grund dafür ist der erhöhte Glyzeringehalt. Glyzerin gehört zur Gruppe der Alkohole und ist ein wichtiger Bestandteil des Extrakts.

Fattoria: ital. Weingut.

Finesse: frz. Feinheit.

fränkisch-trocken: Weine mit nicht mehr als vier Gramm Restzucker pro Liter. In Franken gängige Interpretation der trockenen Geschmacksrichtung.

frizzante: ital. perlend. Eigenschaft von Perlweinen wie dem Prosecco.

Frühfrost: Frost Ende Oktober oder Anfang November. Häufig erwünscht, weil er die Möglichkeit zur Eisweinlese bietet.

Fumé Blanc: kalifornischer, im Holzfaß vergorener Sauvignon Blanc.

füllkrank: aufgrund kürzlich erfolgter Abfüllung geschmacklich noch gestörter Wein.

gemischter Satz: Weine, die aus mehreren Traubensorten zugleich vergoren werden.

Gerbsäure: in Rotweinen in großen, in Weißweinen in geringen Mengen anzutreffendes Tannin.

G'spritzter: in Österreich übliche Bezeichnung für einen mit Mineralwasser verdünnten Wein. Gut eignet sich dazu z. B. Grüner Veltliner.

Grains Nobles: hochkarätige Beeren- oder Trockenbeerenauslese aus dem Elsaß mit mindestens 110° Öchsle, darf nur aus den Sorten Riesling, Muscat, Gewürztraminer und Pinot Gris erzeugt werden.

grün: Wein mit unreifer Säure.

Großlage: in Deutschland gebräuchliche, irreführende Bezeichnung für ein weitgefaßtes, sich über mehrere Gemeinden erstreckendes Rebeneinzugsgebiet. Die Bezeichnung hat mit „Lage" im ursprünglichen Sinn nichts zu tun.

halbtrocken: in der EU gebräuchliche Bezeichnung für Weine bis zu 18 Gramm Restzucker pro Liter, beim Champagner (extra sec) bis zu 20 Gramm.

hart: Wein mit unreifem, zu jungen Tannin.

Heuriger: österr. 1. Weinlokal mit angeschlossenem Weingut, 2. Wein des jüngsten Jahrgangs.

hochfarbig: ins Orange tendierende Farbe eines Rotweins. Indiz, daß der Höhepunkt erreicht oder überschritten ist.

Hogsheads: vor allem in Australien zu findendes Weinfaß mit 300 Liter Inhalt.

IGT: Indicazione Geografica Tipica, neue Weinkategorie in Italien (entspricht den VDQS-Weinen), in der viele der ehemaligen hochklassigen Vini da Tavola aufgehen.

integrierter Pflanzenschutz: Kombination von Schädlingsbekämpfungs- und Heilmitteln im Weinbau sowie die Abstimmung auf die Schwere des Schadens, den Witterungsverlauf und auf Wechselwirkungen zwischen verschiedenen Schädlingen auf die Gesundheit der Rebpflanze. So soll der Einsatz von Pflanzenschutzmitteln reduziert werden.

internationale Rebsorten: übliche Bezeichnung für Cabernet Sauvignon, Merlot, Pinot Noir, Sauvignon Blanc, Chardonnay.

Johannisberg: 1. Silvaner aus dem Schweizer Wallis, 2. schloßartiges Weingut im Rheingau.

Johannisberger Riesling: amerikanische Bezeichnung für die Rebsorte Riesling.

Klon: griech. Zweig. Durch Aufpfropfen eines ausgewählten Reises vermehrte Rebpflanze.

körperreich: schwerer, alkohol- und extraktreicher Wein.

krautig: aufdringliches Aroma unreifer Cabernet-Franc-, Cabernet-Sauvignon- und Merlotweine.

kurz: ohne Nachklang im Mund.

lang: Wein mit lange nachklingendem Aroma.

leicht: Wein mit niedrigem Alkoholgehalt und niedrigen Extraktwerten.

Lese: Traubenernte.

Liebfrauenmilch: im Ausland gebräuchliche Bezeichnung für einfachste liebliche deutsche Weißweine aus Müller-Thurgau-Trauben, aber auch aus Riesling, Kerner und Silvaner gewonnen.

Likörwein: Dessertwein mit mindestens 15 Vol.% Alkohol.

maderisiert: oxydiert, überaltert, nach Madeira riechend.

Maggiton: unangenehmer Geruchseindruck von alten, maderisierten Rotweinen.

Malo: Kurzform für die malolaktische Gärung, auch biologischer Säureabbau oder zweite Gärung genannt.

Méthode champénoise: Flaschengärverfahren beim Champagner.

Méthode classique: auch Méthode traditionelle. Flaschengärverfahren bei Schaumweinen außer Champagner.

Millésime: frz. Jahrgang.

mineralisch: Aroma bestimmter Weißweine, z. B. einiger deutscher und Elsässer Rieslinge sowie des Pouilly-Fumé.

Most: Saft ausgepreßter Trauben.

Mostklärung: Säuberung des Mostes vor der Vergärung.

Nase: Bouquet.

Nachgärung: unerwünschtes Weitergären des Weins auf der Flasche.

negative Auslese: Auslesen fauler Trauben vor der Hauptlese.

nervig: Eigenschaft eines zarten, säurehaltigen Weins.

Önologie: Wissenschaft von der Kellertechnik und vom Weinbau.

oxydativ: fehlerhafter Wein, der durch zu langen Sauerstoffkontakt viele Aldehyde enthält und unfrisch, müde und maderisiert schmeckt. Alkoholreiche Weine wie Sherry, Madeira, Portwein, Vin Santo, oder auch Marsala werden allerdings bewußt oxydativ ausgebaut.

Passito: Wein aus getrockneten Trauben, z. B. Sfursat (Valtellina), Amarone (Valpolicella), Vin Santo (Toskana).

Perlage: im Glas entweichende Kohlensäure bei Schaumweinen.

pfeffrig: typische Geschmackseigenschaft des Grünen Veltliner.

pH-Wert: Maßzahl für die Stärke aller Säuren im Wein; normal sind Werte zwischen 2,8 (sauer) und 3,5 (mild).

positive Auslese: selektives Herauslesen gesunder bzw. edelfauler Trauben.

Prä-Phylloxera: Weine aus der Zeit vor 1870, als die Reblauskatastrophe begann.

Prädikatswein: In Deutschland und Österreich gebräuchliche Bezeichnung für höherwertige Qualitätsweine entsprechend ihres Mostgewichts. Sie dürfen grundsätzlich nicht angereichert werden. In Österreich werden alle edelsüßen Weine als Prädikatsweine bezeichnet.

Qualitätswein: oberste Stufe der europäischen Weingesetzgebung. In Frankreich fallen rund 40 Prozent aller Weine in diese Kategorie (VDQS, AOC), in Italien 15 Prozent (DOC, DOCG), in Spanien 25 Prozent (DO) und in Deutschland (QbA, QmP) 95 Prozent.

Quinta: port. Weingut.

reduktiv: duftiger, spritziger, weitgehend unter Sauerstoffabschluß ausgebauter Wein.

reinsortig: nur aus einer Traubensorte erzeugter Wein.

reintönig: sauberer, für die Traubensorte typischer Duft und Geschmack ohne Nebentöne.

rektifiziertes Traubenmostkonzentrat (RTK): konzentrierte traubenzuckerhaltige Lösung, die aus Traubenmost gewonnen wird und statt Zucker zum → Anreichern von Weinen verwendet werden kann.

Ried: terrassierte Einzellage in der Wachau.

rütteln: Drehen der Champagnerflaschen mit der Hand (frz. Remuage), während diese mit dem Hals in hölzernen Gestellen (Rüttelpulten) stecken. So sollen die in der Flasche angesammelten Hefereste in den Flaschenhals befördert werden.

Schaumwein: Sammelbezeichnung für Champagner, Crémant, Sekt, Cava, Spumante, Asti und andere Weine mit gelöster Kohlensäure.

Sommelier: Weinkellner.

spritzig: Wein mit Restkohlensäure.

Stillwein: Wein ohne Kohlensäure. Gegensatz zu Schaumwein.

sur lie: frz. auf der Hefe gelagert. Methode, um Weißweine geschmacksintensiver und frischer zu machen.

Süßreserve: geschwefelter Traubenmost, wird zur Süßung von Weinen benutzt.

Taille: frz., vor allem in der Champagne gebräuchlicher Ausdruck für den unter hohem Preßdruck ablaufenden, im Vergleich zum → Vorlaufmost weniger hochwertigen Most (im Ggs. zur → Cuvée). Man unterscheidet zwischen erster und zweiter Taille.

Terroir: frz., komplexes Zusammenspiel von Boden und Klima.

Traube: Frucht der Weinrebe.

Traubensaft: Most. 1 Kilo Trauben ergibt normalerweise 0,7 Liter Most.

Trester: ausgepreßte Traubenschalen samt der Kerne. Wird als Brennstoff, organischer Dünger oder als Grundstoff für Tresterschnaps (Grappa) weiterverwendet.

Tronçais-Eiche: für den Faßbau begehrtes Holz aus den Forsten um die Stadt Nevers, feinporig und mit weichen, süßen Tanninen.

Ursprungsbezeichnung: gesetzlich definierte Basis aller europäischen Qualitätsweine.

VDQS, Vin Délimité de Qualité Supérieure: in Frankreich gelegentlich anzutreffende Kategorie für Qualitätsweine zweiter Wahl.

Vendange Tardive: frz. Spätlese. Ausdruck für halbtrockene oder für edelsüße Weine.

verschlossen: unentwickelter, junger Wein.

verschneiden: Mischen von unterschiedlichen Weinpartien bzw. Rebsorten oder von Weinen aus unterschiedlichen Regionen zu einem neuen Wein.

Vieilles vignes: frz. alte Reben.

Vigna: ital. Weinberg.

Vigneto: ital. Weinberg.

Vin de table: frz. Tafelwein.

Vino da tavola: ital. Tafelwein. Bis 1996 wurden einige der besten Weine Italiens bewußt und provokativ zu Tafelweinen deklassiert, weil die Anforderungen an Qualitätsweine für sie nicht paßten.

Vinifikation: Weinbereitung. Keltern der Trauben und Vergären des Mostes.

Vintage: engl. Jahrgang.

Vintage Port: Jahrgangs-Portwein.

vollmundig: körperreicher Wein mit ansprechendem Alkoholgehalt.

Vorlaufmost: jener hochwertige Teil des Mostes, der nach dem Mahlen der Trauben ohne weiteres Pressen von der Kelter läuft.

VQPRD, Vin de Qualité Produit dans une Région Déterminée: Französische Weinkategorie, entspricht dem deutschen Qualitätswein bestimmter Anbaugebiete.

Vosges-Eiche: feinporige, relativ geschmacksarme Eiche aus den Vogesen.

Weinsäure: natürliche Fruchtsäure, die um so mehr im Wein zu finden ist, je reifer die Trauben sind.

Weinstein: Kaliumsalz. Ausfällung der Weinsäure in Form von kleinen, weißen Kristallen in der Flasche. Beeinträchtigt den Geschmack nicht.

Weißherbst: in Deutschland übliche Bezeichnung für Roséweine.

wurzelecht: alte, unveredelte Reben.

zweite Gärung: malolaktische Gärung.

Zapfen: in der Schweiz gebräuchlicher Ausdruck für den Korken.